아베로에스의
아리스토텔레스 형이상학

DIE METAPHYSIK DES AVERROES

아베로에스의 아리스토텔레스 형이상학

DIE METAPHYSIK DES AVERROES

아베로에스 지음 김재범 옮김

KSI 한국학술정보[주]

이 책을 부모님께 바칩니다.

Repetitio est mater studiorum

(되풀이 함·복습은 성공의 어머니이다)

옮긴이의 말

이 책을 붙들게 된 지도 벌써 1년이 되었다. 당시 아리스토텔레스의 형이상학의 어려움을 극복하고 싶은 차에 책 한 권이 눈에 띄었다. 바로 지인으로부터 얻은 책인데, Max Horten이 아랍어판본으로부터 독일어로 옮긴 『Die Metaphysik des Averroes』이다. 이 책이 주는 것은 분명하다. 아베로에스는 아리스토텔레스의 형이상학을 지극히 자연학문의 영역에 묶어두는 것이다. 아베로에스의 형이상학에서 가장 중요하며, 그의 형이상학의 출발점을 이루는 다음의 한 문장이 이를 증명해 보인다.

"Ens in quantum est ens(있는 것은 양에 따라서 있는 것이다)."

이러한 표현은 이제껏 아리스토텔레스의 형이상학에서 보지 못했던 매우 놀라운 것이다. 나의 생각을 완전히 뒤바꿔 놓은 일대 사건이다.

나는 올여름에 이 책의 막바지 작업에 바빴었다. 이 와중에 최근 (2010년) 독일에서 출간된 영어로 옮겨진 판본을 입수하였다(Averroes, On aristotle's "metaphysics", an annotated translation of the so-called "epitome", edited by Rüdiger Arnzen, Hubert & Co. GmbH & Co. KG, Göttingen, 2010). 이로 인하여 작업을 수정해야 할지 고민하였다. 그러나 이 영어판본을 검토하고 난 후, 나는 원래대로 출간하기로 결정하였다. 그 이유는 이렇다.

아랍어판본은 13~19세기 사이에 17종이 있었다. 그런데 9종이 현존하며 이 중 가장 오래된 2종[1])을 제외한 나머지 판본들은 이 두 판본들을 근간으로 하여 만들어진 파생본들이다.[2]) 이번에 손에 넣은 Rüdiger Arnzen의 영어판본은 9종의 아랍어판본들과 1종의 라틴어판본을 대조하면서 만들어진 책이다. 따라서 이 책 또한 또 다른 파생본으로 간주될 수밖에 없다. 이 때문에 나는 학술적 의미에서 아베로에스의 원문에 좀 더 가까운 현존하는 가장 오래된 2종의 아랍어판본 중 1종(Cairo, Dar al-Kutub, al-Hikma wa-l-Falsafa 5.)을 옮긴 Max Horten의 독일어판본을 선택하였다. 대신에 Rüdiger에 의한 영어판본에서 '옮긴이의 말'로부터 이 책에 관한 다음과 같은 몇 가지 정보들을 얻을 수 있었다.

■

1) ① Cairo, Dar al-Kutub, al-Hikma wa-l-Falsafa 5.
② Madrid, Biblioteca National, ms. ar. 5000 (marginal corrections in M).
앞으로 우리는 이것들을 각각 ***카이로판본, 마드리드판본***이라고 부를 것이다.

2) Averroes, On aristotle's "metaphysics", an annotated translation of the so-called "epitome", edited by Rüdiger Arnzen, Hubert &Co. GmbH & Co. KG, Göttingen, 2010, pp.14-15.

아베로에스는 4가지 장르의 글쓰기를 하였다.[3)]

① 긴 해설서(literal or long commentaries)는 아리스토텔레스의 저작들을 인용과 비평을 곁들여 상세하게 설명하는 책이다.

② 중간 해설서(paraphrases, middle commentaries)는 문제를 일으킬 수 있는 혹은 일치하지 않는 독단적일 수 있는 것들을 피하고 허용된 범위에서 아리스토텔레스의 명료한 학설들에 근거하여 서술하는 책이다.

③ 요약본(epitomes)[4)]은 아리스토텔레스의 저작이나 주석서에서 분명하지 않는 부분이나 본론에서 벗어난 것들을 배제하고, 아베로에스 자신이 아리스토텔레스의 저작으로부터 벗어나서 자신의 언어로 아리스토텔레스의 저작들의 요점을 정리하는 책이다.[5)]

④ 질문이나 문제에 관한 책(대개 '~에 관한 논문[Treatise on] ~'이란 제목을 가짐)인데, 아리스토텔레스의 저작들에서 경계가 분명한 논의될 수 있는 문제들이나 의문시되는 것들을 서술하는 책이다.

■

3) 앞의 책 pp.1-2.

4) 이 책을 Max Horten(우리가 한글판 작업의 텍스트로 삼은 독일어판본의 옮긴이)은 '짧은 해설서(kurzer Kommentar)'라고 부른다.

5) 사실 이 책은 내용상 한국어로 이름 붙이기가 매우 어렵다. 왜냐하면 이 책은 단순히 아리스토텔레스의 저작들을 요약하는 정도에만 머물지 않기 때문이다. 이 책에서 아베로에스는 아리스토텔레스의 견해가 명쾌하게 드러나지 않는 주제들에 관하여 자신의 합당한 근거 아래 명쾌하게 규정하고 설명하기 때문이다. 예를 들면 아리스토텔레스는 그의 형이상학 어디에서도 보편자는 실체가 아니라고 확실하게 말하지 않고 어렴풋이 말한다(아리스토텔레스, 형이상학, *Z* 1038b~1039a 23, *I* 1053b 9~1054a 19). 이와는 달리 아베로에스는 보편적인 것은 우리의 관념 속에서 만들어진 것, 즉 '있는 것'이 아닌 있는 것으로부터 논리적으로 추상된 2차적인 것이기 때문에 실체가 아니라고 확실하게 주장한다(독일어판 pp.72-14~74-15, 한글판 pp.112-115). 또한 아베로에스는 다른 학자들의 이론, 특히 아비세나(Aviccena, Ibn Sina)와 대결하기도 하기 때문이다.

이들 4가지 장르 중 내가 옮긴 책은 3번째에 해당한다. 이 3번째 책에 대하여 아베로에스는 아무런 제목을 붙이지 않았다. 때문에 나중에 학자들은 이 책을 단순히 '형이상학에 관한 책(Book of metaphysics)'이라고 불렀다.

이 책은 총 5개의 장으로 이루어졌다. 하지만 5번째 장은 빠졌다. 따라서 우리는 이 5번째 장에 대해서는 정확한 것을 알 수 없다. 이 때문에 뤼디거는 5번째 장의 내용을 이 책의 '들어가기'에서 언급된 부분(6-15~29)과 <긴 해설서>에서 보여준 형이상학의 구조에 대한 언급에 근거하여 다음과 같이 구성한다. "Ⅳ권(Γ)4~8(그러므로 아마도 XI권(K)의 4~7장과 서로 관계있음), 여기에서 아리스토텔레스는 증명의 첫 번째 원리의 정당성을 보호함. 그리고 XIII권(M)과 XIV권(N), 이 두 권은 아베로에스의 견해에서 주로 수학과 자연학의 문제와 이 문제에 관하여 옛날 철학자들(예를 들어 플라톤과 피타고라스학파)이 몰두하였던 잘못들을 다룬다."[6)]

이 5번째의 장이 빠진 이유는 분명하지 않지만 뤼디거는 다음과 같이 추정한다. 즉 논고를 전하는 초기에 사본연구의 불행한 일 때문이거나, 아니면 아베로에스가 개정판을 계획 혹은 완전히 새로 쓰려고 계획하였지만, 당시 상황이 정치사적으로나 개인사적으로 혼란스러워서 계획을 완성하지 못한 채 죽은 것(1198년)으로 짐작한다.[7)]

뤼디거에 따르면 지금까지 이 책이 아랍어에서 현대어로 옮겨진

■
6) 앞의 책 p.7.
7) 앞의 책 pp.8-11.

것은 3권이 전부다. 1권은 카이로판본을 사용하였으며(이 책을 이번에 한국어로 옮긴 것임), 다른 2권은 카이로판본과 마드리드판본을 사용하였다.[8] 뤼디거의 영어본은 4번째 권이다. 이 영어본은 앞에서 말했듯이 이 두 판본을 비롯하여 이것들로부터 파생된 다른 7개의 판본들과 라틴어판본을 종합하여 옮긴 것이다. 그리고 이제 비록 아랍어판본이 아닌 독일어판본으로부터 옮긴 것이긴 하지만, 나의 작업(한국어판본)은 현대어로 옮겨진 5번째 책이 될 것이다.

이 책은 독일어판본을 직역하기 위하여 매우 공들여졌다. 그 이유는 원문을 훼손하지 않으려는 이유 때문이다. 즉 막스 호르텐이 말한 바대로 독일어판본이 카이로판본을 그대로 직역하였음이 사실이라면, 나의 작업도 독일어판본을 직역하는 경우에 2단계 옮김으로 인한 원문이 망가지는 것을 가능한 가장 적게 줄일 수 있다고 생각하기 때문이다. 이 때문에 글이 꽤나 거칠다. 이는 막스 호르텐에 따라서 순전히 카이로판본이 매우 거칠었기 때문이다. 내가 작업한 처음의 초고는 말할 수 없이 거칠었다. 왜냐하면 거친 원본에다 독일어판본의 줄 숫자까지 맞추려다 보니 그랬었다. 그래서 가능한 한 최소한으로 원문을 다듬었다.

이 책은 아베로에스가 아비세나와 기타 다른 철학자들의 학설에 대결하면서(때로는 받아들이면서) 아리스토텔레스의 형이상학을 정리하는 책이다. 아베로에스는 이 책에서 특히 질료적인 입장을 강하

---

8) 앞의 책 p.14.

게 표출하고 있다. 그 한 예로 아비세나가 형상과 질료를 형이상학이 탐구해야 할 과제로 놓은데 대한 반대 입장을 분명히 밝히면서 이것을 자연학문의 연구과제로 돌린다(50-26~33).

이 책은 AD 12세기 중엽(대략 1160년쯤)에 아베로에스에 의하여 아랍어로 쓰인 책이다. 그리스의 멸망 이후 529년에 황제 유스티니아누스는 칙령을 발표한다. 이 칙령에 의하여 기독교와 일치할 수 없는 모든 학문들이 그리스에서 활동을 금지당하였다. 이 때문에 그리스의 학문은 아랍에서 수용되었다. 아랍철학은 8세기 무렵에 형성되었으며, 이후 13세기를 전후하여 로마에 전달되기까지 이곳에서 그리스의 학문들이 연구되었다.[9] 아베로에스는 그리스 학문의 마지막 아랍의 학자였다. 이곳에서 연구된 아리스토텔레스의 성과물을 나는 매우 중요하게 여긴다. 왜냐하면 비록 이 지역이 이슬람 문화권이기는 하지만, 그럼에도 불구하고 그리스적 사고가 비교적 잘 살아 있었을 것으로 생각되기 때문이다. 실제로 아베로에스의 이 책을 읽어보면 알 수 있을 것이다. 그리스적 생각에 더 가까운 시기에 연구된 이 책은 우리에게 마치 아리스토텔레스의 형이상학을 읽는 느낌을 주게 될 것이다.

전체적으로 이 책은 어지럽게 쓰인 아리스토텔레스의 형이상학을 잘 정리하고, 덧붙여 저자 자신의 철학을 잘 표현하고 있다. 들어

■

9) 이 시기의 아랍 철학에 관한 더 자세한 내용은 〈물질의 개방성과 좌파 아리스토텔레스주의-에른스트 블로흐의 아리스토텔레스 이해〉, 김진, 《철학연구》 제43집(1987년 6월호), pp.95-113. 《형이상학》, 아리스토텔레스 지음, 김재범 옮김, 책세상(고전의 세계 71), 2009년, pp.224-229(해제 3. 아리스토텔레스 철학의 영향).

가기는 아리스토텔레스가 그의 형이상학 A~Γ에서 다루고 있는 것에 근거하여 제1철학, 즉 형이상학이란 무엇인가를 설명하고, Ⅰ장은 그 책의 Δ편에서 형이상학의 주요 개념들을 설명하는 것처럼, 그와 같이 필요한 주요 개념들을 설명한다. Ⅱ장은 실체에 관하여 실체란 무엇인지에 대한 일반적인 것들을 다룬다. 이는 아리스토텔레스의 형이상학 Z, H편에 대한 것이다. 그리고 Ⅲ장 역시도 실체에 관한 기술인데, 아리스토텔레스의 형이상학 Θ, I, K에 관련하여 가능태와 활동태 및 하나와 많음의 문제들을 중점적으로 다루고 있다. 마지막으로 Ⅳ장은 첫 번째 원인 원리로서 첫 번째 운동자를 천체들의 운동과 비유하여 다루고 있다. 이것은 아리스토텔레스가 그의 형이상학 Λ에서 다룬 내용들을 저자 자신의 자연학문에 관한 깊은 지식을 동원하여 폭넓게 다룬다.[10]

원래 이 책은 각각의 장들에 자세한 제목 없이 쓰인 책이다. 맨 뒤에 붙어 있는 막스 호르텐의 내용 목차는 옛날 독일식의 목차이다. 이것은 한눈에 이 책을 파악하기에 적절하지 않아 보인다. 때문에 독자들의 이해를 돕고자 옮긴이가 세부적으로 나누어서 각각의 장들과 단락들에 제목을 붙이고 새로 목차를 만들었다. 작은 단락들의 주제가 다양하여 묶는데 애먹었다. 하지만 좀 더 간단하게 묶지 못한 것이 약간은 아쉽다. 아무쪼록 독자 여러분들에게 도움이 되었으면 한다.

■

10) 이 책에서는 아리스토텔레스 형이상학의 *M*편과 *N*편에서 다루어진 내용은 없다. 앞에서 언급하였듯이 Rüdiger에 따르면 이 책은 원래 5개의 장으로 이루어졌었지만, 어떤 연유에선가 *M*편과 *N*편의 내용들을 담고 있는 5번째 장이 빠진 것이다.

이 책의 독일어 본에는 약간의 라틴어 구문들이 들어 있다. 이 라틴어 구문들은 한국어로 옮기고 라틴어를 그대로 실었다. 그러나 아랍어는 그대로 아랍어만 표기하였다.

이 책은 카이로에서 출판된 아랍어 판본(카이로판본)을 Max Horten이 독일어로 옮겼고, 이 독일어 판본(Die Metaphysik des Averroes, nach dem arabischen Übersetzt und Erläutert von Max Horten, Halle, Verlag von Max Niemeyer, 1912)을 한국어로 완역한 것이다.

책의 오른쪽과 왼쪽의 여백에 쓰여 있는 숫자는 독일어판본의 쪽수와 줄 수를 표기한 것이다. 예를 들면 55-1은 독일어본의 55쪽 첫 번째 줄을 의미하며, 그 아래로 5, 10, 15 등등은 55쪽 5번째 줄, 10번째 줄, 15번째 줄 등등을 의미한다. 두 언어의 구조상 줄 표시를 완전하게 맞출 수는 없었다. 대략 1~2줄(경우에 따라서는 3~4줄)의 차이는 발생할 수 있음을 밝혀둔다.

그리고 이 책에 붙어 있는 각주는 막스 호르텐의 것이며, 옮긴이가 붙인 것은 '옮긴이 주'라고 표시하였다. 또한 본문에서 ( )안의 내용은 막스 호르텐이 더한 것이며, 옮긴이가 넣은 것은 (…－옮긴이)라고 표시하였다.

이 책이 우리말로 옮겨질 수 있도록 독일어본과 더불어 라틴어에 관한 모든 자료를 주었으며, 앞으로 나갈 수 있도록 독려하여 주신 지성기 선배님께 이 자리를 빌려 진심으로 감사드린다. 정신적으로 안정할 수 있도록 항상 편안하게 맞아준 전남 고흥 나로도 옆 산골에서 좋은 세상을 위해 땀 흘리며 국립순천대학교에서 강사로 연구에 매진하고 있는 친구 이승원·김민영 부부 그리고 빛고을에서 외롭게 책과 씨름하고 있는 나에게 막걸리 잔을 건네는 친구 정현호·

박민아 부부에게도 감사드린다.

언제나 앞가림도 못한 채 있는 놈을 아픈 마음으로 지켜봐주신 김만운 아버님과 조복순 어머님께 그리고 형님네 재인·박수양, 동생네 옥희·김광주, 항상 마음에 그리움으로 남아 있는 막내 재성, 모든 가족들에게 감사드린다.

몇 권의 원고 뭉치가 상업성에 밀려 아직 빛을 보지 못한 채 묶여 있다.

이 책이 빛을 볼 수 있도록 출판을 허락하여주신 한국학술정보(주) 출판사 사장님께 감사드리며, 원고를 다듬느라 고생하신 조은영, 이주은 님 및 출판사 가족들께도 감사드린다.

2011년 10월 17일 빛고을에서

옮긴이 김재범

아베로에스Averoes의 이 책2)은 아리스토텔레스의 형이상학에 대한 그의 정리(짧은 해설서)이다. 이것을 다메섹 출신인 무드타파 카바니Mustafa Ḳabbāni가 Kedivial도서관에 현재 있는 원고에 따라서 연대 표시 없이(대략 1903년) 카이로에서 출판한 것이다. 제목은 이렇게 쓰여 있다: "이 책은 아리스토텔레스의 저작을 설명한 4개의 장으로 이루어졌으며, 이슬람 철학자, 즉 최고의 심사원인 앞달루시엔Apdalusien 출신의 abul Wal'id Muhammad bin Ahmad bin Muhammad bin Ruschd에 의하여 쓰였다." 여기에 주어진 번역은 절대적으로 카바니

1) 옮긴이 주 – 독일어본 옮긴이의 〈머리말〉이다.

2) 이 책은 'Arch. f. Gesch. d. Philosophi' 1907, Bd. XX, S. 259에서, Isaak Husik 'Philosophical Review' 1909, vol. XVIII, No. 4, S. pp.416-428. 특히 p.418. 그리고 Goldziher, 이슬람과 유대의 철학 'Die Kultur der Gegenwart', 1장 5절, S. p.70. p.29.에서 다음과 같은 말과 함께 발표되어졌다: "아베로에스의 형이상학의 발췌에 관한 아람어 원문의 부분 발행은 정말로 놀라운 것으로 여겨질 수 있다. 이것은 고대 (아람) 자료를 열성적으로 열망한 다메섹 사람, Mustafa al Kabani가 카이로(1903년)에서 출판하였던 것이다."

판본에 관련한다. 이 때문에 이 번역은 무드타파 카바니의 것을 나타내는 원문의 전통을 만든다. 계속하여 다음의 3가지를 탐구할 필요가 있다. 1. 이러한 전통이 근원적인 것인지? 2. 히브리어로 옮겨진 의미가 같은지, 넓혀졌는지 혹은 줄여졌는지? 3. 어떻게 라틴어로 옮겨진 원고가 이들 두 원고들을 증명명하는 것으로 세워지는지?

알려진 바대로 중세의 유대교적인 그리고 기독교적인 철학과 관련하여 아베로에스는 큰 영향에 있었다. 이러한 철학에서 그는 무슬림들 중 가장 중요한 철학자로, 즉 오늘날까지 미치고 있는 표상으로 여겨진다. 이 때문에 아직 유지하고 있는 비록 접근하기에 매우 어려운 이러한 철학자의 모든 저술들을 아랍어의 그리고 히브리어의 근원으로부터 알기 쉽게 하는 것은 중세 사유의 역사에서 중요한 관심사일 것이다. 아리스토텔레스에 관한 짧은 해설서에서 아베로에스는 질료를 이해하고 모양지울 때 아리스토텔레스에 관한 그의 중간의 해설서 혹은 긴 해설서[3)]에서 보다 더 독자적이다. 사람들은 아베로에스가 그에게 고유한 이데아를 완성된 형상으로 서술하고자 하는 것을 분명하게 느낀다. 이런 이유로 그는 더 자유롭게 진행하기 위해서 아리스토텔레스의 텍스트를 배제하였다. 그가 무엇보다도 중요하게 여긴 학설들을 자주 되돌아가서 살핀다. 아비세나Avicenna와의 논쟁은 많은 점에서 사유의 전개에 활기를 띄운다. 만일 아베로에스의 세계적인 명성이 바로 아리스토텔레스에 관한 그의 해설들에 덕택이라면, 그럼에도 불구하고 바로 이러한 세계적인 명

■
3) 옮긴이 주 – 짧은 해설서, 중간 해설서 그리고 긴 해설서에 관해서는 〈옮긴이의 말〉 7쪽 참조.

성은 철학사적으로 주목할 필요가 있다. 왜냐하면 대가Meister는 다른 사람들에서보다는 자신에서 더 자신의 가장 고유한 것에 관하여 말하기 때문이다. 옮김에서 세세한 점들로 다음과 같은 것이 주목되어야 할 것이다.

아베로에스는 학문들Wissenschaften을 '기술들Künste'로 표현한다. 이러한 용어가 어느 정도 혼란스럽게 하기 때문에, 나는 처음에는 이러한 용어를 손대지 않고 그대로 둘 것이며, 그 다음에는 '부문들Disziplinen'과 '학문Wissenschaft'으로 되돌릴 것이다. 아리스토텔레스에 따르면 개별적인 실체는 '개별적으로 지시된 대상'으로, 즉 '여기 이것'으로 특징지어진다. 이러한 것을 위해서 가깝게는 대개 '물질적인 개별자' 혹은 '이와 유사한 것'이 끼워졌다. 순수한 정신적인 실체는 '여기 이것'으로 표시되지 않는다. 아리스토텔레스에 따르면 그리고 또한 이런 이유로 이슬람 철학자들에게서 (예를 들면 질료로부터) '분리된'이라는 용어는 물체적이지 않는 것Unkörperliche, 즉 순수한 정신적인 것rein Geistige을 의미한다. 아베로에스에서 '여기서hier'는 '이 세상'을 의미하며, '저기dort'는 천체의 세계, 정신적인 세계를 의미한다. dāt(본질Wesen)이란 용어는 실체뿐만 아니라 본질성Wesenheit(아리스토텔레스의 οὐσία를 참조)을 의미하며 매번 사정에 따라서 다시 주어진다. 왜냐하면 질료적인 것은 정신적으로 직접 이해할 수 없어서(오히려 질료를 제거함으로써 이해할 수 있기에), 아베로에스는 물질적이지 않는 것을 정신적인, 개념적으로 직접 파악할 수 있는 것(alma'kūl=almufārak)과 같은 것으로 보기 때문이다. 아베로에스의 독특함은 '실체들'(gawáhir, 'Perlen', 사물의 가장 가치있는 것, 마찬가지로 οὐσία의 짝)과 함께 또한 본질성들을 표현하는데 있다. 이로부터 생겨날 수 있는 애매함들은 설명을 덧붙여서 피하였다. 아베로에스는 이데아[Idee](이성ratio, logos, manā, Horten: Razi und Tusi V A. 1비교) 아래서 물질적이지 않은 내적 성질, 질적인 정해짐을 이해하고, 반면에 플라톤의 이데아들을 '분리된 형상들[getrennte Formen]'(물론 질료로부터 분리된 형상들[formae separatae scilicet a materia]), 말하자면 물질적이지 않는, 정신적인 본질형상들[Wesensformen](본질성들[Wesenheiten])로 표현한다(한 번도 '이데아들', maánin, manā로 표현하지 않았다). 이중의 뜻일 수 있고 비슷한 것일 수 있는 한 가지가 아닌 술어에 대해서 아베로에스는 연관관계의 여하에 따라서 '이중의[äquivok]'으로 혹은 '비슷한[analog]'으로 다양하게 표현한다. 우리에게 감각적으로 나타난 실재하는 세계 사물들은 이런 사물들로(예를 들면 21,19) 표현된다. 아랍어에서 고유한 이데아의 표현으로 이중의 표현들 혹은 쌍으로 된 표현들이 있다. 예를 들면 빠름과 느림으로 속도, 무거움과 가벼움으로 무게, 먼저와 나중으로 체계화된 배열(표현방식에서 비슷한 술어[praedicatio analoga]), 또한 배열과 비례를 통해서 서술될 때는, 더 강함과 더 약함으로 강도의 차이, 더 큼과 더 작음으로 양적 차이, 많음과 적음으로 양과 수에서 차이 등등이 있다. 원본의 표현방식을(또한 원본의 졸렬함을) 가능한 한 거의 남기기 위해서 혹은 새롭게 하지 않기 위해서, 이러한 것에서 '쌍으로 된 표현'은 대개 유지되었다. 개별성들로 아직 다음의 것: 41,14는 잘못된 표현들에 따라서 '반면에 그것은 에워싸인 원 모양의 선을 유지한다'로 옮겨졌음에 확실하다. '거기에[Da]' 대신에 58,14는 분명히 '다음에 이다[Folglich ist es]' 등등을 끼워 넣었음에 확실하다.

58,33은 확실히Sicherlich=innamā. 그렇지 않으면 유에 따라서 혹은 종에 따라서 하나의 같은 것을 보충해야만 한다. 63,27에서: 사람들은 사물들에서 추상된 지속하는 본질을 말로 표현한다. 그러나 이러한 것은 곧 바로 부정되어질 것이다. 65,24 ahṯaa 대신에 asābū: '이것은 오류로 나타난다'. '옹호자'는 어쩌면 아비세나다. 69,3: 보편적인 것Universelle이 개별 사물이라면, 이것은 서술될 수 없다. 69,30: … 그러면 이들의 고유한 주장들은 거짓이다. 이들의 이론들은 철학적인 것으로 표현될 수 없을 것이다; 왜냐하면 … 111,21에서: 이것으로부터 110,5의 어려움이 나올 것이기 때문이다. 117,21은 보편성Universalität을 관계Beziehung로 표현한다. 126A.2: 엄밀하게는 결론Nachsatz이 이야기될 것이다: '그러므로 그들은 원인 자체를 세웠다. 그렇지만 오류의 잘못된 방식에 빠졌다'. 130,26: 이러한 관계는 비슷한 술어를 위한 바탕을 이룬다. 136,22: 여기서 대립Kontrarietät은 넓은 의미에서 반대Opposition로 이해할 수 있다(135,34와 비교). 141,33: 여기서 순환증명demonstratio circularis은 같은 것에서 논증argumentatio ad hominem에 있다. 159,23: 별이 없는 주변구의 운동 없이 단지 37개의 운동들이 일어난다. 162,25: 사상은 이런 것이어야만 한다: 어떤 통일적이지 않은 중심도 전체세계와 일치해야만 한다. 201,25: 텍스트는 다행스럽게도 205,32(202,14와 비교)처럼 잘 보완할 수 있다: 달 또한 해처럼 지구로부터 많지도 적지도 않을 만큼 멀리 떨어져 있을 수 있다.

아베로에스는 이 저술에서 가장 중요한 문제들 중의 하나로 형이상학의 자연학화를 추적한다. 인간적인 학문들을 세울 때 더욱 엄밀하게 탐구하기 위하여 질서와 연속성에 주의할 그럴 만한 가치가 있다. 그러므로 여기서 눈에 띄는 구절들을 살펴보고자 한다: 1,14ff.

2,20. 3,5.17.20ff. 4,3.9.26. 5,1. 6,15~7,13. 8,4.7. 23,24. 25,34. 29,16. 38,19.25. 39,1.34. 40,10~15.27. 41,24. 43,11(형이상학은 우연적인 것들로부터 이것들이 우연적인 것들이라는 것을 증명해야만 한다). 49,2. 50,1~38. 52,15.18(있는 것은 양에 따라서 있는 것이다ens in quantum est ens). 66,14. 94,15.22~95,9.24~26. 101,8ff. 102,1ff. 112,10. 119,27A. 120,20~32. 126,4. 129,13f.38(비물질적인 것은 대상이 아니라, 오히려 문제이다). 148,31. 150,15(형이상학은 마지막 원인에 이르기까지 원인의 사슬을 탐구한다. 그러므로 신에 이르기까지 정신의 세계를 탐구한다. 더욱이 이러한 정신의 세계를 대상으로서가 아니라 오히려 형이상학의 모든 포괄적인 대상들 안에서, 즉 있는 것 자체 안에서 개별적인 문제로 탐구한다 – 149,36 –. 따라서 비물질적인 것이(아리스토텔레스 1026a15~20 그리고 1064a30~35와 비교) 형이상학에 끌어 들여진다. 즉 모든 관점에서 탐구되는 대상처럼(156,26과 비교), 뿐만 아니라 사람들이 결정적으로 정해진 관점에서, 여기서는 있는 것은 양에 따라서 있다in quantum est ens는 것에서 고찰하는 문제처럼, 이러한 영역을 또한 특별하게 다룬 가장 바라던 기회를 주는 것이 형이상학으로 이끌어졌다. 이를 통해서 형이상학의 대상을 파악할 때 알려진 모순이 드러난다. 형이상학의 대상은 일반적으로 있는 것Seienden의 정해진 영역에서 어떤 제약도 없는 있음Sein이다. 그러나 그럼에도 불구하고 특별히 있음처럼, 비물질적인 것과의 관계에서 작용하는 것으로부터 잘라낸 것(신과 정신적인 세계 등등)이 취급된다. 156,21(형이상학은 자연학문의 전제들에 기초한다). 156,27(있는 것들은 양에 따라서 있다in quantum sunt entia = 형이상학의 형식적인 대상). 157, 21~38. 159,1~4. 165,15~20. 172,14.

174,34.

아베로에스의 사유의 세계는 철학사적으로 가장 다양한 문제들을 나타냈다. 우선 개별적인 학설들을 엄밀하게 분석해야만 한다. 있음은 우연·우연적인 것Akzidens이 아니라, 오히려 사물 자체의 실제적인 실체를 만든다(이것은 고유한 방식에서 Schirázis 1640†: 사물들은 있음의 개별자들이라는 사상과 일맥상통한다)는 주제, 나아가 세계의 우연 · 임의적임Kontingenz에 대한 부정(Müller: Averroes 39,7ff.와 비교)은 아직 해명해야만 할 많은 수수께끼를 제공한다. 이 경우 이러한 학설들은 아리스토텔레스, 아비세나 그리고 다른 학자들의 학설들과 비교할 수 있다. 이데아의 발전에 관한 다른 문제들은 줄 사이(방법들, 무의식적인 전제들, 논의방식들 등등)에 놓여 있다. 이러한 종류의 탐구들을 쉽게 하기 위해서 체계적인 목록이 마련되었다.

브루노 나르디Bruno Nardi 박사는 앞에 놓여 있는 작품에 관하여 아베로에스의 저작자 신분을 의심하였다(Rivista di Filosofia Neoscolastica 1911년 4월~8월, 1912년 2월~4월: 브루노 나르디: Sigieri di Brabante nella Divina Commedia; 별쇄본 S. 17 A. 2): "아베로에스의 저작들 가운데 (Venetiis 1560) 해결되지 않은 채로 남아 있는librum 아리스토텔레스의 형이상학에서 발췌가 발견된다. 우리는 아랍철학에 몰두한 학자들의 관심을 이러한 형이상학으로 돌리고 싶어 한다: 왜냐하면 이 발췌는 우리에게(이 저작이 아베로에스의 저술로-옮긴이) 신빙성 있게 보이지 않기 때문이다. 사실 이 발췌에서 학설들이 세워진다. 이 학설들은 형이상학에 대한 긴 해설서에 정반대로 대립되어 있다. 비록 이 발췌본의 저자가 2차적인 논점들에서 아비세나를 극복하려고 할지라도, 그렇지만 그는 아비세나로부터 형상들을 나누어주는 자(dator formarum, 능동적인 지능Intellekt)의 이론 그리고 천체의 예지와 공간의 단계적인 유출 이론과 지능의 담지자 이론을 받아들인다. 그는 생겨남과 사라짐의 문제에 관한 해결책이 플라톤과 아리스토텔레스 사이에 중재하는 장점을 지닌다고 생각했다. 생겨남과 사라짐은 이러한 형식을 표현한다: "기초요소들이 있음을 갖는 것처럼, 함께 세워진 물체들이 원인이다corpora coelestia sunt causa, ut elementa habeant esse." 그럼에도 불구하고 아베로에스는 플라톤의 견해와 관련하여 변화에 대하여 아무것도 알려고 하지 않는다. 다른 학설들, 예를 들면 순수한 정신의 측면에서 개별적인 것의 인식에 관한 학설과 신적인 예견에 관한 학설은—이러한 학설에서 사람들은 아베로에스가 철학을 종교적 신념과 일치시키려고 노력하는 것을 느끼는데—아베로에스의 정신과 철학의 용어에 대립한다. 결국 책은 나중 제자의 미숙한 필적을 나타내는 의심스러운 형식; "아베로에스는 가르친다"로 시작한다. 이 제자는 아비세나와 아베로에스를 통일시키고자 했으며 마침내 그는 아비세나도 아베로에스도 더 이상 이해하지 못하는 정도에 이르렀다."[4)]

다음으로 긴 해설서를 (그리고 아베로에스의 다른 저작들을) 가진 라틴어 번역들에 의존한다는 것은 매우 주의해야 할 일이다; 왜냐하면 이것들에서 예를 들면 단어 ihdāth가 나타나기 때문이다. 즉 시간

4) 막스 호르텐이 브루노 나르디의 글을 "아베로에스의 저작들 가운데(Venetiis 1560)~이해하지 못하는 정도에 이르렀다." 22~23쪽까지 인용한 것이며, 이 인용글 안에 브루노 나르디가 아베로에스의 것이라고 하는 책에서 "기초요소들이 있음을 갖는 ~ 문체들이 원인이다corpora coelestia~habeant esse.", "아베로에스는 가르친다"(23쪽)는 구절을 인용하는 구분이다.

의 창조zeitliche Schöpfung가 신의 선택creatio과 함께 다시 주어지기 때문이다. 다만 아베로에스는 ihdāth를 부정하며, 반면에 창조를 주장한다. 그러므로 번역들에 따르면 아베로에스는 창작Erschaffung을 (단순한 번역상의 잘못으로 인하여) 단순히 부정하였지만, 반면에 그는 이 창작을 실제로는 매우 확실하게 가르쳤다. 또한 아베로에스는 형상들을 주는 자를 그의 사변적인 독단(Müller 37,8)에서 예로서 언급한다. 그리고 그곳에서 이러한 학설은 아베로에스에게 매우 공감되는 것으로 보인다. 다른 구문들에서 물론 그는 신이 각각의 생명의 형상을 완전히 새롭게 창조함으로써 형상을 주는 자라고 가르친다(ibid. 44 passim). 능동지성에 관한 학설은 아베로에스의 학설과 일치한다. 우리는 우리 철학자의 학설들에서 모순으로부터 이런 혹은 저런 저작이 그에게 주어질 수는 없을 것이라는 것을 더 이상 추론할 필요는 없다; 왜냐하면 아베로에스는 그의 주제에 언제나 같은 것으로 머물러 있는 것처럼 보이지 않기 때문이다. 예를 들면 그는 신이 세계를 창조하고(Müller 89,1) 다음에는 다시 전제로서 세계창조를 위한 신의 자유로운 의지를 부정함으로써(ibid passim) 신을 자유로운 자발적인 자frei Wollend로 나타낸다. 신은 단지 시간적으로 생겨나는 자유로운 의지를 가질 뿐이며, 반면에 그는 세계를 영원함으로부터, 그러므로 자유롭지 못하게 창조한다. 이와 같은 종류의 단지 볼 수만 있는 그리고 정확성을 결여한 모순은 번역하는 과정에서 쉽게 풀 수 없을 것이다. 예를 들면 아베로에스는 질료적인 지성의 통일을 가르치며 그리고 동시에 죽은 다음에 인간적이고 개별적인 지속적인 삶을 주장한다. 심지어 그는 매우 사실적으로 우리가 죽은 다음에 보이는 육체, 구체적인 육체를 가진다는 것을 주장한다(Müller

123,1). 누가 모든 이러한 학설들에 일치할 수 있겠는가! 지금까지 아직은 아무도 성공하지 못했다. 아베로에스의 추종자들에 따르면 아베로에스는 사람의·인간의 지속적인 삶을 부정하였으며, 그 밖에 그가 자신을 벗어났음에 깜짝 놀란(loc. cit) '믿지 않음Unglauben' 으로 낙인찍은 학설을 부정하였다. – 비록 아베로에스 주의자들이 신이 물질적인 개별자를 안다는것에 이론을 제기할지라도, 이것은 아베로에스 추종자의 모범적인 학설[5]이다. 그는 이에 관하여 의심할 여지가 없는 독특한 논문 한편을 썼다(Müller 128ff., ib. 11,6과 비교). 천체의 정신들은 물질세계의 개별자를 안다. 결국 '아베로에스는 가르친다'는 형식을 통한 책의 들어가기는 어떤 학생의 저작임을 위한 증명은 아니다; 왜냐하면 이러한 종류의 형식들은 아랍어의 원고들에서 거의 규칙적으로 베껴 쓰는 자들에 의해 전제되기 때문이다. 발췌본의 문체는 '믿음과 앎 사이의 조화'의 문체, 사변적인 교리의 문체 그리고 'Gazali의 논박'의 문체와 일치한다. 결론적으로 원고들을 통해서 증명된 전통으로부터 벗어났다는 충분한 근거는 있지 않다. 만일 아베로에스의 긴 해설서의 원본들이 앞에 있다면, 물론 모든 의심들은 비로소 풀릴 수 있을 것이다. 중세의 라틴어 번역들은 신뢰하기에는 충분하지 않다. 왜냐하면 이 번역들은 정확한 철학적인 전문용어를 반영하지 못하기 때문이다. 사람들은 학설에서 뜻밖의 차이들로부터 아베로에스에서 철학적으로 발전하는 신념을 추론

■

5) 아베로에스는 이중의 진리성에 대한 학설을 자세하게 반박하였다(Müller 71, 3 unten). 이 학설은 아베로에스의 전체 사상의 범위에 (모든 아베로에스의 추종자들과 견주어서) 완전히 적합하지 않다.

할 수 있을 것이며, 이것으로 인하여 저 저작들에 대한 저자들의 서로 다름을 추론하는 것보다 그의 저술들의 확실한 연대기를 추론하는 것이 더 어려울 수 있을 것이다.

언젠가 학문적으로 서술된 전체에서 종합적으로 이슬람 철학을 요약하는 목표에 마땅히 도달하게 된다면, 그 다음에 비로소 가능한한 많은 가치 있는 근원들을 쉽게 알 수 있을 것임에 틀림없다. 먼저 만일 이러한 선구적인 일들에 대한 첫 번째 연구가 극복된다면, 전체적인 조망을 생각하게 될 수 있다. 나의 초기 작업들을 드러낸[6] 이런 중요한 사유로부터 앞에 놓인 사유가 영감을 받았다. 아베로에스의 완전히 가득 찬 사유에 대한 완성된 서술이 가능하기에 앞서, 아직 많은 이러한 종류의 앞선 작업들이 이루어져야만 한다. 번역은 가능한 한 문자대로 텍스트에 따랐다. 그 결과 자주 아베로에스의 장황함이 묘사되어진다. 이 때문에 동양 언어학자에게 심지어 언어학자로서 어느 정도까지 따라 갈 수 있다. 사태의 판단은 물론 철학자만이 자격이 있다.

■

6) 유감스럽게도 기껏 비철학자들에서, 그러므로 비전문가들에서 시작한 나의 초기 작업들의 비판은 모든 좋은 바람Wohlwollen으로 이러한 사유에서 논쟁되지 않았다. 이러한 학문에 대한 현재의 사정에 따라서 먼저 이슬람철학의 잠들어 있는 사유세계의 '발굴'과 '들춰냄'이 요구되고 그리고 일반적으로 가능한 동안에, 사람들은 이슬람철학에 관한 작업을 갈망하였다. 그 밖에 다음의 것이 진술되었다: "이슬람철학의 사변들은 옳지 않다. 결과적으로 우리는 이것들에 흥미를 갖지 않는다." 대답: 그래서 사람들은 고대와 중세의 종합적인 철학을 (그렇게 매혹적이며 독특한 인도의 철학을 포함하여) 지워야만 할 것이다. 역사적 판단이 적당한 곳에서 사태의 판단을 빠뜨린 것은 비판자의 잘못이다. 과거 시대의 사유의 방향들은 오늘날 철학의 규범으로부터 벗어나면 벗어날수록, 과거 시대의 사유방향들은 역사가에게 더욱더 흥미를 갖게 한다. 이러한 이유로 예를 들면 대략 1068년의 Abu Raschíd의 철학은 철학의 완전히 초기적인 형태에서 아주 매우 높은 가치를 갖는다. 이 철학은 1100년 뒤에 이슬람에서 규범으로 간주한 것으로부터 탈피함을 의미한다. 말하자면 이 철학은 체계로서 이러한 마지막 지지자와 함께 사그라진 독특한 (인도에 강력하게 구속된) 정신세계의 마지막 타오름이다. 단지 이것들에 대한 앎을 통해서 인간정신이 세계관을 얻기 위한 싸움에서 어린애 같은 서투른 걸음으로 더듬어 나갔던 길들을 베낄 수 있다.

아베로에스의 체계에서 가장 본질적인 물음은 다음의 것뿐이다: 그가 어떤 근본원리에 따라서 그의 세계상을 통일적으로 구성하는가? 파라비Farabi와 아비세나의 체계를 특징짓는 우연적인 사유Kontingenzgedanken를 아베로에스는 거절한다. 이를 통해서 그는 저 두 철학자들처럼 모든 세계를 그와 같은 대략적인 방식에서 파악하는 가능성을 단념한다. 이 두 철학자들에 따르면 신을 제외한 사물들의 거기 있음Dasein은 필연적으로 사물들의 본질성과 함께 주어지지는 않는다. 이 둘은 사실 구별된다. 즉 사물들은 만들어 낼 수 있으며 우연적이다. 사물들은 거기 있음을 외부의 원인들로부터 받아들여야만 한다. 이것에 따라서 세계 전체는 이러한 거대한 종류의 사유방향에서 있음Sein의 흐름Strom을 기술한다. 이러한 있음의 흐름이 모든 있음의 근원으로부터 사물들의 우연적인 본질성을 유출한다. 만일 아베로에스가 이러한 사유를 거절한다면, 그는 그의 세계관에 통일적인 특징을 주는 다른 원리를 찾아야만 한다. 이러한 것은 알려진 것이다: 있음에 관한 각각의 틀Kategorie에서 자체per se는 틀의 현재 있는 것Vorhandene에서는 첫 번째 이며, 틀의 있는 것Seienden에서는 우연적인 모든 것에 대한 원인이다.[7)] 아베로에스는 불과 열을 예로 든다. 불

■

7) 아리스토텔레스 198a 8. 1065b 2. 1061a 2(건강과 건강한 것에 대한 예). Thomas s. th. Ⅰ－Ⅱ 10, 1c. In omnibuw autem ea, quae non per se (sed per accidens) insunt, reducuntur in aliquid, quod per se inest sicut in principium. Ⅳ distinct. Ⅷ qu. 1 art. 1c Ende: omne quod est per aliud, recucitur ad id quod est per se sicut patet de accidente et substantia. Periherm. lect. 14 medio. Ⅱ dist. 26, 2 art. 2. s. th. Ⅰ－Ⅱ 75, 1c: omnis causa per accidens reducitur ad causam per se. Metph. 7 lect. 1 medio. 근본 사상은 비유적으로 주장된 사물들에서 사상이다. 이러한 사물들은 사물들이 이러한 틀에서 '자체per se'에 더 가까이 있는 정도에 따라서 체계적인 질서를 이룬다. 이러한 것을 통해서 사물들은 이러한 틀의 규정성을 지닌다. 한 예로 건강Gesundheit은 자체로 육체의 체액들의 혼합에 의해 표현되며, 우연적으로는 음식물에 의해 표현된다. 이러한 음식물은 자체 건강한 것das per se Gesunde과 관련하여 (그리고 그것 자체를 '통해서') 건강한 것으로 불러진다. 여기에는 107,14~30. 117,29~118,10.

은 자체 따뜻하며, 따뜻한 사물들은 우연적이다. 그러므로 따뜻한 사물들은 사물들에서 유지하는 불을 통해서 따뜻하게 될 것임에 틀림없다. 이러한 불은 사물들의 따뜻함을 일으킨다. 이러한 잘 알려진 원리를 통해서 아베로에스는 본성에 알맞게 먼저 활동하는 것Wirklichen의 개별적인 틀들을 통일적이고 체계적으로 형성하기에 이른다. 그러나 그것은 전체로서 모든 세계에 대한 그의 폭넓은 적용에서 세계관의 근본원리로 된다. 이 근본원리는 전체 세계에 대한 그림을 통일적으로 구성하고 형성하는 것이다; 왜냐하면 4가지 원인들 각각에서 첫 번째와 자체가 현재 있어야만 하기 때문이다. 완성Entelechie을 의미하는 3가지[8] 원인들에서 '자체'는 신Gott이다. 그러므로 이러한 신은 작용원인, 형상원인 그리고 목적원인 자체이며, 나아가 참Wahre과 좋음Gute 자체이다. 그러므로 언급된 원인들 중 한 가지로 활동하는 세계 안에 있는 모든 것은 오직 신 이외의 모든 참과 좋음이 단지 신을 통해서만 참이고 좋음인 것처럼 신을 통해서만 그렇게 실행될 수 있다(자세하게는 in Averroes: Widerlegung Gazalis, passim). 신은 작용원인으로서 첫 번째 운동자이다. 이러한 첫 번째 운동자는 자체 그리고 첫 번째 지향으로서 천체들에게 운동을 주지만, 있음을 주지는 않는다. 왜냐하면 하지만 운동은 천체들에게 본

■

120,5ff. 124,30. 126,23f. A.2~127,19. 34~128,3. 16~129,5.30. 133,8~19. 134,21. 146,13~18. 148,33~149,8. 169,37~170,2. 18~31. 171,22~23. 173,5~16. 183,30~184,9. 38~185,22. 186,1~24. 197,23~198,2.

8) Gazali은 또한 4번째 원인, 즉 질료(밑바탕)를 신으로 돌리고자 한다; 왜냐하면 모든 원인들은 확실히 신에서 끝나기 때문이다. 끝없음으로 되돌아감은 그와 같은 것에서는 없을 것이다. 그러므로 신은 밑바탕과 우연적임으로 이루어졌음에 틀림없을 것이다. 이러한 것을 논박하는 것은 아베로에스에게 쉬울 것이다 (Horten, Die Hauptlehren des Averroes; Bonn, Marcus u. Weber, 1913).

질적이기 때문에, 신이 이것들에게 우연적으로 함께 동행하여 운동을 통해서 있음을 주며, 신은 천체들을 있지 않음[Nichtsein]으로부터 거기 있음[Dasein]으로 '가져오기 때문이다'(Averroes: Widerlegung Gazalis 42,4. 46,12. 67,5 이하, ed. Kairo 1901). 아베로에스는 우연을 부정함에도 불구하고 – 신을 제외한 사물들이 우연적이지 않다면, 사물들은 본질적으로 만들어질 수 없다. 왜냐하면 사물들은 있음을 자신으로부터 점유하기 때문에 – 간접적으로 독창적인 창조 개념에 이른다. 신은 사물들을 없음으로부터[ex nihilo] 창조한다. 신은 단지 세계를 만든 자일뿐만이 아니다. 이 때문에 사람들은 아베로에스의 세계 건설에서 하나임[Einheitlichkeit]을 박탈할 수는 없다. 그러나 하나임은 그렇게 심오하지 않으며, 아비세나와 파라비의 세계 전체에 있음의 유출을 주는 하나[Einheit]처럼 그렇게 깊게 사물들의 있음을 파악하지 못한다.

나의 경애하는 스승, 지도교수인 베노 에르드만[Benno Erdmann] 박사님께 그의 끊임없이 도와주신 친절함과 그리고 그의 헌신적인 환대에 이 자리에서 나의 진심어린 감사를 드리는 것은 나에게는 아주 특별한 기쁨이다.

Bonn, 1912년 10월 2일

Dr. Max Horten

:: CONTENTS

아베로에스의 형이상학

제1장
개념정리 · 사전

제2장
있는 것과 10개의 틀들
(실체에 관하여)

제3장

있는 것의 고유한 성질들

제4장

첫 번째 원인과 원리-정신, 신

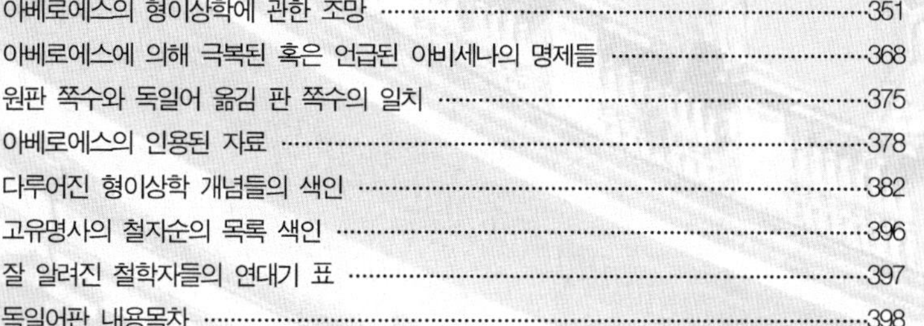

아베로에스의 형이상학

들어가기

이 책에서 우리의 목적은 형이상학에 관한 아리스토텔레스의 책에서 자세하게 설명된 각각의 장들로부터 학문적인 학설들을 편집하는 것이다. 우리는 이것을 이미 우리의 습관에 따라서 앞선 책들에서 논리학과 자연학에 관하여 행한 바 있다. 이 때문에 우리는 이러한 학문의 목적, 유용성, 부분들, 서열 그리고 관계들에 관하여 '보고함'으로써 시작한다.[1] 간략하게, 만일 사람들이 이러한 '기술Kunst'[2]을 받아들이고 이것의 연구를 시작한다면, 우리는 유용한 방식으로 미리 설명되어진 대상들을 가지고 시작한다.

그러므로 우리는 가르친다: '기술들'과 학문들이 다른 부류들

■

1) 이러한 표현으로 아베로에스는 아리스토텔레스의 학설에 관하여 단지 보고하려는 것을 말하고 싶은 것으로 보인다. 이때 그의 고유한 학설들이 본질적으로 눈에 띄지 않게 아래에 깔린다.

2) 'Kunst'라는 표현을 철학자들은 정신에 대한 연마, 사유에 대한 훈련, 학문의 의미에서 사용한다.

Klassen[3]을 이룬다는 것은 이미 다른 곳에서 언급되었다. 이것들은 이론적인 부문들('기술들')이거나 – 이러한 것들의 목표는 순수한 학문 자체인데 – 혹은 실천적인praktische 부문들이다. 실천적인 것에서 앎은 단지 그것의 목표를 향하는 것처럼 행위들에만 주목하였다. 혹은 이들 두 부문들에 봉사하고 이것들에 종속되는 부문들('기술들')이다: 이것은 논리학의 부문들이다. 그 밖에 실증적인 증명에 관한 책에서 이론적인 부문들이 두 부류들Gruppen, 즉 보편적인universelle 부류와 개별적인partikuläre 부류를 기술하는 것으로 가르쳐졌다. 보편적인 부류는 절대적인 의미에서 있는 것Seiende과 그리고 있는 것의 본질적으로 우연적인 것들을 고찰한다. 그러므로 이러한 방식에서 3가지 부류들이 밝혀진다: 변증법의 부문, 궤변의 부문 그리고 우리가 여기에서 몰두하는(형이상학) 부문이다.[4] 학문들의 부분적인 부류는 확실한 상태에서 있는 것(그러므로 개별적으로 있는 것)을 고찰한다. 더 나아가 다른 학문의(실증적인 증명에 대한 학설의) 설명들에서 개별적인 학문들은 단지 2가지 부류들을 형성하는 것으로 표현되었다. 이것들은 자연학(이것은 변화하는 있음을 고찰하는 부문)과 형이상학이다. 형이상학은 질료로부터 해방된 양을 탐구한다. 모든 이러한 것은 요청으로서 (두 번째 분석론의) 증명에 관한 책에

■

3) 'Klassen'과 'Gruppen'은 고유한 종류들Arten과 구별된다. 뒤의 것은 특별한 차이들을 통해서 형성되며, 앞의 것은 2차적인 규정들을 통해서 형성된다.

4) 그러므로 아베로에스에 따르면 이 3가지는 있는 것은 양에 따라서 있는 것이다ens in quantum est ens와 관계가 있다. 게다가 변증법과 궤변은 있는 것은 양에 따라서 논리적으로 있는 것이다ens logicum in quantum est ens와, 형이상학은 있는 것은 양에 따라서 실재하여 있는 것이다ens reale in quantum est ens와 관계가 있다.

서 세워졌다(이것은 다른 곳에서 마땅히 증명되어졌을 것이다). 이 때문에 우리는 이러한 것을 여기서 탐구해야만 한다(왜냐하면 이것을 증명하는 것은 형이상학의 책임이기 때문이다).

이 때문에 우리는 가르친다: 이러한 이론적인 부문들을 언급된 3가지 부분들로 나눔은 필연적으로 나타난('생겨난[einstellt]') 어떤 것이다. 왜냐하면 실재하는 사물들 자체는 (대상들을) 같은 3가지 부류들로 쪼개기 때문이다. 만일 네가 요컨대 실재하는 사물들을 낱낱이 점검한다면, 몇몇의 사물들은 단지 질료에서 존립하는 것으로 드러난다. 사람들은 실재하는 사물들과 이것들의 우연적인 것들에 대하여 이러한 방식으로 고찰하는 것을 하나임[Einheit]으로 요약하였다. 이러한 것은 지연학과 관계하는 각각의 것에서 분명하다. 그 밖에 다음의 것이 분명해진다. 즉 비록 다른 사물들이 실제로 질료에서 있을지라도, 질료는 이러한 다른 사물들에서 정의[Definition]의 부분을 이루지 않는다. 이러한 것은 수학을 탐구하였던 각각의 것에서 확실하다. 모든 이러한 부분들과 이것들의 우연적인 것에 관한 탐구는 마찬가지로 하나의 학문으로 요약되었다. 왜냐하면 다른 원리들이 자연학에서 나타났고 분명해졌기 때문이다. 이러한 다른 원리들은 질료에서 있지 않고, 또한 정해진 특별한 상태에서 (innividuelle로서) 실재하지도 않으며, 오히려 보편적인 방식에서 그것의 있음을 갖는다. 그러므로 이러한 원리들의 고찰은 일반적으로 있음에 관하여 숙고하는 보편적인 부문에 필연적으로 해당한다. 더 나아가 너는 우리의 대상에서(학문들의 대상에서) 많은 보편적인 내용들이 실제로 있다는 것을 알게 된다. 이런 내용들은 감각적으로 지각할 수 있는 사물들과 공동으로 감각적으로 지각할 수 없는 사물들과 함께 만들어진다. 예를 들면 하나임[Einheit]과 많음[Vielheit], 가능태와 활동태 그리고 (있는 것의) 유사한 보편적인 우연적인 것들, 줄여서 사물들이 이러한 사정에 있다. 이러한 사물들은 비물질적인 사물들에 기초하여 감각적으로 지각하는 대상들에 붙어 있다. 이러한 것은 다음에서 명확해질 것이다. 일반적으로 있음이 대상인[ist](텍스트: '귀속하는[zukommt]') 그러한 부문 이외에 다른 어떤 부문도 이러한 유사한 사물들을 고찰할 수는 없다. 만일 이러한 것이 그러한 사정이라면, 이론적인 부문들은 2가지 부류들을 이룬다. 보편적인[universelle] 부류와 개별적인[partikuläre] 부류이다. 이러한 부분적인 부류는(자연학문들과 형이상학에서) 이미 다루어졌다. 우리가 설명해야할 것으로 지금 아직 남겨진 것이 이러한 학문이다. 설명된 것처럼, 이러한 학문의 목적은 있음 자체와 있음의 모든 종류들을 (가장 보편적인 것으로부터 더 개별적인 것으로 넘어가는) 이러한 학문이 부분적인 학문들의 대상에 이르기까지 고찰하는 것이다. 그 밖에 이러한 학문은 있는 것의 본질적이고 우연적인 것들과 활동하는 모든 있는 것의 틀들의 위로 연결된 사슬을 고찰한다. 이 사슬은 첫 번째 원인으로 이끌어지는 것이다. 그리고 이러한 것은 비물질적인(단어적으로: '분리된[getrennten]') 실체들[Substanzen]이다. 이러한 이유로부터 형이상학은 모든 원인들에 대하여 형상적인 원인의 앎을 주며, 더 나아가 목적원인에 관한 앎도 준다. 이 목적 원인은 어떤 방식에서는 작용원인이지만, 사람들이 변화하는 사물들에서 작용원인에 대하여 말하는 방식에서 작용원인은 아니다. 왜냐하면 작용원인이 시간적으로 작용에 앞서갈 것임은 이러한 영역에서(즉 형이상학적 사물들의 영역에서) 작용원인에 속하지 않기 때문이다. 예를 들면 (시간적으로 서로 잇달아 일어

나는) 자연 사물들이 그러한 사정에 있다. 그와 같이 자연학이 주는
인과율의 앎에 대한 그러한 모든 것을 단지 자연과 자연물들의 관 4-1
계에서 그리고 비례에 따라서 알게 되는 것처럼, 형이상학에서 실재적인 대상에 대한 인과율적 설명Kausalerklärung 또한 그와 마찬가지[5]다. 인과율적 설명은 실재하는 사물들에 대한 이러한 앎을 단지 신성Gottheit과 신적인 것Gottliche을 고려해서만 준다. 신성과 신적인 것은 질료에서 실재하지 않는 그러한 것이다.

짧게 해서, 형이상학에서 아리스토텔레스의 근원적인 목적은 단지 자연학문들의 앎Kenntnis에 관하여 앎Wissen의, 말하자면 감각적으로 지각할 수 있는 사물들의 가장 높은 원인에 관한 앎의 완성을 위해 아직 남아 있는 모든 것의 앎Kenntnis을 매개해야만 하는 것에 있다. 이에 관한 이유는 이러하다: 이러한 문제들에 관하여 단지 2개의 최고의 원인들, 질료와 운동자Beweger만이 자연학에서 말해졌고 설명되었다. 그러므로 아리스토텔레스가 질료의 형상적인 원인과 작용하는 목적원인을 분석하는 것이 이러한 학문에 아직 남아 있다. 거기에서 그는 (목적이 활동하는) 작용원인과 (순수하게 질료적인) 운동자 사이에 구별을 지을 수 있을 것으로 생각한다. 운동자는 운동하는 대상에게 단지 운동을 줄뿐이다. 작용원인은 운동하는 대상에게 운동을 실제로 있게 하는 형상을 준다. 이것이 바로 형이상학이다. 이러한 앎은 특별히 형이상학에 속한다. 왜냐하면 언급된 사

5) 이러한 두 앎의 영역은 이 둘이 단지 어떤 관점에서는 인과율의 설명을 주어야 하는 한에서 비교할 수 있다. 각각의 영역은 확실하게 구별된다: '자연Natur'(Physis)과 '자연을 넘어선 것Übernatürliche'.

물들은 보편적인universelle 사물들이기 때문이다. 이러한 사물들의 고찰을 통해서 사람들은 작용원인에 대한 앎에 이른다. 더 나아가 이러한 작용 원인에 대한 앎은 다음과 같은 것이 주어진[6] 다음에 도달되어진다. 이것은 질료에서 있지 않는 (첫 번째) 운동자의 실제로 있는 것과 관련하여 자연학에서 설명되었던 것이다. 그러므로 단지 질료원인Materialursache과 첫 번째 운동자에 관하여 자연학에서 서로 다른 전제들이 세워졌다. 사람들은 이런 서로 다른 전제들로부터 둘의 앎에 도달할 수 있다. 자연학 이외의 다른 학문에서 이러한 문제들에 관한 엄밀하고도 개별적인 설명은, 특히 운동하는 원인에 관한 설명은 한 번도 가능하지 않았다(왜냐하면 이러한 목적을 위해 물리적인 질료들이 요구되기 때문에; 정신의 세계에서 공간적 운동은 생각할 수 없기 때문이다).

이러한 학문(형이상학)에서 있음의 첫 번째 원리에 대한 실재함Existenz을 밝히기 위하여 아비세나가 (Metaphys. Abh. VIII) 사용했던 증명들은 단지 지엽적인 증명들일 뿐이다. 이러한 지엽적인 증명들은 증명들 전체의 내용들에는 맞지 않다. 나아가 이러한 증명들은 개별적으로는 어떤 사물에 대해서도 앎을 주지 못한다. 너는 이런 것을 Gazáli가 그의 책 '그리스 철학자들의 내적 모순Der innere Widerspruch der griechischen Philosophen'에서 아비세나에게 맞선 이율배반들로부터 이미 알고 있다. 우리가 설명했던 것처럼, 이런 이유로부터 철학자는 자연학의 근거위에서 있음의 첫 번째 원리에 관한 실재함을 증

6) 또한 이러한 근거로부터 '자연Physik'이 형이상학에 의해 전제되어진다.

명한 것으로 보인다. 네가 수학적 천문학의 근거 위에서 운동시키는 원리들에 관한 정해진 수의 실제로 있음을 전제한 것처럼, 형이상학자는 단지 있음의 첫 번째 원리가 운동시키는 방법과 관점을 논리적으로 탐구한다. 비물체적인 원리들의 실제로 있음에 관하여 자연학에서 세워졌던 것은 대개 형이상학의 영역Kapitel이다.[7] 그러나 아비세나는 이러한 것을 형이상학의 영역으로 생각하였다. 오히려 이러한 주제들은 이러한 학문의 입장에서 필연적-사유Denknotwendig의 어떤 것이다. 왜냐하면 형이상학은 작용원인에 대한 앎을 요청된 전제들과 기초들의 종류에 따라서 사용하기 때문이다. 이러한 고찰방식은 여기에서 형이상학의 대상들의 한 부분이다(그리고 이 때문에 형이상학에 의해 전제되어진다).

그러므로 이로부터 이러한 학문의 목적(형상적 대상)이 무엇이며 어떤 것이 이러한 학문의 대상들이고 부분들인지가 분명하다. 우리는 이러한 목적을 아리스토텔레스의 모든 각각의 장들에서 분명하지 않은 방식으로 다시 발견한다. 그럼에도 불구하고 이러한 목적은 남김없이 3개의 부분들로 나누어질 수 있다: 첫 번째 부분에서 그는 감각적으로 지각할 수 있는 사물들이 실재하는 한에서(왜냐하면 있음 자체는 형이상학의 형상적 대상이기 때문에) 감각적으로 지각할 수 있는 사물들을 고찰한다. 그는 감각적으로 지각할 수 있는 사물들의 모든 유들Gattungen, 즉 10개의 틀들Kategorieen을 고찰하며, 나아

■

7) 그렇지만 만일 신 증명Gottesbeweis이 형이상학의 영역일 것이라면, 형이상학은 자신의 고유한 대상에 대한 실재함을 증명하고 싶어 할 것이다.

가 이러한 유들의 모든 우연적인 것들을 고찰한다. 이러한 문제들은
6-1 첫 번째의 (비물질적인, 형이상학적인) 원리들로 되돌려진다. 이러한 것이 첫 번째 부분에서 가능한 한에서 그렇다. 두 번째 부분에서 그는 실체의 원리들, 즉 비물질적인 사물들을 고찰한다.

그는 실재함의 어떤 종류[Art]가 비물질적인 사물들에 귀속하며, 어떻게 그것들은 있음의 첫 번째 원리, 즉 신과 관계하는지를 정의한다. 그 다음에 그는 특별히 신에게 귀속하는 고유성들과 활동성들을 정하고 세계 안에 있는 나머지 사물들의 신과의 관계를 설명한다. 나아가 형이상학의 이러한 부분은 신이 최고의 완성[Vollendung(Entelechie)]임을 증명하며, 첫 번째 본질형상[Wesensform], 첫 번째 작용원인이라는 것을 증명한다. 더 나아가 형이상학의 이러한 부분은 비물질적인 실체들에 고유하게 속하는 나머지 고유성들을 자세하게 논하며, 또한 동시에 그것들보다 더 많은 것들에 속하는 것들을 설명한다.

세 번째 부분에서 그는 개별 학문들의 요구를 탐구하고, 옛날의 (소크라테스 앞의) 철학자들에 의해 세워졌던 오류들을 제거한다. 이러한 오류들은 논리학과 그리고 2가지 개별 부문들, 즉 자연학과 수학에 관계한다. 재료[Stoff]에 대한 이러한 나눔은 그러한 사정이다. 왜냐하면 개별 학문들이 자신들의 원리들을 증명할 수도 없고, 또한 자신들의 영역에 들어 있는 오류를 제거할 수도 없기 때문이다. 그러므로 이것은 실증적 증명에 관한 책에서 설명되었다. 이러한 문제들을 집중적으로 다루는 부문은 보편적인 부문이어야만 하며, 더 나아가 이런 학문(형이상학)이던가 혹은 변증법[Dialektik]이어야만 한다. 그렇지만 변증법은 사정이 이러하다. 즉 변증법은 저런 견해들을 단

지 일반적으로 인정된(공유하고 있는 느낌의[des sensus communis]) 원칙들을 통해서만 반박한다. 그렇지만 사람들은 이 원칙들 속에 어떠한 오류도 포함되어 있지 않다는 것을 확신하지 못한다.

그러나 형이상학은 오류들을 '참된[wahren]', 절대적으로 확실한 원리들을 가지고 반박한다. 원리들이 '일반적으로 인정된[allgemein anerkannt]'(즉 단지 공유하고 있는 느낌에 의해서 명령하고 이 때문에 확실하지 않는 것으로 보일 수 있는) 것은 우연적인 방식에서 오류들에 귀속할 수 있다. 그러므로 변증법은 단지 상대적으로 확실한 전제들로부터 증명한다. 이러한 근거로부터 형이상학이 개별 학문들[Einzelwissenschaften](언어상: 개개의 '학문들'[der partikulären 'Künste'])의 첫 번째 원리들을 올바르게 세우는 것은 형이상학의 본질에 속한다. 이로부터 동시에 형이상학의 필연적인(본질적인) 부분들은 단지 첫 번째의 2부분들이라는 것이 분명해졌다. 세 번째 부분은 단지 완전하 7-1
게 하기[Vervollständigung] 위하여 덧붙여진다. (만일 오류들이 개별적인 학문들에서 세워진다면, 단지 이러한 경우에만 세 번째 부분이 필요하다.) 왜냐하면 개별학문들이 가장 많이 요구하는 실재함과 이것들이 실제로 있는 종류는 자기 자신에서 자명한 사물들이기 때문이다. 오류는 이런 사물들과 관련하여 단지 아주 옛날의 철학자들에 의해서 세워졌다. 이 때문에 오류는 본질에 속하지 않고, 오히려 단지 사물들에 대한 학문의 완성[Vollendung]에 속한다. 이러한 완성이란 이러한 궤변들과 오류들을 해명하고 바로잡는 것이다. 마찬가지로 사물과 관련하여 (우연처럼) 의심을 푸는 것은 사물의 실체(본질성)를 이미 알고 난 뒤 그와 같은 사물의 완성된 앎의 일부를 이룬다.

그럼에도 불구하고 우리의 견해는 이 책을 5개의 부분들로 나눈다. 1장 1절에서 우리는 우리가 전념하는 객체Objekt를 언급하고, 이러한 부문에서 사용할 수 있는 표현들을 설명한다. 1장 2절에서 우리는 (있는 것의) 종류들로서 이러한 부문의 1장 1절로부터 주어진 사물들을 다룬다. 2장에서 이러한 종류들의 보편적인 우연들을, 그리고 3장에서 (실체의 원리들에서) 이러한 학문의 1장 2절의 문제들에 관한 학설을 논의한다. 마지막으로 4장은 (아리스토텔레스에 따라서) 2장에서 설명하였던 것(개별 학문들의 요구)을 담는다.[8)]

이러한 학문의 이로움은 사변적인 앎의 이로운 방법에 따라서 판단할 수 있다. 이러한 것은 이미 심리학에서 설명되었다. 그곳에서 사변적인 학문들의 목적은 이성적인 영혼vernünftige Seele의 완성Vollendung(가능적으로 현재 있는 것의 완성Entelechie)일 것임이 실행되었다. 결국 이성적인 영혼의 완성은 이러한 앎을 통해서 이것의 마지막 (즉 가장 높은) 완성됨Vollkommenheit에 이른다. (이런 완성됨은 영혼의 전체적인 가능성을 활동성으로 만든 것이다.) 그럼에도 만일 이러한 학문의 이로움이 일반적으로 사변적인 학문들의 이로움과 비슷하다면, 그렇지만 이러한 점에서 이러한 학문은 서열에 관계하여 가장 고귀하고 가장 완전한 것에 속한다; 왜냐하면 이러한 학문은 이것의 마지막 목적과 이것의 완성처럼 나머지 사변적인 학문들과 관계하기 때문이다. 말하자면 실재하는 사물들에 대한 앎은 형이상학의 앎을 통해서 이것의 가장 높은 원인들을 추구한다. 그리고

■
8) 옮긴이 주 – 이 책은 원래 1장만 두 개의 절로 나누어져 있으며, 나머지 장들은 각각의 절들로 나누어져 있지 않다. 나머지 장들이 여러 개의 절들로 나누어진 것은 모두 옮긴이가 독자들의 이해를 돕고자 세분화하여 각각의 절들에 제목을 붙인 것이다.

이러한 것은 인간의 앎이 궁극적으로 도달하고자 하는 것이다. 이 8-1
밖에: 개별 학문들은 단지 형이상학을 통해서만 완성에 도달한다. 왜냐하면 우리가 설명했던 것처럼, 형이상학은 개별 학문들의 원리들을 올바르게 세우고 개별 학문들에 들어 있는 오류를 제거하는 학문이기 때문이다.

(강의의 연속으로) 형이상학의 서열과 관련하여 그러므로 학문들을 습득함에서 형이상학은 자연학[Naturwissenschaft]에 뒤따른다. 왜냐하면 우리가 설명하였던 것처럼, 저런 학문(자연학)에서 증명되는 사물들에 관하여 형이상학은 자연학을 요구된[9] 원리처럼 사용하기 때문이다. 예를 들어 이러한 사물들은 질료에서 있지 않는 힘들에 관한 실제로 있음 등등이다. 다음의 사실은 매우 분명하다. 즉 이러한 학문은 단지 자연학[Physik] 다음에 배우게 된다는 이유 때문에, 그러므로 학문들을 배울 때 학문들의 서열에 근거해서 형이상학이라고 불려진다. 이러한 탐구방식을 제외하고 형이상학은 있음에 따라서 모든 다른 것에 앞서며, 이 때문에 형이상학은 첫 번째 철학으로 불려졌다.

그러므로 이러한 설명으로부터 동시에 형이상학의 목적, 형이상학의 부분들, 이것의 적용, (개별 학문들에 대한) 이것의 관계들, 이것의 서열들 그리고 이것의 이름에 대한 의미가 분명해진다. 형이상학에서 사용되는 배우는 방법들과 방식들은 나머지 학문들에서처럼 그와 같은 것이다. 형이상학에서 사용하는 증명하는 방법들은 (다른

■

9) 요구의 증명은 그러나 요구를 세웠던 학문에 따른다.

학문들에서처럼) 마찬가지로 대개 귀납적 증명들(간접증거로부터 이끌어진 결론들)이다; 왜냐하면 형이상학에서 우리는 언제나 다음과 같이 함으로써 증명하기 때문이다. 즉 우리는 우리의 주관적인 앎의 경우에서 가장 분명한 사물들로부터 시작하고 자연에 따라서 (자신에서) 더 잘 알려진 대상들을 '가리킴'(추론함)으로써 증명한다. 그럼에도 불구하고 이미 언급되었던 것처럼, 형이상학의 가장 귀중한 부분은 자신에서 자명하거나 혹은 아주 거의 자명한, 혹은 자연학에서 분명해진 사물들의 총합[Summe]이다. 우리가 이러한 학문에서 의도한 모든 것이 처음부터 끝까지 분명해졌기 때문에, 우리는 단지 각각의 개별 사물을 이러한 학문의 첫 번째 부분에서 언급하고자 한다. 그럼에도 불구하고 우리는 먼저 얼마나 많은 의미에서 이러한 학문의 대상들과 대상들의 부분들을 나타내는 이름들이 사용되는지를 설명하고자 한다. 이러한 방식에서 대상들과 대상들의 부분들이 우리의 고찰을 위해서 준비된다. 이러한 고찰은 각각의 개별자를 대상들과 대상들의 부분들에서 탐구하려는 것이다.

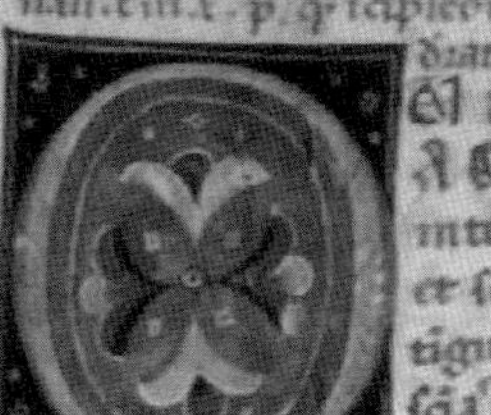

제 1 장

개념정리 · 사전*

1. 있는 것

1. 있는 것;[1] 그런 까닭에 우리는 가르친다: '있는 것[das Seiende]'이란 용어는 여러 가지 의미에서 사용된다. 먼저 이 용어는 10개의 틀들[Kategorien] 중 각각의 개별자를 나타낸다. 이 때문에 이러한 표현은 사물들에 대한 어떤 순서와 비례에서 (그러므로 비슷한 관계로[analogice]) 진술되는 그러한 종류이고, 두 가지 뜻[aequivoce]으로 혹은 유일한 뜻[univoce]으로 불러지는 그러한 종류는 아니다. 그러므로 있는 것은 참된 것[Wahren]에 의해서 사용된다. 이것은 바깥 세계에서처럼 정신에서도 같은 것을 서술하는 (그 결과 그러므로 이들 둘은 나란히 배열되며 서로 일치하는) 내용이다. 그래서 우리는 묻는다: 본성

■

* 옮긴이 주 – 1장은 아리스토텔레스의 형이상학 Δ(4권 혹은 5권)에 근거하고 있다(아리스토텔레스의 형이상학 Δ). 여기에 붙여진 개념정리 · 사전이란 제목은 옮긴이가 붙인 것이다.

1) 옮긴이 주 – 원문에서는 각 개념에 대한 항목이, 예를 들어 1. 있는 것, 2. 실체 등등은 붙어 있지 않다.

Natur이 정말로 실재하며, 텅 빔Leere(결핍Privatio)도 정말로 실재하는가? 나아가 있는 것은 이러한 본질성이 개념적으로 나타내지거나 나타내지지 않거나 간에 상관없이 정신 밖에서 본질성과 실체를 가진 것에 의해서 말해진다. 이 때문에 있음이 이러한 두 가지 의미에서(존재론적인ontologische 의미와 논리적인logische 의미에서) 10개의 틀들에 의해 말해지는 것은 10개의 틀들에 공통적으로 귀속해야 마땅하다. 이들 두 가지 의미들 중 앞의 것은 지성Verstand 밖에서 본질성들을 지닌 그런 종류로서 틀들을 나타내며, 두 번째 것은 이러한 본질성들의 개념들으로서 틀들을 표현한다. 결국 이러한 이유로 '있는 것'이란 표현은 단지 이러한 2가지 의미들을 뜻한다. 즉 참된 것(지성에서 있음)과 정신 밖에서 실제로 있는 것(그러므로 논리적인 있음과 존재론적인 있음)을 의미한다.

우연적으로 있는 것은 (실재하는 실체의) 개별사물Einzelding에서 개념적으로 생각할 수 없다; 왜냐하면 사물의 실체와 본질은 우연적으로 있을 수 없기(오히려 오직 자체로만 있기) 때문이다. 우연적으로 있는 것은 실재하는 사물들 서로간의 연관(관계는 주관적인 어떤 것과 우연적인 어떤 것인데)에서 개념적으로 단지 생각할 수 있을 뿐이다. 요컨대 우리는 2개의 사물들을 서로 비교할 수 있다. 이러한 연관으로부터 한 사물은 다른 것의 본질성에서 있다는 것이 드러날 수 있다; 예를 들면 중심이 원에서 있는 것처럼 혹은 (삼각형의 본질성에서) 2직각이 삼각형의 내각의 합과 같은 것처럼 사실이 밝혀질 수 있다. 혹은 둘 (상호)간의 각각이 다른 것의 본질성에서 현재 있다는 것이 그러하다. 예를 들면 아버지와 아들 사이의 관계가 그러한 사정에 있다. 사람들은 이런 경우에 이 둘에 관해서 이 둘이 자체로 실제로 있다고 말한다(왜냐하면 이 둘은 관계하는 사물들의 본질성에 속하기 때문이다). 그러나 만일 이러한 것이 일어나지 않고 더군다나 본질성이 다른 것에서 실제로 있음이 이 둘 중 한 쪽의 본질성에서 한 번도 일어나지 않는다면, 그러면 사람들은 이렇게 말한다: 그것은 우연적으로 실재한다. 그러므로 우리는 건축가는 찌터[2]를 연주하고 의사는 하얀색을 가진다고 말한다(연주함과 하얀색은 우연적으로 이들의 주체들과 관계한다).

자주 사람들은 있는 것의 표현을 비슷함의 관계표시로 사용한다. 이러한 관계표시는 알지 못한 것(규정하여질 것과 추론하여질 것)을 정신에서 전제되어 있는 것(가정들Prämissen)과 연결하는 것이다. 뿐만 아니라 (모순 없는) 이러한 관계를 나타내는 표현들로 사용한다. 즉 이러한 연결이 긍정 혹은 부정에 기초하든지, 그리고 그것이 참 혹은 거짓이든지, 자체로 혹은 우연적으로이든지에 상관없이 그러한 표현들로 사용한다. 이러한 것이 있는 것에 관한 표현으로 그리스 철학에서 사용한 가장 잘 알려진 의미들이다. 이러한 표현은 다른 영역들으로부터 (학문적인 용어로) 빌려온 것들에 속한다; 왜냐하면 많은 집합체에서 '있는 것'(단어적으로: 드러난 것Gefundene)이라는 단어로 표시된 개념은 여기서 사용된 것과는 구별되기 때문이다.[3] 많은 집합체에서 이 개념은 사물에서 단지 관계(상태)만을 나

■

2) 옮긴이 주 – 거문고와 비슷한 고대 그리스의 현악기.

3) 옮긴이 주 – 그리스 철학에서 '있는 것'이란 사물을 의미하는 것이 아니라, 사물을 구성하고 있는 성분들, 말하자면 아리스토텔레스가 분석한 10개의 틀들을 의미한다. 그러나 집합체에서 '있는 것'이란 그 집합을 이루는 원소인 각각의 개체를 의미한다.

타낸다. 그러므로 사람들은 말한다: 가축의 무리로부터 벗어난 짐승이 발견되었다. (철학적으로 이와 같은 표현은 다음과 같은 것을 의미한다: 실제로 있었다[es existierte].) 사람들의 표현방법[Redeweise]에 따라서 이러한 것은 단지 밑바탕에서 정해짐만을 뜻할 뿐이다. 이와 같은 정해짐은 더 엄밀하게 정해지지는 않을 것이다(그러므로 정의할 수 없는, 분명하지 않는 정해짐이다). 이 때문에 몇몇 사람들은 사물의 우연에서 '있는 것'의 표현이 사물의 실체를 지시한다고 생각하지 않았다; 왜냐하면 있는 것은 많은 집합체의 표현방법에 따라서 파생된 표현이기 때문이다(그리고 파생된 표현방법은 단지 우연적인 관계만을 나타내기 때문이다). 그렇지만 우리는 이러한 의미들에 주목하고 싶지는 않다. 오히려 만일 우리가 있는 것을 본질(실체) 자체로 나타내고 싶어 한다면, 있는 것의 표현은 형이상학에서 '사물'과 '본질'로 나타낸 것을, 간략하게, 근원적으로 (자체로, 우연적이지 않는) 어떤 것을 의미하는 표현들에서 이해한 것을 표현해야만 한다. 우리가 경험하였던 것처럼, 이러한 이유로 몇몇 사람들은 절대적인 의미에서 참된 것을 나타내는 '있는 것'이란 표현이 실체를 의미하는 것과 동일하다(그러므로 논리적으로 있는 것[ens logicum]의 의미에서 있는 것은 사물의 배열[ordo realis]에 관하여 말한 있는 것과 일치할 것이다)고 생각한다. 또한 이러한 이유로부터 많은 사람들은 있는 것을 우연적인 것일 것으로 생각하였다: 이 때문에 이들은 이렇게 가르쳤다: 만일 '있는 것'이라는 표현이 실체를 나타낼 것이라면, 이러한 표현은 실체와 관련하여 실체는 있는 것일 것을 뜻하는 같은 뜻을 가진 다른 말의 반복[Tautologie](단어적으로 틀린 어떤 것, 모순)일 것이다. 그럼에도 불구하고 이들은 있는 것이 형이상학에서는 저기에서(즉 일상적인 언어사용에서)와는 다른 방법으로 사용된다는 것을 모른다. 이 밖에 아비세나가 자주 설명한 것처럼, 만일 있는 것이 사물의 우연적인 것을 나타낸다면, 2가지 경우들이 이러한 관계들에서 생길 수 있다. 이러한 우연적인 것은 '두 번째 틀들'(5개의 논리적인 틀들[4])에 속하든지 혹은 '첫 번째 틀들'(10개의 고유한, 실재하는 틀들[5])에 속한다. 만일 우연적인 것이 단지 '첫 번째'(본질적인primär) 틀들에 속한다면, 이것은 필연적으로 9개의 틀들 중 한 개의 틀(그러므로 우연적인 것들 중 한 개의 우연적인 것)이어야만 한다. 그래서 '있는 것'이라는 표현은 실체에 의해서도 마찬가지로 우연적인 것의 나머지 다른 틀들에 의해서도 사용되어질 수 없다. 그러나 이 틀(있는 것의 틀)이 우연적인 것의 나머지 다른 틀들에 귀속하는 경우는 예외다. 그러므로 이 때 유일한, 공통적인 우연적인 것들의 유Genus가 실제로 있어야만 할 것이다. 이러한 유는 모든 10개의 틀들에 같은 방식으로 귀속할 것이다. 그럼에도 불구하고 모든 이러한 것은 불가능하며 물리쳐야 할 일이다(왜냐하면 틀들은 상호간에 서술되지 않기 때문이다). 이러한 이유 때문에 10개의 틀들에 대한 각각의 개별적인 틀과 관련하여 '사물의 본질은 어느 것인가?'란 물음에 있는 것Seiende이라고 답하는 것은 허용할 수 없다. 모든 이러한 것은 자체로 분명하다(왜냐하면 있음das Sein은 틀들의 본질을 의미하지 않기 때문이다).

■

4) 옮긴이 주 – 실체, 양, 질, 관계, 위치.

5) 옮긴이 주 – 아리스토텔레스의 10개의 틀들: 실체, 양, 질, 관계, 위치, 때, 가짐, 결핍, 가함, 당함.

다른 경우에서 이러한 있는 것의 개념은 두 번째 서열의 틀들(논리적인 틀들)에 속한다. 이러한 틀들은 실재함·실제로 있음Existenz이 오직 지성에서만 일어나는 틀들이다. 이러한 것은 불가능하지 않다; 왜냐하면 있는 것의 이름이 붙여진 그와 같은 종류로 열거하였던 내용들 중 한 가지는 바로 이러한 (논리적으로 작용한) 개념이기 때문이다. 이러한 개념은 논리적으로 참인 것으로 불러진다. 그럼에도 불구하고 이러한 의미들과 개체의 본질성(존재론적 배열)을 지시하는 다른 의미들은 서로 확실하게 구별된다. 모든 이러한 것은 가장 일반적적으로 탐구할 때 자명하다. 그렇지만 이러한 것은 저런 '인간'인 아비세나를 그의 표현들 중 많은 것들에서 만난다. 이러한 표현들은 그가 자신의 고유한 앎으로부터 나타낸 것들이다(옛날 철학자들을 지지하지 않고 그의 주관적인 확신으로).[6]

개체성Individualität[7])은 있는 것으로 나타내진 개념에 의해서(단어상: '개체성이 영속적으로 묶여 함께 있음으로써') 같은 범위로(바꾸어서convertibiliter) 서술된다(하나와 있는 것은 서로 바뀌진다unum et ens convertuntur). 그럼에도 불구하고 개체성은 논리적인 참된 것(논리적인 배열ordo logicus)에 의해서 말해지지 않는다. 또한 이러한 용어는 통속적인 어법으로부터 파생된 표현이다; 왜냐하면 대중들의 어법에

---

6) 이러한 가장 단순한 개념들조차도 아비세나는 틀리게 이해하였다. 이것을 아베로에스는 여기서 경멸적인 형식으로 표현하고 싶어 한다.

7) 옮긴이 주 – 한국어로 표기할 때 명사에 붙이는 '~성'(~적임)은 서양의 문법적 분류에 따라서 추상명사라고 하는데, 이것을 구체적으로 정의하자면 대개 '~라는 성질 혹은 속성의 것들', '~라고 일컬어지는 것들'로 규정할 수 있을 것이다. 그래서 예를 들면 '인간성'이라는 것은 '인간이라는 성질 혹은 속성의 것들', '인간이라고 일컬어지는 것들'이다.

따라서 이러한 용어는 (문법적으로 나타낼 때) (명사도 동사도 아닌) 불변화사를 뜻하지만, 반면에 여기서 개체성은 명사를 나타내기 때문이다. 이러한 이유 때문에 이와 같은 것을 올바르게 파악하는 방법은 자체로 개체성이 (명사를 한정하는) 관사를 통해서 표현되는 명사들에 속하는 상태('상황Unstand')를 묘사하는 것이다. 이로부터 추상명사(단어적으로: 원형)가 이와 같은 방식에서 문법적으로 파생되었다. 즉 인간성Menschheit이 인간Mensch으로부터, 남자다움Mannestüchtigkeit이 남자Mann로부터 파생된다.[8] 그렇지만 이러한 파생(용어)은 단지 (그리스 문헌들에 대한) 몇몇 번역자들에 의해서 만들어졌다. 왜냐하면 그들은 이러한 표현이 있는 것의 표현보다 더 적게 오류를 일으키고 더 적게 잘못 사용될 것 이라고 믿었기 때문이다;[9] 왜냐하면 이러한 표현은 파생된 표현의 형식을 갖기 때문이다(그리고 이러한 종류의 표현은 본래적인 표현처럼 그렇게 쉽게 옳지 않는 의미에서 사용되지 않을 것이기 때문이다).

2. 실체; '실체Substanz'는 근원적인 방식에서(첫째로 그리고 자체로primo et per se) 무엇etwas을 나타낸다. 실체의 가장 넓은 의미는 대상Gegenstand의 실체이다. 이러한 대상은 (거기 이러한 것으로서) 한정하여 지시한 객체Objekt일 수 있으며, 대상은 밑바탕Substrat에서 (우연적인 것처럼) 있지도 않고, 어떤 방식으로 (2차적인 실체, 즉 논리적 개념처럼) 그러한 종류에 의해서 언급되지도 않는 사정에 있다.

■

8) 개체성에 관한 아랍어의 표현은 개체적으로 한정하는 사물을 나타내는 인칭대명사 '그er'(es)에 대한 독일어의 '그다움Erheit'에 일치할 것이다.

9) 이에 따라 '개체성'은 근원적으로 '있는 것'을 위한 보완으로 사용되어졌음에 틀림없다.

두 번째로 '실체'는 각각의 보편적인 술어('논리적인 실체')에 의해 사용된다. 단지 유Genus이든지, 종Art이든지 혹은 차이Differenz이든지 간에, 이러한 술어는 개별자의 본질성을 설명한다('정의 한다'). 세 번째로 '실체'는 각각의 내용에 의해서 사용된다. 이러한 내용은 10개의 틀들 중 어떤 사물이든지 사물의 본질성을 정의하는 것이다. 이러한 이유 때문에 철학자들은 말한다: 정의들Definitionen은 사물의 (실체의) 본질을 해명한다. 이러한 논리적인 내용은 '실체'를 ('첫 번째' 실체, 즉 실재하는 실체에 대한 '두 번째' 실체의) 관계에 근거하여 언급하게 되고 절대적인 의미에서 말하지는 않는다. '실체'란 용어의 가장 많이 알려진 의미는 '밑바탕에서 있지도 않고, 또한 밑바탕에 의해서 말해지지도 않는 개별자Individuum('거기 이것'; 아리스토텔레스: 틀들, 시작)'이다; 왜냐하면 일반적으로 철학과 관계하는 모든 자들이 그러한 종류의 대상을 실체라고 인정하기 때문이다. 그렇지만 개별적인 사물의 본질성을 정의하는 내용은 매우 중요한 의미에서 논리적인·2차적인 실체의 이론에 따라 일컬어져야만 한다. 그러므로 개별적인 사물의 보편적인 요소들(개념의 실재적인 상관 개념들reale Korrelate)이 사물의 본질성을 정의하는 그러한 종류라는 견해를 갖는 자는 이 때문에 이러한 것들(보편적인 내용들)이 가장 중요한 의미에서 '이러한 (개별적인) 실체'의 이름을 나타내야만 한다고 생각한다. 이 때문에 '물체적임Körperlichkeit'이 개별적인 사물의 본질을 개념적으로 묘사할 것이며, 물체적인 대상들의 요소는 길이, 넓이 그리고 깊이에 기인할 것이라는 입장에 있는 자는 이러한 차원들Dimensionen을 실체들로 나타냈다. 다른 사람들은 개별적인 사물은 '나눌 수 없는 부분들'(원자들Atomen)로 이루어졌을 것이라는 견해를 가졌다. 이들은 저러한 뒤의 것들(나눌수 없는 부분들_옮긴이)을 실체들로 일컬었다. 이 때문에 사람들은 우리 시대의 정통 신학자들이 원자를 개별적인 실체로 부르는 것을 듣는다. 또한 다른 사람들은 개별자는 질료와 본질형상Wesensform 이외에 다른 것으로 이루어지지 않았다는 학설에 동의한다. 실체라고 불러지는 본질형상과 질료는 가장 중요한 의미에서 이러한 종류의 학설에 알맞다. 각각의 개별적인 사물의 질료와 본질형상에 관하여 학설들로부터 똑같이 실행할 수 있다.[10] 그럼에도 불구하고 철학자들은 일반적으로 이러한 판단에 동의하였다: '개별자의 본질성을 정의하는 것은 가장 중요한 의미에서 개별자 자체로 불러지는 '실체'이다'; 왜냐하면 실체의 첫 번째 구성요소들과 기초요소들은 자체로 실체들이 아닐 것이라는 것은 가능하지 않기 때문이다. 말하자면 다른 것을 위하여 원인인 사물은 이것에 의해서 발생한 그러한 종류의 사물보다 더 높은 정도에서 불러지기 때문이다. (원인은 더 중요한 의미에서 원인의 작용 내용을 포함한다. 작용은 더 높은 정도에서 원인 안에 포함되어 있다.) 이를 위한 예는 이렇게 주장된다: 자기 자신sich selbst을 통해서(자체로per se) 뜨거운 대상들을 위한 원인인 사물은 가장 높은 정도에서 따뜻함의 고유성을 가진다. 이러한 근거로부터 철학자들 중 누구도 우연적인 것인 한에서 우연적인 것을 (실체의) '부

■
10) 맨 나중에 구성되는 구성요소들(질료와 본질형상 – 옮긴이)은 가장 중요한 의미에서 실체들이라고 일컬어져야만 한다.

분'이라고도 그리고 '실체'라고도 부르지 않고, 오히려 사람들이 생각한 것처럼, 기껏 우연적인 것이 개별적인 실체의 본질을 설명할 것이라는 그런 한에서 우연적인 것을 (실체의) '부분'으로 그리고 '실체'로 부른다. 다음의 사람들이 이러한 의미에서 실체를 다루었다. 이들은 차원들(그렇지만 이것들은 우연적인 것들인데[11])을 실체들이라고 불렀던 사람들이다. 만일 이러한 것이 그러한 사정이라면, 다음과 같은 것이 분명하다: 만일 분리되어 있는(비물질적인) 것의 실재함이 증명된다면, 이러한 있는 것은 동시에 개별적인 (감각적인 세상의) 실체의 있음을 위한 원인인데, 그러면 이러한 것은 가장 높은 의미에서 실체라는 이름을 얻을만하다. 이러한 이유로 아리스토텔레스는 비물질적인 정신들을 실체들로 불렀다.

철학에 관계하는(활동하는 철학자들을 제외한) 사람들의 견해에 따라서 '실체'라는 이러한 표현은 민중의 표현법으로부터 옮겨진다. 이러한 표현법에서 실체라는 표현은 귀중한 것들Perlen, 즉 특별히 가치 있는 '돌들Steine'[12]을 나타낸다. 두 명칭들 사이에 일어난 닮은 것은 다음의 것이다. 이러한 귀중한 것들은 '실체들'(귀중한 것들)로 불러진다는 것이다. 왜냐하면 이것들은 획득한 것의 나머지 좋은 것

11) 옮긴이 주 – 피타고라스학파에게서 차원들은 실체이다. 그렇기 때문에 이들에게서 차원들은 우연적인 것들이 아니다. 하지만 아리스토텔레스와 같은 입장에 있는 아베로에스에게서 차원들은 실체가 아니다. 왜냐하면 차원들의 요소인 선(길이), 면(면적) 그리고 입체(체적)는 아리스토텔레스의 10개의 틀들 중 양에 해당하기 때문이다. 이 때문에 아베로에스의 입장에서 차원들은 우연적인 것들이다.

12) 옮긴이 주 – 돌Stein은 시금석, 경계석이다. 어떤 것의 가치나 역량을 판단하기 위한 기준이 되는 것, 두 대상들을 구분 짓는 경계에 세워진 돌이다. 이 때문에 이 돌이 없다면 어떤 것에 대하여 평가할 수 없으며, 두 대상들을 구분할 수 없다. 따라서 어떤 것들, 두 대상들은 이것에 달려 있는 셈이다. 그래서 이 돌은 중요한 것이다. 이와 마찬가지로 실체는 어떤 것이 있기 위한 가장 첫 번째로 있어야할 것이다. 첫 번째로 있는 이 실체에 나머지 9개의 틀들이 붙어져서 비로소 구체적인 사물이 있게 된다. 그래서 실체는 구체적인 사물이 있기 위한 첫 번째의 것, 가장 중요한 것, 가장 가치 있는 것, 즉 돌이다.

들과 비교하여 특별히 고귀하며 가치 있기 때문이다. 동시에 실체의 틀은 나머지 틀들보다 더 우수하며 더 고귀하다. 이 때문에 이러한 것들은 귀중한 것(실체)으로 불러졌다.

3. 우연적인 것; 우연적인 것Akzidens은 개별적인 사물에 대하여, 이 사물은 밑바탕에서(실체에서) 있지 않는데, 본질을 의미하지 않는(오히려 이차적인, 덧붙여진 요소들을 뜻하는) 내용을 나타낸다. 우연적인 것은 두 가지 종류로 나누어진다. 한 종류는 어떤 사물에 대하여 (보편적인 본성인) 본질을 나타내지 않지만, 반면에 동시에 어떤 사물의 개별성Individualität이다. 두 번째 종류(보편적인 우연적인 것)는 사물의 본질성을 사물의 개별성으로부터 알도록 한다. 이러한 것은 사물의 보편적인 구성요소이다. 우연적인 것이란 이름은 민중의 표현법으로부터 얻어진다. 우연적인 것은 빨리 사라질 수 있는 것을 나타낸다. 이것은 간단하게 일반적으로 9개의 틀들로 나누어진다: 양, 질, 관계, 곳, 때, 위치, 가짐, 가함 그리고 당함. 틀들·범주론Kategorien의 책에서 이러한 표현들의 의미를 이미 배웠다.

4. 양; 양Quantität은 모든 것의 부분들 중 한 부분을 통해서 (척도로서) 측정할 수 있는 모든 것을 나타낸다. 양은 근원적인 고유한 방식에서 단지 수에 의해 말해지며, 두 번째 계열에서는 나머지 유들에 의해서 말해진다. 나는 이러한 나머지 유들을 저기서(틀론·범주론Kategorienlehre에서) 낱낱이 열거하였다. 양의 몇몇 술어의 종류들은 본질적으로(자체로 맨 처음에) 있으며, 다른 것들은 우연적인 것에 따라서 있다. 본질적인 것들은 예를 들어 수와 내가 낱낱이 열거하였던 나머지 종류들이다. 우연적인 것에 따라서 양은 예를 들어 하얀색과 검은색에 의해서 말해진다. 이 두 색들이 양적으로 확장된

것에서 있다는 상황에 근거하여 측정할 수 있는 고유성이 이 두 가지 색들에 붙어 있다. 양 자체는 한편으로는 근원적인 방식에서 사물에 귀속한다. 예를 들어 수나 크기의 측정; 다른 한편으로는 2차적인 방식에서 그리고 다른 것의 매개를 통해서 사물에 속한다. 이것은 시간에 알맞다. 시간은 단지 운동에 근거하여 양의 틀로 셈하여진다. 운동은 시간의 측면에서 크기에 근거해서 셈하여진다(결국 시간이 양으로 생각되기 위해서 두 개의 매개를 필요로 한다). 사람들이 양의 틀로 계산하는 무거움과 가벼움의 개념은 양의 순수한 개념으로부터 더욱더 멀어졌다; 왜냐하면 무거움과 가벼움은 본질적으로 질들이기 때문이다. 그럼에도 불구하고 이것들 둘이 양적인 것에서 있는 한 우연적으로 양에서 측정되어질 수 있다. 나머지 질들은 이러한 관계와 밀접하다. 이런 나머지 질들, 예를 들면 큼과 작음, 좁음과 넓음 그리고 깊이는 양적인 밑바탕들에서 나타난다. 물론 이것들은 질들처럼 관계하지만, 그럼에도 불구하고 양으로 간주된다. 왜냐하면 이것들은 (첫 번째로 그리고 자체로primo et per se) 근원적이고 직접적인 방식에서 양적으로 확장된 실체들에서 있기 때문이다.

5. 질; 질Qualität은 자주 틀들에 관한 책에서 설명되었던 것보다 더 넓은 개념에 의해서 말해지지는 않는다. 이에 대한 이유는 질이 4가지 유들에 의해 말해지기 때문이다. 나는 이 4가지를 틀들에 관한 책에서 낱낱이 열거하였다(이것은 배열-상태, 질의 수동-능동passio-patibilis qualitas, 가능성-불가능성, 형상-모양이다). 자주 질은 특별한 본질형상들, 예를 들면 인간적인 혹은 동물적인 본성Natur에 의해 말해진다. 몇몇의 질들은 실체 자체에 붙어 있다. 이러한 질은 상

태와 배열이다. 다른 것들은 다른 틀의 매개, 예를 들면 형태를 통해서 실체 자체에서 있다. 질은 실체에 붙어 있는데, 단지 양의 매개를 통해서이다.

6. 관계; 관계[Relation]는 10개의 틀들 모두에 붙는다. 관계는 예를 들어 아버지의 신분[Vaterschaft]과 아들의 신분[Sohnschaft] 그리고 본질적인 친족처럼 실체의 틀에서 있으며, 양에서: 두 배와 절반 그리고 같은 크기, 질에서: 닮음, 앎과 알게 된 것, 곳[Wo]에서: 공간적인 것 과 공간, 때에서: 먼저와 나중. 위치[Lage]에서: 오른쪽과 왼쪽, 가함과 당함에서: 행하는 자와 그의 객체처럼 있다. 연관[Beziehung]을 통해서 존립하는(즉 다른 틀의 매개를 통해서 관계하는 그러한 종류의 관계들을 갖는) 이들 5개의(언급한 8개의) 종류들과 마찬가지로 연관을 통해서 실제로 있는 (자체로 고유한 틀인) 본래적인 관계 사이에서 차이는 다음과 같다. 관계에서 있는 연관은 두 사물들의 연관이다. 이들 두 사물들에서 이 두 사물들 각각의 개별자의 본질은 두 번째 것과의 연관에서 서술된다. 예를 들면 아버지의 신분과 아들의 신분(의 쌍방관계와 상호관계). 이와는 반대로 곳, 때 그리고 나머지 틀들에서 발견되는 연관(본래적이지 않는 관계)은 단지 이 두 개별자의 본질을 관계의 용어에서 두 번째 용어와 관련하여 말하는 것이다(쌍방적이지 않는 관계). 이를 위한 예로서 다음의 것이 주어진다: 말해진 것처럼, 곳(장소)은 물체가 공간과 갖는 연관이다. 그렇지만 물체는 필연적으로 공간의 정의에 포함되어 있다(왜냐하면 공간은 에워싸인 물체의 표면이기 때문이다). 그렇지만 반대로 공간의 개념을 물체의 정의에 끼워 넣는 것은 필연적이지 않다. 그러므로 물체는 본래적인 (쌍방의) 관계에 관한 용어는 아니다. 그러나 물체가 공

간적임Räunlichkeit을 점유하는 한에서 사람들이 공간을 파악한다면, 본래적인 관계가 공간에 붙는다. 왜냐하면 공간적인 것은 공간처럼 그렇게 공간의 관계에 대한 용어이기 때문이다. 그럼으로 쌍방의 관계에 대한 2가지 용어들이 있다. 그래서 이러한 틀은(대개는 연관이라고 읽는데) 어떤 관점에서는 본래적인 관계의 틀에 대한 부분이다. (어떤 의미에서는 본래적인 관계들로 여길 수 있는) 연관들에 대한 나머지 틀들은 사정이 그러하다.

요약하자면, 관계들의 틀은 다른 사물의 매개를 통하지 않고 자체로 관계에서 있는 실질적인 관계들의 우연적인 것이거나, 예를 들어 아버지의 신분과 아들의 신분, 오른쪽과 왼쪽, 혹은 다른 틀의 매개를 통해서 사물에 붙여진 것이다. 예를 들어 행위자와 그의 작용의 관계. 이 때 관계는 가함과 당함의 틀의 매개를 통해서 이 둘에 붙는다. 한편으로 관계는 틀들의 나머지 우연적인 것들에 붙어 있다. 반대와 대립, 가짐과 결여는 사정이 그러하다. 이러한 것은 한편으로는 첫 번째의 근원적인 틀들(실질적인 틀들)에 속하며, 다른 한편으로는 이차적인(논리적인)틀들에 속한다. 유와 종 사이에 관계는 뒤의 것처럼 그러하다(이것은 순수한 논리적인 관계이다).

7. 본질; '본질Wesen'(실체)은 절대적인 의미에서 밑바탕에서 실제로 있지도 않으며 또한 밑바탕에 의해서 말해지지도 않는 개별자에 의해서 일컬어진다.[13] 그렇지만 이러한 개별자는 개별적인 실체일

■

13) 아랍어의 표현은 보편적인 실체, 즉 본질성Wesenheit을 나타낸다. 그래서 대개 주어진 아리스토텔레스의 정의(Kategorien 1b 3~4)는 더 이상 맞지 않다.

필요는 없다. 이 밖에 '본질'은 개별자에게 개별자의 실체를 해명하고 알게 하는데 쓸모 있는 모든 것에 의해서 말해진다(혹은 실체성 Substantialität이 확실한 개별자의 각각의 부분에 의해서 말해진다). 보편적인 것들은 실체들보다 더 나중이다(이것들은 개별자의 본질을 해명하고 대체로 또한 실체들로 여겨진다). 더 나아가 본질은 개별자에 의해서 말해진다. 이 개별자[14]는 밑바탕에서 있는 것이다. 말하자면 본질은 우연적인 것에 의해서 말해지고 그 다음으로 사물의 본질을 정의하는 모든 것에 의해서, 즉 9개의 틀들과 이것의 종류들에 의해서 말해진다. 물론 '본질'이란 표현은 가장 중요한 의미에서 밑바탕에서 있지 않는 개별적인 실체를(단어상으로: '거기 이것 Dieses da') 표시한다. 그리고 이 때문에 본질이란 표현은 대상에 의해서 사용되는 것이 더 어울린다. 이러한 대상은 일반적으로 밑바탕에서 있지도 않고 또한 어떤 다른 것을 위하여 자체로 밑바탕일 수도 없는 것이다. 본질이라는 것이 이러한 고유성을 부여받는 것(~에 붙어 있는 것도 아래에 놓여 있는 것도 아닌 것 weder inhaerens noch subictun inhaesionis zu sein)은 특별히 증명되어져야만 한다. 만일 사람들이 '사물의 본질'이란 표현을 주어진 묶음으로 사용한다면, 이 표현은 대상의 본질성을 혹은 본질성의 부분을 나타낸다.

8. 자체로인 것; 본질을 통해서인 것, 즉 '자체로인 것 was per se ist' 이란 표현은 서로 다른 방식에서 사용된다. 먼저 이 표현은 밑바탕에서 있지 않는 개별자를, 말하자면 개별적인 실체를 나타낸다. 나

■

14) 텍스트는 여기서 '아닌nicht'을 덧붙인다.

아가 이 표현은 알려진 모든 것, 즉 무엇인 것was es ist(알려진 아리스토텔레스의 표현, 즉 무엇인 것의 본질성)을 나타낸다. 요약하면, 이 표현은 보편적인 의미에서 실체로 표시되는 모든 것을 나타낸다. 자체로 실재하는 것은 주로 우연적으로 있는 것에 반대로 사용된다. 증명에 관한 책에서 이러한 것은 개별적인 것으로 설명되어졌다. 거기서 이러한 서술방식은 단순한 진술들에서 두 가지 방식으로 나타난다. 한 가지 방식은 술어가 주어의 실체(즉 본질)에 포함되어 있음이다. 그러므로 예를 들면 이성적인 것은 인간의 '실체'에 들어 있다. 두 번째 술어방식Prädikationsweise은, 반대로 주어가 술어의 실체에 포함되어 있는 경우이다. 이러한 경우는 삼각형의 각은 2직각과 같다는 것이다.[15] 대개 자체로인 것은 술어들의 주어들에서 근원적인 그리고 직접적인 방식(첫 번째)으로 실제로 있는 그와 같은 종류의 술어들에 의해서 말해진다. 그러므로 색은 표면에서, 생명은 영혼의 원리에서 실재한다. 말하자면 색은 물체에서 단지 표면의 매개를 통해서 실재하며, 생명은 유기적인 물체에서 영혼의 매개를 통해서 있다. 이러한 술어방식은 (첫 번째로 그리고 자체로 주어에 의해서 말해지는) '근원적인 술어'로 증명하는 진술들(즉 증명의 전제들)에서 드러난다. 자체로인 것은 자주 있는 것에 의해서 말해진다. 이러한 있는 것은 어떤 원인도 전제하지 않은, 즉 작용하는 원리도 형상도 질료 혹은 목적도 전제하지 않은 것이다. 그리고 이러한 것은 맨 첫

■

15) 머리에 떠오른 진술은 다음의 것을 주장한다: 각이 모양에서 2직각과 같다면, 이 모양은 삼각형이다. 삼각형은 술어이고, 각은 삼각형에 포함되어 있다(Averroes 9,16).

번째의 운동자이다(이 운동자는 자체로 있는 것으로, 즉 자신으로부터 그리고 자신을 통해서 있는 것으로 나타내진다). 이러한 것은 자연에 관한 학문들에서 설명되었으며, 우리가 이러한 것을 또한 나중에 다시 설명하게 될 것이다.

9. 사물; 사물Ding(res)은 있는 것으로 나타내지는 모든 대상들에 의해서 말해진다. 또한 자주 실재하는 있는 것보다 더 넓은 영역을 기술하는 대상들에 의해서, 말하자면 논리적으로 있는 것에 의해서, 즉 상호 연관이 바깥세계에서 개념에 일치하든지 일치하지 않든지 간에 영혼에서 파악된 각각의 개념에 의해서 말해진다. 콘도르Greif[16], 불사조, 페가수스처럼 실재하지 않는 대상들의 생각난 그림Vorstellung이 그러하다. 이를 통해서 우리의 서로 반대되는 · 선언적인 진술의 의미가 명확해진다: "이러한 사물은 실제로 있거나 혹은 실제로 있지 않다." 뒤의 것의 의미에서 '사물'이라는 표현은 또한 거짓 진술에 의해서 사용된다. 그럼에도 불구하고 '있는 것'의 표현은 이러한 진술에 적용되지 않는다.

10. 하나; 하나das Eine는 여러 가지의 표시들에 의해서(이중적인 표현들에 의해서) 사용된다. 그래서 하나는 주로 수적인numerisch 하나에 의해서 더욱이 근원적인 방식에서 사용된다. 하나에 대한 가장 잘 알려진 쓰임은 연속하는 것에 대한 사용이다. 그러므로 우리는 선, 면, 물체에 관해서 말한다. 하나의 개념이 적용되는 가장 중요한 방법은 완성된 것을 나타내는 것이다. 마지막 것은 어떤 것도 첨가

■

16) 옮긴이 주 – 독수리 머리와 날개에 사자 몸통을 한 괴물.

될 수 없으며 첨가되어서는 안 되는 그리고 어떤 것도 뺄 수 없으며 빼내서는 안 되는 그러한 것이다. 원형의 선과 구 모양의 물체가 그러한 상태이다. 연속하는 것은 주로는 단지 생각 속에서 구성한 것Einbildung에서, 예를 들면 선과 면이 그러한 종류의 하나이며, 주로는 실제로 실재함에서 예를 들면 같은 유의 물체들이 그러한 종류의 하나이다. 이러한 의미에서 사람들은 물을 이러한 한정된 체적에 의해서 하나라고 말한다. 하나의 개념은 주로 (연속하는 것에 의해서) 묶이고 접촉된 사물들에 의해서 말해진다. 이러한 사물들은 이것들의 운동이 하나의 유일한 그러한 종류들이다. 사람들은 가장 중요한 의미에서 본성에 맞게(본성Natur에 의해서) 묶여진 것을 하나로 나타낸다. 이것은 하나의 손과 하나의 발처럼 하나의 같은 살을 가진(살아 있는 유기물의 부분을 짓는) 사물들이다. 이러한 사물들 중 몇몇은 단지 하나의 같은 운동을 지닐 수 있다. 대개 이와는 반대로 하나의 개념은 기술Kunst을 통해서 전체로 묶여지는 것에 의해서 말해진다. 예를 들면 하나의 의자와 하나의 상자가 그렇다.

이러한 것은 수적인 하나가 사용되는 가장 잘 알려진 의미들이다. 많은 집합체는 개별적인 사물들을 이와 같은 사물들로 나타낸다. 이렇게 나타내진 개별적인 사물들은 다른 것들로부터 분리되어 오로지 자신을 위해서만 실제로 있다(개별적인 것은 자신에서는 분리되지 않고 사방의 다른 것으로부터 분리된 그런 것이다individuum est id quod est indivisum in se et divisum a quolibet alio). 왜냐하면 하나라는 것의 의미들에 대하여 처음 탐구할 때 열거된 것들 이외에 다른 사유들은 나타나지 않기 때문이다. 이러한 이유 때문에 사람들은 수적인 하나(수적인 하나임Einheit)와 관련하여 각각의 사물에 대하여 이와 같은 것을 통해서 언급되는 것이 하나일 것이라고 말한다. 이러한 사물들 중 몇몇은 에워싸고 있는 사물들의 특별한 공간적인 관계들을 통해서 나누어진다. 이것은 하나에 대한 가장 잘 알려진 의미(공간적인 하나)이다. 다른 사물들은 단지 사물들의 끝점들과 경계들을 통해서 공간적으로 나누어진다. 이것은 같은 종의, 연관된 그리고 비슷한 사물들이다. 다른 사물들은 단지 생각 속에서 구성한 것을 통해서만 서로 나누어진다. 이러한 관점에서 수Zahl[17]는 연속하는 것과 비슷하다(왜냐하면 연속하는 것은 활동하는 부분들이 아니기 때문이다. 연속하는 것의 부분들은 단지 생각 속에서 구성한 것에서만 있다). 만일 이러한 것이 그러한 사정이라면, 수적인 하나는 이러한 개별적인 사물들에서 이런 사물들의 본질성 밖에 있는 그러한 종류의 내용들을, 간단하게 본질에 붙여진 우연적인 것들을 나타낸다(하나임은 본질성 자체를 만들지 않는다). 이러한 관점에서 하나는 10개의 틀들 아래에서 함께 셀 수 있으며, 더욱이 양의 유Genus로 셀 수 있다. 그러므로 (수에 따른) 하나는 수가 이러한 고유성(하나임들은 하나라는 것)이 특징인 하나임들의 총합 이외에 다른 어떤 것도 나타내지 않는 경우에(대개 까닭에da라고 옮겨짐) 우연적인 것이다. 많은 집합체는 하나에 관하여 여기서 낱낱이 열거하였던 것보다 더 중요한 의미를 알려주지 못한다.

(형이상학의) 이러한 부문에서 하나는 같은 영역에서 그리고 (역

---

17) 수는 이러한 선에서 연속하는 양에 가까운 연속하지 않는 양이다.

으로) 항상 사물의 본질(실체)과 본질성에 관한 개념에 결합된 채로 사용된다. 이러한 이유로 수적인 하나는 주로 개별자를 나타낸다. 이러한 개별자는 개별자인 한에서 더 이상 나누어질 수 없는 것이다(개별자는 자신에서 나누어지지 않는다 individuum est indivisum in se). 그래서 우리는 이렇게 말한다: 한 인간, 한 마리 말. 사물과 관련하여 하나란 것의 사용은 이러한 사용방식과 비슷하다. 이 사물은 혼합을 통해서 많은 다른 사물들로 이루어진 것이다. 사람들은 이러한 사물에 대하여 이런 사물은 하나라고 말한다. 식초와 꿀이 혼합된 옥시멜, 꿀초가 그러한 상태이다. 하나에 관한 이러한 의미는 연속하는 것에 관해서 하나라고 말하는 그러한 것과는 같지 않다; 왜냐하면 연속하는 것은 부분들의 본성에 근거하여 수적으로 서로 분리되고 나누어지는 부분들로 쪼개질 수 없기 때문이다. 식초는 꿀초에서 뒤의 것(부분들로 쪼개질 수 없는 것_옮긴이)과 같은 상태이다. 더 나아가 연속적으로 연결된 커다란 것의 분리는 이러한 커다란 것의 실체(본질) 바깥에 있는 (그리고 이 때문에 바깥에 있는 원인을 통해서 작용되어져야만 하는) 작용이다. 혼합된 것의 구성요소들에 의해 혼합된 것의 분리는 사정이 다르다. (혼합된 것의 분리는 안에 있는 원인에 근거하여 일어난다.) 하나(안에서 혼합하여 생긴 하나)에 관한 이러한 종류는 더 많은 요소들로 이루어진 사물들에서 하나의 다른 종류들처럼 그와 같이 있지 않다(그 결과 피상적인, 기술적인 합성이 일어난다). 그러므로 합성에 따른 하나는 하나에 관한 특별한 종류를 만든다; 왜냐하면 합성된 사물들의 부분들은 합성된 대상에서 실재적이고 활동적으로 실재하기 때문이다. 그러나 꿀초의 부분들은 합성된 대상에서 그러한 상태가 아니다. (꿀초의 부분들은 함성된 대상에서 단지 가능적으로만 분리된다.) 이러한 상태는 분명해진다; 왜냐하면 만일 사람들이 개별적인 하나를 하나로 나타내고 싶어 한다면, 우리의 경우에서 하나는 단독적인 것과 개별적인 것의 분리를 나타내는, 게다가 단독적인 그리고 개별적인 것의 실체와 이것의 본질성에서 나타내는 성질이며, 아마 사물의 (그리고 사물에 근거해서) 분리를, 즉 사물의 본질 밖에 있는 것을 나타내는 성질은 아니기 때문이다. 그래서 우리는 예를 들어 이러한 개별자와 관련해서 이것은 수적으로 하나라고 말한다. 이러한 개별자에서, 예를 들어 물의 부피에서 분리는 외부의 우연적인 것 이외에 다른 어떤 것이 아니다. 이러한 이유 때문에 물은 분리되어지는 경우에도 수적으로 같은 것으로 머문다. 물의 분리는 어떤 의미에서는 바깥의 우연적인 것들의 법칙성에 달려있다. 이러한 법칙성은 물이 자신의 실체에서 변하지 않고 우연적인 것들이 같은 밑바탕에 차례대로 따르며 바뀌지는 것이다.

아비세나는 이러한 문제에 관하여 주어진 사정들에 근거하여 수적인 하나는 단지 실체의 바깥에 있는 우연적인 것을 나타낸다고 가르친다. 그가 말한 대로, 하나는 사물 자체의 실체를 뜻할 수는 없을 것이다. 이러한 학설의 근거로 그는 수적인 하나가 우연적인 것을 나타낼 뿐만 아니라 실체를 나타내기도 한다고 확신하였다. 왜냐하면 대개 수(하나임의 형상)는 우연적인 것들로부터도 실체들로부터도 만들어질 수 있을 것이기 때문이다.[18] 더 나아가 하나는 양의

■

18) 이 때문에 결국 하나는 실체도 규정된(틀지워진) 우연적인 것도 뜻할 수 없다. 따라서 하나임은 순수한

틀로 셈할 수 있을 것이다(왜냐하면 양의 틀은 안에 있는 우연적인 것이며 동시에 실체를 의미하지는 않기 때문이다). 그럼에도 불구하고 이러한 것은 불가능하다. 나아가 아비세나는 가르친다: 만일 우리가 하나를 단지 실체만을 나타내는 것으로 받아들인다면, 실체들이 우연적인 것들에 붙어 있다는 불가능함이 일어난다. 만일 이러한 것이 우연적인 일이 아닐 것이라면, 어떤 의미에서 개별적인 우연적인 것에 관하여 수적으로 하나인 것이라고 말할 수 있겠는가? 그는 이러한 문제에서 일상적인 언어사용에 따라 단어의 뜻을 지나치게 고려하기 때문에 오류에 빠진다. 우리는 더 나중에 이러한 것을 더욱더 자주 설명할 것이다. 그곳에서 우리는 하나와 많은 것[das Eine und Viele]의 개념에 관하여 말할 것이다.

대개 하나는 형이상학 안에서 비물체적인(언어상으로: 분리된) 실체들에 의해 수적인 하나로 말해진다. 이러한 것은 일반적으로 가장 중요한 의미에서 수적인 하나로 나타내지는 대상이다. 왜냐하면 비물체적인 실체들은 질에 따라서 질료적인 개별자가 질료와 본질형상으로 나누어질 수 있는 것처럼 이런 방식으로 나누어질 수 없기 때문이다. 연속하는 물체가 쪼개질 수 있는 것처럼, 거의 비물체적인 실체들은 양에 따라서 쪼개질 수 없다. 결국 수적인 하나의 이러한 종류에 관하여 이것이 어떤 방식에서는 개별적인 하나와, 다른 방식에서는 특별한 하나와 비슷하다는 것이 분명하다. 수적인 하나의 이러한 종류는 다음과 같은 경우에는 개별자와 같다. 즉 (물체적

24-1

■ 바깥의 우연적인 것임에 틀림없다.

인 그리고 비물체적인 실체들의) 수적인 하나가 개별적인 것들의 많음에 의해서 말해지지도 않으며, 또한 단순히 밑바탕에 의해서 서술될 수도 없는 경우이다. 수적인 하나는 종을 개념적으로 파악할 수 있는 내용인 한에서 특수한 하나임과 같다. 이러한 내용은 자기 자신을 통해서(자체로, 우연적인 것으로가 아닌) 하나의 내용이다. 그러므로 이러한 것은 수적인 하나가 실체들에 의해서 말해지는 모든 방식들이다.

다른 경우들에서 하나는 수적인 많음에 의해서 말해질 뿐만 아니라 서로 다른 5가지의 방식들에서 말해진다: 첫째로 종[Art]에 따른 하나가 그것이다. 이것은 다음과 같은 진술처럼 관계한다: Zaid와 Amr는[19] 인간의 본성을 통해서 하나적인 것[Einheitliches]이다. 두 번째로 유[Genus]에 따라서 하나이다. 그러므로 우리는 인간의 개인[Person]과 말의 개별자에 관하여 이 둘은 동물적인 본성을 통해서 하나라고 말한다. 유는 일부는 더 가까운 것이고, 일부는 더 먼 것이다. 종에 따라서 하나임을 기술하는 각각의 사물은 또한 유에 따라서도 하나이며 하나적인 것이다. 그렇지만 이러한 것은 바꿀 수 없다. (이 때문에 유에 따라서 하나인 것은 다시 종에 따라서 하나는 아니다.) 질료에서 하나는 유에서 하나와 가깝다. 세 번째로 밑바탕에 따라서 하나이다. 이러한 하나는 하나의 정의에서 많음을 나타낸다. 자라는 것(식물, 동물 그리고 인간)과 완성되지 않은 것이 이러한 상태이다. (이러한 개념아래서 본질에 따라 다른 사물들은 피상적인 하나임으

■

19) 옮긴이 주 – 개별적인 인간을 가리킴.

로 요약할 수 있다.) 네 번째로 비례에 따른 하나(unum proportionalitate)이다. 그러므로 우리는 이렇게 말한다: 선장이 배에 관계하는 것은 왕이 도시에 관계하는 것과 같다. 둘의 비례는 하나의 같은 비례이다. 다섯 번째로 우연적인 것에 따른 하나이다. 그래서 우리는 이렇게 말한다: 흰 눈과 대뇌의 피질은 하얀색에 따라서 하나이며 같은 것이다. 그러므로 이러한 것은 자체로 하나가 언급되어지는 모든 개념들이다.

우연적인 것에 따른 하나는 주로 자체에 따른 하나에 대립하여 있다. 그래서 우리는 이렇게 말한다: 만일 건축가가 동시에 의사임이 틀림없는 사실이라면, 의사와 건축가는 개별자에서 하나이다. 하나에 관한 이러한 종류는 단지 합성된 개념들에서만 생각할 수 있을 뿐, 그러나 단순한[20] 개념들에서는 생각할 수 없다; 왜냐하면 개별적인 사물의 본질은 우연적인 것에 따라서가 아니라, 오히려 자체로 활동적으로 되기 때문이다(그리고 이 때문에 단순한 것[Einfache], 즉 본질은 우연적인 것에 따른 하나로 나타내질 수 없다).

그러므로 하나가 얼마나 많은 다른 방식들로 이러한 '학문[Kunst]'(형이상학)에서 말해지는지가 분명해지기 때문에, 동시에 하나는 확실히 이러한 학문에서 있는 것[Seiende]과 바꿀 수 있다. 수에 따라서 하나는 본질형상에 따라서 나누어질 수 없는, 이 때 양에 따라서는 나누어질 수 있는 것이다. 한 인간과 한 마리 말이 그러하다. 혹은 이것은 양과 본질형상에 따라서 동시에 나누어질 수 없는 것이다.

■

20) 옮긴이 주 – 합성되지 않은.

이러한 나중의 것은 2가지 종류로 일어난다. 만일 이러한 하나가 공간적인 위치를 갖는다면, 이것은 점이며, 그러나 공간적인 위치를 차지하지 못한다면, 보편적인 하나, 즉 수를 위한 첫 번째 원리이다. 이러한 하나는 본성상 세어질 수 있는 그리고 세어진 모든 대상들에 의해서 말해진다(그리고 개념적으로 대상들에 포함되어 있다). 이를 위한 근거는 모든 ('다른') 척도들이 일치하는 같은 본질의 대상들(측정된 것)에 의해서 말해지는 것이다. 유동적인 대상들과 고정된 대상들을 위한 도량(무게) 등등이 그러하다.

11. 같은 것; 같은 것[das Identische]은 다른 방식들로 말해진다. 이런 다른 방식들이란 하나에 관한 서술방식들에 일치하는 것이다. 같은 것은 부분적으로 수에 따라서 그와 같은 종류이다. 같은 것은 2가지 용어들을 통해서 나타내지는 사물들에서 발견된다. 그래서 우리는 이렇게 말한다: Muhammed는 Abdallah의 아들이다. 이러한 예는 일반적으로 하나의 같은 사물을 2가지 표식으로 나타내는 경우에서 일어난다. 더 나아가 같은 것은 종에 따라서 그와 같은 종류이다. 그래서 너는 이렇게 말한다: 너는 인간의 본성에 관해서 나처럼 이와 같은 본성일 것이다. 나아가 같은 것은 유에 따라서 그와 같은 종류이다. 예를 들면 이러한 말은 동물적인 본성에 관해서 나귀와 동일하다. 나아가 같은 것은 비례에서, 밑바탕에서 그리고 우연적인 것에서 그와 같은 종류이다. 모든 이러한 관계들을 위한 예들은 이미 주어졌다. 모든 이러한 것은 자체로 관계하는 것에 속하며 탐구하게 될 문제를 (그리고 형식적인 객체를) 이러한 '학문'(형이상학)에서 그리고 다른 학문들에서 만든 것에 속한다(왜냐하면 어떤 학문도 돌발사건과 우연적인 일을 탐구하지 않기 때문이다). 나아가 같은 것

은 우연적인 것에 따라서 그와 같은 종류이다. 이러한 것은 단지 같은 것이 정의(범위의 제한)의 방법에 관해 이야기되는 곳에서 짧게 언급된다. 그래서 우리는 이렇게 말한다: 음악가는 그가 동시에 의사임이 우연적인 경우에 의사와 같은 사람이다. 사람들은 같은 것이 실체 자체에서 나타나는 경우에 종에 따라서 같은 것을 본질이 같은 종류인 것으로 표시하며, 같은 것이 양에서 나타나는 경우에 같은 것을 같은 크기로 표시하고, 질에서 경우에는 닮은 것으로 표시한다. 닮은 것[Ähnliche]은 서로 다른 의미에서 사용된다: 첫 번째는 각이 같은 크기이며 측면이 비례하는 표면들에 관해서; 두 번째는 만일 물체들이 닮은 모양을 지닌 경우에, 즉 물체들의 표면들이 '수적으로[numerisch]' 같으며(같은 수에서 있으며) 물체들의 모양들에서 닮은 경우에 물체들에 관해서; 세 번째는 수동들이 하나의 같은 것인 사물들, 즉 빨간 색에서(이 색은 '수동[passio]'인데) 서로 같은 2개의 빨간 대상들에 관해서; 네 번째는 대부분의 고유성들에서 일치하는 사물들에 관해서 닮은 것이라고 한다. 그래서 우리는 이렇게 말한다: 피를 멈추게 하는 것은 은과 납으로 만들어진 깃털이 닮은 단검을 통해서 일어난다.

12. 반대; 이 밖에 반대들[Oppesitionen]을 말해야만 한다. 반대들은 내가 틀들에 관한 책에서 낱낱이 열거한 4개의 서로 다른 그룹들을 나타낸다. 너는 이미 그곳에서 이것들을 이것들의 서술들('정의들'이 아닌)에 따라서 알고 있다. 반대에 관한 종류들이 있다: 1. 긍정과 부정(반대적인 모순), 2. 대립하는[konträre] 것, 3. 관계[Relation], 4. 가짐과 결핍. 그렇지만 여기에서 '대립하는 것[Kontrarium]'이란 표시는 대개 저곳(논리학)에서 보다 더 폭넓은 영역에서 사용된다는 것에 주목해야

만 한다. 말하자면 논리학에서 다음과 같이 주장되었다: '대립하는 것contrarium'이란 용어는 단어의 고유한 의미에서 오직 하나의 같은 유Genus안에서 발생한 그러한 종류의 대립들을 의미한다. 사람들은 '대립하는 것들contraria'이란 표현을 이러한 첫 번째의 고유한 의미와 같은 종류의 의미에서 사물들을 표시하기 위하여 여러 가지로 사용한다. 이러한 사물들은 사물들이 (위에서 말한 규칙에 대립하여) 유에 따라서 서로 다른 경우에 동시에 하나의 같은 밑바탕에서 현재 있을 수 없는 사물들이다. 자주 사람들은 암시적인 의미에서 다음과 같은 것을 대립하는 것들로 나타낸다. 즉 어떤 방식에서(특별한 원인에 근거하여) 언급한 사물들로 셀 수 있는 것(그 결과 언급된 사물들은 그러므로 단지 피상적으로만 반대된다)을, 혹은 (또한 고유한 반대 없이) 연관된 사물들을 대립하는 것들로 나타낸다. 이러한 것은 예를 들면 대립하는 것들의 작용원인처럼 혹은 이것들의 수동적인 원리(이것들의 작용)처럼 혹은 일반적으로 이것들과 관계가 있는 것처럼 그러한 사정임에 틀림없다.

13. 결핍; 이러한 이유로 '결핍privatio'란 용어는 내가 그곳(논리학)에서 열거하였던 것보다 더 많은 수의 의미들로 사용된다. 그곳에서 실행되었던 것은 단지 3가지 종류이다. 첫 번째 종류는 오직 사물에서 있어야만 할 것이 사물에서, 더욱이 사물에서 현재 있어야만 할 정해진 시간에 실제로 있지 않는 것을 말한다. 그리고 미래에 사물의 주어에 귀속될 수 없을 것을 말한다. 탐욕과 맹목은 그러한 상태이다. 두 번째 종류는 정해짐Bestimmung이 순간적으로 주어에 귀속되지 않음에도 불구하고, 정해짐이 미래에 주어 자체에 붙어 있을 수 있는 것이라고 말한다. 예를 들면 궁핍과 가난의 결핍들이 그러하

다. 세 번째 종류는 밑바탕에서 실제로 있어야만 할 정해짐이 밑바탕에서, 더군다나 형상이 밑바탕에서 마땅히 현재 있어야 하는 그러한 종류의 형상에서 실제로 있지 않음을 뜻한다. 감각적인 지각의 느끼지 못함(haul 대신에 humul)과 신체 관절들의 발육 불량이 그러한 상태에 있다.

결핍에 관한 이러한 종류들에 마찬가지로 결핍으로 나타내지는 다른 종류들이 덧붙여질 수 있다. 예를 들면 사물에서 현재 있어야만 할 정해짐이 현재 있지 않는 것이며 더욱이 있음이 사물에서 일반적으로 지금 있어야만 하는 방식에서 있어야만 할 정해짐이 현재 있지 않은 것이다. 그래서 우리는 신에 관해서 말한다: 신은 죽지도 몰락하지도 않는다.[21] 나아가 사람들은 주어에서 유에 따라 지금 있어야만(주어의 유에 귀속해야만) 할 정해짐이 주어에서 현재 있지 않는 것을 결핍이라고 나타낸다. 그래서 우리는 이렇게 말한다: 당나귀는 이성적이지 않다(그렇지만 유에, 말하자면 동물적인 본성에 이성적임[Vernünftigsein]이 귀속할 수 있다). 다른 방식에서 사물에서 사물의 종에 기초하여 지금 있어야만 할 정해짐이 사물에서 지금 있지 않는 경우에 결핍으로 나타내진다. 그래서 우리는 이렇게 말한다: 여자는 남자적인 본성을 지니지 않았다. 나아가 사람들은 사물에서 다른 시간에 현재 있어야만 할 정해짐이 사물에서 지금 있지 않는 경우에 결핍으로 나타낸다. 그러므로 우리는 소년에 관하여 다

21) 몰락할 수 있음과 죽을 수 있음의 정해짐은 신에서 일반적인 있음의 방식에 따라 지금 있지 않다. 하물며 이러한 정해짐이 틀들 안에서, 그러므로 부분적인 있음에서 나타나는 방식에서 현재 있다는 것은 말도 안 된다.

음과 같이 말한다. 그가 이성을 완전하게 사용하지 못한다.

14. 다른 것; 다음으로 '다른 것[Andere]'의 개념이 정해져야만 한다. 이 개념은 서로 다른 방식들에서 사용된다. 이러한 서로 다른 방식들은 같은 것[Identische]의 의미들에 대립해 있다. 다른 것은 일부는 종에 따라서, 일부는 유에 따라서, 일부는 비례 혹은 밑바탕에 따라서 그와 같은 종류이다. 서로 다른 것[Verschiedene]은 다른 것의 개념으로부터 구별할 수 있다. 왜냐하면 사물이 사물의 실체에 근거하여서는 '다른 것'이며 어떤 사물에 근거하여서는 '서로 다른 것'이기 때문이다. 이런 어떤 사물은 서로 다른 것에서 현재 있는 것이다(그러므로 우연적인 것, 즉 정해짐에 근거해서, 사물의 실체에 근거해서가 아니라). 이러한 이유로 다음과 같은 사실이 일어난다. 즉 서로 다른 것은 특별한 정해짐을 통해서 '서로 다른' 상태이며, 그러나 동시에 다른 정해짐을 통해서는 '서로 일치하는' 상태이다.[22]

15. 가능태와 활동태; '활동하는 것[Wirkliche]'은 가능태[Potenz]와 활동[Akt]으로 쪼개진다. 이러한 이유 때문에 우리는 단지 얼마나 많은 의미에서 가능태와 활동의 용어가 사용되는지를 고찰하고자 한다. 그러므로 우리는 이렇게 주장한다: 가능태는 여러 가지 뜻에서 사용된다. 가능태는 한편으로는 다른 사물들을 운동하게 하는 게다가 다른 사물들을 운동시키는 관점에서(첫 번째로 그리고 자체로) 있는 원동자들[Agenzien]이다. 이러한 원동자들(능력들[Fähigkeiten])이 본성적이든지

■

22) '다른 것'은 개별적으로 그리고 수적으로 서로 다른 것이다. 이러한 서로 다른 것에 본질적으로 그리고 질적으로 서로 다른 것이 대립한다.

혹은 이성적이든지 상관없다. 물체를 가열하는 열과 환자에게 건강을 주는 의사, 간단하게 말하여 활동하고 행하는 기술자들이 이러한 사정에 있다. 나아가 사람들은 다른 것에 의해 운동되어질 수 있는 (수동적인) 능력들을 가능태로 나타낸다. 이러한 능력들은 (능동적으로) 움직이는 능력들에 대립한다. 자주 사람들은 또한 본질(실체)에서 운동의 첫 번째 원리를 가진 모든 것을 가능태로 표시한다. 이 점에서 본성적인 능력·자연적인 힘은 기술적인 행위로부터 구별된다. 사람들은 또한 완전한, 착한 행위를 위한 능력을 가능태로 나타낸다. 이러한 의미에서 사람들은 이렇게 말한다: 저 사람은 말하는, 걸어가는, 다른 행위들을 실행하는 가능태를 가진다. 한 인간은 이러한 행위들을 위하여 '할 수 있는fähig' 그리고 '힘으로 가득한machtvoll'으로 나타내진다. 나아가 사람들은 어렵게 실행될 수 있는 것과 쉽게 실행될 수 있는 것을 위한 소질을 가능태로 나타낸다. 이것은 질(능력과 무능력)의 틀에 관한 논문에서 밝혀졌던 것이다. 수학자는 바로 낱낱이 열거하였던 것들과는 완전히 다른 의미들에서 '가능태'이란 용어를 사용한다. 이들은 한 변의 정방형이 다른 변의 정방형과 같을 경우, 그러한 상태에 있는 변은 다른 상태에 있는 변을 위한 가능태를 가진다고 말한다.

모든 이러한 서로 다른 방식들에서 '가능태'라는 개념(표현)은 단지 비슷한 의미에서 사용된다. 이러한 가능태라는 개념이 나타내는 대다수의 대상들은 형이상학에 알맞다. 그리스적 성향의 철학자들에게서 가장 잘 알려진 가능태란 의미의 개념은 나중에 활동태에서 실제로 있을 수 있는 사물을 배치하는 그러한 것이다. 이러한 것은 사람들이 첫 번째 질료에 관해서 말하는 그러한 가능태이다. 우리가 설명하였던 것처럼, 이러한 가능태는 가장 중요한 의미에서 '가능태'이란 용어로 진술된 것이다. 만일 이러한 것을 고찰한다면, 이것이 참임을 알게 될 것이다. 다른 사물들에 관해서 가능태란 용어는 단지 비유적으로 질료로 말해진다. 이를 위한 근거는 다음과 같이 말해진다: 우리는 모양[habitus]과 본질형상들(형상들)을 가능태로 표시한다. 왜냐하면 이것들이 단지 어느 때는 행하여지고 그러나 어느 때는 행해지지 않기 때문이다. 이 때문에 이것들은 가능태에서 지금 있는 사물들처럼 그러한 상태이다. 같은 방식서 우리는 사물에 관해서 '가능태', 예를 들어 걸어가는 것[zu gehen]은 사물에 귀속할 것이라고 말한다. 이러한 것은 저러한 실체가 좋은 방식에서 행하여질 것(가는 것)이라는 것을 뜻한다. 같은 방식에서 이러한 개념은 모든 술어의 종류들에서 분명해질 것이다. 대개 사람들은 이렇게 말한다: 사물의 부분들은 가능태에 따라서 사물에서 실제로 있다. 사람들은 이러한 것을 이중적인 의미에서 말한다. 질을 고집하는 부분들은 본질형상과 질료이다. 그러나 양에 기초하는 부분들은 뒤따르는 것처럼 그러한 상태이다. 만일 부분들이 연속하여 결합되는 그러한 종류이라면, 가능태는 순수한 부분들이다(왜냐하면 이것들은 활동적으로 지금 있지 않기 때문이다). 그러나 만일 부분들이 활동적으로 사물에서 실제로 있는 그러한 상태이라면(그렇지만 부분들은 한 개의 부분이 다른 부분과 결합해 있거나 혹은 이것에 접해 있는 그러한 상태여야만 한다면), 부분들에 관한 '가능태'란 용어는 첫 번째 개념과 관련하여(즉 비유적인 방식에서) 어떤 더 가까운 것과 더 먼 것에서 말해진다. 이러한 의미에서 원자들[Atome]은 합성된 대상들에서(적어도 원자론자들의 의견에 따라서) 실제로 있다. 이러한 실재하는 가능태는 자주 가능태를 방해하고 밖으로부터 작용하는 동기를 지닌다. 이러한 바깥의 회방은 대개는 나타날 수 있으며(영향을 미칠 수 있으며), 대개는 그럴 수 없다(즉 효력 없이 머무른다). 예를 들면 타는 것이 마땅한 (축축한) 골풀의 경우가 그렇다. 다른 경우에 회방은 바깥으로부터 작용하는 어떤 방해들도 갖지 않은 그러한 종류이다. 이것은 필연적으로 (같은 원인처럼) 작용하며 가능태로부터 활동으로 넘어간다. 주로는 가능태에서 주로는 활동에서 실제로 있는 천체의 성좌들(대개 불행들)이 그러한 상태이다.

다음으로 활동적으로 실제로 있는 것aktuelles Existierende이 다루어져야만 한다. 이것은 가능태에서 실제로 있지 않는 것이다.[23] 이것의 종류들은 가능적인 것의 종류들과 상반된다. 둘은 틀들의 종류들로 되돌아갈 수 있다(틀들의 종류들과 같은 의미, 같은 범위이다). 가능태는 어떤 방식에서는 결핍이다; 그렇지만 가능태는 결핍들의 부류들에 속한다. 이러한 결핍의 부류들은 실제로 있지 않는 것Nichtexistierende이 결핍된 부류들에서 미래에 실제로 있을 수 있는(그러므로 결국 가능태는 활동으로 이끌어지는) 상태에 있는 것들이다.

16. 불가능함; 얼마나 많은 방식에서 가능태와 활동이 서술되는지는 명확해졌기 때문에, 불가능함impotentia이 같은 경우로 얼마나 많은 방식에서 사용되는지가 저절로 드러난다. 왜냐하면 이런 불가능함은 가능태에 상응하기 때문이다.

■

23) 활동태Aktualität, 즉 잘 알려진 것Bekanntere은 여기서 가능태Potenzialität, 즉 잘 알려지지 않은 것Unbekanntere, 애매함, 빈약한 있음을 통해서 '정의'된다. 그러므로 아베로에스는 본래적인 '정의'를 의도했을 수 없으며 또한 이러한 가장 보편적인 개념들에서는 가능하지도 않다.

(불가능함으로 표현된 객체에 따라서) 불가능함 이란 표현은 결핍의 종에 따라서 많은 의미의 그룹들로 쪼개진다. 불가능함은 한편으로는 내면에서 필연적으로 불가능함이다. 그래서 우리는 이렇게 말 31-1
한다: 원의 지름은 직각의 변을 위한 가능태를 갖지 않았다(지름의 정사각형은 내접하는 혹은 외접하는 직각의 정사각형과 같지 않다). 다른 한편으로 불가능함은 우발적인 것(배제되질 수 있는 그리고 가능태에 자리를 비워줄 수 있는 것이 가능한 것)이다. 그래서 우리는 이렇게 말한다: 소년에게 걷는 것을 위한 불가능함이 있다.

2. 완성된 것과 완성되지 않은 것, 전체, 부분 그리고 총체

17. 완성된 것; 완성된 것[Vollkommene]은 서로 다른 의미에서 대상들에 의하여 기술된다. 첫 번째 의미는 사물(사물에서 지금 있어야만 할 구성요소)이 완성된 대상들 밖에서 실제로 있지 못하고, 또한 실제로 있을 수도 없는 것을 뜻한다. 밖으로부터 자라남은 그러므로 더 이상 일어날 수가 없다. 그래서 우리는 세계의 모든 것[Weltall]에 관하여 완성된 것일 것(왜냐하면 세계의 모든 것에 어떤 부분도 잘못되지 않았기 때문에)이라고 말한다. 사람들이 원에 관해서 말하는 것은 이러한 의미와 같은 종류이다. 원은 완성된 것일 것이다. 왜냐하면 원이 어떤 것을 끼워 넣거나 빼내는 것을 통해서 (원형으로 된) 선의 본질성을 잃는 것 없이, 어떤 것을 원에 끼워 넣는다거나 혹은 원으로부터 빼낸다는 것은 불가능하기 때문이다. 마찬가지로 다음의 경우에 너는 물체에 관해서 완성된 3차원일 것이라고 말한다. 즉

입체적인 물체가 부서지는 (3)차원보다 차원들의 더 큰 수에서 쪼개질 수 있는 사물이 실제로 있지 않는 경우이다. 선과 면에 관하여 너는 완성되지 않은 것[unvollkommen]이라고 말한다. 왜냐하면 선은 단지 1차원으로 그리고 면은 2차원으로 '쪼개지'기 때문이다. 나아가 너는 이렇게 말한다: 3이란 수[Dreizahl]는 완성된 수이다. 왜냐하면 3이란 수는 처음과 중간 그리고 끝을 지니기 때문이다. 완성된 것에 관하여 이렇게 파악하는 방법은 의심할 여지없이 첫 번째 수에 다가선다. 나아가 사람들은 자기의 유(직업, 부류)에서 완성된 모든 것을 완성된 것으로 나타낸다. 이 때문에 우리는 의사를 완성된 사람이라고 그리고 악기연주자를 완성된 사람이라고 말한다. 나아가 너는 이러한 관점에서 바깥 세계의 실재하는 사물들에 관하여 사물들에서 완성될 것이 아무 것도 잘못되지 않는 경우에 완성된 것들이라고 말한다. 완성된 것에 관한 이러한 개념은 주로 은유적인 방식에서 좋지 않은 사물들로 넘어가게 된다. 예를 들어 사람들은 완성된 도둑에 관해서 그리고 완성된 거짓말쟁이에 관해서 말한다. 나아가 사람들은 사물들의 '완성된 것'에 관하여 사물들이 자신들의 완성에 다다름으로써 완성된 것들이라고 말한다. 이런 사물들은 완성이 자기 자체에서 '넘쳐 나오는'(전달되는, 흘러나오는) 그러한 상태이다. 이러한 방식에서 너는 비물체적인 실체들(정신들)에 관하여 이것들은 완성된 것이라고 말하며, 그러나 비물체적인 실체들로부터 일어난 대상들(지상의 세계 사물들)에 관하여는 완성되지 않은 것이라고 말한다.

가장 중요한 의미에서 사람들은 신, 즉 있음의 첫 번째 원리를

'완성태Vollkommenheit'로 표시한다. 왜냐하면 신이 활동함의 성질을 가짐 없이 모든 사물들의 원인이기 때문이다. 그러므로 이러한 실체(첫 번째 원인)는 자신의 완성을 자신의 고유한 본질을 통해서 받는다. (이러한 실체는 본질적으로 신의 성질이다.) 이와는 반대로 모든(신 바깥에) 실재하고 있는 대상들은 자신들의 완성태를 저러한 첫 번째 실체를 통해서 받는다. 그러므로 신은 완성Vollendung과 관련하여 가장 완성된 것이다. 자주 사람들은 은유적인 의미에서 완성된 것으로 나타내지는 경우에 개별적인(때로는 대상들과 일치하는) 실체들과 관계하는 모든 대상들에 대하여 '완성태'란 표현을 사용한다.(예를 들면 천제의 원형들과 관계에 있는 지상의 분할할 수 없는 것들individua).

18. 전체; 전체Ganze는 부분들Teile 모두를 자기 안에 포함하는 것을 나타낸다. 결국 전체에 귀속해야만 하는 것은 어떤 것도 전체 자체의 밖에서 발견되지 않는다. 그러므로 이러한 것은 낱낱이 열거된 의미들의 첫 번째 의미에서 완성된 것의 개념과 (같은 의미로) 바꿔진다. 이러한 의미에서 사람들은 물체에 관하여 모든 차원들(즉 차원들의 전체 총합)로 나눌 수 있다고 말한다. '전체'란 표현은 일반적으로 2가지 서로 다른 사물들을 나타낸다. 연속하는 것, 즉 활동하는 부분들을 지니지 않은 사물뿐만 아니라, 또한 연속하지 않는 것을 나타낸다. 더욱이 같은 경우로 이중적인 의미에서, 첫째로 부분들이 어떤 공간적인 위치를 차례로 갖는 것, 예를 들어 도구의 본성을 지닌 부분들(이 부분들은 매번 뒤따르는 것이 앞서간 것을 전제함으로써 서로서로 내부적 종속에 있음), 그리고 두 번째로 부분들이 공간적인 위치를 서로 나타내지 않는 것, 예를 들어 수들과 철

자들(이것들은 공간적이지 않으며 각각 임의적으로 바꿀 수 있다)이 '전체'에 관한 2가지 표현이다. 그럼에도 불구하고 철학자들은 본래적인 의미에서 첫 번째 의미의 종류, 즉 연속하는 것을 '전체'로 일컬은 그런 것들을 전체로 나타낸다. 반면에 두 번째의 총합Summe이 (활동하는 부분들을 지니는) 연속하지 않는 전체에 의해 말해지는 것처럼 두 번째 총합을 전체라고 부른다.

19. 부분; 다음으로 부분Teil에 관해서 다루어야만 한다. 부분이란 개념은 2가지 방식에서 사용되는데, 첫 번째로는 양과의 관계에서 유일하게 사용된다. 이러한 것은 주로는 사물에서 활동적으로 있고, 주로는 그렇지 않으며, 대개는 같은 종류로 있고, 대개는 그렇지 않다. 두 번째로 부분은 실체가 쪼개질 수 있는 어떤 것, 더욱이 질들뿐만 아니라 본질형상들을 뜻한다. 이러한 의미에서 우리는 물체들이 질료와 본질형상으로(물체들의 부분들로) 구성되어지며 정의는 유와 차이로(이것들은 질들처럼 그러한 상태인데) 이루어진다고 말한다.

20. 완성되지 않은 것; 다음으로 완성되지 않은 것Unvollkommenen(성취하지 못한 것Fehlende)의 개념이 정의되어야만 한다. 이러한 것의 개념은 다음과 같은 사물에 의해서 말해진다. 즉 비록 이러한 사물이 자기의 종('유')에서 완성된 어떤 것을 뜻한다 할지라도, 이러한 사물의 완성이 자기 자신에서 넘쳐 나오지(전달되지) 않는 사물이다. 이러한 의미에서 너는 모든 실제로 있는(창조된) 사물들에 대하여 있음의 첫 번째 원리와 관계에서 완성되지 않은 것이라고 말한다. 양과의 관계에서 완성되지 않은 것은 그 어떤 정할 수 없는 방식에서 말해지지 않는다. 이러한 명제의 객체는 오히려 서로서로 결합한 그리고 같은 종류의 본성이 아닌 부분들을 지녀야만 한다. 나

아가 (‘완성되지 않은’) 모자란 것[mangelnd](성취하지 못한 것)으로 나타내지는 사물은 본성에 근거하여 관계하는 밑바탕에 속해야만 하며, 더 나아가 성취하지 못한 것은 (모자란) 밑바탕의 실체를 없앨 필요는 없다. 이러한 정해짐[Bestimmung]은 필연적이다; 왜냐하면 사람들은 제거함[Entfernung]이 사물의 실체 자체를 없애게 되는 것을 ‘모자란 것’으로 나타내지 않기 때문이다. 대개 사람들은 언급된 것처럼 그러한 종류의 경우들의 비유에 따라서 기술 작업을 완성되지 않은 것으로 나타낸다. 너무 큰 것(너무 많음)은 반대로 완성되지 않은 것들 그리고 모자란 것들로 말해진다.

21. 먼저임과 나중임; 다음으로 먼저임[Früher]과 나중임[Später]에 관한 개념이 설명해져야만 한다. 이 둘은 5개의 서로 다른 종류들로 사용된다: 1. 시간에서 먼저임, 2. 배열에서 먼저임. 이러한 것은 정해진 첫 번째 원리로부터 더군다나 술어(본질적으로 그리고 우연적으로 귀속하는 것[Zukommende]과 달라붙은 것[Anhaftende])에서 셈해지거나 혹은 공간에서 셈하여진다. 3. 우선권과 명예에서 먼저임. 4. 본성에서 먼저임. 5. 원인에서 먼저임. 틀들에 관한 책에서 모든 이러한 5가지 종류들에서 먼저임으로 나타낸 것이 정의되었다. 우리는 그곳에서 실행하였던 설명들을 반복하고 싶지는 않다. 그 다음으로 먼저임은 여섯 번째의 방식에서 말한다: 앎에서 먼저임; 왜냐하면 앎에 따라서 더 먼저인(quoad nos) 모든 것은 이 때문에 있음에 따라서 (자체로[in se]) 더 먼저이지는 않기 때문이다. (그러므로 먼저임에 관한 2가지 서로 다른 종류들이 여기에 놓여 있다.) ‘원인’[24]과 ‘알맞은 원인’은 2가지의 (거의) 같은 의미의 (바꿀 수 있는) (같은 범위를 갖는) 표시들이다. 이 둘은 알려진 4개의 원인들에 의해서 말해진다: 질료, 본

질형상, 작용원인 그리고 목적원인이 그것들이다. 다른 곳에서 설명되었던 것처럼, 이 둘은 또한 자주 이러한 4가지 원인들과 관계하고 있는 그리고 이것들에 의존하고 있는 사물들에 의하여 은유적으로 사용된다. 원인들은 일부는 더 가깝고 일부는 더 멀리 떨어져 있으며, 일부는 자체로 있고 일부는 우연적으로 있으며, 일부는 부분적이고 일부는 보편적이며, 일부는 합성된 것이고 일부는 단순한 것이다. 이러한 종류들의 각각의 개별적인 원인은 활동적으로 있거나 혹은 가능적으로 있다. 원인들 중 몇몇은 사물과의 관계에서 바깥에 있다. 예를 들면 작용원인과 목적원인이 그렇다.

22. 첫 번째 질료와 두 번째 질료; 사람들은 순위에 따라서 많은 서로 다른 사물들(언어상: '단계들에 의해서 서술된다')을 첫 번째 질료[Materie(Hyle)]로 나타낸다. 예를 들면 어떠한 형상도 주어지지 않은 첫 번째 질료이다. 다음으로는 이미 본질형상을 지닌 그런 것(두 번째 질료), 예를 들면 4개의 기초요소들(στοιχεία)이다. 이것들은 단순한 그리고 합성된 물체들을 위한 질료이다. 질료의 이러한 종류는 2가지 방식으로 있다. 첫 번째 방식으로 지금 막 언급된 종류이다. 이러한 질료의 고유성은 질료에서 지금 있는 본질형상이 다른 본질형상들이 나타나는 경우에도 각각의 종류에서(온전한 방식에서) 없어질 수 없는 것이다(gaul 대신에 ḥuṣūl을 '순환하는 것'이라고 읽음). 오히려 질료의 본질형상은 질료에서 (부정되는 과정 중에) '중간의

■

24) 이러한 것은 또한 제2의 원인, 도구적인 원인, 간접적인 원인, 절대적인 첫 번째 원인을 뒤따르는 원인을 나타낸다.

형상으로'[25] 계속 실제로 있다. 이러한 것은 사물들의 생겨남과 사라짐에 관한 책에서(περὶ γενέσεως καὶ φθορᾶς, peri geneseos kai phthoras) 설명되었다. 두 번째 본질형상이 질료에서 나타나는 경우에, 질료의 두 번째 종류는 (첫 번째) 본질형상이 두 번째 종류에서 (활동적으로) 현재 머물러 있는 그런 상태에 있다. 이러한 것은 몇몇의 같은 종류의 물체들에서 지금 있는 그리고 영혼의 원리를 받아들임에서 정돈된 배치[Disposition]에 알맞다. 질료의 이러한 종류는 특별한 방식에서 2차적인 밑바탕으로(Avicenna, Metaphysik, Abhandlung Ⅱ, Kapitel 1과 비교) 나타낸다. 사람들은 자주 합성된 실체의 부분들을 양과 관련하여 (우연적으로: 부분들의 양의 토대위에) 혼합물의 질료일 것이라고 말한다. 이러한 의미에서 원자론자들은 질료에 관해서처럼 원자들에 관하여 말한다(원자들을 질료로 나타낸다). 그러므로 여기서 열거된 종류들은 질료의 개념이 그리스철학에서 사용된 것들이다.

23. 본질형상; 본질형상은 그렇게 서로 다른 의미에서 사용된다. 본질형상은 한편으로 단순한 물체들의 본질형상을 나타내며(이러한 경우에 본질형상은 '유기체의', 즉 유기체에게 생기를 주는 본질형상은 아니고) 다른 한편으로는 '유기체'의 형상, 즉 (유기체에게 생명을 주는) 섬세한 감정의 영혼들이고, 또 다른 한편으로는 천체의 물체들의 본질형상들이다. 이것들은 어떤 관점에서는 유기체들의 생명의 원리들이 아닌 한에서 단순한 실체들(구성요소들)과 같으며,

■
25) 즉 부분적인 활동성에서.

다른 관점에서는 자기 자신으로부터 운동되는 한에서 유기체의 형상들(생명의 원리들)과 같다. 모든 이러한 사상들은 이미 자연학문들에서 설명되었다. 본질형상은 주로 물체의 혼합 자체에서 나타나는 질과 양[26]을 나타낸다. 이러한 의미에서 같은 종의 물체들의 본질형상들은 서로 구별된다. (본질형상들은 조합물에서 변하지 않고 유지된다. 예를 들면 살과 뼈의 형상들은 육체의 유기체에서, 반면에 성분들의 형상들은 '혼합'에서 형성된다. 다른 측면에서 같은 유의 물체들, 예를 들어 금은 자체로 조합물들을 만든다. 이런 조합물들은 이것들의 불변함을 통해서 '기초요소들'과 구별된다.) 마찬가지로 '고유한 정해짐들'(고유한[propria])이 조합물들에 붙어 있다(예를 들면 금의 고유함들). 왜냐하면 이러한 것은 단지 없애기에는 어렵기 때문이며 - 예를 들어 금에서 발견되는 고유성 - 그리고 다른 특성들도 (예를 들어 다른 기초요소들에서) 조합물에 붙어 있다.

24. 첫 번째 원리; 첫 번째 원리는 원인으로 표시되는 모든 것에 의해서 말해진다. 또한 주로 밑바탕이 운동을 시작하는 매개물에 의해서, 예를 들어 길의 시작점에 의해 말해진다. 길은 가기 위한 시작점이다. 대개 사람들은 다음과 같은 것을 원리와 출발점으로 삼는다. 즉 사물의 되어가는 과정이 시작하는 것이다. 이러한 것은 예를 들어 강의에 알맞다. 때때로 사람들은 강의에서 본성에 따라(본성에서[φύσει]) 첫 번째 원리들로부터 시작하지 않고, 오히려 쉽게 이해할

---

26) 세 번째 것, 즉 (2개의) 성분들로부터 생겨난 새로운 물체는 혼합물의 형상 아래서 새로운 물체의 양과 질을 가지고 이해할 수 있다.

수 있는 것으로부터 시작한다. 모든 다른 대상들은, 이 대상들이 첫 번째 원리로 나타내지는 것인데, 단지 술어의 막 열거된 종류들 중 한 종류로 유추하여 그렇게 불러진다. 그래서 우리는 전제에 관해서 결론의 출발점이며 원리라고 말한다. 그러므로 '첫 번째 원리'의 개념은 단지 즉 전제가 결론을 위한 작용원인이거나 혹은 결론의 첫 번째 질료인 의미에서만 전제에 적용되었다(그러므로 원리의 개념이 첫 번째로 그리고 자체로 알맞은 지금 막 언급된 경우들 중 2개의 경우로 유추하여).

25. 기초요소; 기초요소(στοιχεῖον)는 구성요소의 첫 단계에서 말해진다. 그런데 사물의 분석은 형상과 관련하여 결국 이러한 구성요소에 다다른다. 이런 의미에서 사람들은 4가지 '종류들': 불, 공기, 물 그리고 흙을 나머지 합성 물체들의 기초요소들이라고 말한다. 그 다음으로 기초요소는 눈에 보이는 것에 따라서 물체의 가장 적은(가장 작은) 부분인 것에 사용된다. 원자론의 추종자들이 이러한 입장에 있다. 자주 보편적인 사물들이 개별적인 사물들의 '기초요소들'로 나타내진다. 적어도 보편적인 사물들에 관하여 가르쳤던 자의 견해에 따라서, 보편적인 사물들은 사물들의 원리들일 것이며(플라톤), 그리고 사물이 보편성의 성질을 더 많이 지니면 지닐수록, 더욱더 중요한 의미에서 그것은 기초요소로 나타내질 것이다.

26. 필연성; 필연성[Notwendigkeit]을 사람들은 다음과 같은 사물로부터 서술한다. 즉 그 사물 없이는 다른 사물이 실제로 있을 수 없으며, 다른 사물이 필연적으로 그 사물을 통해서만 실제로 있을 그런 사물이다. 이와 같은 필연성은 질료에 기인한다. 그래서 우리는 이렇게 말한다: 피를 지닌 동물은 필연적으로 숨을 쉬어야만 한다. 나

아가 사람들은 필연성을 바깥의 강요(강제coactio)로부터 말한다. 이러한 바깥의 강요는 자유롭게 하고자 하는 운동에 대립된다. 이러한 이유로 그리스의 시인들은 필연성을 고통과 슬픔을 일으키는 것으로 나타냈다.[27] 자주 사람들은 필연성을 다른 종류에서도 다른 고유성에서도 실제로 있을 수 없는 사물에 덧붙인다. 이러한 의미에서 너는 말한다: 천체가 영원하다는 것(창조의 시작이 없음)은 필연성에 기인한다.

27. 본성의 힘·자연의 힘; '본성의 힘 · 자연의 힘Naturkraft'은 변화Veränderung(mutatio, μεταβολή)의 모든 4가지 종류들에 의해서, 그러므로 생겨남과 사라짐, 공간적인 운동, 자람과 질적인 변화에 의해서 말해진다. 또한 주로 본성의 힘은 이러한 운동들의 첫 번째 원리인 본질형상들을 나타낸다. 게다가 본질형상들이, 그리고 아주 특별하게는 단순한 것들의 그러한 종류들이 가장 중요한 의미에서 본성의 힘으로 나타내진다; 왜냐하면 유기체에게 생명을 주는 영혼은 중요한 의미에서 영혼으로(즉 본성의 힘보다 더 높은 형상으로) 나타내지기 때문이다(왜냐하면 영혼이 더 높은 하나임Einheit과 단순함Einfachheit을 지니기 때문이다).[28] 이러한 것은 예를 들어 자라남의 원리에 알맞다. 이러한 의미에서 너는 의사들이 말하는 것을 듣는다: "나는 본성의 힘을 그러그러하게 모양 지었다." 따라서 의사들은 (인간의) 육

■

27) Aristoteles 1338b 40f., 1339a 4(필연성으로부터 생겨난 비탄들과 고통들 – π ίν ο ι)와 비교, 1206a 14. 16 괴로움은 – λ ύπ η – 필연성에 기인하는 사물들과 결합된다.

28) 어떤 하나의 틀에서 더 큰 단순함, 하나임 그리고 비물체적임Unkörferlichkeit을 지닌 것은 더 높은 의미에서 이러한 틀의 본질을 갖는다.

체들을 관리하는 힘, 즉 부양하는(낯선 재료들을 몸에 동화시키는) 힘을 표시한다. 의사들은 이와 같은 것을 '본성의 힘'으로 나타낸다. 38-1 왜냐하면 비록 본성의 힘이 유기체에게 생명을 줄지라도, 이러한 본성의 힘은 그들의 의견에 따라서 다른 힘들보다 더 단순하기 때문이다. 이와 같은 이유 때문에 의사들은 거의 심장의 힘을 본성의 힘으로 나타내지 않는다(심장의 힘은 합성된 힘으로 여겨졌음에 틀림없다; 물론 심장의 힘은 심장의 2중의 운동을, 즉 박동하는 것을 일으킨다. 그러므로 이것은 단순할 수 없다). 이러한 의미에서 우리는 같은 경우로 말한다: '본성적인' 행함[Tätigkeit](단순한 행함)은 이성적인(더 복잡해진, 예를 들어 기술에 의해 만든) 행함에 반대된다. 나아가 '본성의 힘'이란 이름은 일반적으로 합성하여 사물을 만드는 기초요소들에 의해서 서술된다. 이러한 의미에서 우리는 말한다: 같은 종의 물체들의 본성의 힘은 물, 불 그리고 나머지 기초요소들로 이루어진다(기초요소들로부터 생겨난다). 결국 본성의 힘은 심지어 질료의 서로 다른 종류들에 의해서 그리고 일반적으로 변화하는 사물들의 형상들처럼 본질형상의, 질료의 모든 종류들에 의하여 말해진다. 이러한 변화하는 사물들은 필연적으로 저런 본질형상들과 질료들로부터 결과로 되는 것이다. 우리가 이렇게 말함으로써 처음부터 도달하고자 했던 것을 이룬 다음에, 즉 형이상학의 용어들이 뜻하는 것의 설명을 성취한 다음에, 그러므로 우리는 이러한 학문들의 문제들 중 한 가지를 다루는 것으로 넘어가고자 한다.

제2장
있는 것과 10개의 틀들

1. 실체란 무엇인가?

우리는 이미 있는 것Seiende이 서로 다른 의미에서 사용된다는 것을 설명하였다. 그러나 우리가 이 장에서 다루고자 하는 있는 것의 형상은 10개의 틀들에 의해 말해진다. 이러한 틀들은 마치 종들이 유들에 관계하는 것처럼 형이상학의 객체Objekt에 관계한다.[1] 그렇지만 분명히 10개의 틀들에 대한 있는 것의 서술방식은 순수하게 이중적이지 않다; 왜냐하면 이러한 경우에 있는 것은 개별적인, 즉 하나적인einheitlich 학문의 객체로 만들어질 수 있을 (하나적인) 유는 아닐 것이기 때문이다(왜냐하면 학문은 단지 본래의, 그러므로 유일한univoce 하나적인 객체만을 점유할 수 있기 때문이다). 이러한 학문은 우리가 여기서 몰두하는 학문이다. (하나적인 객체처럼) 그렇게 형

■

1) 사정에 따라서: 이러한 것들은 종들이 형이상학의 대상인 유(있는 것)에 관계하는 것처럼 관계한다.

이상학에서 (그리고 있는 것에서) 다음과 같은 본질적이고 필연적인 (형식상의) 술어들은, 즉 있는 것을 직접적이고 근원적인 분할에서 (첫 번째로 그리고 자체로) 종들로 쪼갤 수 있는 술어들은 거의 있을 수 없을 것이다(왜냐하면 오직 유일한 혹은 비슷한 술어의 객체만이 이러한 방식에서 나누어질 수 있기 때문이다). 그래서 (우리가 있는 것 자체를 분할함으로써) 우리는 이렇게 말한다: 있는 것은 한편으로는 가능적인 것[potenzielles]이며, 다른 한편으로는 활동적인 것[aktuelles]이다. 마찬가지로 우리는 본질적으로 있는 것에 귀속하는 나머지 술어들을 있는 것에 덧붙인다. 이러한 술어들은 있는 것에서 발견되는 것들이다. 그렇지만 이중으로 파악되는 대상을 주어로 갖는 명제는 본질적으로 주어에 귀속하는 술어(연역의 소전제)를 지니지 않는다. 모든 이러한 것은 논리학의 '학문[Kunst]'과 관계하였던 자의 경우에서 분명하다.

마찬가지로 있는 것은 10개의 틀들을 유일한 방식에서(유일하게[univoce]) 나타내지 않는다; 왜냐하면 만일 있는 것이 10개의 틀들에 의해서 말해질 것이라면, 이런 경우 10개의 틀들은 단 하나뿐인 유[Genus]일 것이거나 혹은 단 하나뿐인 유안에서 발견될 것이기 때문이다. 그렇지만 바깥의 감각적 지각은 10개의 틀들이 서로 다르다는 것과 많음[Vielheit]을 설명한다는 것을 입증한다(많음은 유 아래서는 파악될 수 없다–결론은 위에서처럼 자명한 것으로 나타난다). 이러한 것은 비록 옛날 철학자들(소크라테스 앞의 철학자들) 중 몇몇이 있는 것은 하나이며 같은 것(유일한 것-엘레아학파)이라는 학설을 세웠을지라도 올바른 학설이다. 이들 철학자들을 이들의 견해로 이끌었던 근거는 이들이 감각적인 지각을 도외시하고 궤변적인 연역들로부터 오류로 이끌어졌던 상황이었다. 아리스토텔레스는 이러한 철학자들을 자연학의 첫 번째 장에서 이미 논리적으로 반박하였다. 만일 우리가 개별적인 '학문Kunste'들의(즉 형이상학의 마지막 부분에서 개별적인 학문들Wissenschaften의) 대상들에 관하여 말하게 된다면, 우리는 이들 철학자들과 토론할 것이다. 왜냐하면 모든 것은 우리가 설명하였던 것처럼 그러한 상태에 있으며, 그리고 있는 것의 표시는 10개의 틀들에 의해서 단순히 이중적으로도 유일하게도 말해지지 않기 때문이다. 따라서 다음과 같은 것 이외의 어떤 다른 가능성도 남아 있지 않다. 이러한 다른 가능성이란 있는 것이 10개의 틀들을 비슷한 술어의 종류에서 나타내는 것이다. 술어의 이러한 종류는 사물들의 다양함을 나타내는 것들이다. 이러한 사물들은 유일한 사물과 관계되는, 더욱이 어떤 먼저임과 나중임에 따라서 관계되는(그 결과 체계적인 질서가 생기는) 그러한 상태에 있는 사물들이다. 이러한 것은 곧바로 상세하게 묘사되어질 것이다. 그래서 우리는 의술과 관계되는 사물들과 관련하여 이러한 사물들은 의술상의 사물들이라고 말하며, 그리고 전쟁과 관련된 것들에 관해서 이것들은 전쟁에 속한다고(군사에 관한 것들이라고) 말한다. 우리가 앞에서 설명한 것처럼, 이러한 학문(형이상학)은 한 원인들이 다른 원인들에 속하는 한에서 실제로 있는 사물들의 종들을 순서대로 관련시키는 과제를 가진다. 그 결과 결국 이것들의 전체 총합은 일치하는 가장 높은 원인들로 되돌려져야만 한다. 이 때문에 이러한 생각들을 모든 틀들에서 추적해야할 필요가 있으며 다음의 것에 관하여 고찰을 시도하는 것이 필요하다. 어떻게 이러한 생각들이 있는 것의 영역에서 차례대로 관계되는지? 그리고 어떤 것이 다른 것에 (언어적

으로: 어떤 것이 어떤 것에) 앞서가는지? 나아가 우리는 다음과 같은 문제를 세우고자 한다. 여기서(즉 지상의 세계에서, 사정에 따라서는: 형이상학에서), 나머지 틀들의 존립을 주는 틀이 있는지(실체) 그리고 이러한 것은 무엇인지? 더 나아가 도대체 무엇을 통해서 이러한 첫 번째 틀이 자신의 존립을 유지하는지? 다음으로 우리는 우리의 주의를 다음과 같은 원인들을 아는 것에 돌리고자 한다. 즉 우연적인 것들이 '실제로 있는' 사물들인(그러므로 있음의 영역으로 들어오는, 있는 것은 양에서 있는 것인) 한에서, 이러한 원인들은 실체의 일반적인 우연적인 것들을 일으키는 것들이다. 가능태와 활동태 그리고 비슷한 사물들이 이러한 상태에 있다. 우리는 모든 이러한 것들을 우리 학문의 첫 장에서 이러한 것이 가능한 정도에서 설명하고자 한다. 그 다음으로 우리는 이러한 사물들의 원인들에 관한 설명에서 아직 계속 과제로 우리에게 남아 있는 것을 다음으로 미루어 둔다. 따라서 우리는 이것을 이러한 학문의 세 번째 장에서 다룬다.

논증Beweisführung의 방법들은 대단히 많다. 이러한 논증의 방법들은 지상의 사물들과 관련하여 사용되는 것들이다. 예를 들어 너는 논리적 증명들logische Beweise을 안다. 이러한 논리적 증명들은 논리학의 '학문Kunst'에서 설명되었던 사물들이 낯선 대상과 관련하여 ('적절하지 않은 장소에서') 더욱이 이중적인 방식에서 사용되고 있다. 논리적 증명들은 도구들로서 그리고 모든 영역에 적용할 수 있는 방법들로서 혹은 (중용의 덕에서) 지성을 바른 길로 이끌며 지성을 오류에서 보호하는 사유법칙들로서 사용된다. 이것은 논리적인 명제들이 특별하게(특별히) 사용되는 방식이다. 나아가 논리적 증명들은 그곳에서(논리학에서) 설명되었던 사물들이 실재하는 것으로 간주되는 이런 의미에서 적용된다. 왜냐하면 이러한 사물들은 실증적인(즉 실증에 관하여 다루는, 그러므로 논리적인) '학문'의 부분이기(그러므로 논리적인 문제들을 설명하기) 때문이다. 이러한 의미에서 논리적 증명들은 다른 학문에서 증명을 필요로 하지 않는 요청들Postulate과 공리들Axiome(법칙들)로서 전제되는 한에서 이러한 '학문'에서 직접적으로 사용된다. 말하자면 다음과 같은 것이 실증적으로 증명하는 규칙들Disziplinen에서 일반적으로 행하여진다. 이러한 것은 이러한 규칙들 중 몇몇이 다른(위에 있는, 아래에 있는) 규칙에서 증명되었던 것(학문들에 대한 체계적인 배열의 문제)을 이용하며 전제하는 것이다. 이러한 의미에서 천문학의 규칙은 수학적인 학설을 수학자로부터 받아들인다. 왜냐하면 천문학이 예를 들어 지름의 절반(반경)이 육각형(이것은 원 안에서 만들어지는 것)의 한 측면과 같다는 것을 인정하기 때문이다.

그러므로 이와 함께 이러한 부분(장)의 목적과 그리고 형이상학에서 사용되는 표현들의 의미가 분명해졌기 때문에, 그래서 우리는 이제부터는 형이상학 자체에 관하여 논의를 시작하고자 한다. 이런 까닭에 우리는 가르친다: 틀들에 관한 책에서 보편적인 술어들이 두 그룹으로 서술되어졌다: 한 그룹은 개별적인 실체와 관련하여 실체의 본질과 본질성을 알게 해준다(이와 같은 것을 '정의한다'). 이러한 고유성을 지닌 가장 보편적인 일반개념Allgemeinbegriff은 우리의 학설에 따라서 실체로 나타내진 틀이다. 두 번째 그룹은 실체의 개별자에 관하여 개별자의 본질성과 본질을 알려주지 못하고, 오히려 저러한 개별자가 정의되어진 다음에 실체가 아닌 어떤 것으로 알려진다.[2] 이렇게 작용하는 것Wirkliche은 일반적으로 밑바탕에서 (우연적인 것으로) 실재하는 정도로만 관계한다. 실체(두 번째 실체, 논리적인 실체)라는 틀과 관련하여 우리는 다음과 같이 말한다. 즉 실체라는 틀은 (자체에서 존립하는) 밑바탕에 의해서 말해지는 그런 것이다. 말해진 특성을 지닌 가장 일반적인 개념들은 우연적인 것들의 9개의 (가장 높은) 유들Genera이다. 이것들이 거기에서(논리학에서) 열거되었다: 양, 질, 관계, 곳, 때, 가짐, 가함과 당함.[3] 이러한 것이 공리로 세워졌기 때문에, 일반적으로 실체라는 틀은 자기 자신에서 존립한다는 것이 분명하다. 실체라는 틀은 (자신의 존립과) 자신의 실제로 있음에 도달하기 위해서 우연적인 틀들 중 어떤 것도 필요로 하지 않는다(달라붙어 아래에 놓여 있는 것처럼 다른 것에서가 아니라 자신에서 존립한다subsistit in se non in alio tamquam subiecto inhaesionis). 나아가 분명히 우연적인 것이라는 틀은 실제로 있음에 이르기 위해서 실체를 필요로 하며 실체로부터 야기된다. 그럼에도 불구하고 우리는 사태가 각각의 개별적인 틀에서 어떤 상태에 있는지를 고찰해야만 한다.

■

2) 우선 실체가 정의되어져야만 한다. 실체의 내용에 포함되어 있지 않는 나머지 정해짐들은 실체의 내용을 통해서 이미 실체의 고유한 성질로 알려진다.

3) 만일 카이로에서 출판된 텍스트가 이러한 틀을 열거하지 않는다면, 위치situs는 아홉 번째로 설명할 수 있다.

2. 실체와 우연들

그러므로 우리는 가르친다: 곧 분명하게 밝혀지겠지만, 실체는 3개의 우연적인 것들: 곳, 위치와 가짐에 대한 틀을 정의하는 부분을 만든다. 이러한 것은 이러한 우연적인 것들의 정의로부터 분명하다; 왜냐하면 (ida 대신에 id라고 읽는 것) 모든 이러한 우연적인 것들은 이것들의 정의에서 물체(물체적인 실체)의 개념을 갖기 때문이다. 그래서 우리는 곳(장소locus)과 관련해서 곳은 물체의 실체가 공간(혹은 장소Ort)에 관계하는 것이라고 말한다. 마찬가지로 사태는 위치(situs)와 가짐과 관련해서 그러한 사정에 있다. 그러나 가함과 당함의 틀과 관련해서 사태는 이러한 틀들의 실체에서 발견되는 것들의 형상들과 관계에서 분명해진다. 그러나 자주 이러한 2개의 틀들은 양과 질에서 나타난다. 그래서 이 둘은 이러한 양과 질 자체의 틀처럼 그러한 사정에 있다. 아직 가함의 틀에 대한 특수성이 양과 질에 덧붙여 일어난다(이런 특수성은 가함의 틀을 정확하게 정의하기 위해서 고려해야만 하는 것이다); 왜냐하면 가함의 틀은 양에서 항상 '한 가지의 실체'이기 때문이다(즉 실체적인 사물들과 관계하기 때문이다).[4] 예를 들어 자람(양에서 가함)을 주는 자양분과 그리고 다

■

4) 아베로에스는 이러한 뚜렷한 표현으로 우연적인 것이 어떤 의미에서는 실체화Substantialität에 관여하는 것을 말하고 싶어 한다. 언어상 그는 확실히 이해하지 못했음에 틀림없다: 왜냐하면 우연적인 것은 결코 실체로 될 수 없기 때문이다.

옮긴이 붙임 – 아베로에스가 실체를 이해하지 못한 것은 아니다. 다만 그는 형이상학을 자연학의 영역에 묶어 두기 때문에 양을 실체처럼 여기는 것이다. 왜냐하면 감각적으로 알 수 있는 세계에서 있는 것을 있게 해주는 첫 번째는 양으로 보이기 때문이다. 전체적으로 볼 때는 양도 실체라는 것에 붙어서 있지만, 그 다음으로는 나머지 8개의 틀들은 필연적으로 양에 붙어서만 있을 수 있다. 이 때문에 아베로에스는 양을 실체처럼 여긴 것이다(있는 것은 양에서(양에 따라서) 있는 것이다ens in quantum est ens).

른 물체를 공간적으로 운동하게 하는 물체가 그러한 사정에 있다(가함의 틀이 실체를 전제한다는 것에 대한 증명). 이와는 반대로 가함의 틀은 질의 틀에서 (어떤 방식에서도 실체의 본성에 관여하는 일 없이) 단지 우연적인 것이다. 예를 들면 가열함(가함의 한 가지 종류)이다. 이것은 열의 질에 의해서 작용된다.

다음으로 4개의 우연적인 것들을 고찰해야만 한다: 양, 질, 관계 그리고 때(시간). 비록 이러한 우연적인 것들의 정의에서 실체의 틀이 언급되지 않을지라도, 그럼에도 불구하고 이것들과 관련해서 이것들이 실제로 있을 수 있기 위해서 실체를 필요로 한다는 것(실체를 전제한다는 것)이 명백하다. 이것은 먼저 관계의 틀에 알맞다. 관계의 틀과 관련하여, 이것은 실체로부터 분리되는 능력[Fähigkeit](가능성[Möglichkeit])을 지니지 않았다는 것이 분명하다. 말하자면 이것은 단지 이러한 틀의 밑바탕인 실체일 뿐만이 아니다. 오히려 사람들은 나머지 틀들을 관계의 틀의 밑바탕으로 생각한다. 양의 틀에 속하는 (그리고 동시에 관계들인) 2배와 1/2배(ṣinf 대신에 niṣf로 읽음)가 그러한 상태이며, 나아가 곳[Wo]의 틀로 간주할 수 있는 위와 아래가 그러하다.

나아가 또한 질의 틀을 고찰해야만 한다. 질의 틀과 관련하여, 이것은 우연적인 것이며 질료로부터 분리될 수 없는 것이라는 것이 곧 명확해질 것이다. 그렇지 않으면 당함(수동과 당하는 질들[passio et patibilis qualitas])의 상황이 당함의 주체 없이 실제로 (있을 수) 있어야만 하거나 혹은 모양(형상과 형태[forma et figura])이 모양을 업고 다니는 밑바탕 없이, 혹은 가짐(가짐과 나누어줌[habitus et dispositio])이 그와 같은 것을 위한 밑바탕 없이 혹은 작용하는 것(주로 가능성과 불가능성으로 있는 것)으로 '배열'이 배열되는 대상 없이 실제로 (있을 수) 있어야만 할 것이다. 이러한 4개는 (질의) 유들이며, 게다가 이러한 틀의 잘 알려진 유들이다.[5]

이제 양의 틀에 관련해서, 그러므로 이것이 우연적인 것이라는 것은 명백히 ('각각의 방식에서') 분명하지 않다. 왜냐하면 양의 틀이 실체의 틀을, 특히 연속하지 않는 양(이런 양 자체는 실체인 것으로 보이며, 그러므로 우연적인 것일 수 없을 것인데)을 전제하기 때문이다. 같은 방식에서 이러한 것은 연속하는 양에 알맞다. 그러므로 양의 틀에 대한 우연성Akzidentialität은 분명하지 않다. 특히 우리가 이런 학설을 세운다면, 그러하다: 양의 종류들 중 한 가지는 물체의 실체일 것이다. 그렇지만 만일 사람들이 양의 틀을 물체의 (그리고 양의) 정의로 세운다면, 물체는 3차원으로(그러므로 양의 형식들로) 나눌 수 있을 그런 것일 것이다. 이러한 이유로부터 많은 철학자들이 차원들은 실체이며 감각적으로 가리키는 대상인(여기 이러한 것으로서) 개별적인 실체의 본질을 의미하는 것이라고 생각하였다. 이와 같은 학설은 다른 철학자들에게 양들은 물체로부터 분리될 수 있을 것(분리된 것들χωριτά, 즉 비물체적인 활동성들일 것)이라고 생각하게 하였다. 이러한 생각을 가진 철학자들은 수학의 객체들Objekte이 비물체적인 실체들이라는 학설을 세웠던 자들(피타고라스 등등)이다.

---

5) 이러한 이유 때문에 '배열dispositio' 아래에 질들의 두 번째 종류가 있다: 위에서 이해한 가능성과 불가능성. 가짐과 함께 불러지는 본래적인 'dispositio'는 ḥāl, 즉 상태Zustand로 일컬어진다.

3. 물체적인 실체

그렇지만 우리는 가르친다: 자기 자체에서 더욱이 직접적인 방식에서(첫째로 그리고 자체로) 차원들은 명백히 물체의 개별적인 실체로부터 물체의 고유한 본질성을 알려주지는 않는다. 개별적인 실체가 이러한 차원들로 더욱이 실체에서 있는 고유성으로 표시된다면,[6] 개별적인 실체는 저런 개별자의 종처럼 혹은 개별자의 유처럼(본질적으로 필연적인 밑바탕처럼) 차원들의 정의에 포함되어 있으며, 더욱이 마치 우연적인 것들의 밑바탕들이 혹은 (질료들로서) 우연적인 것들의 밑바탕들에 관한 유들이 우연적인 것들의 정의들에 포함되어 있는 것처럼(본질적으로 필연적인 구성성분들처럼) 이런 방식에서 포함되어 있다. 그러나 여기에서 차원들은 다음과 같은 방식에서 실체에 의하여 말해지지 않는다. 이러한 방식은 차원들이 이러한 개별자에 대한 정의의 한 부분을 만들었던 방식이다 - 대개 객체들(밑바탕들)의 (안에 있는) 원인들인, 즉 차원들의 정의에 사용된 형식적인 술어들(종들과 유들)처럼 이와 같은 방식이다. 그래서 우리는 인간에 관해서 그리고 많은 동물들에 관해서 이것들은 정해진 크기를 지닌다고 말한다. 이를 위한 근거는 이러한 실체들에 대한 각각의 개별자는 특별한 크기를 갖는 것이다. 이러한 것은 일반적으로 생물들에서 분명하다. 말하자면 개별자에서 차원들은 개별자 자

■

6) 따라서 이러한 정해짐은 고유한 것proprium처럼 사물의 본질성과 분리될 수 없이 묶여 있다는 것, 그 결과 정해짐은 '본질성과 함께 생겨나고 사라진다'는 것은 잘 표현되어진 것이리라. 그러므로 이와 같은 정해짐 없이 사물은 실제로 있을 수 없다.

체(개별자의 본질과 개별자의 실체)보다 더 나중이며 영혼과 영혼을 달고 다니는 것은 차원들보다 더 앞선다. (그러므로 이러한 차원들은 본질의 바깥에 있는 우연적인 것들임에 확실하다.) 다음의 것은 자연의 물체들[Naturkörper](‘자연에서 있는 사물들’)에서 분명하다. 말하자면 자연의 물체들은 안에서 생각난 그림[der inneren Vorstellung](수학적인 작도)을 바탕삼아 자연의 물체들에서 받아들여진 차원들에 앞선다는 것이다. 그런데 열거된 것들은 실체들의 전체 총합(이 지상의 세계에서 있는 것)이다; 왜냐하면 각각의 개별자는 실체의 틀로부터 영혼의 원리(언어적으로: ‘숨 쉰다[atmet]’)를 가지거나 혹은 자연의 물체이기 때문이다.

사람들은 실체의 틀에서 있는 가장 보편적인 유에 관하여 논의할 수 있을 것이다. 그리고 가장 보편적인 유는 물체 자체인지 혹은 우연적인 것처럼 ‘물체’라는 유가 덧붙어 있는 사물인지를 물을 수 있을 것이다. 만일 ‘물체’라는 내용(유)이 우연적인 것처럼 그런 사정에 있다면, 계속하여 물어진다: 도대체 우연적인 것처럼 물체가 붙어 있는 저러한 사물은 어떤 것인가? 만일 우리가 다음과 같은 물음들을 해결한다면, 우리는 이러한 물음을 풀 것이다. 즉 우리가 감각적으로 지각할 수 있는 실체의 첫 번째 원리들은 어떤 것이며 있음의 어떤 종류에서 물체의 종과 유가 실제로 있는지? 간단하게, 어떤 종류에서 보편성들이 거기 있음[Dasein]을 지니는지(명목론[Nominalisums] – 실재론[Realismus])?

몇몇 철학자들이 물체들로부터 분리된 양이 있다(피타고라스)는 학설을 세웠다. 이들이 양을 이러한 것으로 표시하고자 한다면, 이러한 양은 감각적으로 지각할 수 있는 사물들에서 지금 있는 것인데, 그러면 양이 없이는 첫 번째 질료에서 어떤 가능태도 지금 있지 않다는 것이 이미 자연학(아리스토텔레스를 위한 중간의 해설서[7]) 에서 설명되었다. 이러한 것[8]은 마치 양이 본질형상으로부터 분리되는 것이 불가능한 것처럼 그와 같다. 그렇지 않으면 개체의 실체는 양을 지니지 않고 실제로 있을 것임에 확실하다. 그러나 이러한 것은 불가능하다. 나아가 자연학에서 텅 빈 공간의 실재함[Existenz]에 관하여 탐구할 때 차원들은 물체로부터 분리될 수 없다는 것이 설명되었다. 이와 같이 그곳에서 시간은 밑바탕에서, 즉 하늘의 물체들에서 지금 있을 것이라는 것이 설명되었다. 이러한 설명으로부터 시간(시간과 차원들)의 존립은 실체에 기초되어질 것임(시간은 우연적인 것들로서 실체에 들러붙어 있다는 것)이 분명하다. 이를 위한 근거는 사물이 실제로 변화하는 한에서만 혹은 변화에 놓여 있는 것으로 추정되는 한에서만 사물이 단지 시간에 관계하는 (그리고 시간으로 여겨질 수 있는) 것이다. 그렇지만 변화하는 것은 필연적으로 물체이다. 이것은 자연학에서 설명되었다.

수[Zahl], 즉 연속하지 않는 양은 이것들의 하나임들[Einheiten]의 총합이 외에 더 이상 다른 어떤 것(특별한 실재성[Realität])도 아니다. 사람들은 이러한 방식에서 수를 정의하곤 한다. 앞서 행한 것에서 우리

■

7) 옮긴이 주 – 이미 〈옮긴이의 말〉에서 설명한 바와 같이 아베로에스는 아리스토텔레스의 저술들을 4가지 방식으로 해설하였다(자세한 것은 〈옮긴이의 말〉 7쪽 참조). 여기서 '중간의 해설서'란 문제를 일으킬 수 있는 혹은 일치하지 않는 독단적일 수 있는 것들을 피하고, 허용된 범위에서 아리스토텔레스의 명료한 학설들에 근거하여 서술하는 책이다.

8) 옮긴이 주 – '이러한 것'이 가리키는 것은 '양이 없이는 첫 번째 질료에서 어떤 가능태도 지금 있지 않다는 것'을 가리킨다.

는 이미 다음과 같은 것을 설명하였다. 즉 사람들이 하나임들 아래 첫 번째 선에서 오직 사물들의 체적들을 사물들의 장소들과 경계점들(경계면들)에 따라서 이해한다. 간단하게, 실재하는 사물들의 본질(실체) 바깥에 놓여 있는 실재성들을 이해한다. 그럴 경우에 그러므로 수(fakāna라고 읽음)는 필연적으로 우연적인 것이다. 다음의 것들에서 우리는 다음과 같은 것을 다시 설명할 것이다. 즉 시간을 바깥 세계의 실재하는 사물로서 보다는 영혼의 활동성으로 파악하는 것이 더 알맞다(더 그럴 듯하다)는 것을 설명할 것이다(수의 실재성에 관한 문제에서 아베로에스의 비판적인 태도).

이러한 설명으로부터 우연적인 것들의 9개의 틀들 중 어떤 것도 실체로부터 분리될 (그리고 자명한 실체로 실제로 있을) 수 없다는 것이 명확해진다. 오히려 실체는 원인이 작용에 앞서는 것처럼 그렇게 우연적인 것에 앞선다(그러므로 시간에 따라서는 필연적이지 않다).

단지 앞서 있음Frühersein의 이러한 종류만이 우연적인 것과 관계하여 실체에서 발견되는 것은 아니다. 시간과 앎에 따라서 잴 수 있는 앞서 있음의 종류 또한 실체에 귀속한다; 왜냐하면 실체는 우연적인 것보다 일찍 알게 되기 때문이다. 그러나 얼마나 많은 방식에서 앞섬Früher과 뒤섬Später이 서술되는지, 이것은 이미 앞에서 설명되었다. (이러한 종들은 실체와 관련하여 탐구해야만 한다.) 다음의 문제에 관하여, 즉 물체들로부터 분리된 양이 이 세상에서 있는지, 그리고 이러한 분리된 양의 여기 있음Dasein이 이러한 감각적으로 지각할 수 있는 양의 여기 있음과 구별되어지는지–이러한 분할할 수 있는 양은 저런 철학자들의 견해에 따라서 그리고 피타고라스가 가르쳤던 것처럼 마땅히 수학의 대상인데–그러므로 이러한 문제는 개별적인 부문들을 설명할 때 탐구되어진다. 다른 문제들은 이렇게 말해진다: 실체에서 이러한 9개의 틀들에게 특색을 나타내주는 실제로 있음Existenz의 종은 어떤 것인가? 그리고 이러한 실제로 있음의 종이 어떤 질서에 근거하는가? 그 결과 틀들은 실체가 부분의 실제로 있음을 위한 원인들인 것처럼 그러한 사정에 있거나 혹은 모든 틀들이 실체에서 하나의 같은 질서에서(그러므로 있음에서 나란히) 있다. 결국 틀들은 다른 틀들에 앞서지 못한다. 이러한 물음들은 우리가 설명한 다음과 같은 것을 통해서 풀어진다: 틀들의 부분은 틀들의 다른 부분이 이미 앞서서 실체에 붙어 있다는 것을 전제한다. 예를 들면 양이 그러한 상정에 있다. 양이 맨 먼저 실체에 붙어 있는 틀들로 셈해진다는 것은 아주 명백하다; 왜냐하면 사람들은 물체(그러므로 이미 양을 지닌 물체)에서를 제외하고는 질을 만날 수 없기 때문이다.[9] 마찬가지로 장소가 물체인 한에서, 장소Ort는 물체적인 것과 관계함에서를 제외하고는 결코 실제로 있지 못한다. 마찬가지로 사람들은 위치Lage가 공간적임에서 있을 것임을 제외하고는 위치를 발견하지 못하고, 활동성 혹은 당함을 찾지 못한다. 이 당함은 위치와 장소('곳')의 매개를 통해서 일어나지 않는 것이다. 모든 이러한 것은 자연학에서 설명한 것들에 따라서 분명하다. 마찬가지로 가짐의 틀이 그러한 사정에 있다. 가짐의 틀은 오직 사물과 같은 것이 이미 물체인 경우에만, 혹은 사물이 곳의 틀 혹은 위치의 틀을 지닌

■

9) 원리는 이렇게 말한다: 2개의 우연적인 것들, 예를 들어 a와 b가 b는 결코 a없이는 붙어 있지 못하는, 그렇지만 a는 b없이 붙어 있는 이러한 방식에서 실체에 붙어 있다면, a는 있음에 따라서 우연적인 것인 b에 앞서며 b는 뒤섬으로 간주된다.

경우에만 사물에서 발견된다. 그러나 이 경우에 2개의 우연적인 것들이 하나의 같은 있음의 질서[Seinsordnung]에서 있다(그러므로 일치한다)는 것을 배제하지 않는다. 예를 들어 질과 곳이 그러한 사정에 있다; 왜냐하면 이들 2개의 틀들 중 한 개는 실체에서 이것의 포함관계[Inhärenzverhältnis]와 관련하여 다른 것보다 윗자리에 있을 것(takaddum을 덧붙임)이라는 것이 분명하지 않기 때문이다.

4. 비물체적인 실체

이러한 설명으로부터 9개의 틀들이 실체에서 실제로 있다는(그러므로 개개의 우연적인 것들이 있다는) 것이 분명해졌기 때문에, 또한 나아가 틀들의 포함관계에서 한 개의 틀은 다른 틀들을 실체에서 앞서는 것으로 설명되어졌기 때문에, 그러므로 이제 실체의 기초요소에 관하여 탐구하기에 적절한 기회이며, 그 다음으로 실체의 첫번째 원리들에 관하여, 간단하게, 있음의 그러한 종류의 첫 번째 원리들이 감각적으로 지각할 수 있는 실체에서 진짜 실제로 있는지에 대한 물음에 관하여 탐구를 시도할 알맞은 기회다. 이러한 첫 번째 원리들은 실체보다 더 앞서 있는 것들이다. 이러한 있음의 첫 번째 원리들이 진짜 실제로 있다면, 그 밖의 물음, 즉 이러한 원리들은 어떤 종류일 것인가가 물어진다. 우리는 이러한 문제들을 물어보아야만 한다; 왜냐하면 이와 같은 문제들은 어렵게[schwierig][10)](진지하게) 생각하게 하는 대상을 만들며 또한 철학자들 사이에서 큰 견해 차이를 불러일으키기 때문이다. 이러한 탐구는 다음과 같은 문제를 탐구한 다른 것에 앞선다. 즉 이 세상에서 비물체적인 실체가 실제로 있는지? 그리고 이러한 비물체적인 실체는 감각적으로 지각할 수 있는 실체를 위한 첫 번째의 원리인지 혹은 아닌지? 만일 이러한 실체가 실제로 있다면, 그 밖의 물음이 세워진다. 즉 어떤 실제로 있음 방식에서 이러한 실체는 자신의 여기 있음Dasein을 지니는가?

그러니까 우리는 가르친다: '실체'라는 용어는, 우리가 설명하였던 것처럼, 또한 비물체적인 실체에 사용된다. 물론 실체의 틀로부터 가장 잘 알려진 것과 일반적으로 실체로 인정된 그런 것은 (질료적인) 개별자이다. 이런 개별자는 지시의 대상일 수 있으며 밑바탕에 붙어 있지 않고, 또한 밑바탕에 의해서 말해질 수 없는 것이다 (Aristoteles, Kategorien 2b 3). 인간들, 동물들, 식물들, 행성들 그리고 돌들의 개별자들이 그러한 사정이다. 이러한 이유로부터 탐구가 이러한 감각적인 실체의 첫 번째 원리에로 (극단적으로) 확장될 필요는 없다(허용되지 않는다)(왜냐하면 다른 실체들 또한 이러한 감각적으로 지각할 수 있는 실체들로 실제로 있기 때문이다). 우리가 앞에서 설명하였던 것처럼, 옛날 철학자들(소크라테스 앞의 철학자들)의 의견들은 다음의 물음에서 서로 뚜렷하게 갈라졌다. 즉 어떤 근거에서 저러한 첫 번째 원리가 이러한 (이 세상의) 감각적으로 지각할 수 있는 실체에 앞서는지? 그리고 이것(저런 원리, 어쩌면 실체)의 부분들은 어떤 것인가? 철학자들의 한 학파는 실체는 나누어질 수 없는 부분들(원자들)로 구성될 것이라는 견해였다. 이러한 부분

■

10) 주로 'awīṣ 대신에 ġawīṣ를 '깊은 · 심한tief'으로 읽음.

들은 무한히 많은 수에서 있든 혹은 한정된 수에서 현재 있든 간에 상관없다. 다른 학파는 물체적임[Körperlichkeit]은 물체들의 실체에게 실체의 존립을 유지시켜준다는 학설을 세웠다. 그렇지만 물체적임의 개념은 (3개의) 차원들로 나눌 수 있음과 같기 때문에, 그래서 저런 철학자들은 (3개의) 차원들이 더 중요한 의미에서 실체로 불러질 수 있을 것이란 견해를 가졌다. 차원들은 생각속의 그림에서 면으로 그릴 수 있기 때문에, 그리고 나아가 면들은 선들로 분해될 수 있고, 선들은 점으로(언어적으로: 한 점으로) 분해될 수 있기 때문에, 그러므로 이들은 점들이 실체들일 것이라고 확신하였다. 다른 철학자들은 실체에 의해 말해지는 보편성들[Universalia]이 첫 번째 원리들일 것이라고 주장하였다; 왜냐하면 이러한 보편성들은 자기 자신을 통해서 그리고 자신에서 자신의 존립을 지닌(자신에서 존립하는) 그런 대상들일 것이기 때문이다.

마치 이런 학설들이 (물체적인 실체의) 질료적인 원인을 실제로 있을 것으로 승인한 것처럼, 모든 이러한 학설들은 대개 그러한 사정에 있다. 그럼에도 불구하고 이러한 학설들은 이와 같은 원인을 다르게 규정하였다. 한 학설은 이러한 원인을 원자들과 동일시하였으며, 다른 학설들은 원인을 불, 공기 혹은 다른 어떤 것과 동일시하였다. (소크라테스 앞) 철학자들의 각각의 개인들이 이러한 학설들을 세웠다. 이러한 틀린 학설들 중 가장 눈에 띄는 부당한 학설은 이미 자연학에서 설명되었다.[11] 그곳에서 모든 감각적으로 지각할

■
11) 옮긴이 주 – 원자론자들의 학설이 반박되었다. 왜냐하면 원자론자들은 사물의 실체를 원자들로만 규정

수 있는 사물들은 질료와 본질형상으로 구성되어진다는 것이 나타내졌다. 동시에 그곳에서 질료들과 본질형상들의 얼마나 많은 종류들이 지금 있는지가 분명해졌다. 이러한 물음들에 관한 고찰은 그곳에서 오직 이것들(질료와 형상)이 변화하는 사물의 실제로 있음을 위한 첫 번째 원리들이라는 것만이 고려되어졌다(왜냐하면 이런 사물만이 자연학의 객체이기 때문이다). 간단히 말해서, 이것들이 변화의 원리들인 한에서 행하여졌다. (대개 더 좋게: '모든') 나머지 잘못된 견해들은 자연학에서 반박되어졌었다. 이러한 잘못된 견해들은 저러한 관점에서(즉 자연학적 학설들로서) 우리의 문제에 관하여 세워진 것들이다. 그러므로 예를 들어 원자들에 관한 학설과 그리고 저러한 학문이 논박하는데 몰두한 다른 학설들이 반박되어졌었다.

그러나 첫 번째 원리들이 실체 자체의(즉 실체가 있는 것의 양식, 즉 있는 것은 양에서 있는 것[entis in quantum est ens]인 한에서, 단순히 실체의) 원리들인 한에서, 형이상학에서 탐구는 실체의 첫 번째 원리들에 관한 문제에 다다른다. 마찬가지로 잘못된, 이러한 정해진(형이상학적) 관점에서 세워진 학설들이 여기(형이상학)에서 논박된다. 예를 들어 실체의 보편적인 구성요소들은 (이데아아로서) (지상의 사물들을 작용시키는) 첫 번째 원리들일 것이라고 가르친 자(플라톤)의 견해 혹은 차원들이 실체에게 존립을 유지하도록 한다고 주장하였던 자(피타고라스)의 견해가 논박된다. 물론 이러한 견해는 2가지 서로 다른 방식들에서, 즉 이러한(형이상학적인) 학문에서 그

■ 한데 대하여 아리스토텔레스는 질료와 본질형상으로 규정하기 때문이다.

리고 자연학에서 고찰될 수 있다. 그래서 아리스토텔레스는 이러한 물음을 그의 천체와 세계 전체에 관한 책(천체에 관하여 Περὶ οὐρανοῦ peri ouránon 298ff.)의 세 번째 장에서 다루었다. 그러나 아비세나는 이러한 문제에서 큰 잘못을 행하였다; 왜냐하면 그는 자연학자는 물체가 질료와 본질형상으로 구성된다는 과제를 증명할 수 없고 형이상학자가 이러한 문제에 몰두해야 한다(Avicenna, Metaphysik Ⅱ, 2~4, 옮긴 책 Ⅲ장. 있는 것의 고유한 성질들, 183~262쪽.)는 견해를 지지하였기 때문이다. 모든 이러한 것이 무너질 것임은 2가지 학문들, 즉 자연학과 형이상학에 전념하였던 자의 경우에서 분명해진다.

5. 정의와 실체

이러한 것이 그러한 사정에 있기 때문에, 그리고 형이상학의 탐구방법(형이상학의 형식적인 지향)이 이러한 문제에서 분명하기 때
문에, 그러므로 우리는 문제를 우리 입장에서 가장 잘 그리고 가장 51-1
일찍 알 수 있는 것(이러한 것은 자체에서 더 멀리 떨어진 것임)으로부터 시작함으로써 고찰하고자 한다. 이러한 것은 정의들 Definitionen 이다; 왜냐하면 '실체'라는 용어를 표현하는 작용하는 것 das Wirkliche 의 정의는 고유한 eigentlich 정의이기 때문이다. 이 때문에 이러한 의미에서 우리는 또한 철학자들이 가르치는 것을 경청한다: "정의는 사물의 실체(ουσία)를 알게 해준다." 나아가 (우리는 이러한 방법을 포함하고자 한다.) 왜냐하면 사람들은 언제나 우리에게 알려진 것으로부터 시작하기 때문이다. 왜냐하면 이럴 경우에 우리는 본성에 따

라서 가장 잘 알려진 (그리고 알 수 있는) 것에 다다를 수 있기 때문이다. 그래서 이것은 다른 곳에서(증명에 관한 이론에서) 설명되어졌다. 이러한 의미에서 우리는 가르친다: 설명되었던 것처럼, 정의는 사물의 본질을 알게 하는 표현 방법(oratio)이며, 게다가 본질적인 정해짐들의 매개를 통한 표현 방법이다. 이러한 본질적인 정해짐은 사물에게 자신의 존립을 유지시켜주는 것이다. 논리학의 부문에서 이미 다음과 같은 것은 설명되었다. 즉 알려지지 않은 사물들에는 2가지 그룹이 있다: 이러한 종류의 사물들 중 한 가지는 자체로, 다른 한 가지는 우연적으로 알려지게 될 것임에 틀림없는 것이다(그리고 실제로 있다). 자체로 알려지게 되는 그런 사물들은 다시 2개의 서로 다른 형식들로 서술된다. 첫 번째는 술어들(그리고 형식적인 표현들)이다. 이것들은 객체의 실체의(그러므로 객체의 본질의) 안쪽의(고유한) 부분들[die inneren Teile]이다. 정의들이 이러한 술어들로부터 아주 특별한 의미에서 구성된다(유와 차이). 자체로 알려지는 것의 두 번째 형식은 (더 작은 외연처럼) 진술하는 문장들의 주어들이 (더 큰 외연으로서) 술어들[12]의 실체(본질)에서 있는 것이다. 이러한 주어들과 술어들은 이것들로부터 어떤 정의도 구성할 수 없는 그러한 사정에 있다; 왜냐하면 이러한 주어들은 있음의 배열에 따라서 정의될 객체의 실체들(즉 본질성들)보다 더 나중에 놓인 사물들이기 때문이다(확실히: 사물들을 나타내기 때문이다). 만일 사람들이 문제를

■

12) 이러한 종류의 술어들은 이것들의 주어들과 바꿀 수 없다. 왜냐하면 술어들은 아직 진술에서 알려진 것 이외에 다른 주어들에게 귀속할 수 있기 때문이다. 왜냐하면 정의definitio와 정의하는 것definitum은 언제나 서로 바꿀 수 있어야만 하기 때문에, 이러한 술어들은 정의로 사용될 수 없다.

이러한 측면으로부터 고찰한다면, 설명된 것에 근거하여 '가장 쉬운 leichtest' (첫 번의) 고찰에서 '여기 이것'으로 나타낼 수 있는 개별적인 실체들은 부분들을 지닌다(질료와 형상)는 것이 명백해진다. 이 52-1
러한 부분들은 개별적인 실체들 자체보다 더 먼저이며 개별적인 실체들은 이러한 부분들을 통해서 자신들의 존립을 유지한다. 이러한 정해짐(확정된 부분들을 가진 것das habere partes constitutivas)은 실체에서만 발견되는 것이 아니다. 오히려 이것들은 또한 우연적인 것들의 개별자들에서도 알맞다. 이러한 것은 나중에 명확해질 것이다.

이러한 탐구방식으로부터 각각의 관점에서 사물들(언어적으로: 틀들의 술어들)에 의해서 서술된 틀들 중 어떤 유일한 틀도 개별적인 실체에게 존립을 주지 못한다[13]는 것이 분명하다. 왜냐하면 이러한 정해진 틀들은 개별적인 실체의 본질을 알려주지 못하고, 또한 이러한 실체의 본질의 부분도 알려주지 못하기 때문이다.[14] 그러므로 이러한 것은 실체가 질, 양, 관계, 곳, 때, 가함, 당함, 위치 그리고 가짐을 지니는 정해짐들에 알맞다. 사태가 이러한 사정에 있기 때문에 그리고 이러한 (형이상학적) 영역에서 실체 자체보다 더 앞선 실체의 부분들이 현재 있다는 것이 분명하기 때문에, 그러므로 이제 우리는 다음과 같은 것을 살피고자 한다. 실제로 있음의 어떤 종류에서 이러한 부분들이 실체에서 실제로 있는지? 그리고 바깥의 우

■

13) 틀들은 개별적인 실체보다 더 넓은 외연Umfang을 지닌다. 이 때문에 틀들은 개별적인 실체와 바꿔지지 않는다(위에 말한 주석).

14) 옮긴이 주–여기에서 '개별적인 실체'라고 하는 것은 질료와 본질형상의 결합에 의하여 만들어진 '개별적인 사물'을 뜻하며, '실체의 부분'이라고 하는 것은 개별적인 사물을 구성하는 '질료와 본질형상'을 뜻한다.

연적인 것처럼 보편성은 개별적인 실체의 부분들에게 귀속하는지? 혹은 본질형상들의 실제로 있음을 (이데아들로) 받아들인 그런 자들의 견해처럼, 부분들은 (플라톤의)방식에서 개별적인 실체보다 더 앞서는지? 짧게 말해서, 우리는 개별적인 실체의 부분들에 붙어 있는 모든 우연적인 것들을 자체로 개별적인 그리고 감각적으로 지각할 수 있는 실체들인 한에서 혹은 감각적으로 지각할 수 있는 사물들의 부분들인 한에서 고찰하고자 한다. 그리고 나아가 우리는 우연적인 것들을 개념적으로 파악할 수 있으며 보편적인 것인 한에서, 개별적인 실체의 부분들에 붙어 있는 우연적인 것들을 고찰하고자 한다. (이러한 문제는 실재하는, 존재론적인 실제로 있음의 방식에 관해서 뿐만 아니라 또한 논리적인 실제로 있음의 방식에 관해서도 생긴다.) 왜냐하면 있음의 이러한 2가지 종류들은 구별되기 때문이다. 나아가 만일 정의가 많은 부분들을 지닌다면, 다음과 같이 물어진다: 실제로 있음의 어떤 종류에서 이러한 부분들은 구성된 대상으로 실재하는가? 이러한 것은 가능적인 것에서 일어나는가 혹은 활동하는 것에서 일어나는가? 간단하게: 우리는 정의된 대상에 관하여 이러한 대상은 단 하나적일 것(하나임[Einheit]을 이룰 것)인데, 반면에 대상이 정의에 근거하여 서로 다른 많은 하나임들을 가진다고 어떻게 주장할 수 있겠는가? 이럴 경우에 우리는 정의들을 정의된 대상들과 그리고 정의의 부분들과 비교하는 정도에서 설명할 것이다. 이러한 고찰은 어떤 의미에서는 우연적인 것들뿐만 아니라 또한 실체들을 포함한다. 왜냐하면 설사 탐구의 근원적인 목표가 실체 자체를 아는 것일지라도, 우리는 고유한 정의들이 (엄밀한 의미에서) 우연적인 것들에 귀속한다고 이해하였기 때문이다. (부분들과 관련하여 저러한 문제는 모든 정의된 것과 정의할 수 있는 것으로, 그러므로 또한 우연적인 것들로 확장된다.)

이러한 근거로부터 우리가 정의들에 관하여 다루는 것이 다음에서 필요하다. 따라서 우리는 가르친다: 정의는 첫 번째 열에서(첫 번째로[primo]) 그리고 가장 우선적인 의미에서(다른 사물들보다 더 앞서서) (오직) 실체에(ουσία) 귀속한다는 것과, 그리고 만일 정의라고 하는 것이 지금 있다면, 정의는 나머지 틀들에서 오직 두 번째 열에서 (‘확실히 더 나중에’) ‘실제로 있다’, 즉 이해할 수 있다는 것이 분명하다. (정의는 단지 실체의 매개를 통해서만 우연적인 것들에 귀속한다. 왜냐하면 이러한 실체가 저러한 정의의 부분을 만들기 때문이다.) 이를 위한 근거는 다음과 같다: 비록 나머지 틀들이 이것들의 정의들을 구성하는 본질적으로 정해진 것들(유와 차이처럼 술어들)을 지닐지라도, 붙여진 것[Inhärens]이 문제인 한에서,[15] 이러한 나머지 틀들을 위해서 또한 실체의 정의가 틀들의 정의들에서 정해진 것들 곁에 절대적으로 현재 있어야 할 것이다. 왜냐하면 우연적인 것들은 자기 자신에서 자신들의 존립을 가질 수 없기 때문이다[16](그리고 이 때문에 또한 자기 자신으로부터 파악되지도 않기 때문이다). 이러한 현재-있음[Vorhandensein]은 바로 다음에 가능함(potentia proxima)에서 혹은 활동적인 방식에서 일어난다. 실체가 단지 가능적인 방식에서 우연적인 것들의 정의에 포함되어질 그런 경우에 관하여, 그러므

■

15) ‘사물로서 실체에서 실제로 있는 한에서’ – 의미에 따라서 fainna 다음에 속하는.

16) 눈앞에 아른 거리는 원리는 이렇게 말한다: 사물들을 아는 그림은 사물들의 존재론적인 내용에 서로 합동이거나 혹은 적어도 일치된다.

로 이와 같은 것은 (우연적인 것들의) 틀들에서 있다. 이러한 틀들의
54-1 정의에서 실체와의 관계가 바깥으로 알 수 있게 나타나지는 않는다 (오히려 단지 가능적으로만 나타난다). 이러한 것은 앞에서 서술되었다. 이러한 정의를 특별하게 정하는 것(실체와 정의의 고유한 관계)은 예를 들어 다음과 같은 것에 있다: 만일 순수하게 추상적인 방식에서('지성에서') 우연적인 것들을 파악한다면, 우연적인 것들이 첫 번째 원리의 유형들(실체들로 생각할 수 있는 플라톤적인 이데아들)을 뜻하는 표현들로 나타내진다. 이를 위한 예는 하얀색이다. 만일 사람들이 하얀색을 '지성에서'(논리적인 배열에서[in ordine logico]) 추상적인 것으로 이해한다면, 사람들은 하얀색을 눈빛[Blick]을 분리하는, 분산시키는 색(유)이라고 말한다(눈빛의 다름[differentia specifica]; '눈빛을 모음'은 검은색의 다름이다). 이와 같은 것은 이러한 예들에서보다는 차원(크기)과 모양에 더 알맞다. (포함관계의 형식적인 암시 없이 이것들은 실체들처럼 같은 방식에서 정의된다.) 그러나 사람들이 우연적인 것들(의 정의)을 우연적인 것들의 원인들에서 이해한다면, 이 원인들이 우연적인 것들을 '도출시키며'(생겨나게 하며) 가장 우선적인 의미에서 우연적인 것을 의미하고 나타내는 것들인데, 그러면 실체가 우연적인 것들의 정의에서 바깥으로(형식적으로) 더욱이 고유한 의미에서 보인다. 실체라는 개념은 우연적인 것들의 정의에서 활동적으로 오직 틀들에서만 나타난다. 이러한 우연적인 것들의 정의에서 또한 이것들의 밑바탕들이 혹은 이것들의 밑바탕들의 유들이 현재 있다. 굽은 코는 (코의 본질적인 밑바탕으로서) 코에서 그러한 사정이며, 웃음은 인간에서 그러한 사정이다. 아리스토텔레스가 행하였던 것처럼, 우연적인 것들은 실체의 정의에 포함된(실체

를 언급하는) 너무 많은 것 때문에 고유한 정의들을 갖지 못하거나, 혹은 만일 이것들이 고유한 정의를 지닌다면, 이와 같은 정의는 단지 확실히 실체를 전제한 '나중'의 종류에 따라서 우연적인 것들에게 귀속한다. (왜냐하면 우연적인 것들은 오직 실체를 통해서만 정의될 수 있기 때문이다).

6. 사물의 본질성과 보편적인 개념

이제 모든 틀들이 이것들의 본질의 하나임Wesenseinheit을 나타내는 정의들을 유지할 수 있다는 것이 분명하기 때문에, 우리는 다음과 같은 것을 탐구하고자 한다. 사물들의 본질성들과 사물들의 보편적인 개념들은 대개 너가 말했던 것: 사물의 생각해낸 그림Phantasiebild은 사물 자체이며 감각적으로 지각할 수 있는 본질형상은 다음과 같은 감각적인 지각의 대상(개별자) 자체라는 것처럼 이런 의미에서 개별적인 실체들 자체와 일치할 것인지? 즉 이러한 대상(그러므로 '이러한 여기 개별사물dieses Einzelding da')은 의도intentio('이성ratio', 지각내용)를 통해서 파악된 것이다. 혹은 다음과 같이 물어진다. 즉 이 둘은 어떤 방식에서 서로 다른지? 그 결과 우리의 개념들은 영혼의 바깥에서 특별한 실제로 있음을 (플라톤의 이데아들의 종류에 따라) 지닌다. 이러한 의미에서 우리는 가르친다: 본질적으로 정해진 것들을 의미하며 유일한 개별적인 사물의 실체를 알려주는 보편적인 개념들은 우리가 설명하였던 의미에서 개별적인 사물 자체이다. 즉 우리는 보편적인 개념이 유일한 대상들의 실체를 알려주며 정의한다고 설명하였다. 그러나 사물을 단지 우연적인 것에서 정의하는 그러한 개념들은 사물 자체와 동일하지 않다. 다음과 같은 것이 그러한 사정에 있다: 만일 의사가 우연적으로 또한 건축가라면 의술의 본질성은 이 때문에 건축 행위에 포함되지 않는다. ('우연에 따라서per accidens' 있는, 즉) 오직 우연적인 방식에서 사물을 정의하는 보편성들Universalia에 관하여, 사태는 사정에 따라서는 생각 속에 나타난 그림들Phantasievorstellungen에서처럼 그러한 사정일 수 있다. 이러한 생각 속에 나타난 그림들은 옳지 못한 어떤 것을 의미한다. 만일 사물의 본질적인 징표들을 포함하는 사물의 보편적인 개념들이 유일한 사물 자체가 아닐 것이라면, 사물의 본질은 사물 자체가 아닐 것이다(모순). 그러므로 이런 경우에 예를 들어 동물의 본질이 개별적인 동물에 포함되어 있지 않을 것이며 사물을 아는 것은 끝날 것이다. 그 결과 학문에서 어떤 실재하는 사물에 관한 개념도 더 이상 만들어지지 않을 것이다.

저러한 보편적인 개념들이 자기 자신에서 (실체처럼) 질료로부터 분리되어 실제로 있으며 존속한다는 이론들이 세워진다. 이러한 철학자들(플라톤 학파들)에 반대로 저러한 보편적인 것들은 어떤 방식에서 개별적인 실체들로부터 구별될 것이라고 다른 의견을 말할 수 있다. 이러한 주장들로부터 그들에 반대하여 2가지 가능성들 중 한 가지 가능성이 밝혀진다. 저러한 보편적인 이데아들은 이러한 개별적인 사물들의 개념들이 아닐 것이다. 만일 이러한 개별적인 대상들을 개념적으로 파악하는 것이 문제라면, 이 경우 우리는 이러한 이데아들에 주목하지 않을 것이다. 그러나 이것은 저러한 철학자들이
56-1 주장한 것에 대해 대립한다; 왜냐하면 이들은 자신에서 존속하는 비

물질적인 보편적인 것들에 대한 학설을 단지 목적으로 세우고 (가능한 개념적인 것으로서 질료적인 개별자들에 대한) 인간의 앎을 설명하기 위해서 이러한 보편적인 것들이 실제로 있다고 가르치기 때문이다. 혹은 두 번째 경우에서 우리는 보편적인 이데아들에 다음과 같은 것을 덧붙일 수 있을 것이다. 즉 보편적인 개념들은 이러한 개별적인 세계 사물들의 '실체들'(본질성들)을 되돌려주고 정의하는 내용들이며, 이러한 보편적 개념들의 매개를 통해서 이러한 세계 사물들의 본질성들이 알려질 수 있을 것이며 생각될 수 있을 그런 것의 내용들이라는 것. 그러나 만일 또한 이러한 것이 그러한 사정이라면, 이러한 보편적이며 비질료적인 개념들은, 이것들이 작용하는 한에서, 영혼의 바깥에 있는 것으로 그리고 영혼으로부터 구별되는 것으로 밝혀지며, 게다가 영혼의 바깥에서 실제로 있는 사물들처럼 그런 방식에서 서로로부터 구별되는 것으로(그러므로 두 개의 사물들처럼 실제로 구별되는 것으로distinctione reali sicut duae res) 밝혀진다. 나아가 이러한 보편적인 것들이 개념적으로 생각되어질 수 있기 위해서 더 넓은 보편적인 것들(두 번째 열)을 필요로 한다는 것이 밝혀진다; 왜냐하면 만일 우리의 정신 바깥에 있는 그 어떤 실재하는 사물이 개념적으로 파악되어질 수 있기 위해서 마찬가지로 정신 바깥에 있는 어떤 다른 사물을(플라톤에 따라서 이데아를) 필요로 한다면, 이러한 문제에서 첫 번째에 관해서처럼 그와 같은 문제가 일어나기 때문이다. (보편적인 것들은 이것들을 생각할 두 번째 열의 더 넓은 보편자들을 필요로 한다.) 이러한 방식에서 이제 물음이 끝없이 나아간다(min 대신 marra로 읽음). 이 때문에 사물들의 본질성들을 개념적으로 파악하기 위해서 비물체적인 방식에서 있는 보편적인 것들에 관한 학설을 세워서는 아니 된다는 것이 분명하다. 말하자면 (우리의 앎을 이해하기 위해서는) 이와 같은 것이 실제로 있든지 있지 않든지 간에 상관없다. 오히려 만일 보편적인 것들이 정말로 있다면, 사태는 이런 보편적인 것들은 주목할 만한 가치가 없으며, 실재하는 사물들에 관한 본질성들을 개념적으로 파악하기 위하여도 또한 일반적으로 앎의 대상의 실제로 있음을 위해서도 어떤 의미도 갖지 못하는 그러한 사정에 있다; 왜냐하면 정의들을 구성하는 이러한 보편적인 내용들은 마땅히 (플라톤에 따라서) 영원하며 변화하지 않아야 할 것이기 때문이다. (그러나 변화하지 않는 것으로부터 변화하는 것이 설명될 수 없으며, 또한 영원한 것으로부터도 시간적인 것은 설명될 수 없다.) 나아가 다음의 것이 타당하다: 만일 저러한 보편적인 것들이 자기 자신에서 영혼의 밖에 실제로 있다면, 이데아아들의 학설을 세웠던 그러한 철학자들이 가르친 것처럼, 이와 같은 보편적인 것들은 감각적으로 지각할 수 있는 사물의 실제로 있음에 관해서(즉 실제로 있음의 설명을 위해서) 주목할 만한 가치도 없다. 이러한 의미에서 저러한 다른 것(즉 질료적인 사물들로부터 이데아들을 맹목적으로 받아들임)이 분명하다.

7. 생겨남과 운동자

생겨나는 각각의 사물은 의심할(innamā) 여지없이 그 어떤 정해진 사물, 즉 자연의 대상(창조물, 사정에 따라서는 고유성, 사물의 본질에서 맹아[Anlage]) 혹은 형상이 되며, 그리고 어떤 사물로부터, 즉 사물의 요소들로부터 혹은 어떤 사물의 영향을 통해서, 즉 작용원인을 통해서 생겨난다. 따라서(wa vor kāna zu streichen) 생겨나는 사물들이 본성의 힘Naturkraft에 근거하여 생겨나든 혹은 기술Kunst을 통해서 생겨나든, 다음과 같은 것이 모든 생겨나는 사물들에서 분명하다. 즉 작용원인은 필연적으로 수적으로(두 사물처럼sicut duae res) 작용과 구별되어질 것이며, 그러나 작용원인은 동시에 본질과 정의에 따라서 작용과 하나의 같은 것을 혹은 적어도 같은 종류의 대상들을 기술할 것임에 틀림없다. 이러한 것은 예를 들어 구성된 자연물들에서 나타나며 자연물들의 대부분의 것들에 관해서 쉽게 알아볼 수 있다. 예를 들어 낳음을 통해서 번식하는 동물이, 그리고 같은 방법이 적용되는 식물이 그러한 사정에 있다; 왜냐하면 낳는 것은 종에서 그것과 일치하는 어떤 것을 낳기 때문이다. 예를 들어 한 인간을 낳는 인간, 한 마리 말을 낳는 말-혹은 낳는 자가 비슷한 것을 그리고 같은 종인 것과 일치한 어떤 것을 낳기 때문이다. 그러므로 당나귀는 노새를 낳는다. 이와 같은 것은 또한 단순한 실체들에서 분명해진다; 왜냐하면 활동하는 불은 다른 활동하는 불을 낳기 때문이다.

누군가는 이중의 종generatio aequivoca을 통해서 낳아지는 동물에 관하여, 그리고 같은 방식에서 생겨나는 식물들에 관하여 어려움을 드러낼 수 있을 것이다. 나아가 객체는 다음과 같은 상황에 있다. 즉 불이 주로 부싯돌을 치는 것에서 생겨난다(낳아진 것은 이러한 경우들에서 낳는 것과 같은 본질이 아니다). 짧게 말해서, 운동으로부터 생겨난다. 분명히 이러한 과정들에서 운동된 대상들처럼 같은 종으로부터 생기지 않은 운동하는 원동자들이 실제로 있다. 월경 날의

피가 '운동시켜서'(영향을 미쳐서) 인간으로 되는 씨앗Sperma이 그러
58-1 한 사정에 있으며, 알이 '운동시켜서'(생기를 주어서) 한 마리 새로 되는 부화할 때의 열이 그러한 사정에 있다.

따라서 우리는 가르친다: 모든 이러한 점차적으로 그리고 시간적으로 생겨나는 사물들에서 이러한 사물들은 운동시키는 원리보다 더 많은 것으로 구성된다는 사실이 분명하다. 상황은 씨앗을 위한 '운동시키는' 원리인 아버지에 관해서, 그리고 월경의 피를 위한 '운동시키는' 원리인 씨앗에 관해서 그러한 사정에 있다. 이러한 것이 그러한 사정에 있기 때문에, 그러므로 운동시키는 원리는 최고의(첫 번째의) 운동자Beweger이다. 운동시키는 원리는 필연적으로 운동시켜진 대상과 본질상 하나의 같은 것이어야만 하거나 혹은 적어도 닮거나 같은 것이어야만 하는 것을 운동시킨다. 그리고 최고의 운동자는 바로 다음에 운동되는 대상에게 힘을 주는 것이다. 이 힘을 통해서 대상이 운동된다('운동한다'). 첫 번째 운동자는 씨앗에서는 아버지이며, 알에서는 새이다.

사람들이 작용시키는 첫 번째 원리를 밖으로부터 받아들이지 않고는 설명되었던 것에서 (이러한 과정을 설명하는) 어떠한 '만족스러운 척도'도(경우에 따라서는: '어떠한 만족스러운 가득 찬 있음도') 없다는 것이 명확해졌기 때문에(텍스트: 만일 ~ 명확해졌다면).[17] 이러한 것은 자연학문에서 설명되어졌다. 이 중의 종을 통해서 낳아

■

17) 다음 문장이 빠졌다. 왜냐하면 다음 문장은 자명하기 때문이다: "그러므로 사람들은 이러한 첫 번째 원리를 작용시키는 것으로 받아들여야만 한다."

진 동물들과 식물들의 경우에서 생겨나는 과정의 첫 번째 운동자는, 비록 이와 같은 것들이 항성들의 열Hitze을 통해서 낳아질지라도, 열은 아니다. 오히려 여기서 첫 번째 운동자가 실제로 있어야만 한다. 이 첫 번째 운동자는 이중의 종을 통해서 낳아진 것과 닮고 자신의 실체의 본질형상을 낳아진 것에 주는 것이다. 이러한 운동자는 '운동된' 대상들(낳아진 것)과 근본적으로 본질성에 따라서 하나의 같은 사물이 아니다. 왜냐하면 설명되었던 것처럼, 이런 운동자는 물체적인 본성이 아니기 때문이다(그러므로 왜냐하면 불가능성은 우연에 따라서 있기 때문이다). 불이 일으키는 운동에 관해서(또한 이중의 종eine Arte generatio aequivoca), 그러므로 불의 작용원인은 운동 자체가 아니다. 작용원인은 운동된 대상과 유에 따라서 확실히 하나의 같은 것, 즉 열이다. 이 열은 기초요소들에서 항성들의 열(로부터 그리고)에 의해서 그리고 공기 자체의 열에 의해서 '넓게 퍼진' 것이다. 이러한 과정에서 열을 얻은 밑바탕은 불의 본질형상을 받아들이는 성향Disposition을 지닌다. 너는 이러한 것을 해의 광선을 통해서 ('해로부터 광선의 매개를 통해서') 태워진 솜털로부터 알 수 있다. 공기가 솜털을 태우는 열을 받아들일 능력이 없을 것이라는 것은 제외해야만 할 것이다; 왜냐하면 설명되어졌던 것처럼, 밝음은 불이 아니기 때문이다. (그러므로 밝음은 태움Verbrennen을 위해서 충분하지 않다.) 불: 열은 자연의 물체를 위한 생명을 뜻한다. 왜냐하면 공기에서 가장 가까운 가능함으로in potentia proxima 있는 불의 부분들은 (원동력에 의해서) 불의 순수한 활동성으로 옮겨지며, 공기로부터 이끄는 것이 불의 실체를 성장시키기 때문이다(왜냐하면 불이 그만큼 많이 가능성에 있으면 있을수록 활동적으로 되어지기 때문이다).

이러한 이유로부터 어떤 방식에서 불의 본질형상을 유지하는 원리는 천체의 운동일 것이다. 이러한 불은 달의 천구의 움푹 패인 곳에서 활동하고 있는 것이다. 이러한 것은 자연학에서 다루어진다. (구들의 맞은편과의 마찰을 통해서 하늘의 불이 생기며 유지된다.) 왜냐하면 거기에서 이 세상의 기초요소들에 관하여 논의되었던 것은 첫 번째 질료처럼 이러한 기초요소들이 천구의 물체와 관계한다고 말하기 때문이다.[18] 이러한 이유 때문에 불은 이와 같은 것들(기초요소들) 없이는 실제로 있을 수 없다. 마치 같은 이유로부터 첫 번째 질료가 본질형상을 빼앗길 수 없는 것과 같다. 천체는 이 때문에 (또한 그 지신으로서는) 실제로 있음에 도달하기 위하여 이러한 기초요소들에 의존하고 있으며, 더욱이 본질형상이 질료에 의존하고 있는 그리고 질료를 가지고 있지 않을 수 없는 방식에서 의존하고 있다. 이러한 것은 우리가 사물은 오직 사물에 의해서만 종에 따라 같은 종으로 낳아질 수 있다는 것을 다루었던 주제이다. 본질성은 자연이 생산한 그러한 종류들에서보다 기술을 통해서 산출되는 사물들에서 더 쉽게 알 수 있다. 약품의 기능을 통해서 인간의 몸에서 인간 본성과 동시적인 상호작용 아래 일어나는(본성은 건강하고, 의사가 치료한다 natura sanat, medicus curat) 건강은 의사의 영혼에서 현재 있는 그러한 건강의 본질형상으로부터 생겨난다. 집의 형상도 사정은 그와 같다. 목수는 집을 가른돌들과 벽돌들로 짓는다. 건강은 필연적으로

■

18) 이러한 가능적인 것에 포함된 불은 공간운동을 통해서 활동적일 수 있으며 지속적으로 활동적으로 유지될 수 있다.

의사의 영혼에서 (원형으로서) 현재 있는 본질형상으로부터 생겨난다. 그렇지만 (건강의) 이러한 본질형상이 필연적으로 유일한 행위보다 더 많은 것으로 구성되기 때문에-왜냐하면 (lies: ila an) 거기에서(의사의 영혼에서) 건강에 대한 상이 이미 앞서서vorher[19] 있다는 것이 필연적이기 때문에-그러므로 (예를 들어) 의사의 행위에서 질병의 재료를 비우는 것(제거하는 것)이 일어나야만 한다(혹은 일어날 수 있다). 이러한 경우에서 배설시키는 약을 복용해야만 한다. 그러므로 이럴 경우에 필연적으로 기술자의 영혼에서 더 앞서서(맨 먼저) 현재 있는(primum in intentione의도에서 가장 앞서는) 이러한 것은 시간에 따라서는 실행에서 더 나중일 것이다(실행에서 가장 나중에ultimum in execeutione). 이러한 이유로 사람들은 의도에서 첫 번째 것은 실행에서 나중의 것이며 실행에서 첫 번째 것은 의도에서 나중의 것이라고 말한다. 자연물들에서 사태는 비슷한 방식에서 있을 수 있을 것이다. 자연물들의 최고의 첫 번째 원리는 (천사의) 순수한 정신에서 개념적으로 생각되어진 그림Vorstellung일 수 있다. 더욱이 다음과 같은 것은 어느 정도까지는 세계 사물들에 귀속할 수 있을 것이다. 즉 자연물들이 우리에게 자신들을 자신들의 본성에서 알도록 하는 것이다; 왜냐하면 이러한 정해짐(알아볼 수 있는 것, 즉 정신적으로 파악할 수 있는 내용들을, 보편적인 것들을 지님)은 자연물들의 경우에 이것들의 본성에서 사실적으로 있는 본질적인 것이기 때

■

19) 행위의 서로 다른 활동성들이 이것(이미 앞서서)에 이른다. 이러한 서로 다른 활동성들에서 의도에서 더 앞선 것이 실행에서 더 나중인 것은 알려진(본보기) 바이다.

문이다. (그러므로 보편적인 것들은 질료적인 개별 사물들에서 실재 하고 있으며 달의 궤도에 생기를 주는 능동적인 지성으로부터 유출된다.) 그러나 본질의 정해짐은 필연적으로 실재하는 밑바탕에서 오직 밖으로부터 작용하는 원인을 통해서만(원인의 결과로서만) 활동적인 사실로 된다. 그렇지만 즉 감각적으로 지각할 수 있는 사물을
61-1 가능태에 따라서 파악할 수 있게 하는 것(그러므로 가능적으로 사물에서 현재 있는 보편성들)은 세상에서 실제로 있지 않다. 즉 비록 사물이 감각적으로 지각할 수 있는 첫 번째 원리들로부터 나올 때, 사물의 실제로 있음[real Existenz]을 감각적으로 지각할 수 있을지라도, 사물이 개념적으로 생각하여질 정신적인 원리로부터 (언어적으로: '정신적인 개념으로부터') 시작하리라는 것을 제외하고, 당신이 사물을 개념적으로 생각할 수 있다는 것이 사물의 본성 자체에서 있는 것은 세상에 있지 않다. 기술을 통해서 생겨나는 대상들에서 사정은 그러하다. 이러한 대상들은 대상들을 생산하지 못하였던 자에 의해서 개념적으로(정신적으로) 파악된다. (그러므로 대상들은 자신에서 정신성[Geistigkeit]을(mufāraḳa), 즉 대상들에서 가능적으로 현재 있는 보편성들을 지녀야만 한다.) 그러나 대상들은 오직 근본적으로 이러한 '정신성'(즉 알 수 있게 하는 성질[Erkennbarkeit])을 위한 밑바탕을 형성한다. 왜냐하면 대상들은 정신적인 원리로부터 시작하기 때문에(기술자의 정신으로부터), 다시 말하자면 기술자의 영혼에서 현재 있는 앎의 형상들로부터 시작하기 때문이다. 다른 경우에 대상들은 단지 우연적인 방식에서 개념적으로 파악할 수 있을 것이다. (그렇지만 이것은 정신이 대상들의 본질을 알기 때문에 우연적인 것의 경우[Fall]는 아니다. 그러므로 대상들의 본질은 정신으로부터 흘러나온 것임

에 틀림없다.) 사태는 자연과 자연물에서도 그러하다.

이러한 설명으로부터 일반적으로 비물체적인 실체들은 분명히 실제로 있다. 비물체적인 실체들은 감각적으로 지각할 수 있는 실체를 개념적으로 파악할 수 있는 것으로 있게 하는 원인을 만든다. 그리고 이러한 실체들은 감각적으로 지각할 수 있는 밑바탕에게 실체적인 본질형상(즉 감각적으로 지각할 수 있는 실체들에 가능적으로 안에 함께 있는 보편성들)을 준다. 이러한 실체적인 본질형상은 대상을 가능성에서 개념적으로 파악할 수 있게 하는 것이다. 이러한 것을 이데아들에 관한 학설을 세웠던 자들이 주장하고 싶어 했던 것이다. 그러나 성과는 이들에게서 좋지 않았다.

8. 생겨남과 사라짐

이것으로 우리는 우리의 고유한 주제를 그만두었다. 그러므로 우리는 우리의 출발점으로 되돌아가서 가르치고자 한다: 우리가 설명하였던 것처럼, 만일 생겨나는 사물이 오직 원리로부터만 생겨난다는 것, 종과 본질에 따라서 (그것과) 하나라는 것(그러나 개별자로 구별되는 것)이 분명하다면, 확실히 본질성 자체는 생겨나지도 사라지지도 않는다. 나중에 설명되어질 것처럼, 감각적으로 지각할 수 있는 사물들의 본질성들이 사물들의 본질형상과 질료 이외에 아무것도 뜻하지 않기 때문에, 그러므로 이러한 본질성들이 본질형상과

62-1 질료들인 한에서 본질형상과 질료들은 우연적인 방식에서를 제외하면 생겨나지도 사라지지도 않는다는 것이 확실하다.[20] 그런데 질료들이 사라질 수 있으며 생겨난다는, 짧게 말해서, 변화한다는 사실 Tatsache에 관해서(kaun 앞에 li를 지움), 이러한 사실은 단지 질료들이 생겨나고 사라지는 사물의 (본질적인) 부분인 한에서만 질료들에 귀속한다. 이러한 사물은 자기 자신을 통해서(자체로) 생겨나고 사라지는 사물이다. 그리고 이러한 질료들이 사라질 수 있으며 생겨난다는 사실은 본질형상 (홀로) 자체에 기인하는 것 없이 질료와 본질형상의 종합으로 만들어진 개별자이다. (그래서 사물[21]은 변화하지 않을 것이며 생겨나지도 않을 것이다.) 이와 같은 것은 질료에 알맞다. 질료는 단지 변화하는 사물의 부분인 이런 의미에서 변화할 수 있음과 붙어 있다. 이러한 변화하는 사물은 질료적인 그리고 개별적인 실체이다. 그럼에도 불구하고 실체가 (단순한, 합성되지 않은) 질료인 한에서 실체는 변화할 수 없다. 의심할 여지없이 질료가 작용하는 원리(창조자)에 의해서 만들어지지 않는 것처럼 이와 마찬가지로 같은 것이 또한 본질형상에도 적용된다. 오히려 세계를 짓는 자는 오직 질료와 본질형상으로부터 합성물을 만들 뿐이다; 왜냐하면 그는 단지 기초요소를 변화시킨 것(bitagaïjurihi 대신 bitagjīrihi라고 읽음)을 통해서만 본질형상을 작용시키기 때문이다. 그 결과 그는 기초요소에 (다른) 본질형상을 준다(ju'īdahu 대신 tufīdahu라고 읽음). 예를

20) 만일 모든 생겨나는 것이 원리들로부터만 생겨나야 한다면, 이러한 원리들 자체는 다시 생겨날 수 없다. 그렇지 않으면 사람들은 원리들에 관한 끝없는 사슬을 받아들여야만 할 것이다.

21) 옮긴이 주 – 여기서 '사물'이란 질료와 본질형상을 일컫는다.

들어 상자를 만드는 자가 이러한 사정에 있다. 그는 나무 자체를 생산하지 않고, 또한 형상을 생산하지도 않는다. 오히려 그는 (정해진) 나무를 재료삼아 (정해진) 상자의 모양[Form]을 만든다. 그러한 종류의 것으로서 본질형상 자체와 질료가(이 둘을 개별적으로 받아들일 때) 생겨남과 사라짐에 던져져 있을 것이라면, 이것들은 절대로 아무것도 없음으로부터 생겨나지도 또한 절대로 아무것도 없음으로 사라지지도 않을 것임에 틀림없다. 물체가 생겨날 것이라고 받아들이는 경우가 이러한 사정에 있다. 이런 경우에 물체는 어떤 방식에서도 자체 이미 물체가 아닌 어떤 것으로부터 생겨난다는 것이 필연적으로 일어난다. 오히려 생겨남과 사라짐은 오직 합성되어진, 즉 질료와 형상으로부터 합성되어진 실체들에 알맞다. 이러한 설명으로부터 개별자를 통해서 생겨나는 것은 단지 개별자 일 수 있다는 것이 63-1
분명하다; 왜냐하면 기초요소를 변화시키는 그러한 것(작용하는 원동력)은 개별자 자신이기 때문이다. (원인과 작용은 서로 일치하는 것임에 틀림없다.) 나아가 정의들은 자신에서 생겨나지도 사라지지도 않는다는 것이 분명하다. 비록 또한 정의된 대상들 자체[22]가 생겨나고 사라진다고 할지라도 말이다. 어떻게 또한 이러한 (변화할 수 있음의) 정해짐이 정의들에게 붙어 있을 수 있을 것인가? 왜냐하면 정의들일 수 있기 위해서, 정의들은 어떤 본질형상도 지녀서는 아니 될 것이기 때문이다.[23] 이러한 이유(사물들의 사라질 수 있음

■

22) 그래서 만일 alumūr라고 읽는다면; 그렇지 않으면: 만일 정의들이 또한 정의된 대상들에서처럼 분명하게 생겨나고 사라진다면.

23) 언어적으로: “본질형상들을 통해서 (아무것도 없음을) 극복한다.” 질료와 형상으로 구성되지 않는 것은

과 구성되어 있음)가 (플라톤적인) 이데아들('본질형상들')에 관한 학설을 세운 철학자들을 이데아들이 실제로 있는 것으로 받아들이도록 자극하였다. (세계 사물들은 변화할 수 있다. 그러나 오직 합성된 것만이 변화할 수 있다. 그런 고로 세계 사물들은 합성되어야만 하며 더욱이 이데아들로서 정신적인 세계에서 존속하는 사라질 수 없는 기초요소들로 구성되어야만 한다.)

9. 비물체적인 실체에 대한 역사적 고찰

이러한 역사적 전개는 다음과 같은 방식으로 진행한다: 플라톤에 앞서갔던 철학자들은 학문을 단지 감각적으로 지각할 수 있는 대상들과만 관련될 것(그러므로 추상적인 생각이 아니라, 오히려 오직 감각적인 지각일 것)이라는 의견을 가졌었다. 그러나 이들이 감각적으로 지각할 수 있는 대상들은 변화하며 영속적이지 않을 것(그렇지만 학문적인 앎, 즉 진리에 의해서 요구되어져야만 하는 것)을 보았을 때, 이들은 학문(의 가능성)을 철저하게 부정하였다. 그 결과 옛 철학자들 중 한 명이, 만일 그에게 사물에 관하여 물어졌더라면, 단지 자신의 손가락으로 같은 것을 가리켰다(왜냐하면 그는 자신의 이해에 따라서 오직 '여기 이러한 것', 즉 개별자를 감각적으로 이해할 수 있기 때문이다). 그는 그것으로 사물은 영속적이지도 지속하지도

■ 사라질 수 없는 것이다.

않을 것이며, 사물들은 영원한 흐름에(헤라클레이토스Herakleitos와 크라틸로스Kratylos) 사로잡혀 있을 것이고, 또한 그 어떤 정해진 사물의 고유한 참된 (머무르는) 본질도 실제로 있지는 않을 것을 말하고 싶었을 것이다. 이러한 학설로부터 일반적으로 소피스트적인 이해가 생겼다. 곧 소크라테스의 시대가 왔을 때, 사람들은 '거기에'(정신적인 세계에) 영원한 틀들이 있을 것이라는 견해에 이르렀다(왜냐하면 64-1 우리의 앎은 사라지지 않는 어떤 것을 말하기 때문이다. 만일 사라지지 않는 어떤 것이 마땅히 참으로 있을 것이라면, 우리 바깥의 세상에서 어떤 것은 이것과 일치해야만 한다). 사람들은 이러한 영원한 틀들이 영혼의 바깥에서 실제로 있으며 게다가 이것들이 영혼 안에서 지금 있는 것처럼 그렇게 실제로 있다는 학설을 세웠다. 그럼에도 불구하고 사람들은 저러한 (정신적이며 변화할 수 없는) 사물들이 감각적으로 지각할 수 있는 (그리고 변화할 수 있는) 실체의 원리들일 것이라고 주장한다. 우리가 설명하였던 것으로부터 다음과 같은 것이 확실하다: 만일 저러한 정신적인 실체들이 말해진 철학자들의 견해에 일치하여 진짜 실제로 있다면, 그렇지만 사람들은 생겨나고 사라지는 사물들의 진짜 실제로 있음을 위하여 어떤 의미도 그러한 실체들에게 줄 수 없을 것이다. 왜냐하면 예를 들어 열을 만들어내는 것은 (열의) 다른 '부분'(물체)이기 때문이다. 우리가 설명하였던 것처럼, 이러한 부분은 종에서 열에 본질이 같거나 혹은 (적어도) 같은 종이다. 테미스티우스Themistius가 플라톤의 의미에서 이러한 학설을 증명한다: '이데아들은 활동하는 원리들로 실제로 있다'. 그가 이것의 증명을 위하여 생물들의 실제로 있음을 논증으로 들었다. 이러한 생물들은 (이중의 종을 통해서) 사멸하는 재료들[Stoffen]로부터 생겨나는 것들이다. 동시에 그는 다음과 같은 것을 알았다. 이러한 종류의 원리가 실제로 있음을 아리스토텔레스가 인정한다는 것, 그리고 이러한 (이중의 종을 통해서 생겨나는) 종인 생물들의 생겨남을 위해서 원인으로서 이와 같은 원리를 받아들이는 것은 공식적으로 필요할 뿐만 아니라, 오히려 또한 번식을 통해서 생겨나는 동물의 생겨남을 위해서도 이러한 원리가 필요하다는 것을 알았다. 그는 이러한 동물의 생겨남을 '동물'이란 책에서 추정하였다.

모든 이러한 학설들이 아리스토텔레스의 학설에 속하는지는 어려운 문제이다. 그러나 아비세나가 주장한 것처럼(Avicenna, Metaphysik, Abhandlung IX), 생겨나는 모든 것에 미치는 보편적인 영향이 이러한 비물체적인 본질형상들(이데아들)에 귀속할 것이라는 견해에 관하여, 아리스토텔레스는 가르치지 않았을 것이다. 그래서 이러한 것은 오류로서 거부해야만 한다; 그렇지만 그는 몇몇 자연물들에 관하여 사람들은 필연적으로 개별자의 생겨남에 미치는 비물체적인 본질형상들의 영향을 받아들이도록 강요되어진다는 것을 가르친다('믿는다'). 사람들은 이러한 것을 예를 들어 동물에서 특히 자연적인 낳음을 통해서 번식되지 않는 것에서 만난다. 이러한 필연성은 다른 동물들에서 분명하지 않다. 그리고 사물들이 시간적으로 그리고 점차적으로 생겨나는 한에서, 이러한 사물들을 설명하기 위하여 이러한 비물체적인 원리들을 필요로 하지 않는다. 만일 그럼에도 불구하고 개념적으로 이해할 수 있는 것, 짧게 말해서, 보편적인 (즉 정신적으로 알 수 있는) 정해짐을 지닌 것이 본질형상에 귀속하는 한에서, 사람들이 시간적으로 생겨나는 본질형상들을 고찰한다면, 모든 사물들에 관하여 이러한 비물체적인 형상들의 실제로 있음을 받아들이는 것은 필연적이다. 이러한 것은 우리가 설명하였던 것처럼 그러하다(진짜 실제로 있음을 그리고 또한 사물들을 정신적으로 아는 것이 가능함을 설명하기 위한 것). 그렇지만 이러한 비물체적인 원리의 실제로 있음 방식은 이데아 학설을 세웠던 철학자들이 비물체적인 원리에 붙여 놓았던 그러한 방식과는 다르다; 왜냐하면 이들은 개념적으로 파악된 말[Pferd]의 내용과 말의 본질성이 질료에서 실제로 있는 한에서 이러한 말의 본질성이 수적으로 하나의 같은 것으로 동시에 또한 영혼 바깥에(이데아의 세계에) 지금 있을 것이라고 주장하였기 때문이다. 이러한 이유로부터 우는 말이 질료를 제외한 채 실제로 있다는 것, 그리고 태우는 불이 그와 같이 있다는 것이 일어난다. 그러므로 저러한 철학자들이 이런 생각을 나타내고자 했다면, 그들은 완전히 (혹은 '모든 것이') 틀렸다. 그러나 학설을 적극적으로 옹호한 자(테미스티우스)가 주장하였던 것처럼, 마찬가지로 아리스토텔레스가 학설로 세웠던 것, 즉 사물들의 실제로 있음을 이들이 이런 것으로 말하고 싶어 했다면, 이들은 옳다. 이들은 (그리고 이것은 이들의 오류를 설명하는 것인데) 학문적인 학설들(과 용어들)을 많은 집단에서 강의할 때 사용하던 낯선 종류의 학설들처럼 다루었다. 우리는 이러한 것을 마땅히 나중에 설명할 것이다.

이러한 것으로부터 다음과 같은 것이 확실해진다: 만일 '저' 세계에서 실체들로서 보편적인 것들이 자기 자신 안에서 그리고 영혼의 바깥에서 실제로 있다면, 사물들의 앎을 얻기 위해서도 또한 생겨남을 설명하기 위해서도(혹은 있음을 설명하기 위해서, 그러므로 논리적인 배열을 위해서도 존재론적인 배열을 위해서도) 이것들에게 어떤 의미도 붙여질 수는 없다. 왜냐하면 자체로 있는 생겨남(혹은 있음)은 개별적인 개개의 사물이기 때문이다. 그러나 보편적인 사물들이 오직 우연적으로만, 즉 이것들이 (붙어 있는 것들로서) 개별자에서 지금 있는 한에서 생겨난다는 것이 설명되었던 이러한 보편적인 사물들은 이것들을 시간상에서 생겨나게 하는 원인들이 (이러한 사물들이 갖는 밑바탕의) 본성적인 힘[Naturkraft]이라는 그러한 사정일 수 있다. 이성적으로 행하는 방식에서 본성적인 힘이 활동하는 원인들은 천체들의 (계획적인) 운동들이다(목적론적인 증명). 나아가 천체의 운동들이 이러한 본성적인 힘을 다른 밑바탕들에게 주는(나누어 주는)것을 위한 원인들은 비물체적이며 정신적인 본질형상들(이데아들)이다.

이 때문에 아리스토텔레스는 (플라톤에 따라서) 우연적으로, 즉 먼 것으로[per accidens, d.h remote] 생겨나는 사물을 위해서 첫 번째 작용하는 원리인 그런 것을 생겨나는 사물을 위한 첫 번째 원리로 그리고 더 가까운 작용원인(첫 번째 원인)으로 나타냄으로써 플라톤의 학설을 수정하였다. 이러한 의미에서 두 체계들 사이에 차이가 이해될 수 있다; 왜냐하면 아리스토텔레스는 (여기 형이상학에서) 비물체적인 본질형상들이 어떤 방식에서는 첫 번째 작용하는 원리들일 것이라는 것을 부정하기 때문이다. 비물체적인 본질형상들은 단지 설명된 의미에서만 (순수한 정신의 사유로서) 작용하는 원리들일 것이다. 이 때문에 자연물들을 설명하기 위하여, 사람들은 비물체적인 본질형상들을 - (단지 순수한 정신으로부터만 유출할 수 있는) 인간의 지성을 도외시하고, 생겨나는 이 세상의 사물들 중 어떤 것에 관하여–세워야 할 필요는 없다. 이러한 것은 아리스토텔레스의 학설에 대한 올바른 해석이다. 우리는 이러한 것을 아리스토텔레스가 형이상학에 관하여 다룬 책에 대한 우리의 주석에서 분석하였다.

10. 보편적인 사물과 실체

이러한 해설들에 따라서 보편적인 사물들을 고찰하는 것이 필요하며 또한 다음과 같이 물을 필요가 있다. 즉 보편적인 사물들이 '사물들'로서 정말 실제로 있을 수 있는지 혹은 있을 수 없는지? 즉 보편적인 사물들이 자기 안에서, 영혼의 바깥에서 있는 가능태 Möglichkeit가 보편적인 사물들에서 현재 있는지? 그럴 경우에 보편적인 사물들은 이것들의 밑바탕들, 감각적인 지각의 객체들보다 더 탁월한 의미에서 실체들로 나타내져야만 할 것이다. 그러므로 우리는 가르친다: 저런 보편적인 개념들이 진짜 실제로 있는 것으로 세워졌기 때문에, 더욱이 보편적인 개념들이 영혼의 안에서 현재 있는 것처럼 그와 같이 영혼의 바깥에서 실제로 있는 그런 종류로 세워졌기 때문에, 사람들은 이러한 학설을 2가지 방식에서 나타낼 수 있다. 첫째로 보편적인 개념들은 감각적으로 지각할 수 있는 개별자들과 어떤 관계도 갖지 않고 자기 자신에서 있을 수 있다. 그러나 이런 식으로 이해하는 것은 내가 이러한 개념들의 정의에서 정해 놓은 것과 모순된다; 왜냐하면 주장한 것처럼, 보편적인 것은 많은 개별적인 것들에 관하여 말해진 것에 알맞은 것이기 때문이다. 나아가 저러한 주장으로부터 분명히 사물의 개념(그러므로 사물의 본질)이 사물 자체는 아닐 것이다. 그러나 모든 이러한 것은 불가능하다. 두 번째의 파악은 이렇게 말해진다: 보편적인 것은 영혼의 바깥에서 더욱이 개별자에서 (비물체적인 속성[Inhärenz], 즉 '이성[ratio]'으로서) 자체로 실제로 있는 (그러나 자체로 존립하지 않는) 개념이다. 그러나 우리가 논의를 그 정도까지 진행한 다음에, 이러한 주장으로부터 서로 다른 불가능성들이 나타난다는 것은 자체로 가장 쉽게 고찰된다. 만일 우리가 예를 들어 보편적인 것이 영혼 바깥에 정말 보편적인 것의 개별자들에서 (고유성으로) 실제로 있다는 것을 받아들인다면, ('많은' 개별자들은 공동으로 보편적인 것에 참여할 수 없으며 이것을) 이러한 개념의 보편성은 개별자들의 다양성에서 사정에 따라서는 2가지 방식으로 있을 수 있다. 보편적인 것의 부분은 각각의 낱개의 개별자에서 있거나 이다. 이럴 경우에 Zaid는 인간의 본성('이성[ratio]', 본질개념)으로부터 오직 정해진 부분을 점유하고 Amr는 다른 부분을 가진다. 그러므로 이럴 때 인간의 본성은 이러한 두 사람들의 각각의 개인에 의해서 대상(어떤 것들[quidditas])을 나타내는 본질적인 술어에서 말해지지 않는다; 왜냐하면 오직 인간의 부분만이 귀속하는 그런 것은 인간이 아니기 때문이다. 그러나 이러한 것은 명백히 자체에서는 불가능하다.

두 번째 경우는 이렇게 말해진다: 보편적인 것은 자기의 총합으로 실제로 각각 낱개의 개별자에서 실재한다. 그렇지만 이러한 명제는 자기 자신과 모순에 있다; 왜냐하면 이러한 명제로부터 보편적인 것은 자기 자신에서 필연적으로 다양성을 기술하기 때문이다. 그러므로 이럴 경우에 Zaid의 본질성을 의미하는 보편적인 것은 Amr의 본질성을 포함하는 그러한 것과 구별되어야만 할 것이다. 그러므로 이럴 때는 이러한 두 사람의 개념은 (그리고 본질성은) 불가능하게도 하나의 같은 것이 아니다. 두 번째 경우는 수적으로 하나의 같은 사물은 사물의 전체성에서 많은 개별사물들에서, 물론 많은 것에서 35
뿐만 아니라 또한 한 부류는 생겨나고, 반면에 동시에 다른 부류는 사라지는 끝없이 많은 것들에서 실제로 있으리라는 것일 것이다. 그러므로 이러한 경우에 보편적인 것은 생겨나며 동시에 사라지는 것, 하나이며 동시에 많은 것이어야만 할 것이다. 더욱이 하나의 같은 관점에서 있어야만 할 것이다. 그러나 이것은 불가능하다. 계속해서 68-1
이것으로부터 보편적인 것에서 대립들이 (밑바탕에) 동시에 실제로 있어야만 한다는 것(철학의 기본법칙에 모순되는 것)이 일어난다; 왜냐하면 많은 보편적인 것들이 대립적인 차이들을 통해서 (종들로) '쪼개'지기 때문이다. 이런 이유는 보편적인 것들이 대립하는 '장소 5
들'(밑바탕들)에서 실제로 있기 때문이다. 나아가 다음과 같은 것은 맞다: 우리는 보편적인 것을 개별적인 것들의 다양함에서, 게다가 사람들이 하나[das Eine]를 다양함에서 실제로 있는 것으로 생각할 수 있는 방식에서 실재하는 것으로 인정할 수 있다. 실제로 있음의 이러한 종은 다음과 같은 것이 본질이다. 즉 하나는 개별적인 것처럼 10
감각적으로 지시할 수 있는 수적인 하나이며, 그리고 이러한 하나는 다양성에서 정말 실제로 있다는 것이다. 만일 우리가 이러한 것을 인정하였다면, 인간은 (동물적인 본성의 서로 다른 종들, 그러므로 예를 들어) 당나귀, 말 그리고 동물의 유를 '나누는' 모든 나머지의 15
함께 하는 종들로 구성될 것이다. 이럴 때 모든 이러한 종들은 서로 서로 결합되어 (하나의 같은 개별자에서, 왜냐하면 이러한 종들을 구성하는 보편적인 것은 수에서 하나로 파악되기 때문에) 실제로 있다. 이러한 종들은 하나의 같은 '살'에서 (유기체로서) 실제로 있거 20

나 혹은 닮았을 것이다(어떤 비례에서 있을 것이다).

나아가 다음과 같은 것이 일어난다: 우리가 이러한 보편적인 개념들이 영혼의 바깥에 정말 실제로 있다는 것을 인정하였기 때문에, 필연적으로 이러한 개념들을 위해서 (두 번째 열의) 다른 보편적인 개념들이 실제로 있어야만 하며 더욱이 같은 경우로 영혼의 바깥에서 실제로 있어야만 한다. 이러한 두 번째 열의 보편적인 것을 통해서 첫 번째 보편적인 것이 개념적으로 파악될 수 있는 것이 된다. 두 번째 열의 보편적인 것은 그 다음에는 다시 세 번째 열의 그러한 종류를 가져야만 하며, 그러므로 계열은 끝없이 계속 나간다. 만일 우리가 보편적인 것은 (오직) 지성에서 실제로 있다는 것을 받아들인다면, 이러한 어려움은 우리의 주장과 대립하지 않는다; 왜냐하면 보편적인 것을 어떤 보편적인 것으로 되게 하는 정함[Bestimmung](이성)은 영혼에 관한 책에서처럼 비물체적이며 개별적인, 통일적인 '실체'(본질성)로 설명되어졌기 때문이다. 즉 정함(이성)은 개념들의(에 대한) 개념(그러므로 순수한 논리적인 틀, 두 번째 의도[intentio secunda])이기 때문이다. 더 나아가: 저러한 철학자들의 견해가 주장하는 것처럼, 어떻게 보편적인 것이 실체일 수 있으며 자신의 고유한 본질을 통해서 (자신에서) 실제로 있을 수 있는가? 반면에 보편적인 것은 밑바탕에서 (우연적인 것처럼) 실제로 있지만, 그러나 밑바탕에 의해서는 말해지지 않는다는 그러한 성질에서 있다. 이러한 것은 보편적인 것의 정의로부터 분명하다. 이러한 성질을 지닌 본질성(보편적인 것)은 필연적으로 우연적인 것이다. 우리가 이러한 것을 인정하였기 때문에(비현실적으로 생각하였기 때문에), 그러므로 '여기서'(세계 사물들에서) 어떤 개별적인 사물을 위한 특성은 더 이상 존속할 수 없다. 사물의 실체들(본질성들)은 오히려 보편적인 본성이어야만 할 것이다. 개별적이며 결정된 실체는 보편적인 본성의 밑바탕이 되어야만 할 것이다(이러한 밑바탕을 통해서 구별하는 동기가 없어질 것이다). 모든 이러한 불가능성들은 단지 우리가 이러한 보편적인 개념들을 그러한 성질의 것으로(즉 정말 사물들에 포함되어 있는 것으로) 받아들인 경우에 일어난다.

누군가는 다음과 같은 어려움을 나타낼 수 있을 것이다: 보편적인 개념들이 참[Wahrheit]을 포함하지 않는다는 것이다. 보편적인 개념들은 단지 찾아질 뿐이며 참이 아닐 것이다; 왜냐하면 증명에 관한 책(두 번째 분석론)에서 입증되었던 것처럼, 참인 것은 영원함('영원히 지속함[aevum]')에서 더욱이 생각하는 정신의 바깥에서 가져오는 것처럼 그와 마찬가지로 실제로 있기 때문이다. 우리 시대의 많은 Mutakallimun(논쟁자들, 궤변 철학자들, 회의주의적인 그리고 독단적인 신학자들)은 (철학자들이 논박하여 풀 수 없는 것으로서) 이러한 어려움에 매달려 있다. 이때 이들은 소박한 설명들을 다른 영역에 넘겨주었다: 이들은 (명목론 자들로서) 보편적인 사물들의 실제로 있음에 대하여 논박을 시도하였다. 그러나 만일 이들이 인간의 앎은 폐기될 것(부정될 것)이라고 주장한다면, 이들과는 반대로 바로 이러한 결과(보편적인 것들의 부정)가 일어난다; 왜냐하면 이들은 2개의 전제들로 구성되는 (특별한) 삼단논법들에 관한 학설도 세우지 않고, 또한 본질적인 술어들(이것들은 첫 번째로 그리고 자체로 말해지는 것이다 - 그리스적 논리학의 본질적인 구성요소)에 관한 학설도 세우지 않기 때문이다. 이러한 사물들에 관하여 이들과 그리고 다른 자들과 토론은 우리가 논리학의 '학문[Kunst]'과 다른 개별적인 학문들(Künste)의 원리들을 명백하게 하게 된 경우에 나중에 다루어질 것이다. 그러나 이제 보편적인 개념들의 실제로 있음과 관련하여 이러한 문제에서 나타나는 말해진 의심은 쉽게('곧' 곧바로) 해결될 수 있다.

11. 실체의 참과 틀림

70-1 우리는 그 다음에 가르친다: 만일 참이 아닌 것[Unwahre](kādib)은 사물이 지성의 바깥에서 있는 것처럼 그렇게 사물이 지성 안에서 있지 않는 것이라면 - 이러한 것을 사람들은 참이 아닌 것에 반대되는 참인 것의 정의로부터 이해하는데 -, 그러면 사람들은 이러한 사유를 2가지 방식으로 파악할 수 있다. 첫째로: 정신에서(논리적인 배열에서) 사물에 귀속하는 이러한 (방법)상태는 객체들(밑바탕들)의 배열(구성) 이외에 다른 어떤 것에서도 있지 않다. 이런 객체들은 지성의 밖에서 실재하는 있음을 지니며[24] 또한 객체들 상호 관계에서 실재하는 있음을 지닌다. 그런데 이러한 것이 사물들 자체에서 일어날 때, 이러한 객체들 상호간의 관계는 다른 방식에서 (지성을 통해서) 이루어진다. 이러한 이해는 확실히 우리의 개념들의 틀림에 관한 토론이며, 그리고 틀린 것의 정의로 간주한다(왜냐하면 이러한 이해는 아는 내용과 알려진 것 사이에 차이를 받아들이기 때문이

■

24) 이때 주관적 동기는 오직 조합의 종류에서 있을 뿐, 조합된 사물의 내용에서는 있지 않다.

다). 예를 들어 페가수스Pegasus, 텅 빈 공간과 닮은 대상에 관한 개념이 이러한 사정에 있다. 정신은 이러한 것을 실재하는 상관개념이 바깥세계에서는 일치하지 않는, 적어도 합성할 때 배열에서는 일치하지 않는 내용들로 합성한다. 두 번째로: 본질에 따라서 서로 다른 종류의 사물들이 정신 바깥에서 실제로 있다. 한 사물들이 다른 사물들에서 실제로 있으며 이때 본질에 따라서 서로 다르다. 정신은 본질성들을 서로로부터 분리하며 같은 것들을 묶는다. 이럴 경우에 우리는 사물을 정의하는데, 이때 우리는 사물과 '서로 다른 것'(사물의 같은 종)으로부터 시작한다. 이러한 방식에서 사물의 본성들이 낱낱이 사물들의 가장 깊은 곳의 본질에서 파악된다. 이렇게 아는 것은 어떤 방식에서도(직접적이고 맨 처음에) 틀리지 않는다. 뿐만 아니라 이것은 (2차적으로) 틀린 것의 정의로 여기지 않는다. 예를 들어 추상적인 이러한 종에서 너는 선으로부터 점을 추상하며, 그 결과 비록 점이 오직 선에서만(절대적이지 않는) 실제로 있을지라도, 너는 점을 개념적으로 파악한다. 마찬가지로 너는 선과 면을 물체로부터 추상한다. 짧게 말해서: 이러한 파악하는 방법은 우리가 모든 사물들을 사물들의 정의(즉 사물들의 본질)에서 이해하는(이해할 수 있는) 방법이다(hija를 보완하는 것). 이러한 모든 사물들은 (실체에서) 우연적인 것들이든지 혹은 (질료에서) 본질형상들이든지 간에 다른 것들에서 실제로 있다. 그렇지만 만일 정신이 이러한 본질성들의 많은 것을 추상하고 한 본질성을 다른 본질성들로부터 분리한다면, 그리고 이때 (본질성들을 위해서) 본질성들이 자신들의 본성에 따라서 다른 사물들에서 근원적인(처음의) 그리고 실재하는 방식에서 (우연적인 것들처럼) 실제로 있는 일이 일어난다면, 지성은 동시에 저런 사물들과 함께, 즉 사물들의 밑바탕들[25]과 함께 본질성들을 생각한다. 예를 들어 질료적인 본질형상들에서 사정이 그러하다; 왜냐하면 정신은 단지 이러한 본질형상들이 질료적인 한에서 이것들을 생각하기 때문이다. 그럼에도 불구하고 만일 이러한 본질성들이 다른 (밑바탕들)에서 실재하는 근원적인 방식으로 (매개 없이) 실제로 있지 않고, 오히려 바깥의 우연적인 것들처럼 머문다면 - 예를 들어 이러한 것은 선에서 알맞은데–, 지성은 이러한 내용을 자기 자신에서 ('비물체적으로') 추상된 것으로 생각한다. 이러한 (추상하는) 사유의 행위는 고유한 방식에서 (고유성으로als proprium) 이성적인 능력vernünftige Fähigkeit에 귀속한다. 이러한 것은 영혼에 관한 책에서 설명되었다. 물론 바깥의 감관은 본질형상들이 질료에서 지금 있으며 개체를 지시하는 대상인 한에서 단지 본질형상들만을 안다. 비록 바깥의 감관이 이러한 본질형상들을 마치 본질형상들이 정신의 바깥에 실제로 있는 것처럼 그렇게 순전히 질료적인 방식에서 자기 안에 받아들이지는 못할지라도 말이다. 오히려 바깥의 감관은 심리학에서 설명되었던 것보다 더 많은 정신의 방식에서 이와 같은 본질형상들을 이해한다. 이러한 감관과는 반대로 지성(비물질적인 정신)은 지성이 본질형상을 개별적인 질료로부터 추상하고 이와 같은 본질형상을 본질형상의 참된 본질에서 개념적으로(질료를 제외하고) 자세하게 생각하는 그러한 사정에 있다. 정신의 이러한 행위는 분명하다.

■

25) 그러므로 밑바탕이 이러한 내용들(형상들 혹은 안에 있는 우연적인 것들)의 정의에 포함되어야만 한다.

그러므로 이러한 기능들을 통해서 사물들의 본질성들을 생각하는 것이 정신에게서 가능하다. 그렇지 않으면 우리에게 어떤 방식에서도 그 어떤 학문들도 실재하지 못할(실재할 수 없을) 것이다.[26] 다 72-1
음으로 이러한 일이 일어난다: 틀린 정의에서 본질적인 정함은, 즉 지성에서 있는 것과 다른 방식으로 영혼의(논리적인 배열의) 바깥에서 실제로 있는 그러한 종류인 것은 바로 (추상성의) 발전된 개념을 자기 안에 포함하지 못한다. 마찬가지로 참인 것의 정의가 그러하다. 사람들은 이러한 정의 아래서 추상성을 통해서 보편적인 것에 귀속하는 이러한 실제로 있음의 종을 생각하지 않는다; 왜냐하면 양쪽의 정의들에서 발견되는 저러한 표현들은 정해지지 않은(한 목소리로 서술되지 않은) 일반적인 표현들이기 때문이다. 예를 들어 우리는 틀린 것을 다음과 같이 정한다: 틀린 것은 이것이 정신 안에서 생각되는('있는') 것과는 다르게 정신의 바깥에서 있다; 참인 것: 이것은 정신의 바깥에서처럼 그와 같이 정신 안에서 실제로 있는 것이다.

12. 보편적인 것과 실체

어떤 사람은 보편적인 것에 관하여 이러한 의미에서 다음과 같이 말함으로써 의심을 불러일으킬 수 있을 것이다: 우리가 이러한 보편

■
26) 아베로에스의 입장에서 가장 중요한 것은 주관적-논리적인 기능들을 통해서 어떤 오류도 아는 내용들로, 즉 바깥 세계와의 어떤 모순도 있지 않다는 것을 나타내는 것이다. 그렇지만 이때 추상성 Abstraktion과 참인 것Wahres은 완전히 서로 다른 사물들이다.

적인 내용들을 논리적인 사물들로 간주하였기 때문에, 그러므로 이 것들은 필연적으로 바깥의 우연적인 것들이다. 그러나 보편적인 내용들은 어떻게 이러한 상황들 아래서 개별자를 지시하는 대상이며 자기 자신에서 있는 사물들의 실체들에 관하여 알려줄 수 있는가(그리고 우리에게 그러한 앎을 전달할 수 있는가)?[27] 물론 그렇지만 사람들은 이러한 학설을 세운다: 오직 실체만이 실체의 본질성에 관하여 알릴 수 있다. 그럼에도 불구하고 이러한 의심은 이미 아주 단순한 고찰에서 - 다음과 같은 고찰에서 풀어졌다: 만일 형상들이 실체적이든 혹은 우연적이든 간에, 지성이 저러한 본질형상을 질료로부터 추상하고 본질형상의 실체(본질성)를 본질형상의 가장 깊은 본질에서 생각한다면, 우연적인 것처럼 보편성을 정하는 것(이성)은 정신에서 이러한 개념들에 덧붙여서 일어난다; 왜냐하면 보편적인 것은 (내용적으로) 바깥 세계의 저러한 실재하는 실체들(사물들)에 관한 본질형상 이외에 다른 어떤 것이 아니기 때문이다. 이러한 이유로부터 보편적인 것들(보편성의 형상을 갖는 한에서 개념들)이 2차적인 개념들에 속하고,[28] (형상으로서) 보편성이 우연적인 방식에서 귀속하는(그러므로 사물들에 대한 우리의 개념들) 사물들은 첫 번째의 개념들에 속한다. (이러한 사물들에 대한 개념들은 사물들의 정의들이며, '두 번째의 개념들'은 논리적인 틀들이다.) 이러한 관계에

■

27) '우연적인 것들'은 단지 피상적으로만 사물들에 붙어 있기 때문에, 우연적인 것들은 안쪽의 본질에 관해서는 아무것도 알릴 수 없다.

28) 보편성은 다른(첫 번째의) 개념들(사물들이 아닌)로부터 추상되어진 개념이다. 그러므로 보편성은 첫 번째 의도(실재하는 바깥 세계의 사물들로부터 추상들)의 형상을 객체로 삼는 2차적인 의도이다.

대한 설명은 이미 논리학의 부문에서 첫 번째와 두 번째 개념들 사이의 차이에 관한 장에서 다시 행하여졌다. 모든 이러한 것은 논리학에 몰두하였던 자들에게서 확실하다.

분명히 보편적인 것들은 감각적으로 지각할 수 있는 사물들의 실체들(본질성들)이 아니기 때문에, 그래서 이제 우리는 도대체 어떤 것이 사물들의 실체(본질성)일 것인지를 고찰하고자 한다. 따라서 우리는 가르친다: 감각적으로 지각할 수 있는 사물들, 즉 실체의 개별자들은 개별적인 사물보다 더 많은 것으로 구성되어 있다는 것이 분명하다. 이러한 것은 분명하다. 왜냐하면 우리가 이것들에 관하여 목적[29]을 물었기(물음으로 삼기) 때문이다. 이러한 종류의 물음은 단순한 실체들에서 세워지지 않는다. 예를 들어 아무도 이러한 것을 말할 수 없다: 무엇 때문에 인간은 인간인가? 왜냐하면 주어가 동시에 술어이기 때문이다. '무엇 때문에'에 관한 물음(텍스트: '얼마나 많은'[30]에 관한, 위와 비교)은 오직 구성된 사물들에 관해서 허락할 수 있다. 예를 들어: 무엇 때문에 이 사람은 의사인가? 이것에 대하여 사람들은 이렇게 대답한다: 왜냐하면 그는 이성적이기vernünftig 때문에(즉 의술의 학문을 이해할 수 있기 때문에). 그러므로 사람들이 대답으로서 사물의 본질형상을 주며, 또한 질료를 준다. 그래서 우리는 이렇게 묻는다: 무엇 때문에 이러한 실체는 능력Fähigkeit으로 감

■

29) 텍스트는 매혹적이다: '양에 관하여'('얼마나 많은'에 관하여), 그러나 이것은, 뒤에 오는 것이 가리키는 것처럼(읽을 때: bikam 대신에 bilima), 이러한 위치에서 그럼에도 불구하고 맞지 않다.

30) 텍스트는 매혹적이다: '양에 관하여'('얼마나 많은'에 관하여), 그러나 이것은, 뒤에 오는 것이 가리키는 것처럼(읽을 때: bikam 대신에 bilima), 이러한 위치에서 그럼에도 불구하고 맞지 않다.

각적으로 지각하는 것이 주어지는가? 이것에 대하여 사람들은 이렇게 대답한다: 왜냐하면 그런 실체는 살과 뼈로 구성되어 있기 때문에. 짧게 말해서: '무엇 때문에'란 물음에 대하여 사람들은 4개의 원인들 중 그 어떤 것으로 대답한다. 사태가 그러한 사정이기 때문에, 이러한 설명들로부터 각각의 방식에서 실체의 개별자들은 구성되어진다는 것과 그리고 개별자들이 활동적으로 하나임[Einheit]을 만드는 경우에 이러한 개별자들은 자기 안에 가능적으로 다양함을 포함한다는 것이 분명하다. 그러나 이때 개별자들은 대개 피상적인 결합과 부분들의 접촉함(접촉)을 통해서 하나임이 아니다 - 대개 기술의 대상들이 - (피상적인, 부분들의 결합을 통해서 생산된) 하나임을 만드는 것처럼 그런 방식에서–하나임이 아니다. (자연물들은 내적인, 유기체적인 하나임을 지닌다.) 왜냐하면 사물의 기초요소들이 사물 자체에서 활동적으로 실제로 있을 수 없기 때문이다. 그렇지 않으면 기초요소들로 구성된 것은 기초요소들 자체들의 총체이어야만 하기 때문이다(기초요소들의 덩어리, 대개 이것은 기초요소들로부터 생겨나며 다른 고유한 본질성을 가리키는 세 번째 것이 아니다). 이것은 식초와 꿀로 구성된 식초꿀과 같은 사정에 있다. 이러한 2가지 성분들이 사물에서 활동적으로 실제로 있다면, 식초꿀은 식초와 꿀로부터 구별되는 다른 (특별한) 사물이 아닐 것이다. 마찬가지로 물, 불, 공기 그리고 흙은 이것들의 개별적으로 보여진 것들에서 (활동적으로) 살과 뼈들에서 거의 실제로 있지 않다. 그렇지 않으면 살과 뼈들은 물, 공기, 흙 그리고 불이어야만 할 것이다(이들 4가지 기초요소들을 활동적으로 내보여야만 할 것이다).

13. 기초요소와 혼합물

이러한 설명들로부터 기초요소로부터 구별되는 다른 것(세 번째 것, 새로운 것)은 생겨나는entstehend[31] 사물에서 확실히 지금 있다. 이러한 새로운 것(합성물의 본질형상)을 통해서 생겨나는 사물은 무엇인 것(사물의 어떤 것들을 갖는 것, 유명한 아리스토텔레스적인 표현)이다. 그렇지 않으면 생겨나는 사물은 사물을 구성하는 내용(생각된 것ratio)과 (사물의 성분들과) 일치해야만 할 것이다. 다른 가능성은 우리가 가르친 것일 것이다: 불에서, 공기에서 그리고 물에서 살과 뼈들이 활동적으로 포함되어 있을 것이다. 간단하게: 끊임없이 많은 사물들이 활동적으로 포함되어 있을 것이다(아낙사고라스Anaxagora와 Naẓẓám). 따라서 사람들은 그러나 모든 생겨나는 것은 오직 혼합일 뿐이라는 학설을 세운다. (혼돈에서 모든 사물들은 이미 완성되어 활동적으로 현재 있을 것이다.) 나아가 혼합물을 기초요소로부터 구별하는 내용은[32] 기초요소에 (부속물처럼) 붙여지는 비물체적인 실재성('생각된 것')을 나타낸다. 이 때문에 이와 같은 내용은 기초요소이어야만 하거나 혹은 기초요소들로부터 구성되어져야만 한다(경우에 따라서: 기초요소로부터 생겨나야만 한다). 그러나 이러한 내용이 기초요소라면, 요컨대 내용이 자신의 측면에서 기초요소와 75-1
다른 혼합하는('초기의') 기초요소로부터 생겨난 혼합물로부터 구별

31) 오직 구성된 것만이 생겨날 수 있다(형상을 질료에 더해줌을 통해서).

32) 혼합하는 형상들(혼합하는 기초요소들의 형상들formae elementarum componentium)과 이것들로부터 결과로 나온 형상(함께 세워진 형상forma compositi)은 혼합물에서 구별할 수 있다.

되는, 게다가 (다른) 기초요소들의 매개를 통해서 구별되는 그와 같은 것이 첫 번째 것에 관해서처럼 내용에 관해서 일어난다. 그러나 이러한 것은 끝없이 계속 나간다. 그 결과 하나의 같은 사물에서 활동적으로 끝없이 많은 기초요소들이 실제로 있다(있어야만 한다). 그러나 이러한 내용(혼합물의 형상)이 기초요소로부터 (부분으로서 혹은 합성을 통해서) 나온다면, 또한 여기서 혼합하는 기초요소('이것은 어떤 것에 앞서가는 것인데')와 구별되는 어떤 것이 현재 있어야만 한다. 만일 이러한 내용이(huna 대신에 huwa) 자신의 측면에서 기초요소로부터 생긴다면, (min 대신에 murra) 이러한 관계는 끝없이 계속된다.

이러한 설명으로부터 분명히 혼합하는 기초요소들로부터 구별되는 본질성('실체', ουσία)이 혼합물에서 실제로 있다. 이러한 '실체'를 사람들은 본질형상이라고 부른다. 논리학의 부문에서 논술되었던 것처럼, 정의들은 오직 유와 차이로부터만 구성되기 때문에 그리고 동시에 보편적인 것으로서 정의들은 어떠한 실재하는 실제로 있음을 정신 바깥에서 가지지 못한다는 것이, 또한 그 어떤 방식에서도 정의된 사물들의 원인들은 있을 수 없다는 것이 앞서 말한 것으로부터 분명하기 때문에, 유는 보편적인 본질형상들을 정의된 대상(을 '위해')과 같은-있음Gleichsein(반사, 그림으로 묘사하는 것)으로만 기술한다는 사실이 명백하다. 이때 유는 질료처럼 마지막 것에 관계한다; 왜냐하면 이러한 기능은 바로 질료의 기능, 즉 보편적인 것(많은 사물들에 귀속하는 것)이기 때문이다. 그러므로 이러한 보편성은 일반적으로 보편성이 사물의 개념(첫 번째 지향성der intentio prima)에 귀속하는 이런 방식에서 사물의 보편적인 본질형상에 마치 (순수한 논리적인) 우연적인 것(2차적인 지향성eine intentio secunda)처럼 붙어 있는 어떤 것이다. 같은 방식에서 차이에 관해서도 차이란 붙여진 것Inhärens이라는 것이 분명하다. 이러한 붙여진 것은 개별적인 사물이 지성에서 생각되어지는 한에서, 이러한 개별적인 사물의 본질형상에 대한 개념(1차적인 지향성)에 귀속하는 것이다. 유가 질료와 비슷하게 보이는 것처럼 그와 마찬가지로 차이는 일반적으로 본질형상과 같다.

그러므로 이 때문에 정의들이 정의된 대상들에게 어떻게 관계하는지, 그리고 이러한 학설에 반대에 있는 많은 의심들이 어떻게 풀리는지가 분명해진다. 예를 들어 옛 철학자들 중 많은 철학자들이 이렇게 의심하였다. 그들은 가르쳤다: 예를 들어 인간의 정의에 (유로서) 끼워 넣은 동물이 어떻게 인간보다 더 큰 범위로 있을 수 있는가? 왜냐하면 어쨌든 동물은 인간의 부분(유)이기 때문이다. 같은 방식에서 또한 이렇게 의심이 든다: 종에서 종이 무엇인지(τί εστι)를 나타내기 위해서, 부분(유)이 종에 의해 말해진다는 사실이 어떻게 가능한가? 모든 이러한 의심들은 오직 옛 철학자들에게 기인한다. 왜냐하면 이들은 저러한 두 서로 다른 실제로 있음 방식들, 즉 논리적인 배열과 존재론적인 배열을 구별하지 못했기 때문이다. 이러한 이유 때문에 사람들은 이들과 반대로 이러한 어려움들을 세울 수 있었다. 게다가 학설을 세울 때 몇몇의 규정들이 간과되었던 그러한 일이 사물들에서 일어나는 방식에서 세울 수 있었다.

이러한 것이 그러한 사정이며, 유와 차이가 마지막 정의들(즉 마지막 종들)에 어떻게 관계하는지가 분명해졌기 때문에, 그래서 이렇게 개별자를 지시하는 대상인(대상일 수 있는) 실체의 부분들은 감각적으로 지각할 수 있는 질료와 감각적으로 지각할 수 있는[33] 본질형상 이외에 다른 어떤 사물도 아닐 것임이 확실하다. 이것은 처음부터 우리의 고찰의 대상이었다. 이제부터 우리는 다음의 것을 고찰하고자 한다. 일반적으로 감각적으로 지각할 수 있는 사물들의 본질형상들이, 즉 첫 번째 기초요소(단수!)의 차이들이 도대체 무엇인가? 그리고 이러한 사물들의 질료들은 무엇인? 왜냐하면 모든 기초요소들에 관하여 이미 기초요소들이 정의되었다는(되어질 수 있다는) 것, 그리고 정의들은 유들과 종들로부터 구성된다는 것이 명백해졌기 때문이다. 이러한 유들과 종들은 본질형상들과 질료들과 같은 것들이다. 이 때문에 우리는 가르친다: 질료는 사물이 가능성에서 있는 그러한 사물이다. 이러한 사물은 활동적으로 그리고 '정의'(본질)에 따라서 (마땅히) 생겨나게 될 그런 것이다. 그러나 본질형상은 활동적으로 그리고 본질성에 따라서 (마땅히) 생겨나게 될 이러한 사물이다. 감각적으로 지각할 수 있는 개별자는 이러한 2가지(질료와 본질형상)로부터 구성된다. 질료의 실제로 있음은 모든 옛날 철학자들에 의해서 덧붙여졌다. 나아가 변화의 모든 종류들, 즉 생겨남과 사라짐, 자라남과 줄어듦, 공간적인 운동과 질적인 (본질적인, '실체적인') 변화는 밑바탕(질료)을 가진다는 것이 자연학에서 명백해졌으며 또한 즉시 명백하게 되어질 것이다. 그런데 변화는 밑바탕에서 일어난다; 왜냐하면 변화와 관련하여 변화는 어떤 방식에

■
33) 아베로에스는 이러한 개념을 강조하는데, 왜냐하면 그는 감각적으로 지각할 수 없는 보편성들이 질료적인 개별자에 포함되어 있을 것이라는 사상을 배제하고 싶기 때문이다.

서 분명히 밑바탕을 필요로 하기 때문이다. 이러한 이유로부터 사람들은 어떤 변화도(예를 들어 우연적인 것들에 관한 변화) 변화할 수 없는 밑바탕에서는 찾지 못한다. 오히려 변화를 자신들의 실체(본질성)에서 겪는 사물들은 필연적으로 변화의 나머지 종류들을 받아들이는(받아들일 수 있는) 그러한 성질이다. 그러나 반대로 변화의 나머지 종류들을 겪는(겪을 수 있는) 그러한 사물들은 실체의 변화를 지니고 있는 그러한 성질이 아니다. 자연학에서 천체에 관하여 설명되었던 것처럼, 예를 들어 공간에서 운동이 그러하다. 그럼에도 불구하고 다음의 것은 주목할 필요가 있다. 우리가 설명하였던 것처럼, 질료에 관하여 모든 철학자들은 질료가 실체일 것이라고 생각한다. 비록 이들이 질료의, 즉 첫 번째 질료의 본질성에 관하여 서로 다른 견해에 있을지라도 말이다. 이것에 관한 해설은 자연학에서 주어졌으며, 또한 나중에 우리가 질료의 차이들(종들)을 설명할 것이다. 활동태Aktualität인 본질형상에 관하여, 그러므로 우리가 이것에 관하여 설명들을 시작할 필요가 있으며, 또한 우리는 본질형상으로서('형상처럼qua forma') 활동태가 어떤 종류들로 나누어지는 일반적인 차이들을 밝힐 필요가 있다.

14. 차이와 실체

이것으로부터 우리는 가르친다: 아리스토텔레스는 옛날 철학자들 중 한 명에 관하여, 말하자면 데모크리토스Demokritos에 관하여 다음과 같이 보고한다. 데모크리토스는 사물들의 차이들을 단지 3개의 유들만으로 남김없이 나누었다. 첫 번째는 모양, 두 번째는 위치, 세 번째는 순서이다. 이러한 학설이 감각적으로 지각할 수 있는 사물들의 본질형상을 남김없이 낱낱이 세지 못한 것은 제외하더라도, 다음과 같은 사물을 배제시킨 한에서 이러한 학설은 옳지 않다. 즉 이러한 사물은 가장 중요한 의미에서 차이의 이름을, 말하자면 '실체의[substantiellen]'(본질의, 종을 형성하는) 차이들을 주는 것이다. 이러한 실체의 차이들의 순서들이 자연학에서 설명되어졌다. 심지어 일반적으로 사물들의 특별한 차이들은 (대체로 오직 3가지만이 아닌) 오히려 (커다란) 많음[Vielheit]을 설명한다는 것이 명백해질 것이다. 이러한 차이들 중의 한 가지는 '실체'(본질, ουσία)에서 실제로 있으며, 다른 것은 양과 질에서, 짧게 말해서, 차이들의 각각의 개별자에서, 즉 10개의 틀들에서 실제로 있다; 왜냐하면 자주 '실체들'(본질성들)의 특별한 차이들을 모른다는 사실에 부딪치기 때문이다. 그래서 사람들은 이러한 차이들의 자리에 (정의들, 즉 서술들로서) 특별한 우연적인 것들을(propria), 예를 들어 모양, 위치. 배열 그리고 다른 것을 세운다. 이러한 이유로부터 너는 데모크리토스의 학설, 즉 '실체들'(본질성들)의 차이들이 남김없이 말해진 3가지에 포함되어 있을 것이라는 것을 해석하고 싶을 것이다. "올바름[Gerechtigkeit]"(즉 저 위대한 철학자에 대한 존경)은 다음과 같은 '실체들'이 저러한 (하늘의) 세계에서 실제로 있다고 우리의 의견을 나타내는 경우에 훼손되지 않는다. 즉 이러한 실체들은 많은 차이들을 가지며, 또한 이러한 지상의 사물들에서 있지 않는 그러한 종류들이다. 그래서 (순수한, 하늘의) 따뜻함과 차가움 그리고 다른 우연적인 것들에서 차이들을 갖는 '실체들'(본질성들)이 그러한 사정에 있다. 나아가 왜냐하면 사물들이 본질형상과 질료로부터 만들어지고, 이러한 2가지 사물들을 자기 안에서 통일하는 정의들은 최고의 의미에서 실체들로 딱 맞기 때문이다(그리고 사물의 본질을 알려주기 때문이다). 예를 들어 다음의 것이 그러한 사정에 있다. 집을 벽돌과 나무로 정의하는 사람은 오직 가능성에서 있는 집을 이러한 것으로 나타낸다. 그러나 집을 집 안에 있는 그리고 이러한 정해진 모양을 갖는, 또한 모든 것을 위한 피난과 보호를 주는 어떤 것으로 정의하는 사람은 오로지 집의 형상을 알려줄 뿐, 그렇지만 본질형상이 바깥 세계에서 지니는 본질형상의 가장 안쪽의, 고유한 본질에서 알려주지는 않는다; 왜냐하면 거기에서 집은 단지 질료(ὕλη)에서만 실제로 있기 때문이다. 짧게 말해서, 그는 단지 집의 정의에 대한 한 부분만을 제공할 뿐, 대개 집을 구성하는 모든 부분들을 진술하지는 않는다. 그렇지만 2가지 사물들(형상과 질료)을 정의에서 통일하는 사람은 이와 같은 것을 형성한다: 집은 벽돌과 가른돌로 구성되어 있다. 이러한 벽돌과 가른돌은 정해진 방식에서 이러한 정해진 (보호의) 기능을 위해 결합되어졌으며 배치되어졌다. 이러한 정의는 '벽'(집)을 구성하는 모든 사물들(부분들)을 포함하며, 또한 사물들(부분들)이 벽(집)을 존속시키는 방식에서 포함한다.

이와는 반대로 어떤 사람은 의심하여 말할 수 있을 것이다: 받아들여라, 우리는 이러한 것을 감각적인 질료를 지닌 사물들에 관하여 덧붙일 것이다. 그러나 사태는 감각적으로 지각할 수 있는 질료들이 정의에 포함되어 있지 않는(속하지 않는) 사물들에 관하여, 예를 들어 삼각형과 원의 정의에 관하여 그러하다. 이렇게 생각하는 것은 이러한 사물들이(walam 대신에 lam)[34] 감각적으로 지각할 수 있는 질료들을 갖지 않는 것을 통해서 풀린다. 이러한 이유로부터 사람들은 이러한 사물들이 질료들에서 실제로 있지 않는 한에서 이러한 사물들을 고찰한다고 말할 수 있을 것이다. 감각적으로 지각할 수 있는 질료가 자연적인(물리적인) 본질형상에 관계하는 것처럼 (완전한) 정의에 관계하는 많은 것들이 수학적인 사물들에서 실제로 있다. 그래서 우리는 원에 관하여 이렇게 말한다. 원은 하나의 모양[Figur]인데, 유일한 선[Linie]에 의해 둘러싸인 것이다. 이러한 선의 가운데에 하나의 점이 있다. 이 점은 이것으로부터 원주로 뻗는 모든 선들의 길이가 같은 그러한 사정에 있는 점이다. 이러한 정의에서 '모양'과 '유일한 선에 의해 둘러싸인 것'으로 정함은 유처럼 그러하다(그리고 유와 같은 것을 대표한다). 반면에 나머지 정함은 차이처럼 그러하다. 나아가 이러한 생각 속에 있는 질료들과 감각적으로 지각할 수 있는 질료들 사이에 있는 관계는 저러한 생각 속에 있는 질료들이 가능성에 따라 원에서 실제로 있는 것이다. 바깥세상의 감각적인 사물들에서 감각적으로 지각할 수 있는 질료들의 실제로 있음에 관하여 사정은 마찬가지다. (그러한 질료들은 형상 없이는 가능성에 따라서 현재 있을 뿐이다.) 이러한 것을 우리는 다음과 같은 문제를 다루는 곳에서 나중에 설명할 것이다: 어떤 방식에서 정의의 부분들이 정의된 대상에서 실제로 있는가? 그리고 어떻게 정의된 대상이 통일적인 대상일 수 있는가? 반면에 어떻게 정의는 많은 부분들을

■

34) 수학적인 대상들은 그것들의 기초를 질료에서 갖는다. 그렇지만 학문적인 고찰은 이러한 것들을 도외시한다.

포함하는가?

15. 이름과 실체

이러한 것이 우리가 설명하였던 것처럼 그러하기 때문에, 그리고 의심할 여지없이 감각적으로 지각할 수 있는 실체들이 3가지 사물들, 즉 질료, 본질형상 그리고 이것들로 만들어진 혼합물이기 때문에, 그러므로 어떤 사람은 다음과 같은 물을 수 있을 것이다: 감각적으로 지각할 수 있는 실체들이 질료와 본질형상으로 구성되기 때문에, 이러한 경우에 이름은 이 둘 중 어떤 것을 표시하는가? 대개 이름이 본질형상을 표시하는가 혹은 이것과 질료로 구성된 것을 표시하는가? 그러나 다음과 같은 것이 분명하다. 즉 비록 이름이 더러는 본질형상의 경우에서, 더러는 이 둘로 구성된 것의 경우에서 사용되긴 하지만, 생활언어에서 이름은 이 둘로 구성된 것을 표시한다. 그럼에도 불구하고 이것은 단지 어떤 '먼저'와 '나중'(예를 들어 유사한 서술방식)에서만 타당하다. (이름은 먼저 구성된 것을 그 다음에는 2차적인 방식에서 때때로 본질형상을 표시한다.) 왜냐하면 실재-있음[Realsein]이 본질형상과 함께 구성되었을 때, 단지 이때에 한해서만 이러한 실재-있음은 구성된 것에 귀속하기 때문이다. 그러므로 이러한 것은 더 중요한 의미에서 이름이 말해지는 그런 것이다. 만일 우리가 이러한 2가지 의미들 사이에서 비교를 시도한다면, 바로 이러한 근거들로부터 구성된 대상과 관계하는 의미는 시간에 따라서는 먼저이며, 실재하는 실제로 있음에 따라서는 나중이다. 그리고 본질형상과 관계하는 의미는 시간에 따라서는(즉 우리 앎이 진행되는 과정에서) 나중이며, 그러나 실제로 있음에 따라서는 먼저이다(왜냐하면 형상은 각각의 부분이 생겨남에 따라서는 전체보다 더 먼저인 것처럼 있기 때문이다). 그러나 실체의 개별자들이 인간들의 많은 무리를 이러한 (논리적인) 차이에서 구별하는 것은 불가능하다.[35] 왜냐하면 인간들의 무리는 오직 구성된 실체만을 알며(왜냐하면 이러한 무리는 감각적인 앎에 접근하기 쉽기 때문에), 그리고 이 때문에 실체의 개별자들은 이러한 구성된 실체를 이름으로 표시하기 때문이다. 이 때문에 이름이 구성된 것을 의미한다는 것은 시간에 따라서 (언어를 배울 때 그리고 사물들을 알아갈 때) 이러한 이름이 본질형상을 위해 사용된 것에 앞서간다. 왜냐하면 사물의 본질형상은 맨 마지막에 알려지기 때문이다; 그러나 이 때 본질형상은 실
81-1 재하는 있음reales Sein에 따라서 구성된 것보다 더 먼저 있다. 이 때문에 우리는 우리가 이미 다른 때 말하자면 이러한 사물들의 실제로 있음이 2가지, 즉 감각적으로 지각할 수 있는 것과 개념적인 것이라고 강조했던 것을 간과해서는 안 된다; 나아가 개념적인 실제로 있음이 감각적으로 지각할 수 있는 것을 정의에서 서술하고 감각적으로 지각할 수 있는 것의 본질성의 앎을 매개하는 한에서 감각적으로 지각할 수 있는 것들과 일치하는 것이라고 강조했던 것을 가벼이 보아서는 안 된다. 이러한 근거로부터 우리는 가르친다: 사물

■
35) 이것은 무엇 때문에 이름이 혼합물을 의미하는지에 대한 원인이다. 이 혼합물은 있음에 따라서는 (순수한) 형상보다 더 나중에 있는 것이다.

의 개념은 사물 자체이다. 그러나 만일 사람들이 개념적인 실제로 있음이 감각적으로 지각할 수 있는 실제로 있음과 다음과 같은 방식에서, 즉 감각적으로 지각할 수 있는 것이 개념적인 것으로 구성되어졌을 것이거나 혹은 자체로 낳아질 것이란 방식에서 일치한다고 주장한다면-이것은 존립하는 이데아들이 실제로 있다고 주장하는 철학자들의 학설인데-혹은 보편적인 개념이 각각의 관계에서 감각적으로 지각할 수 있는 대상과 일치할 것이라고 주장한다면, 이것은 불가능하다. 왜냐하면 만일(matā=lau) 우리가 사물의 개념을 각각의 관점에서 사물 자체일 것으로 주장한다면, 개념적으로 파악되는 구성된 대상의 본질형상은 구성된 대상 자체일 것이기 때문이다(질료의 배제로). 그러므로 이럴 경우에 인간은 영혼(즉 인간의 본질형상)일 것이다. 만일 우리가 감각적으로 지각할 수 있는 실체가 개념적인 실체를 통해서(실체'로') 구성되었을 것이라고 주장한다면, 이것 역시도 불가능하다. 이러한 학설로부터 감각적으로 지각할 수 있는 사물들은 생겨나지도 사라지지도 않는다는 것이 명백할 것이다(왜냐하면 정신적인 것은 사라지지 않기 때문이다). 물론 이러한 것은 이미 앞에서 본질형상과 질료에 관해서 이것들은 생겨나지도 사라지지도 않는다는(생겨날 수도 사라질 수도 없다는) 것이 행하여졌다. 이러한 근거로부터 변화할 수 있는 실체들의 기초요소들은 또한 스스로, 더욱이 자체로가 아닌 우연적으로 변화할 수 있다는 것이 필연적으로 일어난다. 이것에 관한 한 예가 있다: 자연적인 본질형상들은 생겨나고 사라진다. 더욱이 자체로가 아니라, 오히려 이러한 본질형상들이 자신으로부터 생겨나는 사물의 부분들인 것에 근거하여 생겨나고 사라진다. (자체로 생겨남은 오직 합성물에만 귀속할 뿐, 기초성분들에는 귀속하지 않는다.) 앞서 설명되었던 것처럼, 자체로 생겨남은 '사람Person'(개별자)이다.

82-1 이제 계속된 문제, 말하자면 자연의 본질형상들(즉 비물체적인 이데아들)은 '분리되'어질 것인지에 관해서, 그러므로 이러한 문제는 이미 자연학에서 다루어졌다. 나아가 정의에 관하여 요컨대 이것은 부분들을 가진 말로 표현함oratio(말함Rede)이라고 설명되었던 것은 정의들이 단지 (형상과 질료로) 구성되어진 사물들에게 적합하다는 것(과 그리고 오직 사물들에게만 귀속할 수 있다는 것)을 나타내며, 나아가 (저런 구성된 것의 기초성분들로서) 본질형상들과 질료에 관계된다는 것을 나타낸다. 짧게 말해서: 비유적인analog 의미에서를 제외하면, 단순한 실체들은 정의를 지닐 수 없다. 나아가 비물체적인 본질형상들(이데아들)의 정의들은 자체 질료들에서 지금 있는 정의들(그러므로 질료적인 사물들의 질료들)일 것임을 주장한 자들은 분명히 오류를 범한 것이다. 마찬가지로 사물들의 '실체'(본질)가 수들일 것이라고(피타고라스) 가르쳤던 자들도 틀렸다. 왜냐하면 이러한 철학자들의 학설에 반대로 이들의 고유한 원리들로부터(인간으로부터ad hominem) 수들은 하나임들Einheiten로 구성될 수 없다는 것이 연역될 수 있기 때문이다. 그렇지 않으면 수들은 정의들(경계들)을 가져야만 할 것이다. 그렇지만 정의들은 부분들의 많음Vielheit이다.[36] 다른 경우에 우리는 감각적으로 지각할 수 있는 사물들을 순수한 하나임들로 주장해야만 할 것이다. 이럴 경우 정의는 이러한 사물들

36) 정의들은 수의 하나임들의 총합을 더 증대시킬 것, 그러므로 수의 본질이 변화할 것이다 – 불가능함.

을 위해서 그 어떤 방식에서든 실제로 있을 수 없을 것이다(왜냐하면 오직 구성된 것만이 정의될 수 있기 때문이다). 오히려 수는 정해진 질료에서 실제로 있으며, 수에서 현재 있는 하나임은 본질형상에 근거하여 있다는 것이 명백하다. (각각의 정해진 수의 하나임은 수의 형상을 만들며, 수를 구성하는 하나임들은 수의 질료를 이룬다.) 이와는 반대로 많음은 질료에 근거한다. 보다 더 나중에 우리는 이러한 것을 계속 행할 것이다.

16. 질료와 변화

그러므로 짧게 요약하자면, 감각적으로 지각할 수 있는 개별자들에 관하여, 이 개별자들은 구성되는 것임이 분명하다; 왜냐하면 이런 개별자들은 있음의 2가지 상태들을 지니기 때문이다. 이 상태들은 매우 서로서로 구별된다. 말하자면 감각적으로 지각할 수 있는(존재론적인) 있음과 개념적인(논리적인) 있음이 그것이다; 왜냐하면 이러한 개별자들이 있음의 이러한 2가지 종류들을 하나의 같은 관점에서 지닌다는 것(고유한 토대로부터, 사물의 절대적인 내적인 하나임으로부터 벗어나서)은 가능하지 않기 때문이다. 오히려 본질형상은 사물을 개념적으로 파악할 수 있다는 것을 증명하는 원인이라는 사실이, 그리고 질료는 사물을 감각적으로 지각할 수 있기 위한 원인이라는 사실이 그러한 사정이다.

첫 번째의 감각적으로 지각할 수 있는 본질형상들이 얼마나 많은 서로 다른 종류들에서 기술되는지가 분명해졌기 때문에, 그래서 우리는 이제부터 질료적인 실체의 차이들과 이러한 실체의 종들에 관하여 서술할 필요가 있다. 이러한 의미에서 우리는 가르친다: 변화의 과정이 4가지 서로 다른 방식에서 생기기 때문에-실체(본질성)에서, 양에서, 질에서 그리고 곳(장소)에서-그리고 '실체'에서 혹은 양에서 혹은 질에서 변화는 또한 필연적으로(동시에) 변화가 곳에서 붙들고 있는 밑바탕에 속하지 않기 때문에, 그러므로 확실히 실체(본질성)에서 변화의 밑바탕은 변화하는 나머지 종류들의 밑바탕으로부터 구별되며 특히 곳에서 일어나는(공간 운동) 변화(의 밑바탕)로부터 구별된다. 이러한 이유로부터 명백히 '질료들'이라는 우리의 용어는 하늘의 사물들과 그리고 (지상세계의) 생겨나고 사라지는 물체들에 관해서 오직 유사한(두 가지 뜻을 가진) 술어의 종에서만 적용된다. 이러한 것은 사정이 그러하기 때문에, 그러므로 질료들은 2가지 종류를 만든다. 한 가지는 실체(본질성)에서 일어나는 변화의 밑바탕이다. 이러한 것은 첫 번째 계열에서 ('특별히') 질료로 표시된다. 다른 한 가지는 변화의 나머지 종류들을 위한 밑바탕이다. 이러한 밑바탕은 대부분의 경우들에서 실재하는 (2차적인) 밑바탕(mahall, 첫 번째 밑바탕에 대립에서 maudū)으로 표시된다. 하늘의 물체들이 서로 다른 질료들을 지니는 것은 필연적이다. 비록 이러한 하늘의 물체들이 단지 변화의 한 종류, 즉 곳에서 변화의 종류, 공간적인 변화만을 표시할지라도 말이다. 왜냐하면 이러한 것이 자연학에서 (그러므로 자연학들의 원리들에서) (들어가기의) 일반적인 설
84-1 명들로 나타내졌던 것처럼, 변화 자체는 필연적으로 나눌 수 있는 밑바탕에서 일어나기 때문이다. 그러나 본질형상이 사물에게 주어지는 한에서가 아니라, 사물이 질료(ὕλη)를 지니는 한에서, 나눌 수

있음[Teilbarkeit]은 사물에 단지 붙어 있을 뿐이다; 왜냐하면 나눌 수 있음은 오직 우연적으로만 본질형상에 해당하기 때문이다. 실체(본질성)에서 변화하는 사물들은 부분적으로는 하나의 같은 공통적인 질료를 지니는 사정에 있다. 이러한 것은 공통적으로 첫 번째 질료에 참여하는 단순한 실체들(기초요소들)에 알맞다. 사물들의 이러한 종류는 각각의 개별적인 것에서 가능태[Potenz](즉 가능태[Möglichkeit])로 있는 것을 통해서 고유하게 정해진다. 이러한 가능태가 사물을 대립자에로 변화시킨다. 게다가 사물의 이러한 종류는 (이러한 가능태가 서로 또한) 다른 대상(대립자)에서 실제로 있는 방법에서(그리고 척도에서) 현재 있는 것을 통해서 고유하게 정해진다. 이러한 사정에 있는 것은 예를 들어 공기이다. 물로 변화하는 가능태가 공기에 포함되어 있다. 게다가 공기로 변화하는 물에 포함되어 있는 (서로간의) 가능태에 비례하여 가능태가 공기 안에 포함되어 있다. 다른 변화할 수 있는 사물들은 이것들이 서로 다른 종류의 질료를 갖는 그러한 사정에 있다. 예를 들어 이것은 기름이 질료인 분비액에 알맞으며, 그리고 쓰디 쓴 사물들이 질료인 담즙에도 적합하다. 사물들의 이러한 종류는 이러한 사물들 각각의 개별적인 것에 대하여 말할 수 없는 그런 것을 통해서 고유하게 정해진다. 이러한 개별적인 것의 '대립'[37](대립의 부분, '반대')이 가능태에서 있든, 더욱이 이러한 것이 (서로 간에) 다른 것(같은 종류, 대립의 부분)에 의해서 주장

■

37) 텍스트: "대립은 더 가능적으로 다른 것에 반대로 실제로 있는", muḳábalatan 대신에 muḳábiluhu으로 읽을 수 있다.

되는 방식에서 있든 상관없이 정해진다. 예를 들어 기름이 그러한 사정에 있다. 기름은 가능태에서 분비액이다. 그럼에도 불구하고 분비액은 가능태에서 기름이 아니다. 그러므로 결국 분비액은 기름의 질료로 변화되어질 수 있을 것이다. 이와 마찬가지로 살아있는 것 Lsbende은 가능태에 따라서 죽음이다. 그러나 반대로 죽음은 가능태에 따라서 살아있는 것이 아니다. 결국 죽음은 살아있는 것의 질료로 변화될 수 없을 것이다. 이러한 이유 때문에 대개 각각의 임의의 사물은 각각의 임의의 사물로부터 생겨날 수 없다. 오히려 각각의 사물은 다음의 경우에 오직 특별한 감각에서 받아들일 수 있는 것(ḳábil, 대개 muḳābil이라고 읽음, (특별한) '반대')으로부터만 생겨난다.
85-1 즉 이러한 각각의 사물이 일치하는 (같은 모양의) 질료에서 있는 경우에서 이다. 이러한 근거로부터 사물들이 서로서로 본질형상에서 뿐만 아니라, 또한 질료에서도 식별된다는 것이 명백하다. 그러나 사물들은 이러한 2가지를 통해서 구별될 뿐만 아니라, 또한 작용원인들과 목적원인들을 통해서도 구별된다. 이러한 설명으로부터 자연적인 사물들의 각각의 개별적인 것에 관하여 4가지 원인들이 탐구되어져야만 한다. 그리고 이러한 탐구에서 더 거리가 먼 원인들에 제약될 필요 없이, 오히려 가장 가까운 원인들의 앎을 마땅히 얻어야 할 것이다('주어야 하는 것이다', 설명으로 들어야 하는 것이다). 그러므로 이러한 것은 감각적으로 지각할 수 있는 물체들의 첫 번째 원리들과 특별한 차이들에 관한 탐구이다.

17. 질료와 본질형상

사람들은 이제 다른 것을 문제로 삼았다: 어떻게 정의들이 많은 부분들을 포함할 수 있는가? 그렇지만 반면에 정의된 대상들은 '하나된 것[einheitliche]'(단순한 것)일 수 있는가? 이러한 물음은 개별적인 대상이 구성요소들[Bestandteilen]로 '구성된'(즉 개별적인 대상을 구성하는 종류를 알게 된) 경우에 분명하게 풀린다; 왜냐하면 대개 이러한 사정은 인간의 예술가적인 창조 작용들에 의해 구성된 사물들에서처럼 그렇게, 이러한 2가지(본질형상과 질료)가 각각 개별적인 것으로 개별적인 대상에서 활동적으로 실재하는 방식에서 개별적인 대상은 본질형상과 질료로부터 만들어지지 않기 때문이다. 사태는 오히려 구성된 사물들에서 첫 번째 질료는 오직 가능태에 따라서 여기 있음[Dasein]을 갖지만, 그러나 본질형상은 활동태에 따라서 여기 있음을 갖는 그러한 것이다. 질료에 관하여 질료는 개별자에서 (단지) 가능태에 따라서(만) 실제로 있다는 우리의 학설과 표현방법은 질료는 본질형상에 가능적으로 관계한다는 우리의 다른 표현방법과 구별된다. 우리의 첫 번째 표현, 즉 질료가 개별자에서 가능태에 따라서 실제로 있다는 것은, 이러한 개별자가 없어지는 경우에 본질형상이 질료로부터 분리된다는 것을 뜻한다. 그러므로 질료는 본질형상과 구별된 것으로서 실제로 있다(이 둘은 일치할 수 없다; 이 둘은 서로 다른 것으로 분리되어진다[distinguuntur realiter]). 이제 확실히 유들은 질료들과 같기 때문에, 그러므로 유들이 (질료처럼) 같은 경우로 가능태에 따라서 정의된 대상들에서 실제로 있다. 이러한 이유로부터 동물은 활동적으로 축출된 (비물체적인) 형상에서, 대개 이데아 86-1

로서 활동적으로는 실제로 있지 않다. 오히려 사실은 오직 (특유의 결정으로) 정해진 동물의 본성만이, 즉 특별한 차이를 지닌 그러한 종류가 실제로 있을 뿐이다. 유들이 (논리적인 배열에서) 멀리 떨어지고 감각적인 본질형상들과 구별되면 그럴수록, 실제로 있음의 이러한 종류, 즉 가능적인 종류는 더욱더 중요한 의미에서 유들에 속한다. 지시의 대상일 수 있는 인간의 개별자가 물체(거리가 먼 유genus remotum)라는 상태는 그러한 사정이다. 이러한 이유 때문에 사람들은 정의에서 오직 가장 가까운 유(객체)를 통해서만 설명할 필요가 있다. 왜냐하면 사물의 모든 유들은-정의되어질 대상은 서로 다른 유들을 지닌다는 것이 전제되는데-가능태에 따라서 대상에 포함되기 때문이다. 만일 우리가 정의에서 더 가까운 유를 언급하지 않고 더 거리가 먼 유를 진술한다면, 더 가까운 유(fiḥdd algins라고 읽음)는 정의에서 표현되지 못한다. 이러한 이유로 그러그러한 성질의 정의들은 완성되지 못한다. 유들과 같은 이러한 실제로 있음-방식(있음-형상Seinsform)은 활동적으로 있는 본질형상들과 형상 없이 있는 질료 사이에 중간단계이다. 그리고 설명한 것처럼, 이러한 실제로 있음-방식은 서로 다른 서열들에서 기술된다. 실제로 있음-방식은 사정이 그러하다. 왜냐하면 유들은 구성된 질료들의 모방들 그 이상의 어떤 것도 아니기 때문이다. 이때 질료들은 어떤 방식에서는 활동태이며, 어떤 방식에서는 가능태이다.[38] 이러한 이유로부터 (유들을 활동적으로 만드는, 정하는 것인) 정의들은 마지막 종들처럼 유들에

■

38) 질료가 형상을 얻을 때는 활동태이지만, 그러나 형상 없이 있을 때는 가능태이다.

관계한다. 이를 위한 예는 인간이 이성적인 것(차이로서)과 동물적인 것들로 구성되어진다는 것과, 그리고 동물적인 것들은 이것들의 측면에서 다시 유[39]와 능력Fähigkeit으로 이루어진다는 것이다. 그래서 사람들은 첫 번째 질료에 가장 가까운 마지막 유에 이른다. 이러한 것을 근거로 하여 사람들은 이러한 마지막 유의 경우에서 정의를 찾지 않는다. 마찬가지로 사람들은 그와 같은 종류를 마지막 본질형상의 경우에서 찾지 않지만, 비유적인(유사한) 의미에서는 제외한다.

그러므로 분명히 명백한(유일한) 방식에서 말해지는 유들은 본래적인 유와 같은 유들의 내용에 따라서 밑바탕(운반자)에서 실제로 있다. 이러한 유들은 본래적이지 않는 (그리고 단지 이중적인 방식 혹은 유사한 방식에서만 서술된) 유들과 같은 내용들보다 더 완전한 방식으로 있다. 있는 것(ens)과 사물(res)이 거의 그러한 사정이다. 이러힌 이유로부터 마지막에 불러지는 개념들은 '유들'이 아니다. 그러나 이중적인 (혹은 유사한) 의미에서는 그렇지 않다. 그러나 유들과 같은 질료들은 한편으로는 감각적으로 지각할 수 있는 것, 예를 들어 자연물들의 질료들이며-중요한 의미에서 '질료'라는 이름은 자연물들에 귀속하는데-다른 한편으로는 생각에서 있는 것 그리고 개념적으로 파악된 것, 예를 들어 수학적인 사물들의 질료들이다. 만일 감각적으로 지각할 수 있는 질료들이 이러한 사물들의 진짜 실제로 있음에서 드러나지(나타나지) 않는다면, 그렇지만 질료들과

■
39) 대개 gins(유Genus) 대신에 ḥiss(감각적 지각의 능력)로 읽을 수 있다.

같은 정해짐(언어적으로: 사물)이 이러한 질료들에서 있다. 예를 들어 원이 그러한 경우이다. 이 원의 유는 단 하나의 선에 의해 에워싸여진 모양이다.[40] 이러한 이유 때문에 수학적인 사물들(이라는 것들)이 정의되어질 수 있음이 가능하다. 이 때문에 명백히 수학적인 사물들은 비물체적인 실체들이 아니다; 왜냐하면 만일 삼각형이 비물체적인 실체라면, 모양은 (논리적으로) 삼각형보다 '더 먼저' 비물체적인 실체이어야만 할 것이기 때문이다. 그러나 만일 모양이 비물체적인 실체라면, 또한 선도 그러한 종류이어야만 할 것이다. 그렇지만 선이 그러한 종류의 실체라면, 같은 것이 또한 점에서도 적용될 것이다. 우리는 이러한 것을 더 나중에 계속해서 행하고자 한다.

그렇지만 만일 여기서(즉 이 세상에서) 감각적으로 지각할 수도, 개념적으로 파악할 수 도 없는 질료를 지닌 사물들이 실제로 있다면, 이와 같은 사물들은 이렇게 구성되지 않으며 어떤 방식에서도 정의되어질 수 없을 것이다. 이와 마찬가지로 실제로 있음-방식(질료-방식[eine Art Materie])은 가능태에 따라서 그러한 사물들에 귀속하지 않는다. 오히려 그러한 사물들은 순수한 활동태이다. 이것들의 단순함[Einfachheit](wahdāfja, 구성되지 않은 것)의 원인은 이것들의 고유한
88-1 본질 이외의 다른 어떤 것이 아니다. (그러므로 이러한 사물들은 이와 같이 자체로 단순하며 개별적이다.) 짧게 말하여: 이러한 사물들의 본질성은 이것들의 개별적인 본성(anníja)이다. 이러한 근거로부

■
40) 더 폭넓게 정하는 개념들은 질료에처럼 이러한 아직 거의 정해지지 않은 개념에 '써 넣어'진다, 적어 넣어진다.

터 이데아들의 실제로 있음을 주장했던 저런 철학자들은 분명히 틀렸다; 왜냐하면 이들은 이데아들과 감각적으로 지각할 수 있는 사물들을 정의와 본질에 따라서 하나의 같은 대상들로 나타냈기 때문이다. (왜냐하면 아베로에스에 따르면 이데아들이 질료들을 지녀야만 할 것이기 때문인데, 이때 이데아들은 유 아래서 세계 사물들과 함께 있기 때문이다.)

18. 정의들의 앞섬과 뒤섬

다른 문제는 이렇게 묻는다: 정의된 대상의 어떤 부분들이 부분들의 정의에 따라서 (그러므로 표현한 단어들에서) 저러한 사물의 정의로 받아들여지는가? 대답은: 보편적인 본질형상에 근거하는 부분들, 즉 유와 특별한 것[spezielle], 말하자면 특수한[spezifische] 차이이다. 이를 위한 근거는 이러한 내용들의 정의들이 필연적으로 정의될 대상에 앞서가는 것(사람들이 정의들을 그런 대상에 앞에 보내는 것, 정의들을 전제해야만 하는 것)이다. 예를 들어 인간의 정의가 그렇다: 이성적인 동물. 우리는 이제 인간의 2가지 부분들인 동물의 그리고 이성적인 것의 정의들이 인간의 정의에(언어적으로: 인간에)앞서간다는 것을 발견한다. 원의 정의의 부분인 '모양'도 그와 마찬가지 사정에 있다. 이러한 모양이 원에 앞선다. 그러나 사물이 사물의 양에 따라서 갖는 부분들에 관하여 - 양은 질료를 토대로 하여 개별자에 귀속하는데 -, 이와 같은 부분들은 정의에 따라서 정의될 대상보다 더 나중이다. 원의 정의(이것을 전제하는 것)보다 '더 나중'인

잘라진 원의 정의가 이러한 사정에 있다. 그리고 직각의 정의보다 더 나중인 예각의 정의가, 그리고 인간의 정의보다 '더 나중'인 손과 발의 정의가 이러한 사정에 있다.

이러한 설명으로부터 다음과 같은 학설을 세운 저러한 철학자들은 분명히 틀렸다: 감각적으로 지각할 수 있는 물체들은 더 이상 나눌 수 없는 부분들(원자들)로 이루어진다. 사람들이 그러한 물체들을 수에서 무한한 것으로 받아들이든지 혹은 유한한 것으로 받아들이든지 상관없이 그런다. 우연적인 질료들의 정의들은 양에서 떼어낸(양에 근거하는) 부분들의 정의들처럼 질료적인 사물들에 관계한다는 것이 가능하다. 광석, 나무 그리고 돌이 자주 삼각형과 원의 질료가 되며(질료이며), 그리고 일반적으로 그와 같은 것의 부분들이 되는(부분들인) 경우에 관계가 그러하다. 이러한 대상들의 정의들은 삼각형의 정의에 앞서지 못한다. 그럼에도 불구하고 본질적인 질료들은 필연적으로 정의되어질 대상들에 앞서는 정의들을 갖는다(본질적인 질료들은 예를 들어 자연의 세계에서 자연물의 본질형상들에 필연적으로 귀속하는 질료들이다).

이것으로써 우리는 이렇게 다음의 것들을 설명하였다. 즉 어떻게 정의되어질 대상과 정의가 많은 부분들을 가질 수 있는가? 어떤 정의들이 정의되어질 대상의 정의된 객체에 앞서가는 그러한 종류의 부분들인가? 그리고 어떤 정의들이 이러한 것일 수 없는가? 이것에서 보편적인 개념들이 영혼의 바깥에서 존립한다는 것을 주장한 저러한 철학자들은 명백히 이러한 어려움을 풀 수 없다; 왜냐하면 이들의 학설로부터 (이들에 반대로 사람을 향하여[ad hominem]) 인간은 많은, 심지어 대립적인 대상들로 구성될 것이라는 것이 일어나기 때문이다. 그럼에도 불구하고 이들은 이러한 부분들을 (차이들을 통해서) 구별할 수 없거나, 혹은 말할 것도 없이 이것들은 물어야만 할 것이다: 무엇 때문에 정의들의 몇몇 부분들이 정의되어질 대상들에 앞서는 것이 당연하며, 다른 것들은 그것에 뒤따라야만 하는가? (둘 중 하나를 받아들이는 필연성[Notwendigkeit]은 없다.)

19. 보편적인 유와 실체

옛날 철학자들이 자주 고찰하였던 문제는 이렇게 말해진다: 영혼이 물체와 결합되어진, 짧게 말해서: 질료가 본질형상과 결합되어지는 원인은 무엇인가? 이러한 문제는 저것으로부터 분명하다; 왜냐하면 이러한 결합함의 원인은 가능태와 활동태 사이에 친화성 이외에 다른 어떤 것도 아니기 때문이다. 가능태가 활동테에 이르도록 작용하는 원인은 운동시키는 원리이다. 이러한 이유로 기초요소들로 이루어지지 않은 모든 사물들은 구성(사물들의 본성)의 이러한 종류를 갖지 않는다. 마찬가지로 이러한 사물들은 운동자를 지니지 못한다. 그러므로 아직 탐구해야 하는 문제가 남아 있다. 우리가 앞에서 이 문제의 탐구를 약속하였던 것이다. 말하자면 우리는 다음의 것에 관하여 숙고할 필요가 있다. 즉 어떤 것이 실체에 포함되어 있는 보편적인 유인가? 이러한 것은 철학 학파들의 습관을 물체 혹은 물체적인 것으로 나타낸다. 이것에 따라서 우리는 주장한다: 철학자들의 한 학파는 가르친다: 3개의 차원들은 첫 번째 질료에 들어간 첫 번째 사물일 것이다. 이러한 첫 번째 질료는 아직 본질형상을 제공받지 못한 것이다. 3개의 차원들은 첫 번째 사물(내용)을 뜻한다. 우리는 이러한 첫 번째 사물의 매개를 통해서 질료를 개념적으로 파악할 수 있다. 이러한 내용을 가르친 자들은 '물체'라는 기호가 오직 이러한 의미를 가질 것이라고 생각하였다. 그 이유는 사람들이 실체들을 단지 첫 번째 (가장 보편적인 플라톤적) 이데아들을 통해서 나타내기 때문이다. 왜냐하면 이러한 실체들은 밑바탕에서 있지 않기 때문이다(있지 않는 한에서이다). 이러한 학설은 포르퓌리우스 Porphyrius의 것이다. 그는 이러한 것은 동시에 플라톤과 다른 철학자들처럼 보다 오래된 철학자들의 학설일 것이라고 주장하였다. 이들은 단지 다음과 같은 점에서 서로 다른 견해를 가졌다. 즉 이들 중 몇 명은 첫 번째 질료를 이러한 질료의 본질에 따라서 각각의 형상으로부터 자유로운 것으로 나타냈고, 반면에 다른 자들은 첫 번째 질료를 3개의 차원을 제공받은 것으로 받아들였던 점에서 서로 다르다. 말하자면 스토아학파(형상이 없는, 그러나 연장된 질료의 이데아)이다.[41] 다른 자들은 3개의 차원들은 첫 번째 질료에서 실제로 실재하는 단순한 본질형상으로부터 생긴다는 견해에 있었다. 이들은 이러한 본질형상을 본질형상의 매개를 통해서 물체가 분리와 지속적인 결합으로 이해될 수 있을 그러한 성질일 것이라고 주장하였다. 이들의 학설에 따라서 이와 같은 본질형상은 어떤 유일한 것이며 모든 감각적으로 지각할 수 있는 사물들에 공통적인 것이다. 이

■

41) Aṣhab almaẓalla 대체로 아카데미학파(형상 없는 질료와 형상도 없고 볼 수도 없는, 그렇지만 연장되는 세계영혼에 관한 플라톤의 학설).

것은 첫 번째 질료에서 경우와 같다. 이러한 견해를 주장하였던 자는 아비세나이다. 물체적인 것의 관계는 이러한 사상을 (물체의 관계보다) 더 잘 나타내준다. 왜냐하면 '물체적인'은 파생된 표현이기 때문에, 그리고 파생된 것은 더 중요한 의미에서 우연적인 것들을 나타내기 때문이다.

그렇기 때문에 우리는 가르친다: 첫 번째 명제를 따르는 자들은 (fahum) 차원들을 실체들(본질성들)로 주장한 그런 자들이다. 왜냐하면 차원들은 첫 번째 질료를 존립시켜주는 첫 번째 것을 의미하기 때문에, 그리고 이것들은 개별적인 실체의 본질을 복제하기 때문이다. 그러나 분명히 차원들 자체는 어떤 개별적인 것을 개별적인 것의 본질성에서 실체의 틀로부터 정의하는 것과는 거리가 멀다; 왜냐하면 자연학에서 설명되어졌던 것처럼, 실체의 개별적인 것들은 2그룹으로 나누어지기 때문이다. 개별적인 것들은 단순한 본질형상들을 지닌 그런 종류들이거나–4가지 기초요소들의 형상들–혹은 이것들은 구성되며 구성된 본질형상들을 지닌다. 이러한 마지막 그룹은 다시 2가지 종류들로 나누어진다. 구성된 것은 (넓은 의미에서) 단순한 실체들의 유[Gattung]에, 예를 들어 같은 종류의 물체들의 유에 속하거나, 혹은 생물들로 이루어진다. 그렇지만 다음의 사실은 분명하다. 즉 차원들은 술어에 따라서 이러한 그룹들의 각각의 개별적인 것보다 더 나중이며, 이러한 차원들은 밑바탕들이 우연적인 것을 정의하는 부분을 만드는 것처럼 이와 같은 방식에서 차원들을 정의하는 부분을 만든다. 이러한 것은 논리학의 부문에 정통하였던 자의 경우에서 명백하다. 사람들은 차원들을 첫 번째 질료에로 들어온 첫 번째 작용하는 것일 것이지만, 반면에 이것들을 바깥의 우연적인 것들이라고는 생각할 수 없다; 왜냐하면 이러한 차원들은 실재하는 (2차적인) 밑바탕을 필요로 하지 않는 (오히려 실재하지 않는, 첫 번째의 밑바탕을 지니는) 본질형상과는 다르게 실재하는 (2차적인) 밑바탕을 필요로 하기 때문이다. 차이·다름Unterschied은 우연적인 것들이 이미 본질형상을 지닌 (실재하는 그리고) 활동적인 밑바탕을 필요로 한다는 것에 있다. 그러나 본질형상은 밑바탕이 활동성이 아닌 한에서(가능적인 상태에 있는 한에서) 밑바탕을 필요로 한다. 이러한 이유로부터 지시된 대상인(그러므로 질료적인) 개별자는 본질형상을 통해서 자기를 존속시킨다. 대개 우연적인 것을 통해서 개별자는 자신을 존속시키지 못한다. 짧게 말해서: 본질형상의 밑바탕과의 관계와 우연적인 것의 (밑바탕과의) 관계 사이에 다름은 이러한 사물들을 주의 깊게 고찰하였던 자의 입장에서는 너무나도 명백하다.

그럼에도 불구하고 첫 번째 질료는 자체로 (필연적으로) 형상을 제공받았을 것이며, 차원들은 이러한 질료의 본질형상들을 의미한다는 견해에 있는 자는 이미 자연학에서 논박되었다. 무엇 때문에 이러한 자의 견해가 옳지 않는지에 대한 근거는 다음과 같은 것에 있다: 만일 사태가 저러한 철학자들이 생각하는 것처럼 그러하다면, 파악하는-방법Auffassungsweise은[42] 수적으로 하나의 같은 것일 것이며 생겨나는 사물들의 (서로 다른) 본질형상들을 위해서 계속 유지될 것이다. 저러한 철학자들의 잘못은 이들이 물체적인 본성은 유에

■
42) 모든 사물들은 이런 경우 같은 본질을 점유한다. 왜냐하면 이것들이 같은 형상을 가지기 때문이다. 아랍어의 표현은 여기서 물론 '본질Wesen'을 의미할 것이다. 그렇지 않으면 같은 경우에 생각할 수 있는 공간에서 '방향Richtung', '형식적인 고찰방법' 등등을 의미할 것이다.

따라서 계속 존속하는 어떤 것으로 생각하였다는 것이다. 이들은 물체적인 본성은 없어지지 않을 것이라고 추정하였다. 이러한 견해에 따라서 (이들이 주장한 것처럼) 첫 번째 질료가 차원들을 통해서 본질형상을 지닌다는 것은 나타나지 않는다. 오히려 첫 번째 질료는 첫 번째 질료로부터 분리될 수 있는 바깥의 우연적인 것들 중 많은 것들을 통해서 본질형상을 지닐 것임에 틀림없다. 다시 말하자면 첫 번째 질료는 모든 단순한 자연적인 물체들(기초요소들)에 공통으로 있는 그러한 종류들을 통해서 본질형상을 지닐 것이다.

두 번째 학설을 따르는 자들에 관하여, 다음과 같은 것이 타당하다: 이들이 활동적인 단순한 본질형상이 이러한 질료에서(언어상으로: '여기에서[hier]') 다음과 같이 있을 것이라고 주장하고 싶어 한다면, 즉 물체들과 단순한 실체들(기초요소들)의 본질형상들과는 다르게, 예를 들어 무거운 것과 가벼운 것, 간단하게: 끌어당김[Attraktion](mail=물체들의 지향하는 힘, 예를 들면 아래로 향하는)과는 다르게 주장하고 싶어 한다면–아비세나가 학설을 이러한 의미에서 설명하는데–, 그러면 다음의 것이 타당하다: 이러한 본질형상과 질료로 이루어진 총합은 바깥의 우연적인 것처럼 물체적임이 귀속하는 실체이다. 즉 3개의 차원들이 우연적인 방식에서 저러한 실체에 귀속하는 것이다. 사람들은 이러한 것을 '물체' 그리고 '물체적인 것'이라고 나타낸다; 왜냐하면 우리가 말했던 것처럼, 물체를 이러한 의미에서 이해하는 경우에 파생된 표시('물체적인')는 더욱 명백해지기 때문이다. 그럼에도 불구하고 이러한 학설은 사실상 옳지 않다–그리고 얼마만큼이나 옳지 않은지!–왜냐하면 이러한 학설로부터 기초요소들은 질적인(본질적인) 변화를 통해서 생겨난다는 사실(그러므로 유일한 근본요소의 형상들이라는 사실)이 일어나기 때문이다. 아비세나가 저러한 우연적인 형상(이성ratio) 아래서 첫 번째 질료 안에 현재 있는 끌어당김의 타고난 힘을 이해하고 싶어 한다면-이러한 힘은 기초요소들의 본질형상을 위한 유처럼 그러한데-, 그러면 이러한 것은 사실상 옳은 학설이다. 이러한 의미에서 우리는 이렇게 주장한다: 물체와 물체적인 것은 실체의 개별자들에 포함되어 있는 가장 보편적인 내용(유)이다. 이러한 '파악하는-방법'(본질성, 정해짐)은 유들이 종들에서 발견되는 것처럼 그러한 방식으로 정말로 구성된 실체들에서 발견된다; 왜냐하면 우리는 물체를 질료와 일반적인 본질형상으로 구성된 총합으로 파악하였기 때문이다. 이러한 총합은 동물들이 (동물의) 종들의 본질형상에 관계하는 것처럼 (특별한) 본질형상[43]에 관계한다. 이러한 종들은 유 아래에(이러한 유의 범위 안에) 있는 것이다. 이러한 (물체적임의 질료와 보편적인 형상으로 이루어진) 총합에 '차원들'이, 즉 가능태와 활동 사이에 매개를 만드는 그러한 있는 것Seiende이 귀속하는 한에서 그렇다. (그러므로 차원들은 '보편적인 형상'에 붙어 있을 때 첫 번째 질료의 순수한 가능태와 물체의 정해진 종의 활동태 사이에서 매개하는 길을 만든다.) 단순한 물체들(기초요소들)이 공동으로 지니는 물체적인 본성은 3개의 차원들을 포함하는 한에서 끌어당김의 본질형상이다. (그러므로 기초요소들의 물체적임은 질료, '보편적인 형상', 끌어당김의 특

■

43) 옮긴이 주 – (특별한) 본질형상은 '임의의' 본질형상에 반대 의미를 나타낸다. 따라서 '어떤 것으로 정해진' 본질형상을 뜻한다.

별한 형상 그리고 차원들의 우연적인 것으로 이루어진다.)

이것으로부터 각각의 방식에서 다음과 같은 것이 확실하다. 즉 '물체'와 '물체적인 것'이라는 표시들은 어떤 이중적인 서술방법에서 하늘의 물체와 직선에서(대개: '때때로 중단되는intermittierend') 운동하지 않는 물체들에 알맞다; 왜냐하면 끌어당김의 본성은[44] '물체'와 '물체적인 것'에서 매우 심하게 다르기 때문이다. 왜냐하면 단순한 물체들(기초요소들)에서 실제로 있는 끌어당김은 물체들의 대립하는 본질형상들이 첫 번째 질료에서, 게다가 바깥의 우연적인 것처럼 물체적임(기대하는 것: 차원들)이 저런 본질형상들에 귀속하는 한에서 현재 있는 것과 같은 방법이기 때문이다. 이와는 달리 하늘의 물체들에서 끌어당기는 힘은 끌어당기는 힘의 본질형상을 통해서 활동적으로 끌어당기는 힘에 귀속하는 운동(말하자면 원형운동)을 수행하도록 결정하는 실체이다. 이러한 하늘의 실체는 사람들이 어떤 대립자도 이러한 실체에 마주하고 있지 않을 것이라고 주장한 실체이다(그리고 이러한 이유 때문에 이러한 실체는 없어지지 않는다). 이 때문에 자연학에서 설명되었던 것처럼, 하늘의 실체는 단순하며 구성되지 않는다.

이제 이러한 모든 것이 우리가 설명하였던 것처럼 그러하기 때문에, 수학적인 내용들을 생각하게 하는 그러한 물체는 자연적인 내용물과는 다르다는 것이 분명하다; 왜냐하면 수학적인 물체는 차원들

■

44) 만일 이러한 본성이 특별한 본질형상을 형성한다면, 저러한 물체들은 그러므로 서로 다른 본질성들을 가진다. 술어들은 이러한 것들에 의해서 단지 같은 종류로 불러지는 방식에서만 만들어진다.

에서 오직 이러한 차원들을 질료로부터 추상하는 그러한 방식에서만 생각되어지기 때문이다. 그렇지만 자연의 물체는 3개의 차원이 우연적인 것으로 이러한 물체에 귀속하는 한에서 오직 본질형상과 질료로 구성된 물체에서만 생각되어지거나, 혹은 차원들이 그러그러한 성질의(본질형상과 질료로 이루어진) 물체에서 현재 있는 한에서 차원들에서 생각되어진다. 그러므로 이것은 이러한 두 학문들의 본성에 일치한다. 사람들이 이 두 학문들이 일치하는 그런 것을 이들 학문들에서 고찰하였다. 이러한 것은 증명에 관한 책(두 번째 분석론)에서 설명되었던 것이다. 이것으로 이 두 번째 장의 탐구들은 끝난다. 이 장은 사람들이 아리스토텔레스에게 덧붙여 쓴 글들 가운데 여섯 번째와 일곱 번째(형이상학)의 내용을 포함한다.

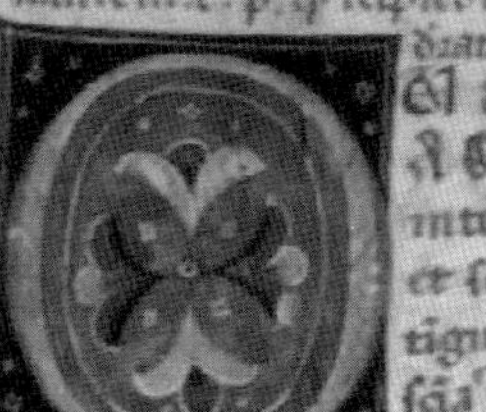

제3장
있는 것의 고유한 성질들

1. 가능태와 활동태

만일 사물들의 종들에 관하여 언급한다면, 우리는 감각적으로 지각할 수 있는 있음의 종들과 사물들(종들)의 원리들에 관하여 말한다. 이 원리들이 사물들을 감각적으로 알아볼 수 있게 한다. 우리는 (바깥 세계의) 실제로 있음에서 한 사물들이 다른 사물들에 어떻게 관계하는지를 정의하였다. 그러므로 우리는 우연적인 것들을 빼내고 남은 사물들에 관하여 포괄적으로 논의할 필요가 있다. 이때 우리는 다음과 같은 것을 가볍게 보아서는 안 된다. 즉 우리가 하나Ein와 이것의 종들의 개념에 관한 고찰을 이 장으로 끌어들이는 경우에 본질적으로 첫 번째에 알맞다; 왜냐하면 하나는 이러한 부문(형이상학)에서 있는 것과 동등한 것으로 파악되기 때문이다(하나와 있는 것은 바꾸어진다unum et ens convertuntur, 범위가 같다). 그럼에도 불구하고 하나가 많음Vielkeit에 대립하여 있는 그런 정도에서–그러나 많은 우연적인 것들이 많음에 달라붙어 있는데–, 하나는 또한 (많음과 함께) 어떤 방식에서 형이상학의 이러한 부분에 속한다. 이러한 이유로부터 우리는 하나에 관한 탐구를 하나의 우연적인 것들(혹은 있는 것의 우연적인 것들)에 관한 탐구와 일치시킨다. 마찬가지로 아리스토텔레스는 이것들을 형이상학의 9장(I)에서 다룬다. 즉 그는 하나와 이것의 우연적인 것들에 대한 탐구를 위하여 특별히 1개의 장을 만들었다.

그렇기 때문에 우리는 활동태Aktualität에 관한 설명으로부터 시작하고자 하며, 그 다음에는 무엇이 고유한 (참된) 가능태Potenz인지를 정의하고자 한다. 이에 따라서 우리는 이렇게 주장한다: 앞에서 설명하였던 것처럼, 가능태란 이름은 서로 다른 사물들에 의해서 말해진다. 그렇지만 우리는 단지 이중적인 의미에서만 가능태로 나타내진 그런 것을 그런 이유에서 배제시켜야만 한다. 예를 들어 표현: 선분 a b가 선분 c d의 가능태를 가질 것(정방형은 두 선분이 같을 것이다)을 배제시켜야만 한다. 그러나 (가능태의 개념에 대한 외연으로부터) 저런 내용들의 다음과 같은 것들을, 즉 순수하게 이중적인 의미에서이 내용들이 첫 번째 출발점과 관계하는(그리고 이 때문에 가능성Potentialität의 개념을 비유적인 방식에서 자기 안에 포함하는) 것으로 그렇게 나타내지는 것들이 아니라, 오히려 이러한 것이 그러한 사정에 있는 것들을 우리는 여기서 마찬가지로 고찰해야만 한다(한 가지 뜻univoce에서 가능태로 나타내야만 한다). 이러한 것은 형식적인 파악방법이다. 이러한 파악방법에서 (그리고 이러한 파악방법을 통해서) 사물들의 많음은 이러한 학문의 객체Objekt이다. 우리는 이러한 것을 앞에서 설명하였다.[1)] 이러한 의미에서 가능태로 나타내지는 그러한 사물들 중 한 개의 사물은 2가지 종류로 나누어진다. 한 종류는 (능동적인[aktiv]) 가능태(능력[Fähigkeit]), 즉 다른 대상을 작용시키는 것인데, 이 대상이 다른 것인 한에서 그렇다. 이러한 것은 비록 이러한 가능태가 우연적인 방식에서 주로 자기 자신에게 작용할지라도 타당하다. 그렇지만 이것은 단지 우연적으로만 일어난다. 자기 자신을 낫게 하는 의사가 그러한 경우이다.

가능태들 중 두 번째 종류는 수동적인[passiv] 것이다. 이것은 다른 대상으로부터 영향을 당할 수 있는 그런 가능태이다. 이러한 가능태는 영향을 미치는 대상이 다른 것(밖에 있는 것)인 한에서 가능태이다. 이러한 수동적인 가능태는 자기 자신으로부터 영향을 입는 능력을 지니지 못한다. 이러한 가능태는 자기 자신으로부터 영향을 입는 능력을 지니지 못한다는 표현은 본성적인(자연적인) 결핍을 뜻한다. 즉 밑바탕이 사물(붙여진 것[Inhärens])로부터 떨어져 있는 것을 나타낸다. 이러한 사물은 사물의 속성에 일치하여 다른 것(밑바탕)에서 실제로 있어야만 할 그런 것이다. 이것은 대개 압력을 통해서 일으키는 결핍을 뜻하지 않는다. 끝으로 결핍은(saut 대신에 ṣura, 무생물이 내는 소리[Schall], 생물이 내는 음성[Laut]) 형상이 실제로 있어야만 할 대상으로부터 떨어져 있음이다. 우리는 이미 앞에서 얼마나 많은 서로 다른 방식들에서 결핍이 말해지는지를 설명하였다.

사람들은 이렇게 물을 수 있을 것이다: 밖으로부터 작용을 당하는 것으로 정해진 몇몇의 (수동적인) 가능태들이 주로 이것들의 고

1) 하나의 학문은 오직 한 개의 객체를 가질 수 있다. 그러므로 저런 많음은 형식적인 하나임의 관점 아래서 파악되어야만 한다.

유한 본질에 의해서 자극되어진(본질에 수동적으로 관계한)다는 것은 무엇을 뜻하는가? 건강이 그러한 사정에 있다. 주로는 의사의 영향을 통해서, 주로는 자기 자신으로부터 생기는 것이다. 그리고 나아가 다른 가능태들이 그것을 위한 능력을(그것들의 본질로부터 영향을 입는 능력을) 지니지 못한다는 것은 무엇을 뜻하는가? 집이 그러한 사정에 있다. 집은 건축가의 기술적인 창작을 통해서만 생겨날 수 있다. 이것을 위한 원인은 건강이 건강의 실재하는 실제로 있음에서 기술을 통해서 뿐만 아니라 본성을 통해서도 회복되고 함께 있는(그 결과 건강이 자기 안에서 본성적 힘[Naturkraft], 자연적 힘[Physis]을 지니는) 것에 있다. 이러한 이유로부터 건강은 (자연적 힘과 함께 제공된) 이러한 기술들에서 고유하게 능동적으로 작용할 수 있다(이러한 기술들은 수동적으로 자극되어질 수 없다). 다음으로 마지막 목표의 작용되어짐[Wirklichwerden]을 고려할 수 있다. 이러한 작용되어짐은 자유로운 의지로부터 운동하지 못하는 (하늘의) 운동자에 기초하여 생긴다(맹목적인 본성적 힘과 별들의 영향). 이와는 반대로 집과 그리고 비슷한 대상들은 다음과 같은 것을 통해서 특징지어진다. 즉 이것들을 구성하는 모든 것이 기술의 활동성에 의해서 생기며 자유로운 의지의 결정[Willensentschluß]으로 되돌아갈 수 있는 것을 통해서 그렇다. 나아가 이러한 물음을 풀기 위해서 이러한 능동적인 가능태들의 몇몇은 생물들에서 있다는 것과 다른 것들은 그렇지 않다는 것(그러므로 생명이 없는 대상들에서 있다는 것)을 주목해야만 한다. 이러한 이유로 한 가지 가능태는 속에 있는 본성적인 충동[Naturdrang]으로부터 작용하며, 다른 가능태는 열망 혹은 의지의 결정
97-1 에 기초하여 작용한다. 뒤의 것은 부분적으로는 이성적인 본성이 제

공된 그러한 종류의 가능태이며, 부분적으로는 이성적인 본성을 지니지 못한 그러한 종류의 가능태이다. 이성이 제공되지도 않고, 갈망하는 능력을 갖지도 않은 그러한 종류들의 가능태들은 자체로 (이것들의 본질에 근거하여) 단지 2개의 대립하는 작용들 중 한 개만을 (우연적으로는 기껏해야 다른 한 개를) 실행한다. 그래서 뜨거운 물체는 차가운 물체를 데우며, 차가운 물체는 더운 물체를 식힌다. 물체는 단지 이러한 두 (대립하는) 작용들 중 하나에 배열되는 능력만을 지닌다. 우리의 표현방법으로 ('단지 그러한 종류의…'를) 우리는 여기서 이렇게 말하고 싶다: '결핍Privation의 가능태를 제외하면'. (그러므로 또한 사정에 따라서 물체는 빼앗음στέρησις의 형식들을 지닌다.) 결핍은 '다른 것'의 토대로서 밑바탕으로부터 실재하는 사물에 소용되어야만 하는 이러한 사물의 부정('폐기')을 나타낸다(즉 이러한 사물에 귀속하는 밑바탕으로부터). 그러나 열망 혹은 자유로운 의지에 근거하여 작용하는 가능태는 2개의 대립하는 행위들 중 그 어떤 임의의 행위를 실행하는 힘을 지닌다. 이러한 이유로부터 행하는 기술들에서 대립자들에 대한 앎은 행하는 기술들에서 하나의 같은 학문에 근거한다.[2)] 이러한 것은 예를 들어 의학의 '기술'에 알맞다. 이러한 의학의 기술은 건강함에 관한 뿐만 아니라 또한 아픔에 관한 앎을 지닌다. 그럼에도 불구하고 이러한 기술에서 이러한 두 대립자들 중 한 대립자에 대한 앎은 (자체로 열망한) 본질적인 그리

■

2) 대립자들은 원리로 되돌아간다. 그렇지 않으면 둘 사이에 어떤 선택도 일어날 수 없을 것이다. 이성은 대립자들의 그와 같은 것이다contrariorum eadem est ratio. 그럴 경우 이러한 원리의 형식적인 객체는 이러한 대립자들에 공통적인 유이다.

고 필연적인 목표이다. 다른 대립자는 우연적으로 저러한 기술에 관계한다; 왜냐하면 기술이 두 대립자들을 긍정적으로 작용하게 하는 것은 대개 이러한 기술의 목표가 아니기 때문이다. 이를 위한 예는 의학이다. 의학은 대개 이러한 이유로 의학이 병을 일으키기 위해서 병을 아는 것이 아니라, (오히려 오직 이와 같은 병을 멀리하기 위해서만 병을 안다). 그렇지만 의학은 건강을 일으키고 유지하기 위하여 안다.

나아가 우리는 자연적인 가능태들을 이것들의 객체들과 결합하여 있을 때 필연적으로 작용하는 것을 통해서 정하고자 한다. 이러한 사정에 있는 것은 예를 들어 불이다. 만일 불이 나무를 만난다면, 불은 나무를 태우는데 더욱이 필연적으로 태운다. 그러나 열망 혹은 자유 의지를 통해서 행하여지는 사물들에서 이런 사물들이 객체들과 관계되어질 때 이것들이 작용하는 것은 필연적이 아니다. 말하자면 이러한 것이 경우[Fall]이라면, 이러한 사물들은 두 대립자들을 동시에 작용시켜야만 할 것이다. 왜냐하면 이러한 두 대립자들을 실행함은 이것들의 본성에[3] 기초로 놓여 있을 것이기 때문에, 혹은 두 대립자들은 서로 배제할 것이기 때문이다. 그럴 경우에 열망 혹은 자유의지를 통한 가능태라고 하는 것은 어떤 작용도 성취할 수 없을 것이다.

이것으로부터 두 대립하는 행위들 중 한 행위를 유력한 행위로 만드는(언어적으로: 대립자의 저울의 접시를 우세한 것으로 만드는)

3) 이러한 '본성'에서 대상들은 서로 같아진다. 어떤 것도 다른 것보다 더 우월하지 않다.

동기는 다른 (위쪽에 배열된) 힘이어야만 한다는 것이 분명하다(왜냐하면 어떤 가능태도 자기 스스로는 활동적이게 할 수 없기 때문이다). 이러한 다른 힘은 열망과 자유의지로 불려지는데, 예컨대 찬성(제출된 객체들 중 한 객체에 찬성assensio)의 능력이 이러한 힘과 결합되는 경우에 그렇다. 이러한 것은 심리학의 책에서 설명되었다. 만일 작용하는 능력과 당하는 능력이 이러한 그룹들로 나누어진다면, 분명히 당하는 것(그리고 작용하는 것, 행하는 것)의 좋은 본성과 나쁜 본성은 가능태의 이러한 두 형상들에 나란히 있으며parallel 이것들에 일치한다. 왜냐하면 행함에 혹은 당함에 좋은 경향인 그런 것은 행하는 것으로 혹은 당하는 것으로 되기 때문이다. 그렇지만 이러한 것을 뒤바꿀 수는 없다. 결국 행하였던(행하는) 그리고 당하였던(당하는) 것은 또한 행함에 혹은 당함에 좋은 경향을 가질 것이다.

운동시키는 그리고 운동되는 사물들에 배열되는(그리고 그러한 사물들에 의해 말해지는) 이러한 힘(가능태)이 어떤 것인지가 분명해졌기 때문에, 그래서 우리는 이제 보다 더 중요한 방식에서 가능태로 나타내지는 개념에 관하여 말하고자 한다. 우리는 이러한 개념을 우리의 표현: '이것은 가능하다es ist möglich'로 나타낸다. 이러한 개념은 '능력Fähigkeit'이란 용어를 표현하는 나머지 대상들에서는 명확하지 않다. 사람들은 이러한 개념을 단지 행함(actus)의 정의를 통해서만 설명할 수 있다; 왜냐하면 능력과 행함은, 비록 이것들이 (어떤 방식에서) 반대로 있을지라도, 상대적인relativ (서로간의) 개념들에 속하기 때문이다. 2개의 상대적인 대상들(이것들은 양측의 관계Relation에 있는 것인데) 중 각각의 개별적인 용어는 단지 이것을 다른 것과의 관계를 통해서만 개념적으로 생각할 수 있다. 이것에 따라서 사람들이 정의를 모든 사물들에서 하나의 같은 방식으로 찾으려고 애쓸 필요는 없다; 왜냐하면 사물들이 모두 유들과 특별한 차이들(정의의 본질적인 부분들)을 지니는 것은 아니기 때문이다. 오히려 사물들의 몇몇은 이것들의 반대자들을 통해서 정의되며, 다른 것들은 이것들의 객체들을 통해서, 다시 다른 것들은 이것들의 행함들과 당함들의 상태들을 통해서 정의되기 때문이다. 짧게 말해서: 특별한, 필연적인 우연적인 것들(독특한 것들)을 통해서 정의된다. 부족한 원circlus vitiosus이 이러한 사물들의 정의에서 나타난다고 아비세나가 말한 이러한 원의 대상은 생기지 않는다; 왜냐하면 두 상대적인 것들(상관적인 것들)의 정의는(aḥad 대신에 ḥadd) 이것들의 본성에 일치함으로써 필연적으로 두 상대적인 것들의 개별자 각각은 상대를 개념적으로 파악할 때 그것에 포함되어 있어야만 하는 그러한 성질이기 때문이다. 나아가: 만일 두 상대적인 것들의 정의가 이들 둘 각각의 개별적인 것이 서로 상대를 개념적으로 파악하는 부분을 만드는 그러한 사정에 있다면, 그럼에도 불구하고 관계는 사물의 원인들이[4] (이러한 사물에, 그때에 원인들이 동시에) 사물의 개념에 포함되어 있는 것처럼 그렇게 하나가 다른 것에 앞서는 그러한 것은 아니다. 왜냐하면 두 상대적인 것들(상관적인 것들)의 어떤 개별적인 것도 다른 것을 위한 원인은 아니기 때문이다. 이러한 상대적인 것들은 실재하는 세계에서 단지 동시에 (원인과 작용처럼) 실제로 있

■

4) 아베로에스는 이러한 전혀 분명하지 않은 텍스트에서 상관관계들을 인과관계와 비교한다. 또한 원인과 작용이 상관적으로 정의된다. 그럼에도 불구하고 이것들은 활동태에서 다른 사정에 있다. 이것들은 바꿀 수 없다.

다. 이러한 이유로부터 둘 중 하나를 개념적으로 생각하는 것은 다른 하나를 생각하는 것과 결합되어 있다. 아비세나가 이끌어낸 결론은 단지 두 상대적인 것들 각각의 개별적인 것이 다른 것의 개념에서 형식적인 관점에서 있을 경우에만 일어난다. 이러한 형식적인 관점에서 이것이 저것에 앞서갈 것이고 이것보다는 더 잘 알게 되는 것이다(있음에서 이것이 저것과 같이 있지 않는 한에서). 이럴 때 비로소 사물이 사물의 정의 자체에 포함되어 있을 것이라는 필연적인 결과가 일어날 것이다(그러므로 정의되어질 대상이 정의에 포함되어 있을 것). 그렇지만 사물은 그러한 사정에 있지 않다. 오히려 두 상대적인 것들은 논리적인 배열에서처럼 존재론적인 배열에서 동시에 실제로 있다. (이를 통해서 저러한 순환은 피해진다.) 이에 대한 원인은 (관계의) 틀이 어떤 것인 것에 있다. 이러한 어떤 것은 영혼 자체가 실제로 실재하는 사물들에서 만들어낸 것이다. 영혼이 실제로 있지 않을 것이라면, 또한 관계도 있지 않을 것이다. 같은 방식에서 이렇게 말할 수 있다: 영혼이 실제로 있지 않을 것이라면, 또한 (수학적인) 관계도 현재 있지 않을 것이다. 사람들이 이러한 관계의 매개를 통해서 관계하고 있는 두 객체들 중 혹은 경계들 중 한 개를 개념적으로 파악한다면, 이것으로부터 필연적으로 또한 관계하고 있는 다른 객체가(다른 경계가) 드러난다; 왜냐하면 실제로 실재하고 있음에서 이러한 관계의 존립은 이러한 두 객체들에(두 경계들에) 근거하기 때문이다(그 결과 이것들은 서로 관계하여 있음에 틀림없다). 만일 이러한 것이 옳다면, 활동태는 사물이 정말 실제로 있게 된 그런 것에서 있지만, 그러나 사물에 대하여 가능태로 있다고 말하는 그러한 상태에서는 있지 않다.[5]

언급된 결핍(생겨남의 가능성을 위한 세 번째 조건, 빼앗음στέρησις)은 2가지 방식으로 파악될 수 있다. 한 가지는 사물이 다른 시간에 현재 있을 수 있고 또한 자주 있는 밑바탕으로부터 떨어져 있음을 의미한다. 이것은 사물들에서 생겨남의 형상이다. 이러한 사물들은 주로는 활동적으로, 주로는 단지 가능적으로만 실제로 있는 것들이다. 결핍의 두 번째 종류는 수에서 서로 다른 (그러나 같은 종류의) 사물이 붙어 있어야만 할 밑바탕으로부터 사물이 떨어져 있는 것이다.[6] (전제로서) 결핍의 이러한 종류에서 활동태는 영원한 사물들에서 이해할 수 있다. 가능태Potentialotät는 사물에서 현재 있는 성향Disposition이며 더욱이 사물에서 발견되는 가능성Möglichkeit이다. 그 결과 이러한 가능성으로부터 사물이 활동적으로 실제로 있을 수 있다. 가능태의 이러한 개념은 무한한 것이 유한한 것일 것이라는 것과 다른 개념이 아니다. 이런 유한한 것은 가능태에서 정말 실제로 있는 것이다(가능적으로 무한한 것). 이러한 의미에서 사람들은 운동Bewegung에 관하여 말한다. 운동은 가능태에서 무한할 것이며, 시간에 관해서도 그와 같이 말한다. 두 개념들은 구별할 수 있다; 왜냐하면 무한한 것은 무한한 한에서 가능태로부터 활동으로 넘어가지 못하기 때문이다. 이럴 경우에 비로소 무한한 것은 가능태로부터 자유로워질 것이다. 오히려 이러한 무한한 것의 개념은 활동태가 무한한 것에서 항상 가능태와 결합되어 있는 그런 개념이다. 이러한 것은

5) 아리스토텔레스는 가능태와 활동태를 뒤섞어서 정의한다(상호 관계들처럼).

6) "수에서 서로 다른 사물을 위한 밑바탕이어야만 할 그런 밑바탕."

이미 자연학에서 설명되었었다; 왜냐하면 자주 그곳에서 이러한 학문(형이상학)의 범위에 속하는('그런 학문의 한계들을 언급한') 설명들이 끼워졌었기 때문이다.

만일 이러한 것이 그러한 사정에 있으며 무엇이 가능태와 활동태를 의미하는지가 분명하다면, 이 둘은 근원적인(첫 번째[primo]) 방식에서 단지 실체에서만 현재 있으며, 또한 이차적인 방식에서는 나머지 틀들, 즉 양, 질, 관계, 곳, 때, 가짐, 행함[agere] 그리고 당함[pati]에서 현재 있다. 이 때 사물의 '당함'(자극을 받아들이는 것)의 경우에 첫 번째 원리가 사물의 본성으로부터 유래하거나, 예를 들어 자연물들에서처럼, 혹은 예를 들어 바로 언급했던 능력들에서처럼 첫 번째 원리가 바깥에서 들어오거나이다. 이와 같은 의미에서 행함의 틀이 자기 자신에게 (우연적으로) 작용하거나 혹은 다른 것이 (스스로) 작용할 때마다 이러한 행함의 틀을 이해할 수 있다. 이에 대한 이유는 이러하다. 예를 들어 월경의 피에 포함되어 있음으로써, 그 결과 인간이 이 피로부터 태어날 수 있는 가능태가 살[Fleisch]을 만드는 이 피에 포함되어 있는 가능태보다 더 먼저라는 것이다; 왜냐하면 인간의 본질형상이 작용되어진 다음에, 살의 (형상을) '받아들임'을 위해 가장 가까운 성향이 나타나기 때문이다. 이것은 가장 오랜 옛날에 그리고 또한 우리 시대의 철학자들에게서 실제로 있었다. 이들은 가능한 사물에 시간적으로 앞서가는 것으로서 가능성(가능태)의 실제로 있음을 부정하였던 자들이다. 그러므로 말하자면 철학자들은 가능한 것이 동시에 활동태와 함께 있을 것(예를 들면 행하는 것에 대한 능력은 오직 동시에 행위와 함께 있을 것-예정설)이라고 주장하였다. 이를 통해서 이들 철학자들은 가능한 것의 근원적인 ‘본성Natur’을 부정하였다. 이들과는 반대로 (인간을 향하여ad hominem) 가능한 것은 필연적일 것이며 필연적인 것은 가능할 것이라는 결론이 생겨났다. 그럼에도 불구하고 우리시대의 철학자들은 가능한 것을 오직 작용원인의 측면으로부터만 규정한다. 저런 철학자들의 경우에 토론에서 밝혀진 불가능성들을 우리는 개별 학문들Wissenschaften(‘Künste’)의 첫 번째 원리들에서 다룬다; 왜냐하면 앞에서 말한 것(가능태의 본질)은 사변적인 학문들의 첫 번째 원리들을 위하여 너무나도 중요한 근본명제이기 때문이다. 이때 이러한 근본명제에서 잘못Irrtum은 (결론들에서)여러 가지 잘못들을 위한 원인이다(시작에서 잘못은 끝에서 아주 큰 잘못을 낳는다Error in principio fit maximus in fine.). 짧게 말해서 앞에서 말한 것은 우리를 소피스트로 이끌었을(이끌 수 있을) 가장 중요한 원인이다. 우리시대의 철학자들은 이 때문에 인간이 어떤 것을 자유롭게 실행하는 능력과 힘을(그러므로 가능태를) 지녔다는 것을 부정한다. 이러한 학설에 따라서 실천철학(학문으로서 윤리학)은 끝났고, 모든 능동적인 기술의 숙련들처럼 마찬가지로 자유의지Voluntarium의 결심들, 자유로운 의지의 선택행위들도 끝났다. (왜냐하면 인간에서 실재하는 가능태 없이 이러한 것들은 생각할 수 없기 때문이다.) 그럼에도 불구하고 우리가 이미 다른 때 언급하였던 것처럼, 저런 철학자들은 마치 철학적 고찰이 그러한 종류를 받아들이는 것으로 이끌었던 것처럼 이러한 결론들을 가르치지 않는다. 오히려 이러한 결론들은 이들에게 오직 잘못된 것들로만 의식되었다. 그 결과 이들은 이것들에 따라서 이것들과 다른 사물들(전제들)을 수정하였다. 이것들은 이들이 처음에 이것들의 정당성에 기초하였고, 이들의 표현방법을 이것들에 같게 만들었던 그런 것들이다. 이들은 토론할 때 이러한 사물들에 모순되는 학설들 외에 다른 어떤 것을 논박하려고 애쓰지 않았고, 이러한 학설들에 일치하는 모든 것을 증명하려고 힘썼다. (그러므로 이들은 선입견을 가지고 논쟁한다. 사변적 신학자들이 문제이다.)

따라서 우리는 우리의 토론의 과정으로부터 벗어났고, 그래서 우리는 우리의 주제로 되돌아가고자 한다. 우리는 이렇게 가르친다: 가능태와 활동태가 무엇을 의미하는지가 분명해졌기 때문에, 이제 우리는 다음과 같은 것을 설명하고자 한다. 즉 언제 개별적인 사물들의 각각의 개별적인 것이 가능태에서 실제로 있으며 언제는 있지 않는가? 왜냐하면 대개 각각의 임의의 사물은 가능태에서 각각의 다른 임의의 사물이 아니기 때문이다(결국 모든 것은 모든 것으로부터 생겨날 수 있을 것이다). 분명히 능력들(가능태들)은 한편으로는 더 가까이 있으며, 다른 한편으로는 더 멀리 떨어져 있다. 이러한 것이 그러한 사정에 있기 때문에, 또한 능력들의 (객체들, 밑바탕들)도 한편으로는 더 가까이 있으며, 다른 한편으로는 더 멀리 있다. 더 멀리 있는 가능태는 다음과 같은 경우에는 활동태로 넘어가지 못한다. 즉 맨 마지막 밑바탕이(즉 이러한 밑바탕의 가장 많이 '마지막으로' 배치된 형상에서) 미리 작용되지 않는 경우이다. 이러한 이유로부터 만일 사물이 가능태에 따라서 다른 것에서 실제로 있으며, 반면에 저런 가능태가 더 멀리 떨어져 있다고 말한다면, 사람들은 이러한 것을 단지 비유적인 의미에서 말한다. 마찬가지로 우리는 말한다: 인간은 가능태에 따라서 창조적인 활동에서(bar'; 대개 여기에 씨앗σπέρμα을 위한 표현이 있었다–모범적인 예) 실제로 있으며 계속 되돌아가기 위해서 (멀리 떨어져 있는 가능태로서[als potentia remotissima]) 기초요소들에서 실제로 있다. 그러나 고유한 의미에서 인간은 가능적으로 단지 월경의 피와 씨앗에서(이 둘이 종합되어서) 실제로 있다. 이것은 마지막의 그리고 바로 다음의 밑바탕에서 현재 있는 가장 가까운 가능태이다. 그러나 이러한 가능태는 이러한 정해진 밑바탕에서 그 어떤 임의의 상태에서(상태를 통해서) (활동태로) 전개하지 않는다. 오히려 이러한 가능태가 가능태의 상태에서 활동태로 넘어감이 가능한 그러한 상태에서 실제로 있는 것이 필요하다. 그래서 우리는 이렇게 말한다: 씨앗은 다음과 같은 경우에 단지 가능태에 따라서 인간이다. 즉 씨앗이 자궁에 떨어지고 동시에 공기가 씨앗을 밖으로부터 만나지 않아서, 그 결과 그러면 씨앗이 차갑게 될 것이고 변화할 경우(즉 인간으로 될 수 있기 위해서, 가능태를 잃는 경우)이다. 사태는 기술적 행위의 성향들에서 그와 같은 사정에 있다; 왜냐하면 각각의 환자가 건강해지기 위하여 가능태에서 있는 자는 아니기 때문이다. 오히려 환자는 그의 건강함이 가장 가까운 가능태에서 가능한 그런 상태에서 있는 것이 필수적이다. 이럴 경우에 이러한 가능태는 2가지 사물들 중 한 가지를 필연적으로 요구한다. 그 다음에서야 비로소 가능태는 실재하는 실제로 있음에 이른다. 말하자면 가능태는 가장 가까운 밑바탕을 더욱이 그와 같은 밑바탕을 '가능적으로' 만든 상태에서 필요하다(즉 그런 상태가 밑바탕에게 가능태를 활동태로 제공한다). 만일 이러한 두 사물들이 작용되어져서 나타난다면 그리고 만일 작용원인과 방해의 제거가 동시에 알맞게 일어난다면, 사물은 필연적으로 활동태로 넘어간다.

나아가 이러한 가장 가까운 능력들(가능태들)은 동력[Agens]이 항상 한 유일한 종류에 속하고 수적으로 하나의 같은 운동자라는 것을 통해서 고유하게 정해진다. 이러한 동력이 이러한 능력들을 활동시키고 운동시킨다. 특히 이러한 것은 자연물들에 알맞다. 이를 위한 104-1
예는 다음과 같다: 피에서 있는, 그 결과 이와 같은 피가 살로 되는(될 수 있는) 그러한 가능태는 한 유일한 '운동자'에 의해서 활동태로 이끌어진다. 말하자면 길러지는 가능태(힘)에 의해서 활동태로 이끌어진다. 이러한 가능태는 신체의 부분들에서 자신의 자리를 갖는 것이다. 그러나 빵에서 있는, 그 결과 살이 될 수 있는 능력(가능태)은 이러한 활동태에 이르기 위해서 유일한 운동자보다 더 많은 것들을(예를 들어 입, 위장, 간 그리고 혈관을) 필요로 한다. 이것들이 살로 되기(될 수 있기) 위하여 기초요소들에서 현재 있는 가능태는 이것들보다 훨씬 더 뒤에 있다. 이러한 기초요소들은 살로 되기 위해서 앞서 말해진 운동들 이외에 아직 천체의 영향을 필요로 한다. 양적으로 마땅히 정해져야 하는 많은 사물들은 이러한 목적을 위하여 자연적인 운동자들 이외에 아직 기술적 행위를 통해서 운동시켜지는, 더욱이 한 유일한 것보다 더 많은 종류의 운동자들을 필요로 한다. 한 행함('기술') 보다 더 많은 것에 의해서 체계적인 순서로 가공되는 빵이 그러한 사정에 있다.

가능태로 있는 가장 가까운 밑바탕(예를 들어 나무)은 자주 밑바탕으로부터 생겨난 사물(상자)이 밑바탕(나무)에서 유래한(꾸미는) 이름으로(나무로 된 으로) 불러지는 것을 통해서 개념적으로 정해지며, 실체적인 징표로 불러지지 않는 것을 통해서 정해지지 않는다. 이것은 그리스 철학자들의 습관에 일치한다. 예를 들어 이들은 상자에 대해서 이 상자는 나무라고 말하지 않고, 오히려 이 상자는 나무로 된 것이라고 말한다; 왜냐하면 나무는 (단지) 가장 가까운 가능태에서(활동태에서가 아닌) 상자이기 때문이다. 그럼에도 불구하고 그리스 사람들은 더 멀리 떨어져 있는 밑바탕으로부터 사물의 이름을 이끌어내지 않았다. 이들은 상자에 관하여 상자는 (흙으로 만든 irden)'흙으로 된' 혹은 '물로 된' 것이라고 말하지 않았다. 그러나 이러한 종류의 표현에서 가장 가까운 밑바탕으로부터 파악은 우리시대에는 사라졌다; 왜냐하면 이러한 표현은 우리의 말에서는 발견되지 않기 때문이다. 이러한 것은 아랍 언어에서 단지 (혹은: 특별히) 우연적인 것들과 차이들에 관해서만 분명하다. 아랍 사람들은 예컨대 동물의 부분이 이성적임ein Teil des Tieres sei rationalitas이라고 말하지 않는다. 오히려 그들은 동물은 이성적인 것das Tier sei ein rationale라고 말한다. 이것으로부터 분명히 본질형상(혹은 그 어떤 형상)은 이차적인 밑바탕(이것은 이미 첫 번째 형상을 지닌 것인데)과 구별된다. 이러한 이유로부터 사람들은 이렇게 말하지 않는다: 물체는 하얀색이다. 오히려 사람들은 이렇게 말한다: 물체는 하얗다(여기서 우연적인 것이 형상처럼 그와 같이 다루어진다). 유들에 관하여, 그래서 그리스 사람들은 유들을 이것들의 원형들을 표현하는 것들을 통해서 나타냄으로써 이러한 유들을 종들로부터 여러 가지로 서술하였다. 그러므로 그들은 이렇게 말한다: 상자는 나무이며 인간은 동물이다.

이러한 사태에서 개개의 사물들이 가능적인 것과 활동적인 것으로 구성된다는 것이 분명하기 때문에, 그리고 가능태가 대부분의 사물들의 경우에 하나의 가능태보다는 더 많은 것에서 있기 때문에,

이와 같은 사물들은 하나의 밑바탕보다 더 많은 것들을 갖는다는(가져야만 한다는) 것이 자명하다. 밑바탕은 단지 사물들이 활동적인 한에서만 실제로 있기 때문에, 그래서 이렇게 하나의 활동태보다 더 많은 것이 사물 안에 포함되어 있다. 그럼에도 불구하고 나중에 설명되어질 것이고 이미 자연학에서 설명되었던 것처럼, 사물이 두 방향들(가능태와 활동태를 가진 밑바탕)에 따라서 끝없이 계속 나간다는 것은 불가능하다. 그래서 맨 마지막 밑바탕(질료)은 순수한 가능태에서 있는 그런 것이라는 것이, 그리고 이러한 밑바탕은 질료가 나머지 이차적인 밑바탕을 가능태에 따라서 포함하기('받아들이기') 위한 원인이라는 것이 명백하다; 왜냐하면 사물들이 관계하는 (그리고 비유가 타당한) 사물과 관계에서 사물들이 그러한 사정에 있기 때문이다. 이런 사물들은 어떤 더 먼저와 더 나중에 따라서[25](그러므로 비유적인 방식에서) 말해지는 사물들이다.[7] 맨 마지막 활동태가 각각의 개별적인 실재하는 사물에서 마찬가지 사정에 있다. 이러한 활동태는 하나의 유일한 활동태보다 더 많은 것을 사물에서 지니기 위한 원인이다(왜냐하면 이런 마지막 활동태는 바로 더 탁월한 것에서eminentrioi modo 모든 더 먼저인, 더 완성되지 않은 활동태들을 자기 안에 포함하기 때문이다). 이러한 이유로부터 사람들은 이러한 두 끝점(가능태와 활동태) 사이에 있는 그러한 모든 것에 관하여 순수한 가능태라고 혹은 순수한 활동태라고 말하지 않는다. 예를 들어

7) 이러한 사물들에서 근원적인 가능태가 현재 있어야만 한다. 이러한 근원적인 가능태로부터 '더 먼저와 더 나중'이 모든 가능적인 사물들에서 측정되고 계산된다 – 출발점으로 부터처럼.

첫 번째 질료가 그러한 사정에 있다. 이 첫 번째 질료는 인간의 나머지 (이차적인) 밑바탕이 인간으로 되는 능력을 지니기 위한 마지막 원인이다. 예를 들어 이러한 질료는 (인간으로 되기 위해) 기초요소들에서, 그 다음에 씨앗에서(경우에 따라서: 구별되지 않는 다수에서, 야만인barr에서), 나아가 월경의 피에서 그리고 마지막으로 살에서 그리고 영혼(좋게 읽어서: 생물)의 각각의 개별적인 부분들에서 가능태를 지니기 위한 마지막 원인이다. 맨 마지막 활동태가 각각의 개별적인 실제로 실재하는 사물에서 그러한 사정에 있다. 이러한 마지막 활동태는 나머지 활동적인 사물들이 개별적으로 실제로 있는 사물에서 실제로 실재하기 위한 원인이다. 예를 들어 이성적임rationalitas이 그러한 사정에 있다; 왜냐하면 이것은 동물적임animalitas의 실제로 있음을 위한 원인들 중 한 가지이기 때문에, 왜냐하면 알려진 바대로 동물적임은(특별한 차이 없이, 이 경우에서 이성적임과 차이 없이) 절대로 실제로 있을 수 없기 때문이다. 오히려 이성적임은 단지 개별적인 동물적임으로서만 실제로 있다. 이와 마찬가지로 식물성의(스스로 자양분을 공급하는) 물체가 절대로 (더 폭넓은 분화의 결정 없이) 존립하지 못하기 때문에, 동물적임은 식물성의 것Vegetativen(스스로 자양분을 공급하는 것)의 원인들 중 한 가지처럼 그와 같은 사정에 있다; 왜냐하면 오직 개별적인, 식물성으로 사는 물체만이 실재하기 때문이다. 짧게 말해서: 바로 언급된 것처럼, 단순한 본질형상이(본질형상처럼) 첫 번째 질료에 관계함은 둘씩 묶어진 활동태들에서 실제로 있다.[8] 바로 첫 번째 질료가 단지 본질형상을 통해서만 활동적으로 실재하고 있는 것처럼–만일 말하자면 첫 번째 질료가 그 어떤 형상 없이 존속할 것이라면, 실재하지 않는 것이 그럼에도 불구하고 동시에 실재할 것이다−그와 마찬가지로 (실제로 있음과 관계하여) 둘씩 묶인 임의의 활동태들의 각각의 개별자는 사정이 그러하다. 이러한 활동태들 사이에서 이러한 (가능태와 활동의)관계가 일어난다(ḥālatun 대신에 ḥāluhu).

이것으로부터 가능태(붙어 있는 것)는 첫 번째 질료 안에 있는 본질적인 정해짐과 이와 같은 질료의 그림자임이 분명하다. 비록 이러한 가능태가 어떤 더 먼저와 더 나중에서 (그러므로 비유적인 방식에서 그러나 자체로 질료에 의해서) 말해질지라도 말이다. 이와 같은 근거에서 활동태는 본질형상이 본질적으로 함께 가는 현상(본질적인 정해짐)이며 본질형상이 필연적으로 붙어 있는 그림자임이 분명하다. 비록 (그렇지 않으면) 활동태가 어떤 더 먼저와 더 나중에서 107-1 (그러므로 우연적으로) 말해질지라도 말이다. 마찬가지로 '여기서'(실재하는 사물들에서) 작용하는 본질형상들은 그 어떤 가능태도 섞어짐 없이 순수한 활동태에서 실제로 있음이 명백하다. 그러므로 이 밖에 활동태가 (가능태와 함께) 섞여 있는 형상들의 실제로 있음을 위한 원인은 확실히 어떤 가능태이다. 말하자면 본질('실체')에 따라서 혹은 변화들의 나머지 종류들에 따라서 변화하는 가능태이다. 이러한 것은 활동태가 이러한 (실재하는) 사물들에서 정해진 (개별적인) 방식으로 실제로 실재하는(그러므로 동시에 수동적인 개별화하는 원리가 활동태에서 섞여 있어야만 하는) 상황에서 일어나지만,

■

8) 완성되지 않은 형상은 질료처럼 그 다음에 더 완성된 것에 관계한다. 이러한 방식에서 매번 더 완성되지 않은 것이 바로 다음에 따라오는 더 완성된 것을 위한 질료를 만듦으로써, 모든 가능태들과 형상들은 연속하는 사슬을 만든다.

그러나 저런 다른 세계에서는(하늘의 이데들에서는) 절대적인 방식으로 실제로 실재하는 상황으로부터 일어난다. 그러나 어떤 유에서 절대적으로(자체로) 실제로 있는 사물은 모든 것의 실제로 있음을 위한 원인이다. 이미 앞에서 설명하였던 것처럼, 이 모든 것은 바로 이러한 유에서 어떤 상태로 (특별하게 나타난 형상으로서, 우연적으로) 실제로 있는 것이다(각각의 개별적인 유에서 자체로 있는 것은 저러한 유에서 있는 모든 것의 원인이다Id quod est per se in unoquoque genere est causa omnium, quae sunt in illo genere). 예를 들어 이것은 불에서 경우이다. 불은 절대적인 의미에서 (자체로) 뜨거운 것으로 나타내진다. 이 때문에 불은 어떤 정해진 실재하는 사물(사물은 우연적으로 뜨거워지는데)에서 뜨거움이 실제로 있기 위한 원인이다. 이러한 전제는 자주 형이상학에서 사용된다. 이러한 전제는 자기 자신에서 명백한 첫 번째 원리들 아래서 특별히 충분한 의미를 지닌 원리이다. 이 때문에 우리는 이러한 사상을 파악하기 위해서 우리를 논리적으로 가르쳐야만 한다.[9] 그러면 이러한 사상이 우리에게 분명해질 것이다. 이러한 이유로부터 아리스토텔레스는 자신에서 명백한 원리를 공리Axiom로 세운다. 즉 그는 저런 원리를 요청처럼 더 이상의 증명 없이 그의 형이상학의 첫 번째 장에서 주장한다.

이제 가능태와 활동태가 무엇을 의미하는지 분명해졌기 때문에, 그리고 언제 개체적인 사물들의 각각의 개별자가 가능태와 붙어 있으며 언제는 붙어 있지 않은지, 그리고 어떻게 가능태들(능력들)이

■

9) 비록 이러한 원리의 내용이 명백할지라도, 우리는 이것을 쉽게 파악할 수 없다.

서로서로 관계하며 어떻게 활동태가 가능태들에 관계하는지가 명확해졌기 때문에, 그러므로 이제 우리는 이러한 두 내용들에 관하여 다음과 같은 것을 고찰할 필요가 있다. 둘 중 어느 것이 다른 것에 앞서는가? 즉 가능태가 활동태에 앞서는가 혹은 활동태가 가능태에 108-1 앞서는가? 앞에 언급한 것에서 더 먼저 있음[Frühersein]은 첫 번째는 시간에 따라서 두 번째는 원인에 따라서 서로 다른 의미에서 이해된다는 것을 이미 다루었다. 이러한 두 개념들은 더 먼저에 관한 모든 종류의 의미의 총합으로부터 우리가 가능태와 활동에 관하여 현재의 탐구를 위해 사용한 그런 개념들이다. 그러므로 우리는 이렇게 주장한다: 아리스토텔레스에 앞서간 옛날 철학자들 중 가장 뛰어난 철학자들은, 물론 심지어 모든 철학자들이 다음과 같은 견해를 가졌다. 즉 가능태는 시간에 따라서 그리고 원인임[Ursächlichkeit]에 따라서 활동에 앞선다. 이러한 이유로부터 몇몇 철학자들은 혼합(대개는 혼돈[Chaos])에 관한 학설[10]과 무수히 많은 부분들(원자들[Atomen])에 관한 학설을 세웠으며, 다른 철학자들은 무질서한 운동에 관한 학설을 세웠다. 이들 철학자들이 활동하는 사물들의 첫 번째 원리들에 관하여 단지 질료적인 것만을 알았던 사실이 이들을 그러한 종류의 학설로 이끌었을 것이다. 이러한 잘못들에 대한 더 폭넓은 근거는 다음과 같은 것에 있을 수 있다. 이러한 철학자들이 개개의 사물들의 가능태들이 저런 2가지 의미에서, 즉 시간에 따라서 그리고 원인임에 따라서 이러한 사물들 자체들에 앞서간 것으로 보았을 때, 이들은 이

■

10) 모든 생겨남은 혼합일 것이며, 모든 사라짐은 혼합의 흩어짐일 것이다.

러한 (개별적인) 탐구에 근거하여 일반적으로 세계 전체의 부분들을 판단하였다. 이러한 것은 만일 사람들이 올바른 방식에서 더 먼저의 두 가지 의미들에 관하여 숙고하고 이것들이 자연의 힘들인 한에서 이것들을 고찰하는 경우에 분명히 활동태는 이러한 2가지 의미에서 가능태에 앞서가는 것임에 틀림없다. 말하자면 각각의 변화하는 사물은 또한 변화를 일으키는 원리를 가져야만 한다는 것을 이미 자연학에서 설명하였다. 이러한 것은 변화의 4가지 형상들을 위해서 타당하다; 왜냐하면 가능태에 관하여 가능태는 이것의 본질에 근거하여(자체로, 다른 도움 없이) 활동태에 이르는 능력Vermögen('충분히 가득 찬 있음Seinsfülle')을 자기 안에 지니지 않다는 것이 분명하기 때문이다. 이제 변화들의 3가지 종류들에 관하여, 즉 실체(본질성)에서, 양에서 그리고 질에서 변화들에 관하여, 이러한 것은 분명하다. 왜냐하면 이러한 3가지 종류의 변화들에서 운동시키는 원리들과 작용원인이 바깥에 있기 때문이다. 그러나 공간에서 일어나는 변화(의 네 번째 종류)는 어려움을 포함한다. 자연학의 7권과 8권에서 이미 이와 같은 네 번째 종류의 변화가 설명되었다. 이러한 변화에 관하여 분명해진 규정성Bestimmung은 이렇게 말해진다: 활동태는 원인임에 따라서도 시간에 따라서도 가능태에 앞서간다. 때때로 개개의 가능태들에 관하여, 비록 이러한 가능태들이 시간에 따라서 활동태에 앞설지라도, 원인임에 따라서는 더 나중이이라는 것은 의심할 여지가 없다; 왜냐하면 활동태는 가능태의 완성Vollendung(ἐντελέχεια)이며 가능태가 목적으로 삼고 있는 것, 말하자면 가능태의 목적원인이기 때문이다. 요컨대 완성들(ἐντελεχείαν)의 사슬이 끝없이 나간다는 것은 가능하지 않다. 우리는 이러한 것을 나중에 다룰 것이다.

(오히려 한 마디[Glied]가 처음이어야 하며 다른 것은 마지막이어야 한다.)

이것이 그러한 사정에 있기 때문에, 그러므로 활동태는 가능태의 작용원인과 목적원인이라는 의미에서 가능태에 앞서간다. 목적원인은 (지향성으로[in intentione]) 원인들 중 첫 번째 원인이다; 왜냐하면 다른 원인들은 단지 목적원인 때문에 실재하기 때문이다. 그러나 더 먼저의 이러한 종류는 특별히 주목되어야만 한다; 왜냐하면 시간적으로 더 먼저인 것이 가능태에 따라서 실제로 있든 혹은 활동에 따라서 실제로 있든지 간에, 이것은 사물에 앞서간 것에서 우연적으로 현재 있기 때문이다. 즉 사물의 원인이 시간에 따라서 사물에 앞서간다는 사실은 개개의 사물들에, 즉 생겨나고 사라지는 사물들에 붙어 있는 우연적인 것이기 때문이다.[11] 이를 위한 근거는 다음에 있다. 만일 시간적으로 더 먼저가 작용원인들의 본질에 근거하여 작용원인들에 귀속할 것이라면, '여기서'(이러한 세계 사물들에서) 영원한 원인은 실재할 수 없을 것이다(왜냐하면 영원한 원인은 원인의 작용과 함께 동시에 있기 때문이다). 그러나 만일 영원한 원인이 실제로 있지 않다면, 또한 필연적으로 생겨나고 사라지는 사물도 실제로 있지 않다. 이렇게 이것은 자연학에서 설명되었다. 나아가 분명히 원인들은 자신들의 본질에 근거하여 첫 번째 계열에서 단지 작용의 본질만을 만들어낸다. 그러나 원인들이 시간에 따라서 작용에 앞서는지의 문제에 관하여, 그러므로 이러한 문제는 자체적으로 아

■

11) 시간적인 연속은 인과관계 자체에는 있지 않다. 이러한 것은 질료를 통해서 비로소 '밖으로부터' 온다.

110-1 직 명백하지 않다. 많은 사변 신학자들의 이론은 그러한 내용이다. 오히려 (작용이 시간적으로 나중이라는) 저러한 가정으로부터 우리가 언급하였던 다른 불가능한 결론들이 일어날 것이다. 말하자면 이러한 세계에서 시간적으로 생겨난 사물이 한 번도 현재 있지 않다는(현재 있을 수 없다는) 것이 일어날 것이다. 하물며 영원한 것은 말할 것도 없다. 이를 위한 근거는 다음과 같다. 만일 우리가 사물을 그와 같은 종류로 전제한다면, 원인들은 끝없는 사슬을 만들 수 있다. 이럴 경우 그러므로 '여기서'(세계에서) 첫 번째 원인은 실제로 있지 않다. 그러나 첫 번째 원인이 실제로 있지 않다면, 또한 마지막 원인도 있지 않다. 이제 세계 모든 것에 대한 전체 총합의 원인들이 시간에 따라서, 더욱이 세계 모든 것에 근거하여 세계 모든 것에 앞서간다는 것을 전제한다면, 왜냐하면 생겨나고 사라지는 세계 모든 것의 부분들에 대한 원인들은 이러한 부분들에 앞서가기 때문에(그러므로 유사한 결론에 근거하여), 그러면 이러한 세계는 필연적으로 다른 세계의 부분일 것이다. 그리고 그렇게 이러한 연속은 필연적으로 끝없이(세계들의 끝없는 수로) 계속될 것이다. 다른 경우의 가정은 이러한 세계가 단지 한 부분에서만 사라질 것이며, 전체로서는 사라지지 않을 것이라는 것이다. 이러한 가정을 세운 자와는 반대로 앞에 언급한 불가능성들뿐만 아니라 또한 많은 다른 것들도 일어나지 않는다.

(그에 대립하여) 저런 철학자들의 경우에서 모든 이러한 이의들은 단지 이들이 작용원인을 위한 조건을 세우기 때문에 일어났다. 작용원인이 시간에 따라서 작용원인의 작용에 마땅히 앞서갈 것이라는, 더욱이 필연적으로(인과관계 자체에 근거하여) 앞서갈 것이라는 것

이다. 이 때문에 저런 철학자들에게 어떻게 시간 자체의 작용원인이 시간에 앞서가는 것이 가능한지를 묻는다면, 이들은 어떤 대답도 알지 못한다;[12] 왜냐하면 만일 이들이 시간의 작용원인이 시간에 따라서 시간에 앞서가지 못할 것이라고 대답한다면, 이들은 시간에 따라서 작용원인의 작용에 앞서가지 못하는 작용원인이 실제로 있다는 것을 인정하기 때문이다. 그러나 이들이 작용원인은 시간에 따라서 시간에 앞서갈 것이라고 대답한다면, 이들에 반대하는 이와 같은 물음은 (두 번째 배열의) 이러한 시간에 관하여 반복된다. 다른 경우는 이들이 이렇게 가르치는 것일 것이다: 시간은 자기 자신에서 (그리고 자기 자신으로부터) 있다. 시간은 생겨나지지 않을 것이다. 그럼에도 불구하고 이러한 것은 이들의 학설이 아니다. 모든 이러한 111-1
설명들은 형이상학 세 번째 부분에 더 알맞다.

그래서 우리는 다시 우리의 주제로 되돌아가서 가르치고자 한다: 가능태는 시간에 따라서, 게다가 가능태는 완성되지 않아 활동으로부터 자유로울 수 있다[13]는 의미(그리고 제한)에서 분명히 활동에 앞서간다. 예를 들어 첫 번째 질료에 관해서 분명하다(첫 번째 질료는 단지 형상을 통해서만 실재한다. 그러므로 형상보다 더 먼저일 수는 없다). 나아가 많은 사물들에서 가능태(능력)는 활동태가 첫 번째 사물들에서 있는 한에서, 더욱이 가능태(능력)가 사물들에 미치

12) 이러한 것은 오직 두 번째 배열의 시간에서만 일어날 수 있을 것이다. (텍스트: nāmat ru'usuhum: 그들의 주인들이 잠들었다.)

13) 그러므로 단지 활동태의 더 완성된 단계들만이 시간에 따라서 가능태보다 더 나중이다. 일반적으로 가능태는 실제로 있을 수 있기 위해서 '한 개의einem' 활동과 결합되어 있어야만 한다.

는(예를 들어 배우는 것의 사물들) 그러한 영역(예를 들면 배우는 자에게서 앎의 영역)으로부터 다른 것으로 실제로 있다. 가능태에 따라서 아는 자인 배우는 자가 그러하다. 그는 단지 정해진 앎이(첫 장으로서, 모든 배우는 것에 앞서) 그의 정신에서 실제로 있는 그런 한에서만 학문에서 완성의 마지막 단계에 다다른다. (그러므로 어떤 활동태는 항상 가능태와 묶여 있다.) 그렇지 않으면 앞에서 언급한 것에 근거하여(텍스트는 완전히 투명하지는 않은) 우리는(그리고 만일 우리가) 활동태를 시간에 따라서 가능태들에 앞서가는 것으로 생각할 것이다. 나아가: 만일 영원한 사물들이-이것들은 어떤 종류의 가능태와도 섞이지 않은 그러한 성질인데-사라지는 것들에 앞서간다면-이것들은 가능태와 섞여진 것을 통해서 정해지는데-, 그러면 활동태가 가능태보다 더 먼저라는 것이 분명하다. 그러나 영원한 사물들이 일반적으로 가능태와, 즉 실체(본질성)에서 현재 있는 것과 섞이지 않을 것이라는 학설은 이미 천체와 세계의 모든 것에 관한 책에서 설명되었다.

부양되는 것, 자람 그리고 질에서 수동적인 변화들에로 향해진 가능태가 그러한 사정에 있다(그 결과 활동태가 가능태에 앞서간다). 공간(에서 변화들)과 그리고 위치에서 변화에 관하여 가능태는 이제까지 아직 (가능태가 자신의 동력에 시간적으로 뒤따르는 것)을 불가능한 것으로 나타나도록 놓아두지 않는다. 오히려 이러한 것은 필연성으로 설명되었다. 그렇지만 가능태는 어떤 상태에서 있어야만 한다. 그러므로 이 때문에 공간과 관계에서 가능태에 관하여 가능태에 앞서가며 어떤 방식에서도 그 어떤 가능태가 현재하지 않는 활동태(절대적으로 첫 번째 운동자)는 분명히 가능태에서 있음에 틀림없다.

그러므로 이러한 것은 앞서 언급된 사물들에 관한 학설이다. 이러한 학설은 하나의 각각의 고유한 증명들에 기초되어진다; 왜냐하면 만일 사람들이 형이상학의 많은 문제들을 위하여 (예들과) 개념들을 자연학에서 설명되었던 것으로부터 만든다면, 이러한 많은 문제들이 분명해지기 때문이다. 이럴 경우에 이러한 문제들에 관하여 형이상학에서 세웠던 어려움들이 동시에 풀어진다. 우리는 이러한 것을 보편적인 증명으로 설명할 수 있으며, 따라서 이렇게 가르친다: 가능태에 따라서 실재하는 모든 사물은 운동시키는 것이든 혹은 운동되는 것이든 상관없이 실제로 있을 수 있으며 실제로 있을 수 없다(가능성의 개념); 왜냐하면 가능성의 본성과 가능태의 본성은 이러한 (실재하는) 영역에서 실제로 있을 수 있으며 실제로 있을 수 없는 그러한 성질이기 때문이다. 이 때 우리는 사물에 관하여 이렇게 말한다. 사물은 필연적이거나 혹은 영원한 것으로부터 그리고 영원한 것을 위해서 있을 것이며, 이와 같은 사물이 실재하지 않는다는 것은 결코 일어날 수 없을 것이다. 다른 경우에는 가능태는 사물 안에서 이러한 실제로 있지 않음으로 현재 있을 것임에 틀림없다. 이러한 의미에서 예를 들어 누구도 삼각형의 각이 4직각의 총합과 같을 가능태가 삼각형의 본질이라고 생각하지 않는다; (왜냐하면 어떤 가능태도 불가능한 것으로 향하지는 않기 때문이다). 만일 이것이 그러한 사정이라면, 두 본성들(삼각형과 4직각의 총합)은 철저하게 구별된다(여러 가지로). 그러므로 필연성은 가능할 것이라는 학설을 세운 자는 이와 함께 다음의 학설을 세운다: 사물의 본질성들은 변화할 수 있다. 이러한 결론은 말하자면, 만일 그가 바로 언급된 견해, 즉 (자신으로부터 필연적인) 사물은 필연적이지 않을 것이라는 견해를 지지한다면, 그자에 반대로 일어난다. 모든 이러한 것이 우리가 설명하였던 것처럼 그러한 사정에 있다면, 활동태는 필연적으로 더 먼저 있음의 모든 종류에서 가능태에 앞서간다는 것이 일어난다.

이러한 탐구들에 다음과 같은 어려움('의심')이 들러붙는다: 어떻게 영원한 (그리고 사라지지 않는) 사물들이 (시간적인 그리고) 사라지는 사물들을 위한 첫 번째 원리들일 수 있는가? 왜냐하면 영원히 활동적으로 작용하는 사물들은 필연적으로 이러한 사물들의 작용이 (그리고 이러한 사물들의 작용함이) 영원할 것이라는 결과를 가져오기 때문이다. 그렇지 않으면 이러한 사물들에서 활동태[Wirklichkeit](실재하는 것[Reales])는 가능태에서 있을 것임에 틀림없을 것이다.[14] 영원한 것이 이러한 사정에 있기 때문에, 이러한 사물들의 작용들 또한 영원히 실제로 있어야만 한다; 왜냐하면 사물들의 본성에 따라서 단지 어떤 시간들에서만 실제로 있는, 그러나 어떤 시간들에서는 실제로 있지 않는 그러한 사물들은 이러한 사물을 운동시킨 원인이 그와 같은 사정에 있다는 것을 통해서, 즉 원인이 사물들을 더러는 운동하게 하고, 더러는 운동하지 않게 한다는 것을 통해서 필연적인 결과를 우리에게 강요하기 때문이다. 그렇지만 이러한 의심은 자연학에서 영원한 공간적인 운동에 관하여 설명되었던 그것으로부터

■

14) 하늘의 사물들에서 이러한 사물들의 본질에 기초된 가능태 전체는 활동적이기 때문에, 이런 사물들의 본질에서 어떠한 가능태도 더 이상 활동하는 것을 위하여 남아 있지 않다. 이러한 이유로부터 이러한 사물들은 변화하지도 사라지지도 않는다.

풀린다. 이를 위한 근거는 이러한 실제로 있음의 종류(영원히 지속하는 것)가, 이것은 (둥근 구의) 운동에 귀속하는 것인데, 순수한 활동태와 사물들 사이에 매개처럼 그런 사정이라는 것이다. 이러한 사물들은 때로는 가능태에서 때로는 활동에서 있는 것들이다. 이러한 (영원한) 운동은 순수하게 활동적으로 있는 사물들과 (활동태인) 영원한 지속성의 정해짐에서 일치한다. 이런 영원한 지속성은 영원한 운동의 실제로 있음 방식에 귀속하는 것이다. 더 나아가 이러한 운동은 어떤 가능태도 사라짐(사물들의 본질형상의 상실)을 위하여 영원한 운동에 붙어 있지 않다는 것에서 사물들과 일치한다. 이러한 영원한 운동은 때로는 가능태에서 있으며 때로는 활동태에서 있는 (지상의) 사물들과 우연적인 방식에서 영원한 운동에(운동에 그리고 구에) 귀속하는 위치들의 변화에 따라서(그리고 변화를 통해서), 짧게 말해서: 공간적인 변화에 따라서 일치한다(왜냐하면 이러한 변화는 그러한 종류의 형상들의 불변하는 새로 얻은 것 곁에서 우연적인 형상들, 즉 곳의 정해짐들에 대한 잃음을 의미하기 때문이다; 그러므로 활동태와 가능태 사이의 뒤바뀜을 의미한다).

따라서 얼마나 현명하게 신적인 섭리가 실제로 있음에 대한 이러한 2가지 종류들을 정돈하여 묶었는지 고찰할 것이다. 신의 섭리는 순수한 가능태와 순수한 활동의 묶음으로부터 가능태의 이러한 종류를, 즉 공간에 미치는 그러한 종류를 산출하였다. 그 결과 묶음의 이러한 종류는 영원한 것과 사라지는 것의 있음-방식 사이에서 생겨났다. 모든 이러한 근거들로부터 우리는 영원한 운동에 관하여 이러한 운동이 어떤 시간에 멈출 것이며, 몇몇 철학자들이 생각한 것처럼, 계속 멈춰 있을 것을 걱정하지 않는다; 왜냐하면 이것(멈추는 것)에 대한 어떠한 가능태도 이러한 운동에는 있지 않기 때문이다. 그러나 영원한 운동에 관한 학설을 세우지 않은 자는 또한 다음의 것에 충분한 이유를 말할 수 없다. 즉, 무엇 때문에 실로 영원한 창조자는 이전에 행하지 않은 다음에 행할 수 있는가? 이런 철학자들에 반대하여 반대 의견이 창조자에 대하여 일관되게 일어날 수 있다. 그럴 때 창조자는 그가 활동적으로 행하게 되기 전에 가능태에서 행할 것이다. 그렇지만 가능태에서 있는 모든 것은 단지 운동시키는 원리의 매개를 통해서만 활동으로 넘어간다. 짧게 말해서: 작용원인이 이러한 행함보다 더 먼저이다. 왜냐하면 가능태가 활동으로 나감은 변화함Sich-Verändern의 종류이기 때문이다. 그러나 변화함의 각각의 종류는 변화를 이끄는 원리로부터 나온다.[15] 모든 이러한 것은 사람들이 자연학의 원리들을 되돌아보는('잊지 않는') 경우에 분명해진다.

그러므로 활동태가 원인임에 따라서 가능태보다 더 먼저라는 것이 분명해졌기 때문에, 우리는 이제 다음과 같은 것을 고찰하고자 한다. 활동태의 종류들 중 어느 것(하늘의 활동태 혹은 지상의 활동태)이 활동태와 탁월성에 따라서 더 먼저인가? 우리는 이렇게 가르친다: 나쁜 것Böse(나쁜 성향)은 필연적으로 단지 결핍에서 혹은 대립들의 한 쪽에서 실제로 있다. 이러한 대립들의 한 쪽은 이러한 (긍정적인, 활동적인) 정해짐들의 결핍이다. 병이 그러한 사정에 있다. 만일 이러한 병이 또한 (실재하는) 실제로 있음의 어떤 종류라면, 병

■
15) 그러므로 신은 운동과 변화의 원리에 종속되어 있어야만 하겠는가!

이 건강함의 결핍을 의미하는 한에서 병은 분명 나쁜 것이다. 계속해서 가능태가 같은 방식으로 두 반대자들에게 정돈되는 그러한 사정에 있기 때문에, 그래서 가능태는 가능태로서 순수한 좋음Gute이 아니라, 오히려 (나쁜 것과 완성되지 않은 것으로) 혼합되었다. 더 나아가: 가능태는 단지 활동태와 관련해서만 좋은 혹은 나쁜 어떤 것으로 나타내진다.[16] 그러므로 활동태는 필연적으로 가능태보다 더 우월하다. 하여간 우수한 의미에서 가능태와 같은 (좋음의) 결핍이 작용하기(혹은 보충하여: '나쁜 것이기') 때문에, 그래서 어떤 가능태도(그러므로 어떤 결핍도) 현재 갖지 않은 사물들은 또한 나쁜 것과 붙어 있지 않다. 왜냐하면 이와 같은 사물들은 어떤 결핍도 어떤 대립자도 지니지 않기 때문이다. 이러한 종류의 사물들은 언제나 (그리고) 각각의 상태에서 좋음, 즉 참Wahrheit을 담고 있는 것들이다. 즉 그러한 사물들에서 참인 것Wahre이 정해진 시간에 참이 아닌 것으로 변하지 않는 그러한 사물들이다. 마지막 것은 예를 들어 때로는 가능태에서 때로는 활동에서 현재 있는 사물들에 적합하다.[17] 이때 그럼에도 불구하고 좋음은 자주 나타난다. 만일 예컨대 영원한 (변하지 않는) 참인 것이 단지 영원히 활동적인 그와 같은 종류의 사물들에서만 있다면, (이것들의 실제로 있음을 위해서) 어떤 증명도 때로는 활동적으로 때로는 가능적으로 있는 그러한 사물들에서는 있지 않다(왜냐하면 두 영역은 묶여 있지 않기 때문이다). 그렇지만

■

16) 가능태가 활동에 더 많이 가까울수록 그리고 이러한 활동의 있음 서열이 더 높을수록, 가능태는 더욱더 좋으며 더욱더 우월하다.

17) 사물들이 있다는 표현은 그래서 때로는 사물들에 대하여 참이며, 때로는 거짓(kādib)이다.

만일 지상의 사물들에서 저런 하늘의 사물들을 위한 어떠한 증명도 찾을 수 없다면, 그러므로 우리는 영원히 활동적인 그러한 종류의 사물들을 알 수 없다; 왜냐하면 논리적인 앎은 자체로 단지 자체 논리적인 사물들로부터 이끌어낼 수 없기 때문이다. 그렇지만 우리는 이러한 (우연적인) 세계 사물들로부터 저러한 사물들의(하늘 세계의) 앎으로 올라간다(- 한 가지 방법, 이것은 부당한 것으로 보인다).

2. 사물의 긍정-구성과 부정-분리

따라서 (이러한 어려움에 대한 대답으로) 우리는 가르친다: 참된 표현은 필연적으로 긍정적이거나 혹은 부정적이다. 그렇지만 긍정은 '사물들'(영혼의 내용들)의 결합 이외에(보다 '더 많이') 다른 어떤 것이 아니다. 그리고 부정은 사물들의 서로로부터 분리 이외의 다른 어떤 것이 아니다. 만일 '여기서'(이 세계에서) 이렇게 결합될(서로로부터 긍정될) 수 있는 사물들이 실재하지 않는다면, 사물들에서 부정은 영원히 참이다. 만일 영원히 결합된(서로로부터 긍정된) 사물들이 있는 경우에 같은 것이 타당하다. 즉 사물들이 '결합'의 이러한 상태 이외에 어떤 다른 상태에서 실제로 있을 수 없는 성질인 경우에 그렇다. 이럴 경우 그러므로 긍정은 사물들에 관해서 필연적으로 영원하다. 다음으로 만일 양쪽이 가능한, 즉 때로는 결합되고 때로는 서로 분리되는 그러한 사정에 있는 사물들이 실제로 있다면, 이러한 것은 참이 영원히 적합한 것만은 아닌 그러한 종류의 사물들이다. 그렇지만 저러한 두 종류(필연적인 것과 불가능한 것)는 이러한 방식에서 분명히 실제로 있다. 그러나 때로는 결합을 때로는 분리를 허용하는 (지상의) 사물들에 관하여, 이것들은 개개의 사물들(fi 대신에 fafi)에서 현재 있다. 이를 위한 예는 이러한 (개별적인) 삼각형이다. 삼각형은 (거기 이러한 것으로서) 지시하는 대상이다. 삼각형은 '결합'을 허용한다(즉 사람들이 삼각형의 실제로 있음을 말로 표현할 수 있다). 그 다음은 2직각의 총합과 같은 각들이 삼각형에서 실제로 있다. 또한 때로는 삼각형은 분리를 허용한다(즉 사람들이 이것의 실제로 있음을 부정할 수 있다). 그러므로 이런 경우에 (앞서) 참인 것은 이러한 사물들(각들)에서 더욱이 자신으로부터 (더 폭넓은 정해짐으로 덧붙여짐 없이) 틀린 것으로 된다. 이러한 근거로부터 사람들은 말한다: 참인 것의 반대 것은 부분적으로는 반대 것의 참이 때로는 참이 아닌(그러므로 활동적이지 않는) 단지 가능적인 그러한 사정에 있다. 그러나 결합과 분리를(그러므로 긍정과 부정을) 영원히 지니고 있는 사물들의 다른 종류는 하나가 다른 것과 (논리적으로) 관계되는 한에서 보편적인 내용들로 주어진다. 이러한 (논리적인) 관점에서 그리고 이러한 의미(보편적인 것)에서 사유의 필연성 · 논리성[Denknotwendigkeit]은 변화하는(우연적인, 논리적이지 않는) 사물들에서 실제로 있다. 이를 위한 예는 2직각의 총합과 같은 삼각형의 각들이다. 그러한 성질로서, 즉 삼각형의 각들이 2직각과 같은 한에서, 항상 그리고 절대적으로 삼각형에서 '결합'은 각들에 귀속한다. 이러한 각들은 삼각형에 의해서 말해진다. 그러나 삼각형은 필연적으로 수학적인 모양[Figur]에서 (유로서) 실제로 있다. 이와 같은 근거로부터 이성적임[rationalitas]은 동물적임[animalitas]과 필연적으로 식물성(의 유)에서 있다. 그러나 식물성은 자신의 측면에서

117-1 육체[Körper]에서 있다(더 적게 보편적인 것이 더 보편적인 것에 필연적으로 포함되어 있음으로써, 그 결과 만일 더 적게 보편적인 것이 대체로 현재 있다면, 이것은 이러한 범위 안에서 생긴다).[18] 그러나 3직각의 총합과 같은 각들은 언제나 삼각형으로부터 '분리되어'(즉 그것으로부터 부정 · 파기되어) 있다. 이러한 이유로부터 이성적임은 언제나 당나귀와 말로부터 분리되어 있다. 이 때문에 그러므로 이러한 사물들에서 참이 아님[Unwahrheit]은 단지 잘못된 (주관적인) 파악을 통해서만 가능하다. 이러한 참이 아님은 다음의 경우에 나타날 수 있다. 어떤 사람이 '결합된'(묶인) 그러한 것을 분리할 수(서로 부정할 수) 있을 것, 혹은 분리된 그러한 것을 결합할 수(긍정할 수) 있을 것으로 믿는 경우이다. 이러한 관계들에서 활동태와 영원한 지속성(변하지 않음)은 단지 저러한 사물들이 생각되는(그러므로 보편적으로 파악되는) 한에서만 나타나며, 저런 사물들이 정말 (개별적인 것들로) 실제로 있는 그런 한에서는 나타나지 않는다; 그렇지 않으면 보편적인 사물들이 '분리되어'(비물체적으로, 플라톤의 이데들처럼)실제로 있어야만 할 것이다. 존속하는 이데들에 관한 학설을 주장하였던 저러한 철학자들은 이러한 것(보편적인 물음에서 논리적인 그리고 주관적인 배열의 의미)을 구별하지 않았다. 오히려 사태는 정신 밖에서 실제로 있는 작용하는 것이 이러한 개념들(이데들)과 논리적으로 관계되는 그러한 사정에 있다. 이 때문에 가능태가

■

18) 어떤 방식에서도 개별적인 것이 더 보편적인 것에서 필연적으로 포함되어 있을 것으로 말해지지는 않는다.

이러한 관계로 이것들(개념들, 이데들)에 포함되어 있는 한에서, 이러한 작용하는 것은 이와 같은 개념들과 관계된다. 따라서 만일 이데들이 이러한 관계를 위한 어떤 성향도 지니지 않았다면(왜냐하면 이데들이 '분리되어' 특별한 세계에서 실제로 있기 때문에), 우리가 저러한 관계(와 사물들)로부터 만든(그러므로 우리에게 종합된 앎을 만들어 준) 개념들은 옳지 않을 것이다(왜냐하면 활동태와 서로 일치하지 않기 때문이다). 이러한 근거로부터 참은 (자체로 그리고 첫 번째 열에서) 정말 지성의 밖에서 존립하는 사물들에 의해서 말해진다. 이러한 사물들은 활동적인 (그리고) 영원한 방식에서 실제로 있는 것이다. 그러나 참은 '이러한 것'(즉 사라지는, 질료적인 사물들)에 의해서는 (단지) 어떤 '더 먼저'와 '더 나중'에서(만) (그러므로 비유적인 술어에서) 말해진다. 이제 '저것들'(하늘의 사물들)이 참이라는 사실은 이러한 지상의 사물들이 마찬가지로 참이 되었던 것을 위한 원인이다. 이러한 인과관계(자체로 있는 것이 틀에서 우연적으로 있는 것의 원인이라는 것)는 어떤 것이 어떤 더 먼저와 더 나중에 따라서 (비유적으로) 말해지는 그러한 사물들에서 본성적인 것이다(즉 자체로 참인 것은 우연적으로 참인 것의 원인이다). 이러한 의미에서 참이 아님을 뜻하는 나쁜 것은(이데의 세계로부터 흘러나옴을 통해서) 감각적으로 알 수 있는 사물들로부터 멀리 떨어져 있다. 그리고 이 때문에 이러한 사물들은 좋음, 즉 참을 (자체로 참인 것으로부터) 받아들인다(왜냐하면 이 세계의 것은 단지 우연적으로만 참이기 때문에, 즉 원인으로부터 좋음을 지니기 때문이다).

3. 하나, 많음, 이것들의 우연들

우리가 이미 가능태와 활동태 그리고 이것들의 우연적인 것들에 관하여 말하였기 때문에, 그래서 이제 우리는 하나[Ein]와 많은 것[Viel] 그리고 이것들의 우연적인 것들에 관해 말하고자 한다. 우리는 이렇게 가르친다: 하나는 이미 앞에서 언급하였던 그러한 의미들에서 사용된다. 사람들은 이와 같은 의미들을 2가지로 요약할 수 있다: 첫째로 수에 따라서 하나, 그리고 둘째로 보편적인 개념에 따라서 하나이다. 앞에서 설명하였던 것처럼, 보편적인 개념의 의미에서 하나는 종[Atr]에 따라서 하나로, 유[Genus]에 따라서 하나로 그리고 우리가 앞에서 상세하게 설명하였던 나머지 종류들로 나누어진다. 마찬가지로 수에 따라서 하나도 그와 마찬가지다. 보편적인 개념에 따라서 하나는 첫 번째로 연속에 의해서 말해지며, 두 번째로 그리고 비유적인 의미에서 연결된 것(접촉)에 의해서 그리고 다음으로 (세 번째로) 겉모양에서 '결합된' 대상에 의해서, 네 번째로 바깥의 묶임을 통해서 연결된 것에 의해서 말해진다. 수에 따라서 하나는 때로는 지시의 대상인 사람[Person](그러므로 개별자)에 대해서 사용하며, 그리고 사람이 (유기체적) 개별자인 한에서 더 이상 (이와 같은 종의 새로운 개별자들로) 나누어질 수 없는 사람에 대해서 사용한다. 예를 들어 Zaid와 Amr가 이러한 사정에 있다. 이것은 가장 알맞은 의미에서 수에 따라서 하나로 나타내지는 것이다.

간단하게: 사람들은 오로지 자기 자신에서 분리되어 있는 그리고 다른 것과 구별되는(자신에서 분리할 수 없는 그리고 어느 곳이든 다른 것으로 부터 분리하여 있는 어떤 것[quod est indivisum in se et] divisum a quolibet alio) 모든 것을 수에 따라서 하나로 나타낸다. 이러한 것이 실재하는 유(종)에 따라서든 혹은 (주관적인) 생각난 그림Vorstellung에 따라서든 혹은 세 번째로 실체(하나 자체)에 근거하여서든 상관없다. 가장 뛰어난 의미에서 고유한 성질을 갖는 분리의 종류들은 감각적으로 알 수 있는 것들이다. 이러한 것은 먼저 사물들이다. 119-1 이러한 사물들은 이것들의 곳을 통해서 그리고 이것들의 개별성들을 통해서 분리된다. 안에서 생각난 그림에 근거하는 분리의 종류들Trennungsarten은 개념적으로 생각 속에서 나타날 수 있다. (하나임의 척도Maßeinheit로서) 이러한 하나에 근거하여 사람들은 길이를, 짧게 말해서: 연속하는 것을 정한다. 개별적인 것들을 분리한 종류들에 관해서, 이러한 종류들은 이것들의 실체(이것들 자체)에 근거하는데, 이것들은 쉽게 알 수 없다(감각적으로 앎에 더 조금밖에 가까이 할 수 없다). 그러나 하나임들로서 사물들의 개념적인 본질성에 근거하여 서로서로 분리된 사물들은 조금 더 쉽게 알 수 있다. 그렇지만 만일 사람들이 사태를 강도 높은 방식에서 고찰한다면, 이러한 나눔은 하나Ein라는 개념이 말해지는 그런 개념들(비물체적인 타고난 성질들Inhärenzien)을 통해서 분명하다. 이것으로부터 동시에 하나라는 개념은 10개의 틀들에 의해서 서술될 수 있으며 있는 것의 개념과 동등하다는 것(외연이 같다는 것)이 분명하다. 이 둘은 단지 파악하는 방식(형식적인 관점)에서 구별되며, 게다가 다음과 같은 의미에서: 만일 사람들이 본질성을 (논리적으로) (유와 차이로) 나눌 수 없는 한에서 파악한다면, 본질성은 하나임이라는 의미에서 구별된다. 그러나 사람들이 이 본질성을 이것이 (정해진, 개별화된) 본질성인 한에서 파악한다면, 본질성은 본질(실체)과 실제로 있는 것(essentia et existentia)으로 불러진다.

모든 이러한 것이 우리가 설명하였던 것처럼 그러한 사정에 있기 때문에, 그래서 이렇게 물어진다. 무엇이 수의 첫 번째 원리인 하나(수학적인 하나)인가? 그리고 어떤 실제로 있음 방식이 하나에 귀속하는가?[19] 이와 같은 물음은 의미에 관한 것이다; 왜냐하면 만일 우리에게 이러한 하나가 무엇인지가 분명해진다면, 우리는 또한 수의 본질성을 이해할 수 있게 되기 때문이다; 왜냐하면 수는 단지 하나임의 반복을 통해서만 생겨나기 때문이다. 따라서 우리는 가르친다: 수에서 하나는 사람들이 지성에서 (개별자를 지시하는 것처럼) 지시하는 그런 사물들이다. 하나는 (원자로서) 양에 따라서도 질에 따라서도 공간적인 위치에 따라서도 정신에서 나눌 수 없다. 우리는 (단지) 점은 양에 따라서도 질에 따라서도 나눌 수 없기 때문에 '공간적인 위치'를 정의에 덧붙인다. 그럼에도 불구하고 점은 공간적인 위치에 붙어 있다(그 결과 사람들은 점은 공간적인 위치에서 나눌 수 있을 것이라고, 그러므로 특별히 제외되어져야만 할 것이라고 추측할 수 있을 것이다). 그러므로 이러한 하나는 수의 원리이다. 그렇지만 하나는 자체 수는 아니다. 양의 틀에 (첫 번째로 그리고 자체로) 포함되어 있는 이러한 하나에 근거하여 사람들은 하나임들로 나타내는 나머지 사물들에 관하여 이것들이 하나일 것이라고 말한다.[20] 같은 방식에서 수적으로 많음Vielheit에 근거하여 많음은 이것

19) 이러한 물음은 본질적으로 형이상학의 물음이다; 왜냐하면 이런 물음은 실제로 있음 자체(있는 것은 양에 따라서 있는 것이다ens in quantum est ens)를 탐구하기 때문이다.

을 설명하는 나머지 사물들에 의해서 말해진다. 수의 원리인 하나는 밑바탕에서 (붙여진 것Inhärens으로서) 있을 것이라는 학설에 관하여, 그러므로 이러한 것은 명확하다. 이러한 근거로부터 사람들은 (하나의 그리고) 하나임의 정의에서 하나임을 이렇게 말한다. 즉 하나임은 사람들로 하여금 사물들에 관하여 사물들은 하나일 것이라고 말하게 하는 그러한 것일 것이다. 더 나아가 수학적 학문이 밑바탕의 이러한 개념을 허용하고 그와 같은 개념을 밑바탕의 하나임에서 고찰하는 것은–선, 면 그리고 물체로부터 추상들은 이러한 방식에서 만들어지는데–자기 자신에서 명백하다. 형이상학자의 탐구방식과 수학자의 탐구방식 사이에 다름이 이것에 있다; 왜냐하면 형이상학자는 밑바탕을 제외하고 양에서 하나가 1인 한에서 하나를 고찰하기 때문이다. 그렇지만 수학자(텍스트: 자연학자)는 선과 면이 자신에서 단지 선이고 면인 한에서 선과 면을 고찰한다(그러므로 이것들의 추상된 본질성을 고찰하고, 밑바탕에서 이것들의 실제로 있음의 종류를 고찰하지 않는다).

이러한 것이 그러하기 때문에, 그러므로 하나와 많은 것Viele은 형이상학과 수학의 대상들로 계산할 수 있다. 그럼에도 불구하고 이러한 두 학문들의 고찰방식은 형식적인 관점에 따라서 서로 다르다. 이러한 방식에서 본질적으로 서로 다른 부문들이 하나의 같은 (질료적인) 대상을 고찰할 수 있다.

■

20) 그러므로 하나–있음Einssein은 이러한 나머지 사물들에 의하여 단지 우연적으로만 (비유적으로 양으로부터) 말해진다.

사람들은 숫자상의 하나가 단지 (추상적인 본질성으로서) 하나인 한에서 숫자상의 하나를 파악할 수 있다. 이러한 이유는 사람들이 숫자상의 하나를 요컨대 나눌 수 있음에 따라서 양, 질 그리고 위치로부터 자유로운 개념(정해짐)으로 정하기 때문이다. 이제 그러한 종류의 숫자상의 하나가 실제로 있기 때문에, 이러한 하나는 숫자상의 많음을 위한 첫 번째 원리이다. 따라서 많음 또한 양의 틀 아래에 놓인다. 그러나 사람들이 하나를 자체로 사물들의 영역에서 말해지는 그런 사물들로 나눈다면, 하나는 모든 10개의 틀들에 따라서 배열된다(하나는 틀들의 우연적인 것이다). 그럴 경우 많음은 이러한 관점에서 10개의 틀들의 우연적인 것들로 생각할 수 있다. 이러한 것은 우리가 다음의 것을 전제하는 경우에 일어난다. 즉 하나라는 것의 밑바탕은 10개의 틀들, 다시 말하자면 10개의 틀들에서 정말 실제로 있는 사물들 이외에 다른 사물이 아닐 것이라는 것을 전제하는 경우이다. 우리는 이와 같은 사물들을 이미 낱낱이 다루었다. 마찬가지로 예를 들어 수학자가 긋는 선 또한 (실재하는) 물체들에서 있는 그러한 선 이외에 다른 사물이 아니다; 왜냐하면 어떤 의미에서 결핍은 하나에 귀속할 수 있음에 틀림없기 때문이다.[21] 이 때문에 하나는 10개의 틀들에 공통으로 속하는 어떤 것이거나–아비세나가 하나를 그렇게 가르치는데–혹은 '분리되어 있는' 어떤 것이다(즉 비물체적인 실재성Realität으로 홀로 있는 어떤 것이다). 이러

■

21) 그러나 이러한 것은 단지 하나가 실재하는 자연의 사물들에서 (붙여진 것으로서) 현재 있는 경우에만 가능하다.

한 것은 하나라는 본성에 관한 많은 옛 철학자들(피타고라스)의 견해였다. 이들은 이것들(하나임들, 수들)을 비물체적인 사물들이라고 가르쳤다. 이러한 견해를 우리는 나중에 논박할 것이다. 아비세나는 다음과 같이 주장한다. 즉 하나[Ein]라는 것의 밑바탕은 밖으로부터 모든 틀들에 덧붙여지게 될 어떤 것이며 이것은 언제나 그리고 어떤 상태(형상)에서 단지 모든 틀들이 공통으로 지닌 바깥의 우연적인 것만을 나타내는 것이다. 그렇지만 이러한 견해는 옳지 않다; 왜냐하면 만일 하나가 단지 (그럼에도 불구하고) 항상 말해지는 사물들의 본실 밖에 있는 대상들만을 나타낸다면, 이렇게 '여기서'(이 세계에서) 실체에 따라서, 즉 개별자에 따라서 하나뿐만 아니라 또한 보편적인 개념에 따라서 하나인 어떤 것도 실제로 있지 않기 때문이다. 이와 같은 것은 모든 틀들에 알맞다. 따라서 하나가 틀들과는 구별된 채, 그럼에도 불구하고 모든 틀들에 공통으로 귀속하는 다른 어떤 것일 것인 한에서, 하나는 10개의 틀들에 대한 바깥의 우연적인 것일 것이다. 그렇지만 이러한 견해는 명백히 자기 안에 근거를 갖고 있지 않다.

이러한 것은 다음과 같은 것으로부터 분명해질 것이다. 보편적인 개념에 따라서 하나는–하나는 10개의 틀들에서 단지 일반적인 우연적인 것만을 나타낸다고 인정하는 것을 전제하는데–필연적으로 틀들의 각각 개별자에서 분명한(유일한) 의미로 혹은 '이중의'(유일하지 않는) 의미로, 즉 어떤 '더 먼저'와 '더 나중'에 따라서(그러므로 비유적으로) 말해지는 의미로–혹은 순수한 이중의 의미로–이러한 실재하는 우연적인 것의 용어로 나타내져야만 한다. 그렇지만 분명히 하나는 이것이 말해지는 사물들을 대개 이중적인 의미로 나타내지 않는다; 왜냐하면 이중적으로 서술되는 개념들은 본질적인 술어뿐만 아니라, 하나의 같은 정의도, 또한 하나의 같은 내용도 (공통으로) 지니지 않기 때문이다. 마찬가지로 하나는 분명한(유일한) 의미에서 말해지지 않는다; 왜냐하면 분명한(유일한) 의미에서 모든 것에 의해서 진술될 공통적인 유가 실체의 틀과 우연적인 것들의 틀들에 귀속한다는 것은 불가능하기 때문이다. 말하자면 이러한 틀들은 완전히 서로 다르다. 이러한 경우에(공통 개념이 모든 것들을 품지 못하는 경우에) 이러한 우연적인 것(하나)의 개별자는 단지 바깥의 감각적인 지각을 통해서만 알게(알 수 있게) 될 것이다. 실제로 실재하는 우연적인 것들의 나머지 틀들이 그러한 사정에 있다. 이제 이러한 것이 그러한 사정에 있기 때문에, 하나는 사물들을 단지 어떤 '더 먼저'와 '더 나중'에 따라서 (하나로, 그러므로 비유적으로) 나타낼 수 있다.

이제 사태가 그렇게 ('요청적으로') 세워졌었기 때문에, 하나는 10개 틀들의 '본질'(개별사물들, '실체들') 이외에 다른 어떤 것도 나타내지 않는다; 왜냐하면 이와 같은 본질(하나)은 한 개의 틀이 다른 틀들에 (논리적으로) 관계하는 것[22]을 (혹은 개별자들이 서로 관계하는 것을) 뜻하기 때문이다. 혹은 (wa로 읽는 것 대신에) 틀들에서 (두 번째 배열의) 다른 틀들이 실제로 있어야만 한다는 것이 일어날 것이다. 이러는 이유는 양에서 우연적인 것이 실체에서 우연적인 것

■
22) 이러한 관계는 척도에 따른 측정에 있다. 그러므로 하나는 실재하는 어떤 것, 즉 우연적인 것처럼 사물들에 덧붙여 나타나는 것일 수 없다(hadihi이 dalālah에 관계가 있는).

에 실제로 관계함은 양이 실체에 관계함과 같은 관계이기 때문이다. 이럴 경우에는 그러므로 틀들에서 다른 틀들이(두 번째 배열의, 예를 들어 두 번째 배열의 양이) 실제로 있었으며 그렇게 끝없이 계속된다. 그렇지만 (순서대로 틀들을 끝없이 끼워 넣는) 이러한 파악은 불가능하다. 따라서 하나와 수의 밑바탕은 실재하는 실제로 있는 하나(개별자) 이외에 다른 어떤 것일 수 없는데, 각각의 낱개의 틀 자체에서 그러하다.

이와는 반대로 사람들이 다음과 같은 어려움을 제시할 수 있을 것이나: 하나와 수에 관하여 이것들이 양의 틀에서 있을 것이며, 또한 동시에 이것들이 틀들의 각각 낱개에서 실제로 있어서, 그 결과 이것들이 틀들 자체들이라는 것, 대개 틀들에 덧붙여진 작용하는 것이 아니라는 것을 사람들이 어떻게 생각할 수 있을까? 이러한 근거로부터 아비세나는 하나라는 것의 밑바탕은 모든 틀들에서 실제로 있을 실재하는 우연적인 것이어야만 할 것이라고 추측하였다. 그렇지만 사태는 그가 생각하였던 것처럼 그러한 사정에 있지 않다; 왜냐하면 숫자상의 하나는 하나의 본성에 따라서 나머지 하나임들(실재하는 개별자들과 척도들)의 본성과 다르기 때문이다. 이를 위한 근거는 숫자상의 하나가 개별자의 개념을 뜻하는 것에 있다. 이런 숫자상의 하나는 양과 질이 제거된 것, 즉 개별자를 어떤 개별자로 만든 그러한 것(추상된 본질)이다; 왜냐하면 숫자상의 하나는 단지 '개념'을 통해서만, 즉 비물체적인 실재함, 나눌 수 없는 '이성ratio'을 통해서 그러한 종류이기 때문이다. 이 때 지성은 그와 같은 개념을 질료(murād 대신에 mawādd)로부터 추상하며 그와 같은 개념을 비물체적인 내용(하나라는 것의 '이데')으로 파악한다. 이를 위한 근거는 숫자상 하나와 숫자상 하나임은 (주관적인) 내용 이외에 다른 것이 아니라는 것에서 찾을 수 있다. 생각하는 영혼이 이러한 (주관적인) 내용을 실재하는 개별자들에서 끄집어낸다. 만일 생각하는 영혼이 실제로 있지 않을 것이라면, '거기서'(바깥 세계에서) 어떤 숫자상의 하나뿐만 아니라 대개 수도 실제로 있지 않을 것이다. 사태는 선과 면에서, 간단하게: (이것은 수를 질료와 결합시킨 지속하지 않는 양보다 더 많이) 지속하는 양에서 반대의 사정에 있다. 이러한 근거로부터 수는 이것의 있음-배열Seinsordnung에서 질료로부터 많이 떨어져 있다. 아비세나는 수에 관하여 관계를 선과 면의 관계처럼 그와 같이 파악하려고 하였다. 즉 그는 비록 생각하는 영혼이 실제로 있지 않을지라도, 특별한 실재하는 본성이 하나임에 귀속할 것이라고 주장하고 싶었을 것이다. 이러한 주장으로 인하여 그는 밖으로부터 틀들에 덧붙여질 실재하는 어떤 것을 틀들에서 받아들이도록 강요되어졌다. 이제 숫자상의 하나와 이것으로 구성된 수가 '본성'(즉 틀들의 본성, 그러므로 틀들의 가장 안에 있는 본질) 자체이기 때문에,[23] '본성'(틀들의 본질)에 대한 맨 처음의 의미는 우선적으로 오직 수에 귀속한다. 그리고 이러한 것은 하나임이다. 이럴 경우에 나머지 유들(즉 틀들)의 개념들은 학문적인 '정립Setzung'(의미의 확정)에 근거하는 개념들이다. 이러한 근거로부터(왜냐하면 아비세나는 이러한 관계를 잘못 알고 있었기 때문에) 그는 틀들에 관하여 잘못된 것을

■

23) 있음은 (비유적으로) 모든 틀들의 토대이다. 그렇지만 하나와 있는 것은 바뀌진다Atqui unum et ens convertuntur. 그러므로 또한 하나도 틀들의 토대(자연의 자연natura naturae)이어야만 한다.

가르쳤다. 측정은 오직 수의 매개를 통해서만 실현된다. 이러한 근거로부터 철학자들은 나머지 개념들(틀들)로부터 다음과 같은 것을 주장한다('선택한다', 즉 학설에 편든다). 즉 나머지 개념들은 더 많이(서로 다른 척도들에서, 한 개는 더 많이, 다른 것은 더 적게) 하나임에 유사하다. 다시 말하자면 이것들은 이러한 유(그 어떤 틀)에서 개념들(내용들)을 '나눌 수 없는' 어떤 것으로 혹은 개념들의 나눌 수 없음에 근거하는 어떤 것으로 나타낸다.[24] 이러한 이유로 모든 시민들은 모든 운동들을 하루(태양의 구[Sonnensphäre])의 운동에 따라서 측정하는 것에 동의한다; 왜냐하면 이러한 운동이 가장 빠른 운동이기 때문이다. 그러므로 사람들은 모든 나머지 운동들을 (척도로서) 이러한 하루 운동의 시간에 따라서 정하였으며, 마찬가지로 나머지 (더 작은) 운동들을 (척도로서) 이러한 운동들의 부분에 따라서 정하였다. 이와 같은 근거로부터 사람들은 움푹함의 척도와 길이의 척도에 관하여 이것들의 척도는 가능한 가장 작은 크기일 것이라고 가르친다('선택한다'). 양의 틀을 제외하고 양에서 정해질 수 있는(정해져야 마땅한) 나머지 사물들은 단지 우연적인 방식으로만 측정되며 더욱이 이러한 틀(양의 틀)에 근거하여 측정된다.[25] 무거움과 가벼움의 측정[Maßbestimmung]이 그러한 사정에 있으며 더욱더 중요한 의미에서 검은 것과 하얀 것의 측정이 그러하다(그러므로 질들, 관 125-1
계들 등등의 측정이).

■

24) 따라서 마땅히 하나는 – 있음처럼 같은 방식에서 – 틀들의 토대라는 것이 표현되어져야 한다.

25) 자체로 측정할 수 있음은 양에 귀속하는데, 그러므로 우연적으로 그리고 양을 통해서는 다른 것들에 귀속한다; 왜냐하면 '자체로per se'는 모든 '우연적으로per accidens'의 원인이기 때문이다.

이러한 설명으로부터 수의 원리를 의미하는 하나가 무엇인지, 그리고 어떤 본성이 하나에 속하는지, 수는 이러한 (경험적인) 하나임의 총합이라는 것(그러므로 어떤 것도 사물들에 덧붙여지지 않는다는 것), 더 나아가 많음은 이러한 하나임들로 구성된다는 것(관사 없이 muallafah)이 명확하다.

아비세나는 이러한 정의에 대하여 어려움을 나타낸다. 그는 이렇게 말한다: 많음은 자체 수의 본질이기 때문에, 어떻게 많음이 수의 유일 수 있는가? 왜냐하면 많음 자체는 (특별한 종류들로서) 이러한 그리고 저러한 많음으로 나누어질 수 있기 때문이다. 마찬가지로 또한 수는 (서로 다른 종류들로서) 그러그러한 사정에 있는 많은 세어진 대상들로, 즉 감각적으로 알 수 있는 사물들로 나누어진다. 대답: 만일 이러한 것이 또한 그러한 사정에 있다면, 그렇게 사람들은 수를 마치 수가 세어진 사물들의 많은 종류들 중 한 가지인 것처럼 생각할 수 있다. 그러므로 이럴 경우 많음은 나머지 많은 사물들을 위한 유인 것처럼 수의 유이다. 그럼에도 불구하고 이렇게 나누는 방식과 고찰하는 방식은 순수하게 주관적-논리적인 방식이며(언어적으로: 생각하는 영혼의 행위에서 일어나며) 그와 같은 종류로서 불가능하지 않다. 이러한 방식은 순수한 논리적인 개념인 경우에 한해서 이러한 정해진(개별적인) 수에 덧붙어 있다. 이러한 논리적인 개념을 영혼이 세어진 사물들에서 끄집어 낸 것이다. 더 나아가 아비세나는 다른 측면으로부터 하나의 정의와 수의 정의에 관하여 어려움을 나타낸다: 만일 자체로 수를 의미하는 하나가 많음의 정의에 포함된다면, 그리고 만일 동시에 하나는 하나에서 실제로 현재 있을 수 있을 많음의 결핍을 통해서 개념적으로 파악할 수 있다면, 이러한 둘(하나와 많은 것) 각각은 다른 것의 개념적인 파악에 포함된다(정의에서 순환논증circulus in definitione). 마찬가지로 사태는 일반적으로 개념형성에서 그러한 사정에 있다. 이와는 다르게 나는 내가 이미 앞에서 '상대적인'(상호의) 사물들의 정의에 관하여 말했던 것에 대답하였다.

따라서 우리는 우리가 설명하는 대상을 그만두었다. 그래서 우리는 이렇게 이 점으로 되돌아가서 가르치고자 한다: 이러한 연관에서 하나가 모든 틀들을 나타내며, 하나는 있는 것과 동등하다는 것이 분명해졌기 때문에, 그러므로 형이상학에 속하는 하나에 대한 탐구는 단지 이러한 관점에서만(단지 하나에 대한 정의와 실제로 있는 방식에 관해서만) 행하여질 수 있다는 것이 확실하다. 옛날 철학자들이 하나에 관한 문제에서 이러한 개념에, 말하자면 하나와 있는 것의 밑바탕이 하나의 같은 것인 한에서 하나가 있는 것과 동등할(바뀌질) 것이며, 이 둘, 즉 하나와 있는 것은 단지 파악하는 방법에서 (내용적으로) 구별된다는 명제에 일치하였던[26] 반면에, 있는 것의 원리와 나머지 실재하는 사물들의 실제로 있음을 위한 원인인 근원적인 하나에 관하여, 그리고 실재하는 것으로서 이러한 사물들의 정의(정함, 또한: 받아들임)에 관하여 이들은 일치하지 않았다. 이들의 견해들은 2가지 학설들로 쪼개진다. 자연철학자들 중 옛 철학자들(소크라테스 앞 철학자들)은 - 이들은 감각적으로 알 수 있는,

■

26) 이러한 표현은 그밖에 이렇게 표시된다: 쉬다. 사물을 탐구하다, 사물에서 머무르다; 여기에 예외적으로: 사물에서 만나다.

개개의 사물들의 시작이 없음에 관한 학설을 보편적인 원리들에서 (예를 들어 수들에서) 세웠는데 - 이러한 학설에 관하여 확신하고 동시에 (그럼에도 불구하고) 각각 낱개의 유(틀)에서 늘 맨 처음의 것 ein Erstes이 실제로 있어야만 한다는 것을 통찰한 후에 추종하는 태도를 취했다. 이 맨 처음의 것은 저러한 유에서 각각 개별 종의 실제로 있음을 위한 원인이며 동시에 저런 나머지 종들이 종들의 양에서 정해지고 학문적으로 알 수 있는 그러한 것을 위한 원인이다.[27] 이러한 것은 그러한 사정임에 틀림없다. 왜냐하면 저러한 종들은 객체Objekt이기 때문이다. 이 객체에 의해서 유가 어떤 더 먼저와 더 나중에 따라서(그러므로 비유적인 방식에서) 말해진다. 이러한 것은 예를 들어 10개의 틀들에 알맞다. 그래서 사람들은 예를 들어 뜨거움을 처음에는 불로부터 말하고 (두 번째로) 사물들로부터 마찬가지로 말한다. 이 사물들은 어떤 더 먼저와 더 나중에서 (한 사물들은 불에 더 가까이에 있고, 다른 사물들은 더 멀리 있음으로써) 불과 관계한다. 그렇지만 불은 모든 나머지 뜨거운 사물들의 실제로 있음을 위한 원인이며, 더 나아가 저런 사물들이 정해지는, 학문적으로 알 수 있는 그리고 셀 수 있는 그런 것을 위한 원인이다.[28] 이러한 근거로부터 뜨거운 사물들이 검은 혹은 하얀 척도에 따라서

■

27) 뒤 문장('그래서 그들의 학설은 틀린 것으로 증명되었다')은 빠졌다. 앞서간 것의 기본문장은 알려진 것이다: 이와 같은 유들에서 처음인 것은 저러한 유에서 있는 모든 것의 원인이다Quod est primum in unoquoque genere est causa omnium quae sunt in illo grnere. 그리고 이러한 원인은 동시에 나머지 것들의 앎의 근거이다 - 있음의 원인은 앎의 근거와 같다. S. 127, 13~22.

28) 뜨거움은 불에 의해서 자체로 그리고 첫 번째로 말해진다. 이 때문에 불은 모든 우연적으로 뜨거운 사물들의 앎의 근거처럼 원인이며 척도이다.

셈하여지는 것은 일어날 수 없다; 왜냐하면 각각 개별적인 유에서 척도는 필연적으로 유에서 측정된 것과 일치해야만 하기 때문이다. 실재하는 사물들 자체들이 마찬가지 사정에 있다. 즉 이런 사물들에 의해서 술어들이 어떤 더 먼저와 더 나중에서 말해진다. 이러한 근거에서 저런 철학자들은 필연적으로 '여기서'(이 세계에서) 첫 번째 실재하는 (자체로) 실제로 있는 것이 현재 있을 것이란 견해에 이른다.[29] 이러한 첫 번째의 실제로 있는 것은 모든 나머지 (우연적으로) 실재하는 사물들이 실재하도록 하는, 셀 수 있을 그리고 알 수 있을 그런 것을 위한 원인이다. 수들에서 하나임이 이와 같은 사정에 있다. 이러한 수들에서 하나임은 수의 나머지 종류들이 실재하고 셀 수 있기 위한 원인이다. 그렇지만 저런 철학자들에게서 원인들의 총합으로부터 질료적인 원인들 이외에 다른 것은 알 수 없었기 때문에, 그들은 이미 언급된 방식에서 있는 하나를 원인 자체일 것이라고 확신하였다. 또한 이러한 의견은 첫 번째의 질료적인 원인(질료[ὕλη])에 관하여 서로 다르게 확신하는 표준[Maßgabe]에 따라서 세워졌다. 한 부류는 이러한 첫 번째 원인은 물이라고(탈레스) 생각하였다. 다른 자는 첫 번째 원인을 불이라고 가르쳤다. 또 다른 자들은 첫 번째 원인을 어떠한 한계도 갖지 않은 물로 나타냈다. 바야흐로 젊은 세대들(피타고라스)이 형식적인 원인을 알았을 때, 그럼에도 불구하고 이와 같은 원인을 이것이 있는 것처럼 그렇게 생각하지는 못했고 – 이들은 사물의 개념은 영혼의 바깥에서 실재하는 실제로 있는 것과

■

29) 이것이 위에서 빠진 뒤 문장이다.

같을 것이며 사물은 더 중요한 의미에서 감각적으로 알 수 있는 것으로서 실제로 있는 것일 것이라고 확신하였는데 – 이들은 다음과 같은 것을 주장하였다. 즉 '하나'라는 개념이 말해지는 모든 사물들을 포함하는 보편적인 하나는 하나임이 (우연적으로) 진술되는 모든 나머지 실재하는 사물들을 위한 원인들이며, 하나임은 사물들의 측정을 위한 원인일 것이다. 이러한 것은 아리스토텔레스에 앞선 철학자들이 이러한 물음에서 도달하였던 학설들이다.

이제 아리스토텔레스에 관하여 다음의 것이 타당하다. 개념적인 (정신적인) 형상들이 실제로 있으며, 더욱이 형상들의 감각적으로 알 수 있는 실제로 있음–형상[Existenzform]을 떼어낸 채로(실제로 있음–형상으로부터 추상하여) 실제로 있다는 것, 그리고 개념 자체는 영혼의 밖에서 실재하는 실제로 있음을 지니지 않는다는 것이 아리스토텔레스에게는 명확해졌다. 개념은 정신 바깥에서 단지 정신이 감각적으로 (질료에서) 알 수 있는 한에서만 실제로 있다. 이것에서 감각적으로 알 수 있는 대상들 중 가장 보편적인 것들은 10개의 틀들이라는 것이 그에게는 분명해졌다. 동시에 우연적인 것들의 틀들에 관하여 우연적인 것이 이와 같은 틀들의 각각의 유에 실제로 있다는 것이 공식적으로 알려졌다. 이 우연적인 것은(왜냐하면 이것 자체는 자체로 저러한 유를 진술하기 때문에) 저러한 유에서 (우연적으로) 정말 실제로 있는 나머지 종들의 실제로 있음을 위한 원인이며, 또한 나머지 종들의 측정을 위한 원인이기도 하다. 예를 들어 색깔들 안에서 하얀색이 그러한 사정에 있다. 하얀색은 나머지 색깔들의 실제로 있음을 위한 원인이며 이것들의 측정(농도를 정함)을 위한 원인이다; 왜냐하면 검은색은 하얀색의 결핍을 통해서 정해지기 때문이다. 이러한 정함Bestimmung은 다른 것에 앞서 이것이 (실체처럼) 자기 자신에서 있는 긍정적인 사물일 것을 선택한다. 이를 위한 근거는 다음과 같은 것이다. 즉 명제들을 위한 원인들과 토대들, 말하자면 (wahija) 학설들(이것들의 가능성에서)과 불가능성을 정하는 동기들은 선율들(척도는 처음과 자체primum et per se이며 원인이다)에서 박자의 원인들처럼 그와 같은 사정에 있다는 것이다. 이 때문에 저러한 철학자들은 필연적으로 이러한(자체로 있음esse per se의) 속성을 지닌 사물은 실체의 틀에서 있을 것이라고 생각하였다. 말하자면 많은viele[30] 실체들이 있다. 다른 말들로: 그들이 주장했던 바대로, 사물은 실체의 틀에서 있어야만 한다. 이러한 사물은 모든 나머지 실체들의 실제로 있음을 위한 원인일 것이며, 물론 대개 실체들을 위한 원인일 뿐만 아니라, 또한 나머지 사물들(우연적인 것들)을 위한 원인이기도 하다; 왜냐하면 나머지 사물들은 단지 이것들이 실체를 매개로 하여 실제로 있는 것을 통해서만 정해지기 때문이다. 왜냐하면 이러한 사물들의 실제로 있음은 단지 실체를 통해서(그리고 실체에서)만 가능하기 때문이다. 이것은 형이상학의 첫 번째 장에서 다루어졌다. 만일 하나가 질료와 결합에서 (개별자로) 있다면, 이러한 방식에서 있는 하나는 중요한 의미에서 하나임으로 나타내진다. 왜냐하면 하나는 동시에 중요한 의미에서 실제로 있는 것으로 불려지기 때문이다. 이러한 근거로부터 우리가 여기서 몰두한 문제는 처음부터 형이상학 전체를 통해서 탐구하여진 문제(있는 것은 양에서 있

30) 나머지 것들을 연역할 수 있는 '자체per se'가 각각의 많음Vielheit에서 있다.

다는 것의 탐구[die Untersuchung des ens in quantum est ens])로 '되돌아간다'(문제와 같은 의미이다).

이러한 사물들에 관하여 사물들을 자세하게 탐구하기(사정에 따라서: 사물들에 관하여 일치하는 학설에 이르기) 위하여 그리고 다음과 같이 묻기 위하여 희망적으로 미리 설명되어졌다. 즉 감각적으로 알 수 있는 실체를 위한 첫 번째 원리인 비물체적인 실체가 '여기에'(이 세계에) 실제로 있는가? 혹은 감각적으로 알 수 있는 실체가 실제로 있음에 도달하기 위하여 자기 자신에서 충분한가(실체의 여기 있음[Dasein]의 원인을 자기 자신에서 갖는가)? 이러한 두 가지 문제들은 (질료적인) 객체에 따라서는 하나의 같은 문제이며, 파악하는 방법(형식적인 객체)에 따라서는 서로 다른 2가지의 문제이다. 따라서 둘 중 1가지가 분명해진 다음에, 또한 다른 한 개도 알 수 있게 될 것이다. 이와 같은 근거로부터 다음의 것이 타당하다: 만일 '여기서'(이 세계에서) 비물체적인 실체가 보다 더 많이 실제로 있다는 것이 분명하다면, 필연적으로 또한 그런 실체들 중 한 개의 실체, 즉 많은 그리고 수에 의해 정할 수 있는 것으로서 이러한 실체들이 실제로 있기 위한 원인인 한 개의 실체가 현재 있다는 것이 일어난다. 모든 이러한 것은 형이상학의 두 번째 장으로부터 확실해진다. 이 장에서 언급된 사물들에 이르는 탐구는 단지 다음과 같은 길을 수월하게 하는 목적을 추구하는 것이다. 이 길은 형이상학의 두 번째 장의 목표와 끝점을 진술하는 (형이상학의) 이러한 부분으로 안내하는 길이다. 궁극적인 목표(신)의 가치 때문에 많은 철학자들이 신학(즉 형이상학)은 오직 비물체적인 실체들만을 고찰해야 한다고 생각하였다. 이 때문에 이러한(즉 지금 완결된) 설명은 하나가 있는 것과 동등하게 있다는 한에서 하나에 다다르며, 그 다음으로 다음의 물음 에 이른다. 즉 우리는 하나에 관하여 이러한 하나가 첫 번째 하나(신)와 관계함을 어느 정도로 탐구해야만 하는가? 130-1

하나는 많음에 반대에 있기 때문에, 그러므로 우리는 이제 얼마나 많은 방식에서 하나가 그와 같은 많음에 대립하여 있는지를 고찰하고자 한다. 따라서 우리는 가르친다: 하나가 많은 방식에서 많음에 대립하는데, 첫째로 나눌 수 있는 것과 나눌 수 없는 것으로 대립한다. 반대[Opposition]의 이러한 종류는 가짐과 결핍 사이에서 일어나는 종류와 같다. 말하자면 하나는 많음에서 현재 있는 나눔[Teilung]을 빼앗는다(privatur). 나아가: 동일성이 하나에 귀속하고, 그러나 '다른 것', 즉 서로 구별되는 것과 반대자가 많음에 귀속하는 한에서 하나는 많음에 대립한다. 그렇지만 다음의 것은 명백하다. 즉 많음에서(혹은: '이러한 정해짐들에 대해서') 하나가 동일성을 지닌 한에서 하나에 대립하는 이러한 것은 다른-있음[Anderssein](숫자상 서로 다름)이다(wa는 hija앞에서 지워짐); 왜냐하면 각각의 사물은 필연적으로 (다른 것과) 동일하거나 혹은 숫자상 (그것과) 구별되기 때문이다. 이러한 관계는 마찬가지로 동일한 것과 다른-있음을 나타내는 종들의 척도에 따라서 일어난다. 우리는 이러한 것을 낱낱이 열거했었다. 그러므로 우리는 동일한 것이 유에서 뿐만 아니라 본질형상(즉 종[Spezies])에서도 그리고 개별자에서도 다음의 경우에 이해된다는 것을 이미 보였다. 즉 말하자면 건강이 2가지 (같은 의미의) 징표들을 지닌 경우에, 혹은 1가지의 징표가 다른 징표에 관계되는 경우에(그 결과 이 두 징표들은 거의 같은 의미인 경우에) 그렇다. 나아가 우리는 다음의 것을 행하였다. 즉 만일 동일한 것이 실체에서(본질)에서 일어난다면, 동일한 것은 종의 영역에서 같은 종Mitart과 '닮은 것Ähnliches'(본질상 같은 것)으로 나타내지며, 양에서는 같은 크기로, 질에서는 닮은 것으로 표시된다. 마찬가지로 이러한 것은 서로 다른 종들에서도 일어난다. 우리가 자세하게 말했던 것처럼, 닮은 것의 표현이 이러한 서로 다른 종들에도 적용된다. 이러한 근거로부터 다음의 것이 필연적으로 일어난다. 즉 사물은 본질상 같은 것이거나 혹은 본질상 다른 것이거나, 크기가 같거나 혹은 크기가 같지 않거나, 유사하거나 혹은 유사하지 않거나 임에 틀림없다. 모든 이러한 정해짐들은 사물이 (두 번째 사물과 관계에서) 동일하거나 혹은 '다르'(숫자상 서로 다르)다는 상황에 일치한다.

4. 대립자들

본질이 서로 다름은 동일한 것에 대립하는데, 그렇지만 반대자Oppositum로서 그런 것은 아니다; 왜냐하면 서로 다른 것은 (척도로서) 다른 사물을 통해서 (그리고 다른 사물에 대해서) 서로 다르기 때문이다. 그러나 이것이 정해진 '사물'(표준)에 대해서 다르지만, '다른 것'에서는(새로운 관계에서는) 동일하다. 따라서 이렇게 많음은 순수하게 '다른 것'이 아니라, 오히려 단지 (사물의 어떤 부분과 관계에서) 어떤 '다른-있음Anderssein'만을 갖는다. 그리고 이것은 '서로 다른 것Verschiedene'이다. 유에서 서로 다른(아래 단계에서 대립하는subkonträren) 모든 사물들은 하나의 같은 관계와 시간에서 하나의 같은 밑바탕에 붙어 있을 수 없다. 사람들은 이러한 종류의 사물들을 반대자들Opposita이라고 부른다. 이러한 반대자들은 일반적으로 4가지 종류를 만든다: 2개의 대립자들contraria, 가짐과 결핍, 긍정과 부정(모순contradictio) 그리고 관계하는 두 용어들termini이 그것이다. 얼마나 많은 방식에서 2개의 대립자들과 가짐과 결핍이 진술되는지는 이미 앞에서 설명되었다. 그럼에도 불구하고 대립자들은 단어의 고유한 의미로 같은 유에서 현재 있는 그러한 종류이다. 그러므로 대립자들은 그것들의 본질형상을 통해서 (특별한 차이의 척도에 따라) 2개의 '다른 것'이다. 나아가 설령 여러 가지Diversität가 크기일지라도, 이러한 여러 가지는 사물들의 유를 통해서 '다르게'(서로 구별되게) 있는 사물들에서 사물들이 대립자들을 설명하는 그러한 것에는 기초하고 있지 않다;[31] 왜냐하면 대립자들은 하나의 같은 밑바탕에서 같은 시간에 붙어 있음이 가능하기 때문이다. 이러한 하나의 같은 밑바탕에서 대립자들은 하나보다 더 많은 수이다. 틀들의 유를 통해서 구별되는 10개의 틀들이 그러한 사정에 있다. 만일 사람들이 이러한 대립자들에 관하여 말한다면, 대립자들은 ('서로서로 가장 크게 멀리 떨어짐에서') 여러 가지일 것이다. 그래서 이런 것은 한 대립자가 다른 대립자의 부분일 수 없는 한에서, 또한 어떤 방식에서 하나의 같은 유 아래에 떨어질 수 없는 한에서 타당하며, 대립자들의 서로 다름이 대립에 근거하는 그런 한에서는 타당하지 않다.

유에서 하나이며 동시에 본질형상을 통해서 서로 다른 대립자들은 완전한 대립Kontrarietät을 지닌다. 이러한 근거로부터 대립자들은

---

31) 유에서 서로 다른 여러 가지의 사물들은 대립하는, 유에서 일치하는 것들로부터 구별된다.

하나의 같은 밑바탕에서 함께 실제로 있을 수 없다. 하나가 현재-있음Vorhandensein은 필연적으로 동시에 다른 것의 없앰이다. 대립자들은 이러한 의미에서 여러 가지이다('가장 많이 서로서로 떨어져 있다'). 즉 두 대립자들 중 한 개가 다른 것의 없앰을 의미하는 것은 둘이 실재하는 실제로 있음에서 (대개 본질에서가 아닌) 가장 큰 대립들Gegensätze을 만든다는 것에 귀결된다. 이러한 근거로부터 사람들은 대립자들을 정의하기 위해서 다음과 같이 말한다. 즉 대립자들은 밑바탕이 단 한 개인 (실재하는) 대립들일 것이며, 동시에 실재하는 실제로 있음에서 가장 멀게 서로로부터 떨어져 있을 것이다(그 결과 대립자들은 반대쪽으로 밀쳐진다). 이러한 근거에서 어떤 사람은 이 둘을 정의하기 위하여 오직 한 쪽 대립자만이 유일한 다른 쪽 대립자에 대립할 수 있을 것이라고 주장하였다. 이를 위한 근거는 다음의 것이다. 만일 대립자의 유에서 완성된 것은 어떤 것도 부족하지도 않고(다른 것에 의해서 앞질러질 수 없는 것)[32], 너무 많지도 않는 것이라면, 분명히 여러 가지에서 완성된 것은 어떤 것도 이것보다 더 여러 가지로 있지 않는 그러한 성질임이 틀림없다. 말하자면 아직 다른 사물, 즉 완성된 것에 대립하는 사물이 실제로 있었더라면, 이러한 것은 더 높은 혹은 더 낮은 정도에서 실재하는 실제로 있음에 관하여(본질성에서가 아닌) 완성된 것에 대립하는 것임에 틀림없다. 그러므로 만일 완성된 것에 대립하는 사물이 첫 번째 것보

■

32) 언어적으로: '한 사물을 주었던, 사물(완성된 것)에서 벗어난('이것을 위해서 바깥에 있는') 어떤 작용하는 것(maugūdun)은 실제로 있지 않다', 사정에 따라서: (maugūdan은) 그것에 낯선 한 개의 혹은 더 많은 정해짐들을 주었던 채로 실제로 있지 않다.

다 더 적게 대립한다면, 이것은 두 대립자들 사이에서 매개한다. 그러므로 이것은 대립의 끝점(마지막)이 아니다(그러므로 고유한 대립자가 아니라 오히려 아래 단계에 있는 대립자이다). 그러나 이것이 첫 번째 것보다 더 강도 높게 대립한다면, 최후의 마지막 대립자로 받아들인 것은 (대립의) 최후의 경계[33]에서 있지 않고, 오히려 매개하는 것(아래 단계에서 대립자, 같은 종)이다. 그러나 두 개의 사물들은 대립하는 것들의 하나의 같은 있음-단계[Seinsstufe](정도, 농도)에서 다른 사물에 관계할 수는 없다; 왜냐하면 간격[Entfernung]의 가장 큰 정도는 단지 서로로부터 가장 큰 거리에 있는 두 끝점 사이에서만 발견되기 때문이다. 이러한 이유로부터 두 끝점들 사이에 한 개 이상의 직선이 그려지는 것은 가능하지 않다. 이제 대립자들의 정의에 관하여 둘의 간격은 서로로부터 분명하기 때문에(이 간격은 관계하는 유안에서 가장 큰 것임에 틀림없음), 그리고 '간격'이라는 용어는 첫 번째 계열에서 그리고 중요한 의미에서 단지 양에 의해서만 말해지기 때문에, 분명히 첫 번째의 근원적인 대립은 공간에서 생기는 대립이다. 동시에 이러한 근원적인 대립은 나머지 대립들의 실제로 있음을 위한 원인이다(왜냐하면 틀에서 자체로는[das per se] 그와 같은 틀에서 모든 '우연적으로[per accidens]'의 원인임에 틀림없기 때문이다). 왜냐하면 양적인 크기[Größe][34]가 실제로 있지 않을 것이라면, 이럴 경우에 두 대립자들은 실재하는 실제로 있음에서 함께 만날 수

■

33) 대립자들은 유의 극단, 즉 하얀 것과 검은 것처럼 '최후의 경계들', 가장 큰 '간격'을 형성한다.

34) 이러한 크기는 공통적인 밑바탕으로 생각할 수 있다. 그러한 종류의 밑바탕 없이 대립자들은 대립적으로 작용할 수 없다.

없을 것이기 때문이다(그러므로 또한 밀쳐내지 못하는, 즉 대립자들로 증명될 수 없을 것이기 때문이다). 이러한 것은 예를 들어 뜨거움, 차가움 그리고 다른 대립하는 사물들에 알맞다. 이러한 이유(ratio)로부터 간격(반대)은 첫 번째 질료에서 대립자들의 실제로 있음을 위한 원인(그리고 토대)이다(왜냐하면 간격은 자체로이며, 대립자들의 실제로 있음은 우연적인 것으로 있기 때문이다). 한편으로 대립자들은 이것들 중의 한 개가 양쪽을 받아들일 수 있는 밑바탕에 부착하고 있어야만 하는 종류들이다. 짝수와 홀수가 그러한 사정에 있다. 수(이것들의 밑바탕)는 적어도 둘 중 한 개로부터 자유로울 수 없다. 다른 한편으로 대립자들은 밑바탕이 둘로부터 동시에 자유로울 수 있는 그러한 성질이다. 검은 것과 하얀 것에 반대로 있는 색깔이 그러한 사정에 있다.[35] 이러한 근거에서 대립자들은 2그룹으로 말해진다. 한 그룹은 가운데 마디[Mittelglied]를 내보이지 못한다; 다른 그룹은 그러한 종류의 가운데 마디를 가진다. 이제 변화[Veränderung]는 한 대립자로부터 다른 대립자로 넘어가는 방식에서만 일어나기 때문에-이것은 자연학에서 이미 설명되었는데-, 그러므로 가운데 마디는 변화하는 것이 운동해가는 첫 번째 사물이다. 검은색으로부터 하얀색으로 일어나는 변화가 그러한 사정에 있다. 변화는 다음의 것이 행하여진 다음에야 비로소 완료된다. 즉 변화가 하얀색과 검은색 사이에 많은 가운데 마디들 중 한마디로 행하여진
134-1 다음에 완료된다. 이러한 근거로부터 필연적으로 다음과 같은 것이

■

35) 밑바탕은 그 어떤 '중간의' 색깔을 지닐 수 있다. 밑바탕은 반드시 하얀 혹은 검은 일 필요는 없다.

요구된다. 즉 가운데 마디는 이것을 사이에 갖는 극단들과 함께 하나의 같은 유에서 실제로 있다.[36] 이러한 유는 (자신으로) 동일하게 머물러 있는 그런 것이다. 만일 이러한 것이 경우가 아니라면, 가운데 마디들은 변화가 그것으로 운동하는 첫 번째 경계석[Terminus]을 설명할 수 없다; 왜냐하면 유를 통해서 서로로부터 구별되는 사물들은 한 사물이 다른 사물로 변화함으로써 생겨나지는 않기 때문이다. 만일 극단들과 가운데 마디들이 한 유일한, 동일한 유에서 일치한다면, 분명히 가운데 마디들은 두 극단들로 섞여졌다(섞여졌음에 틀림없다); 왜냐하면 만일 가운데 마디들이 이러한 두 극단들로 섞여졌으며 순수하게 바깥에서 구성된 대상들처럼 그런 사정이라면, 즉 만일 극단들이 가운데 마디에서 활동적으로, 더욱이 극단들이 홀로 분리된 채 실제로 있는 그와 같은 상태에서 실제로 있다면, 가운데 마디들은 극단들 자체일 것이기 때문이다. (그 결과 극단들의 곁에 놓여 있는 것으로부터 세 번째 가운데 마디는 생기지 않는다. 이럴 경우에 가운데 마디는 현재 있지 않다.) 그러나 이미 가운데 마디들은 같은 경우에서 반대에 더욱이 가운데 마디들이 극단들의 반대로부터 받아들인 것에 근거하여 있으며, 더 나아가 가운데 마디들은 일반적으로 극단들로부터 구별될 것이라고 전제되었었다(결국 세 번째 것들, 즉 새로 만들어진 것들로서 가운데 마디들은 극단들의 혼합으로부터 생겨난다). 모든 이러한 것은 가운데 마디들이 순수하고 활동적인 방식에서 극단들 자체가 아니라는 것과, 또한 극단들이 가

■

36) 극단들 사이에서 밑바탕의 변화가 생기는 동안, 극단들은 자기 스스로 변화해서는 안 된다.

운데 마디들에서 순수하게 활동적으로 현재 있을 수 없다는 것을 증명한다.

이러한 이유로부터 극단들에 관하여, 극단들이 가운데 마디들에서 실제로 있는 한에서, 극단들은 하나의 같은 밑바탕에서 동시에 현재 있다는 것이 가능하다. 그렇지만 이러한 것은 (자체로), 가운데 마디들이 극단들이며 맨 마지막의 완전히 끝남Vollendung(ἐντελέχεια)에서 있는 한, 이러한 가운데 마디들의 경우에서는 불가능하다. 극단들이 가운데 마디들에서 순수한 활동태와 순수한 가능태 사이에 정열된 '가운데에' 실재하는 종류로 현재 있다(그러므로 자체로 현재 있는 것이 아니다). 이러한 이유로부터 건강과 병 사이에 어떠한 가운데 마디도 실제로 있을 수 없다. 왜냐하면 건강은 혼합될 수 있을(그 결과 세 번째 마디가 생겨날) 그러한 성질이 아니기 때문이다. 마찬가지로 건강과 병을 받아들일 수 있는 밑바탕(육체)에 관하여 이것이 둘 중 하나로부터 자유롭다는 것은 가능하지 않다;[37] 왜냐하면 병은 감각적으로 지각할 수 있는 마디의 활동을 해치고 또한 밖으로부터 받는 마디의 자극을 해치기 때문이다; 그러나 건강은 해치는 것으로부터 자유롭기 때문이다. 그럼에도 불구하고 설사 '해침'의 개념에서 더 큰 혹은 더 작은 강도(가장 큰 척도와 가장 작은 척도)가 현재 있을지라도, 해침과 해치지 않음(모순적인 대립들) 사이에 감각적으로 지각할 수 있는 어떠한 매개도 없다. 이러한 것을

■

37) 두 대립자들 중 한 개는 필연적으로 현재 있어야만 한다. 왜냐하면 어떠한 가운데 마디들도 거기에 있지 않기 때문이다.

갈레누스Galenus는 건강도 병도 아닌 상태로 나타낸 어떤 것이라고 부른다. 상태는 비유적인(텍스트는 엄밀하지 않은) 의미에서 둘 사이에 가운데 마디일 것이다. 이러한 이유로부터 변화과정이 두 경계석들의 부정(없앰, 벗김)을 통해서 시작하는 각각의 가운데 마디는 단어의 본래적인 의미에서 가운데 마디로 이해되어져야만 한다. 예를 들어 우리는 회색에 관하여 하얀색도 검은색도 아닐 것이라고 주장한다. 그러므로 이러한 표현법은 단지 회색이 본질일 것임만을 뜻한다. 이 본질은 두 극단들의 몇몇 정해짐들을 빼앗겼던 그런 본질이다. 이런 두 극단들은 한 유일한 유에서 있는 것들이다.[38] 그러나 두 극단들의 부정을 통해서 나타내지는 그리고 극단들과 함께 동시에 같은 유아래 떨어지지 못하는 그런 것은 본질적인 가운데 마디가 아니다. 그래서 우리는 돌(경계석)에 관하여 이성적으로 말하지도, 또한 침묵하지도 않을 것이라고 말하며, 신에 관하여는 세계 모든 것의 바깥에서도 안에서도 있지 않을 것이라고 말한다. 이러한 특징을 통해서 대립자들은 반대의 모든 나머지 종들로부터 구별된다; 왜냐하면 가운데 마디는 두 대립자들 중 어느 쪽의 경우에서도 고유한 의미에서 있지 않기 때문이다(결국 둘 중 한 쪽은 밑바탕에 귀속해야만 한다).

긍정과 부정(의 모순적인 대립)에 관하여 관계는 명백하다. 다음의 것은 결핍에 알맞다. 부정을 의미하는('가능태가 부정의 가능태 136-1
인') 이러한 결핍은 부정처럼 그러한 사정에 있다. 이러한 것은 실제

■
38) 그러므로 극단들은 이러한 가운데 마디에 순수하게도 (활동적으로도) 포함되어 있지 않다.

로 있음에 대립해 있는 그러한 결핍이다. 그래서 우리는 말한다: 있는 것은 있지 않는 것Nichtseiende(있는 것의 결핍)으로부터 생긴다. 그러나 결핍의 나머지 종류들은 사람들이 이것들 사이에서 가운데 마디를 생각할 수 있는, 그렇지만 단어의 본래적인 의미에서는 아무것도 생각할 수 없는 그러한 사정에 있다. 그래서 사람들은 맹아에 대하여 볼 것이라고도 보지 못할 것이라고도 말하지 않으며, 돌·경계석에 대하여는 말할 것이라고도 침묵할 것이라고도 말하지 않는다. 이러한 관계들의 설명은 이미 앞에서 말해졌다.

두 관계들Relativa은 관계들로서 이것들이 가운데 마디를 지니지 않는 그러한 사정에 있다; 왜냐하면 관계들 둘이 하나의 같은 유에서 현재 있을 것(가운데 마디의 경우에서 같은 종류Mitart로서 필연적일 것)은 관계들의 필연적인 전제들에 속하지 않기 때문이다. 작용원인과 작용이 그러한 사정에 있다. 이것들 둘은 서로 다른 유들에서 현재 있을 수 있다. 그러나 우연적인 것처럼 대립이 붙어 있는 이러한 관계는 주로 가운데 마디를 지닌다. 그렇지만 이러한 관계는 대립에 근거해서 지니며, 관계에 있음esse relationem에 근거해서 지니는 것은 아니다. 큰 것과 작은 것, 위와 아래 사이에서 가운데 마디가 그러한 사정에 있다.

이러한 설명으로부터, 비록 결핍과 가짐이 대립자들Kontraria과 모순들Kontradiktoria('긍정과 부정')의 첫 번째 원리들처럼 관계한다는 것이 명백할지라도(명백하게 보일지라도), 확실히 앞에서 말해진 반대들의 4가지 종류들은 서로 다르다. 이를 위한 근거는 사물의 생겨남이 본질형상의 결핍으로부터 시작하거나 혹은 대립하는 본질형상으로부터 시작한다는 것에 있다. 마땅히 생겨나는 대립자의 결핍이 대립하는 본질형상에서 현재 있는 것은 필연적으로 대립하는 본질형상에 붙어 있다. 비록 이러한 형상(출발점)이 대립자일지라도 그러하다; 왜냐하면 결핍이 생겨나는 사물에 앞서간다는 것은 생겨나는 사물에게 필연적으로 정해졌기 때문이며, 더 나아가 필연적으로 결핍은 대립하는 대상들에 (붙여진 성질처럼) 붙어 있으며 본성상 대상들에 앞서가기 때문이다. 이제 부정(모순의 한 부분)에 관하여, 그러므로 이것의 관계는 분명하다: 부정과 결핍의 이러한 종류 사이에 137-1
어떠한 구별도 없다.

우리가 설명하였던 것처럼, 대립자들은 단지 본질형상(차이[Differenz])을 통해서만 '다른-있음[Anderssein]'을 지니고, 반면에 이것들은 유에서 하나이기 때문에, 그래서 우리는 다음과 같이 물을 필요가 있다: 각각의 대립자는 또한 본질형상을 통해서 구별되는지('다른 것'인지) 혹은 이러한 결과는 일어나지 않는지? 따라서 우리는 가르친다: 사물의 본질형상으로부터 생기는(본질형상을 따르는) 각각의 대립자는 필연적으로 (같은 종류들과 다른 대립자로서) 본질형상을 통해서 (그리고 본질형상에 근거해서) 다른 것이다. 사라질 수 있는 것('생겨나는 것과 사라지는 것')과 영원한 것이 그러한 사정에 있다. 왜냐하면 생겨나는 것과 사라지는 것은 동시에 영원한 것과 함께 하나의 같은 본질형상에서 실제로 있을 수 없기 때문이다. 그렇지 않으면 영원히 있을 인간들이 이 세계에서 실제로 있을 수 있어야만 하기 때문이다. 그러나 아무도 부정하지는 못하는데, 한 사물에서 질료에 근거하여 실제로 있는 그러한 대립자들은 한 개의 유일한 본질형상에서 현재 있을 수 있다. 예를 들어 남성적인 것과 여성적인 것이 그러하다. 이것들 둘은 하나의 같은 종에서 실제로 있는 것들이다. 나아가 하얀 것과 검은 것이 그러한 사정에 있다. 이것들은(만일 이것들이) 한 종에서 현재 있는 것들이다(현재 있다면). 그러므로 이러한 설명으로부터 다음의 것이 분명해졌다. 즉 무엇이 하나와 많은 것의 개념에 붙어 있는가(이것은 우연적인 것들이다)? 그리고 더 나아가 어떤 것이 반대의 가장 근원적인 종류인가?

이러한 이유로부터 지금 어떤 의미(형식적인 관점)에서 둘이 대립해 있는지를 고찰할 필요가 있다; 왜냐하면 만일 어떤 하나임도 현재 있지 않을 것이라면, 어떤 많음도 실제로 있을 수 없기 때문에, 그리고 만일 어떤 많음도 현재 있지 않을 것이라면, 대개 어떤 반대도 가능할 수 없을 것이기 때문이다. (둘은 그러므로 서로 관계한다.) 따라서 우리는 가르친다: 하나는 대립의 종에 따라서 많은 것에 대립할 수 없다; 왜냐하면 많은 것에 대립하는 것은 오직 적은 것이기 때문이다. 그러나 하나는 적은 것이 아니다; 왜냐하면 적은 것은 나눌 수 있는 것의 속성들을 가지기 때문이다. (그러나 개별자로서 하나는 나눌 수 없다.) 그럼에도 불구하고 '적은 것'임을 정함은 오직 하나가 나눌 수 있는 어떤 것인 경우에서만 하나에 덧붙어 있지만, 그러나 하나가 (형식상) 하나인 경우에는 그렇지 않다. 나아가: 하나가 '적은 것'이라면, 2개의 사물들은 많음을 나타내야만 한다; 왜냐하면 적은 것과 많은 것은 상대적인 것들Relativa로 나타내지기 때문이다. 이러한 것을 근거로 그러면 또한 하나는 어떤 많음일 것이다.[39] 그렇지만 모든 이러한 것은 불가능하다. 나아가 다음의 것

■

39) 왜냐하면 어떤 많음도 2개의 절대적인 하나임들로부터 생겨날 수 없기 때문이다.

은 타당하다: 설명되어졌던 것처럼, 대립하는 것은 단지 한 개의 유일한 대립자만를 갖는다. 둘은 하나의 같은 유에서 있다. 그러나 하나와 많은 것은 그러한 사정에 있지 않다.

그러므로 더 나아가 다음과 같은 문제가 생겨난다. 즉 둘은 결핍과 가짐의 종에 따라서 반대에 있는가? 이러한 문제에 어려움이 포함되어 있다; 왜냐하면 나누어질 수 없는 것인 한에서 하나는 - 이때 많은 것은 (자체로) 나눌 수 있는 것이며 나누어진 것인데 - 나눔의 결핍일 것이라는 견해를 일깨우기 때문이다. 이러한 나눔은 나눔의 측면에서 많음의 실제로 있음-종류[Existenzart]를 뜻하는 것이다. 옛날 철학자들(소크라테스 앞 철학자들) 중 많은 철학자들이 관계는 반대로 놓일 것이라고 생각하였다. 즉 이들은 많음을 하나임의 결핍으로 나타냈다. 이들로 하여금 이러한 생각을 갖도록 한 것은 내 생각으로는 다음과 같은 상황이다. 즉 이들은 결핍이 언제나 가짐보다 더 낮은 가치일 것이며, 이와는 반대로 가짐은 결핍보다 더 우월할 것이라고 믿는 것이다. 그렇지만 하나와 많음이 그러한 사정에 있다; 왜냐하면 하나는 많음이 실제로 있기 위한 원인이기 때문이다. (그러나 원인은 작용보다 더 우월하다.) 그럼에도 불구하고 우리가 더 분명한 것으로 설명하였던 것처럼, 사태는 하나가 많음의 결핍이라는 사정에 있다; 왜냐하면 결핍의 많은 종류들이 (상응하는 가짐을 서술하는) 지상의 사물들보다 더 우월하기 때문이다. 이러한 이유로 어떤 시간에 보는 행동을 실행하지 않은 것이 보는 것보다 더 좋다는 일이 생긴다. 그렇지만 만일 반대자가 그러한 사정이라는 것을 (받아들인다면)인정한다면, 요컨대 가짐은 부정을 통해서 자신의 존속을 유지한다는 매우 불가능한 일이 일어난다; 왜냐하면 하나와 많은 것이 그러한 사정이기 때문이다. 이러한 이유로부터 너는 알게 된다: 하나와 많은 것 사이의 반대를 관계[Relation]로 나타내는 것이 가장 좋은 것일 것이다. 이를 위한 근거는 이러하다. 즉 우연적인 것으로서 하나는 척도를 나타내는 것으로 정해지며, 많은 것은 측정되는 것으로 다르게 정해진다는 것이다. 그러나 측정된 것은 관계의 틀에 속한다. 사람들은 뭐니뭐니 해도 이러한 관계는 하나라는 ('실체')본질성에서 있지 않고, 오히려 단지 바깥의 우연적인 것으로서만 하나에 덧붙어 있다고 주장해야만 할 것이다. 이러한 것을 근거로 하여 사람들은 관계하는 사물들을 차례로 관계시키는 그러한 의미로 하나를 많음과의 관계에서(이것들은 상관적으로 관계하지 않는데) 기술하지는 않는다. 사태는 원인과 작용처럼 그러한 사정에 있다; 왜냐하면 불은 불타는 사물들을 위한 원인이기 때문이다. 그렇지만 불타는 사물들이 불이라고하는 상황은 그러한 사물들이 원인을 설명하는 다른 것과 구별된다. 따라서 이렇게 불은 불인 한에서 실체의 틀에서 있으며, 원인인 한에서는 관계의 틀에서 있다. 모든 이러한 것은 자명하다. 이러한 이유로부터, 비록 많음이 단지 이러한 관계를 통해서 자신의 존립을 갖는다 할지라도(만일 하나가 자주 가정된다면, 하나의 작용으로서), '많음'이라는 이름은 또한 원인을 나타낼 수 있지만, 그럼에도 불구하고 (원인의) 이러한 관계가 많음에 속하는 한에서 형식적으로 나타낼 수는 없다. '많음'이란 이름은 오히려 적은 것과의 관계에서 단지 말해질 뿐이다. 이와 같은 이유로 많은 것과 하나 사이에서 일어난 이러한 관계, 즉 오직 많음이 측정된 한해서만 많음의 관계가 말해지며, 그리고 이러한 관계는 오직 하나임이 많음에 척도를 주는 그런 한에서만 하나임에 덧붙어 있다. 다른 경우에 너는 우연적인 정해짐이 많음의 결핍인 하나에 붙어 있는 한에서가 아니라, 오히려 하나임이 많음의 첫 번째 원리인 한에서 하나가 많음에 대립해 있다고 주장할 수 있다. 이러한 의미에서 하나임과 많음 사이에서 반대는 관계이다. 더욱더 많음에서 실제로 있는 이러한 결핍, 즉 나눔의 결핍이 하나에 귀속하는 한에서, 하나는 가짐과 결핍의 종에 따라서 많음에 반대에 있다.

어떤 사람은 물을 수 있을 것이다: 만일 하나가 단지 한 개의 유일한 사물에만 대립하여 있다면, 크기가 같은 것은 도대체 어떤 의미에서 큰 것과 작은 것에(그러므로 2개의 다른 경계석들에) 반대를 만드는가? 왜냐하면 크기가 같은 것은 이 둘의 대립자일 수 없기 때문이다. 왜냐하면 단지 한 개의 유일한 대립자만이 한 개의 대립자에 대립하기 때문이다. 더 나아가: 크기가 같은 것은 큰 것과 작은 것 사이에서 가운데에 놓여 있다. 그러나 대립자는 두 극단들 사이에서 가운데에 있지 않다. 오히려 사이에 있는 공간Zwischenraum은 두 대립자들 사이에서 있다. 이러한 의심은 크기가 같은 것은 같지 않음이란 개념의 매개Vermittelung[40]로 인하여 작은 것과 큰 것에 대립해 있다는 것을 통해서 풀린다. 그리고 이러한 것은 결핍과 가짐 사이에서 일어나는 반대이다.

■

40) 그러므로 이것들은 직접, 자체로 반대에 있지 아니하고, 오히려 단지 간접적으로만 반대에 있다.

5. 4원인들: 질료, 작용원인, 본질형상, 목적의 끝이 있음

우리는 이미 하나와 이것의 우연적인 것들에 관해서 그리고 많은 것과 이것의 우연적인 것들에 관해서 다루었기 때문에, 이제 4개의 원인들의 끝이 있음[Endlichkeit]에 관하여 고찰할 필요가 있다. 4개의 원인들은 질료, 작용원인, 본질형상 그리고 목적이다. 이러한 고찰은 우리가 여기서 탐구하는 문제들을 위해서, 즉 실체의 첫 번째 원리들의 탐구를 위해 그리고 또한 앞에서 언급되었던 많은 다른 문제들을 위해 유용하다. 이러한 근거로 인하여 아리스토텔레스는 형이상학 첫 번째 장에서 요청들[Postulaten]을 세움으로써 이러한 탐구에 다가간다. 즉 작은 알파α로 표시된 형이상학의 첫 번째 장에서 탐구한다.[41] 우리가 이러한 목적(즉 이러한 탐구)을 수행함으로써 형이상학의 첫 번째 장이 완성된다. 따라서 우리는 가르친다: 만일 일으켜진 사물들이 2, 3 등등보다 더 큰 수에서 실제로 있다는 것을 인정한다면, 그리고 만일 사물들이 수에서 끝이 있는 것으로[endlich] 전제한다면, 분명히 사물들에서 관계들에 대한 3가지 종류들: 처음 것, 가운데 것 그리고 마지막 것이 생긴다. 이러한 3개의 각각의 낱개는 특별한 고유성을 지닌다. 마지막 마디는 그 어떤 다른 사물을 위한 원인이 아닌(오히려 단지 작용이라는) 것을 통해서 정해진다. 이에 대하여 가운데 마디는 원인일 뿐만 아니라 또한 작용이라는 고유성

■

41) 옮긴이 주 – 아리스토텔레스는 그의 형이상학 α 편 2장 '원리와 원인의 끝이 있음 – 옮긴이가 붙인 제목(사실 나는 아리스토텔레스의 형이상학을 완역해 놓았지만, 사정상 중요한 부분만을 발췌하여 출판하였다. 책세상, 고전의 세계 71, 2009)'(994a 1~994b 31)에서 다루고 있다.

을 갖는다. 가운데 마디는 첫 번째(앞서간 것의) 마디의 작용이며 (다음에 오는 것)마지막 것을 위한 원인이다. 가운데 사물이 유일한 것으로서 혹은 많음으로서, 더욱이 끝이 있는 것으로서 혹은 끝이 없는 것으로서 받아들여지는지는 중요하지 않다; 왜냐하면 이러한 것은 가운데 마디인 한에서 가운데 마디의 정해짐이기 때문일 뿐, 예를 들어 그러그러한 성질의 것, 즉 끝이 있는 것 혹은 끝이 없는 것을 진술하는 한에서 가운데 마디의 정해짐은 아니기 때문이다. (각각의 경우에서 가운데 마디는 원인이고 작용이다–신의 증명 Gottesbeweise 또한 원인들의 끝없는 사슬에서!). 우리는 첫 번째 마디를 이것은 오직 원인일 뿐이라는 것을 통해서 표시하며, 결코 첫 번째 마디가 원인인 한에서(적어도 원인이라는 관점에서) 그 어떤 사물을 위한 작용이라는 것을 통해서 표시하지 않는다. 첫 번째 마디는 마지막 마디와 가운데 마디에 반대에 있다. 마지막 마디는 2개의 극단들로부터 섞여짐을 통해서 생겨나는 것처럼 그러한 사정에 있다. 모든 이러한 것은 자명하다.

따라서 우리는 마지막 작용을 위한 원인들의 끝없는 수를 받아들이기 때문에, 이것과 함께 가운데 마디들의 끝없는 수를 가정하였다(절대적으로 순수한 첫 번째 원인의 실제로 있음을 부정하지 않았다). 그러나 우리가 바로 기술하였던 것처럼, 가운데 마디들이 끝이 없는 수를 서술하든, 끝이 있는 수를 기술하든, 가운데 마디들은 오직 가운데 마디들(즉 맨 처음 원인의 작용들)일 뿐이다. 가운데 마디들은 작용들인 한에서 첫 번째 원인을 필연적으로 전제한다(그와 같은 원인을 '필요로 한다'). 그렇지 않으면 사람들은 '여기서'(이 세계에서) 작용이 원인 없이 실제로 있었다는 것을 받아들여야만 할 것이다. 그럼에도 불구하고 만일 우리가 이러한 가운데 마디들을 수에서 끝이 없는 것으로 받아들인다면, 이것으로 인하여 우리는 스스로 모순에 빠진다; 왜냐하면 가운데 마디들이 원인을 지닌다는 것은 가운데 마디들의 필연적인 정해짐에 속하기 때문이다. 그럼에도 불구하고 만일 우리가 가운데 마디들을 수에서 끝이 없는 것으로 받아들인다면, 어떠한 첫 번째 원인도 현재 있지 않다. 더 나아가 가운데 마디가 두 극단들 없이 실제로 있다는 것은 가능하지 않다. 이러한 공리[Axiom]는 지기 자신과 모순에 있는 공리들처럼 그러한 사정에 있으며, 이러한 모순은 끝없이 활동하는 어떤 것을 받아들인 각각의 모순을 만난다. 소피스트라는 책에서 이미 그와 같은 종류의 전제들은 공리들에 대한 진술[Aufstellung]의(정당성의) 반박을 위하여 순환증명[demonstratio circuraris]을 만들지 않는다는 것이 설명되었다. 만일 이러한 증명이 특별한 의미에서 작용원인과 운동자에 이른다면, 이 증명은 확실히 또한 더 넓은 의미에서 4개의 원인들의 마지막 끝을 실증하는 것으로 이해할 수 있다. 그럼에도 불구하고 우리가 나머지 원이들의 각각의 낱개를 위해 이러한 명제를 특별하게 설명하는 것은 아주 적절하다(그러므로 3개의 원인들을 위해: 질료, 형상, 목적).

때문에 우리는 이렇게 질료적인 원인을 시작하며 가르친다: 사람들은 사물에 관하여 다른 것으로부터 생겨난다고 2가지 의미에서 말한다: 첫째로 사람들이 물에 관해서 공기로부터 생기며, 공기에 관해서 물로부터 생긴다고 말한 것처럼, 혹은 하얀 것에 관하여 검은 것으로부터 만들어지며, 검은 것은 하얀 것으로부터 만들어진다고 말한 것처럼, 이런 의미에서 말한다. 이러한 관계들에서 '…으로부터 생겨남'은 단어의 고유한 의미에서 단지 '더 나중'만을 뜻한다;

왜냐하면 생겨나는 것을 생기게 하는 사물은 고유한 의미에서 물의, 공기의, 하얀 것의 그리고 검은 것의 밑바탕(이것의 질료)이기 때문이며, 대개 물의 혹은 공기의 본질형상도, 하얀 혹은 검은 색(이것의 형상에서) 자체도 아니기 때문이다. 이러한 표시(어떤 것으로부터 생김)는 오히려 물의 본질형상이 이것의 밑바탕을 버리고 공기의 본질형상이 밑바탕에서 물의 본질형상을 뒤따르는 것을 뜻한다. 이러한 과정들에서 밑바탕이 더 먼저-있음[Frühersein]은 가능하지 않다. 그런데 생겨남은 밑바탕으로부터 일어나며, 밑바탕은 생겨나는 사물에 앞서간다. 마찬가지로 여기서 자체로 끝없이 나가는 것[ire per se in infinitum](끝이 없는 사슬)은 거의 있지 않다; 왜냐하면 사람들이 물의 본질형상을 공기의 본질형상에 앞서가는 것으로 생각할 수 없기 때문에, 또한 공기의 본질형상을 물의 본질형상에 앞서가는 것으로 생각할 수 없기 때문이다. 오히려 둘은 있음의 하나의 같은 단계에 같이 있다. 밑바탕은 동시에 둘을 위해 같은 것이다. 둘의 각각의 낱개는 가능태와 성향에 따라서 다른 것이며, 더욱이 같은 방식에서 다른 것이다. 이러한 근거로부터 생겨남(생김과 사라짐)은 이러한 과정에서 순환한다는 것이 가능하다.

'어떤 것으로부터 생겨남'이 서술되는 그러한 것들 중 두 번째 의미는 다음의 것이다. 즉 활동적인 사물이 생겨나는 출발점은 단지 다음의 이유 때문에 (그리고 그런 한에서) 생겨남을 위한 출발점이다. 왜냐하면 다른 내용과 그리고 다른 형상과 함께 완성(활동)되는 것으로 되어 있기 때문이다. 그 결과 이렇게 저러한 밑바탕에 속하는 실제로 있음 방식은 단지 밑바탕이 저러한 마지막 내용(이성[ratio], 새로운 형상)을 통해서 완성(ἐντελέχεια)으로 운동되어가는 것이다.

143-1 어떠한 방해도 이러한 밑바탕에 맞서지 않는 동안에만 그러하다. 식물성의('기르는ernährend') 능력이 그러한 사정에 있다. 이런 능력은 유에서(생물의, 대개 식물의 몸체에서 라고 읽음) 발견되며 동물적인 것들animalitas을 받아들이기 쉬운 것이다. 동물적인 것이 마찬가지 사정에 있는데, 동물적인 것은 이성적인 것rationale을 받아들이기 쉬운 것이다; 왜냐하면 이것들 각각의 낱개에 관하여 우리는 이렇게 말한다: 기르는 능력(식물성의 영혼anima veggetativa)으로부터 동물적인 것이 생겨나며, 이것으로부터 이성적인 것이 생겨난다. 더 나아가 이러한 의미에서 우리는 가르친다: 소년으로부터 남자가 생긴다. 사람들은 '어떤 것으로부터 생겨남'의 이러한 종류를 생겨나는 것이 유일한 활동적인 밑바탕보다 더 많이 차지할 것 · 있을 것이라고 생각하는 방식에서 진지하게 생각할 수 있을 것이다.

생겨남의 이러한 종류는 다음과 같은 것, 즉 생겨나는 종에서 마지막 '내용'(이성, 비물체적인 붙여진 것, 형상)이 더 이상 가능태에 따라서 밑바탕에 포함되어 있지 않음을 통해서 다른 종류, 즉 첫 번째 종류와 서로 구별된다.[42] 그리고 이러한 것은 (다시) 첫 번째 것으로 변형될 수, 전개될 수 없다. (전개 · 발전Entwicklung의 마지막 국면은 첫 번째 것으로 변화할 수 없다.) 왜냐하면 가운데 마디들은 마지막 목표들(마지막 형상들, 국면들)을 받아들이기 위해 준비되어 있기 때문에, 그렇지만 마지막 목표들은 가운데 마디들을 받아들이기

■

42) 만일 마지막 내용이 한번 마지막 형상으로서 활동적으로 나타났더라면, 이것은 더 이상 가능적으로 밑바탕에 포함되어 있을 수 없다. 전개 · 발전은 첫 번째 종류에서처럼 뒤로 행하여질 수는 없다.

위해 다시 준비되어 있지 않기 때문이다. 이러한 것은 분명히 밑바탕의 이러한 종류 또한 끝없이 계속 나갈 수 없다는 것(그 결과 항상 새로운 밑바탕이 형상들의 운반자로 현재 있을 것)을 가리킨다. 왜냐하면 만일 사정이 그러하다면, 끝없이 활동할 사물들이 실제로 있어야만 하기 때문이며, 그리고 이때 밑바탕의 실제로 있음이 마주치는 사물들에서 순수한 활동태를 진술할 것인지–사태는 기르는 힘에서 그러한 사정인데, 이러한 힘은 감각적으로 지각함[43](감각)의 능력을 위한 밑바탕임–혹은 밑바탕의 실제로 있음이 가능태와 활동 사이에 있는 가운데 사물들의 실제로 있음-방식에서 실제로 있을 것인지, 이것은 중요하지 않을 것이기 때문이다. 부분들이 같은 유의^homogener^ 본성(같은 것으로 함께 가는 것^Homöomerien^)에 속하는 그러한 물체들에서 기초요소들이 그러한 사정에 있다. 더 나아가 이미 자연학에서 '여기서'(이 세계에서, 이러한 과정들에서) (자체로) 밑바탕의 본질에 근거하여 본질형상이 제공되지 않은 밑바탕이 실제로 있다는 것이 설명되었다. 그렇지만 그러한 종류의 밑바탕이 다른 (더 아래에 놓여 있는) 밑바탕을 지닌다는 것은 가능하지 않다. 그렇지 않으면 이러한 밑바탕은 본질형상을 제공받아야만 할 것이다(받음에 모순되는 것). 이제 각각 개별적인 감각적으로 알 수 있는 대상의 첫 번째 밑바탕과 마지막 본질형상이 2개의 실재하는 실제로 있는 사물들이기 때문에, 그러므로 가운데 마디들(fīmā 대신에 famā)은 둘 사이에서 필연적으로 끝이 있어야만 한다. 그래서 사물

■

43) 만일 ḥiss로 읽는다면. 그렇지 않으면: (생물의) '유'를 위해서.

들이 동시에 대개 다른 관점을 제외한 정해진 관점에서가 아닌, 각각의 관점에서 끝없는 것으로 마땅히 있어야만 하는 동안에, 사물들의 극단들과 관련하여(극단들의 측면으로부터) 끝이 있는 사물들을 받아들이는 것은 가능하지 않다. 이것은 가장 단순한 고찰로부터 확실하다.

더 나아가 목적을 의미하는 그러한 원인에 관하여, 그러므로 또한 원인에 관하여 명백히 이것은 끝없는 사슬을 만들 수 없다; 왜냐하면 이러한 명제는 목적원인의 부정과 같은 의미이기 때문이다(혹은: 이러한 요청 · 공준이 '되풀이 된다', 즉 사람들이 요청을 부정한다면, 긍정될 것이다 – 모순의 법칙처럼, 부정하면 긍정될 것이다 [negando affirmatur]). 왜냐하면 만일 운동들과 열망함[Hinstreben](목표로 '급히 감')이 끝없이 계속 갈 것이라면–끝이 없는 것은 동시에 종결되지 않는 길인데, 끝이 없음은 완성되지 않는다[infinitum non transitur]–, 그러면 이러한 과정에서('여기서') 운동과 열망함을 (목표를 향하여처럼) 지향하게 하는 어떤 것도 실제로 있지 않기 때문이다. 그러므로 운동은 목적이 없으며 공허하다(쓸모없다). 이러한 것은 단지 마지막 목표의 '실제로 있음'(도달한 것)이 운동에 뒤따르는 (이러한 운동의 마지막 국면으로서) 사물들에서만 불가능한 것이 아니다. 오히려 이것은 또한 사물들이 단순하며 단순하게(각각의 운동 없이) 실제로 있는 한에서 마지막 목표를 지닌 이런 사물들에서도 불가능하다, 예를 들면 변화하지 않는(변화할 수 없는) 그러한 종류의 대상들에서도 불가능하다. 이것은 첫 번째 질료에서 실제로 있지 않는 그러한 종류이다(순수한 정신).

더 나아가 본질형상(다른 것, 원인의 마지막 종류)에 관하여, 그러므로 마찬가지 경우로 본질형상이 끝이 없는 사슬을 만들 수 없다는 것은 분명하다. 세계 모든 것의 부분들의 각각의 개별적인 것에서 실제로 있는 질료적인 본질형상에 관하여, 이러한 것(질료적인 본질형상이 끝이 없는 사슬을 만들 수 없다는 것)은 밑바탕들의 끝 145-1
이 있음Endlichkeit을 증명하였던 근거로부터 명백하다; 왜냐하면 수에서 끝이 없는 본질형상들이 끝이 있는 사물들에서 실제로 있다는 것은 가능하지 않기 때문이다. 마치 끝이 없는 수의 밑바탕들이 끝이 있는 사물에서 실제로 있다는 것이 그렇게 가능하지 않는 것과 같다. 마찬가지로 이러한 관계(이성, 사유)는 전체로서 세계의 모든 것에서 분명하다; 왜냐하면 본질형상들처럼 관계의 단순한 부분들이 서로 (위의 것이 아래 것에) 관계하기 때문에-이것은 이미 자연학에서 기술되었었는데-, 그래서 한 부분들이 다른 부분들의 완성들Vollendung(형상들)을 나타내는 한에서 세계 모든 것의 단순한 부분들(기초요소들)이 끝이 없는 수를 만든다는 것은(옮긴이-끝없이 많이 있다는 것은) 가능하지 않기 때문이다. 마찬가지로 완성된 것들Vollkommenheit에 관해서 이것들이 끝이 없이 계속된다는 것은 가능하지 않다. 예를 들면 흙은 물의 목적으로 그리고 물은 공기의 목적으로, 공기는 다시 불을 위하여, 결국 불은 하늘을 위하여 실제로 있다는 것이 그러한 사정에 있다. 그러나 단계를 이루어 완성됨(완성으로 올라감)의 이러한 사슬에서 어떤 사물도 끝이 없이 나갈 수는 없다. 만일 본질형상들이 첫 번째 질료의 '실체' 없이(혹은 실체와는 다르게) 실제로 있으며 한 본질형상이 다른 본질형상의 완성을 의미하는 그러한 사정에 있다는 것을 인정하더라도, 사정은 그와 같다. 왜냐하면 요컨대 본질형상들의 사슬이 끝이 있어야만 한다는 것은 이러한 증명을 통해서, 즉 목적원인들의 끝이 있음이 본질형상들(형상들)을 통해서 설명되는 한에서(이것은 이전에 증명되었는데) 분명하기 때문이다.

따라서 이러한 증명에 근거하여 4개의 '사물들'(즉 4개의 원인들)은 끝이 있을 것이며, '여기서'(이 세계에서) 마지막 질료, 마지막 작용원인, 마지막 본질형상 그리고 마지막 목적원인이 실제로 있다는 학설은 명료하다. 사람들은 계속해서 물을 수 있을 것이다. 마지막 원인이 이러한 세계 사물들의 각각의 개별자를 위해 하나인지 혹은 더 많은 수에서 실제로 있는지? 이러한 것을 우리는 여기서 설명하고자 한다. 첫 번째 질료에 관하여 생겨나고 사라지는 이것은 유일한 것일 것임이 자연학에서 이미 증명되어졌다. 이러한 근거로부터 (기초요소들의) 단순한 실체들이 서로 뒤섞여 변화할 수 있다. 마지막 작용원인에 관하여 다음과 같은 것이 타당하다: 만일 마지막 작용원인이 한 유일한 수보다 더 많은 수에서 실제로 있을 것이라면, 필연적으로 작용원인이라는 단어가 모든 것들에 의해서 명료한(유일한) 방식에서 말해져야만 할 것이다. 그러면 일반적인 유가 여기에 실제로 있을 것이다. 그러므로 이럴 경우 마지막 작용원인은 (논리적인 영역에서 유가 서로 일치하는) 질료를 가진다. 그럼에도 불구하고 자연학에서 이러한 주장의 불가능함이 설명되어졌다. 만일 사람들이 작용원인들에 대한 이러한 것(작용하는 원인causa effficiens의 개념)을 한 유일한 사물과 관련하여(그러므로 비유적으로) 말할 것이라면, 이러한 사물(자체)과의 관계가 있음에 관한 하나의 같은 단계에서 일어나든지 혹은 서로 다른 단계에서 일어나든지 간에, 그러면 원인들이 (첫 번째와 자체에 그리고 측정에 관계하는 것처럼)

관계하는 저런 유일한 사물이 첫 번째 작용원인이다. 이 첫 번째 작용원인을 통해서 나머지 원인들(minhumā 대신에 minhā)의 각각 개별적인 원인이 작용원인으로 된다. 이런 경우에 그러므로 이것들(두 번째 작용원인들)이 일으켜지며 이것들(minhā) 중 어떤 것도 마지막 작용원인은 아니다. 이것으로부터 마지막 작용원인은 오직 한 개만 작용원인일 수 있다는 사실이 필연적으로 나타난다. 마찬가지로 이러한 명제는 목적원인과 형상적 원인에 관련하여 게다가 바로 이러한 증명, 즉 이와 같은 것들(목적원인들 혹은 형상적 원인들)의 마지막 원인은 원인의 수에 따라서 단지 한 개만 원인일 수 있다는 것을 통하여 분명하다.

따라서 우리는 이제 다음의 것을 고찰하고자 한다. 즉 원인들의 각각의 개별 원인에 모든 나머지 원인들이 귀속할 수 있는지 혹은 원인들 중 오직 한 부분만이 귀속할 수 있는지? 이것에 따라서 우리는 가르친다: 첫 번째 질료에 관하여 이미 자연학에서 첫 번째 질료는 본질형상과 붙어 있지 않다는 것이 다루어졌다. 이러한 이유로 또한 작용원인은 첫 번째 질료에 귀속하지 않는다; 왜냐하면 작용원인은 작용에 본질형상 이외에 다른 어떤 것도 주지 않기 때문이다. 그러나 첫 번째 질료가 마지막 목표(아직 남겨진 네 번째 원인)를 가져야만 한다는 것이 필연적으로 요구된다. 이러한 마지막 목적은 본질형상이다. 그렇지 않으면 실제로 있지 않는 정해진 어떤 것이 실제로 있게 될 것이다(왜냐하면 이러한 어떤 것은 목적 없이 있을 것이기 때문이다). 마지막 작용원인(신)에 관하여, 그러므로 이것은 어떤 관점에서는 영원해야만 하며 어떤 질료도 지닐 수는 없다. 그러나 마찬가지 경우로 이와 같은 마지막 작용원인이 본질형상을 필연

적으로 받게 될 것이다. 그 밖의 다음과 같은 것이 물어진다. 즉 이
147-1 러한 마지막 작용원인은 다른 목적을 추구하는가? 이것에 관하여는 어려움이 있다. 말하자면 만일 우리가 목적원인이 마지막 작용원인을 위해서 실제로 있다는 것을 인정한다면, 저것(작용원인)이 이것(목적)으로부터 불러 일으켜진다; 왜냐하면 목적원인은 작용원인보다 더 우수하며 질료에서 실제로 있지 않기 때문이다. 따라서 그러므로 결론적으로 목적원인은 작용원인이 실제로 있기 위한 원인이다. 우리가 인정하였던 것처럼, 더 폭넓은 근거는 이러한 원인이 목적원인을 위한 작용원인이라는 것이다. 따라서 목적원인은 목적을 위한 원인이다. 그러므로 이러한 목적은 목적의 원인 자체이어야만 한다(왜냐하면 목적은 목적 자신이 다시 생겨나는 원인을 작용시키기 때문이다-악순환circuls vitiosus). 질료적인 사물들에서 이러한 결과는 발생하지 않는다; 왜냐하면 작용원인은 오직 목적이 이중으로aequivoce[44] 말해지는 혹은 어떤 정해진 질료에서 실제로 있는 이런 의미에서만 목적을 위한 원인이기 때문이다. 이와는 반대로 목적은 목적이 (마지막) 목적인 한에서(목적이 작용원인을 기능하도록 하는 한에서) 작용원인을 위한 원인이다. 이러한 것이 (신, 첫 번째 작용원인의 경우에서) 불가능하기 때문에, 마지막 작용원인의 경우에서 이러한 작용원인의 목적은 작용원인의 고유한 본질이라는 것이 일어난다. 아는 자Wissende가 그러한 사정에 있다. 강의에서 아는 자의

■

44) 작용원인은 단지 완성으로in executione 목적의 원인이다. 지향으로in intentione 목적은 작용원인의 기능을 위한 원인이다. 그러므로 목적은 두 경우에서 같은 종류로 불러지는 것으로 · 한 가지 의미로 기술되지 않는다.

목적은 오직 그가 좋음을 전달하는 것에만 있다. 이와 같은 것은 법칙[Gesetze][45]에 알맞다. 이러한 법칙은 법칙 자체가 그것으로부터 그 어떤 완성됨을 얻는 것 없이 인간들을 선행을 하도록 몰아댄다.

첫 번째 본질형상에 관하여 사태는 이와 같이 서술된다. 첫 번째 본질형상은 작용원인을 지니지 않는다; 왜냐하면 만일 작용원인이 첫 번째 본질형상에 귀속할 것이라면, 이러한 본질형상은 마지막(최후의) 형상적인 원인이 아닐 것이기 때문이다. 첫 번째 본질형상은 있음에 따라서 이미 앞서서 작용원인에 포함되어 있어야만 할 것이다(첫 번째 본질형상이 이것의 질료에서 실제로 있기에 앞서, 그러므로 어떠한 첫 번째 형상[46]도 있지 않을 것이다). 더욱이 첫 번째 본질형상이 질료를 지닌다는 것은 이러한 것보다 더욱더 불가능하다. 그러나 만일 어떤 작용원인도 첫 번째 본질형상에 귀속하지 않는다면, 본질형상, 즉 마지막 형상적인 원인은 밑바탕(신)에 따라서 마지막 작용원인과 하나의 같은 원인이다. 다음의 것은 저것보다 더욱더 불가능하다: 만일 우리가 이 둘을 숫자상 2임[Zweiheit]으로 나타내는 것을 받아들인다면, 다음과 같은 것이 필연적으로 일어난다. 즉 적어도 작용원인이 마지막 형상적인 원인을 지니는 한에서, 마지막 형상적인 원인이 작용원인으로부터 불러일으켜지거나 혹은 작용원인이 형상적인 원인으로부터 불러일으켜질 것이다. 이럴 경우에 그러므로 이러한 형상적인 원인은 더 이상 첫 번째 작용원인은 아

■

45) 대개 여기서 법칙을 나타내는 천사라고 생각된다(nāmūs라고 불러진다). 자기의 이득 없이 천사는 인간들을 올바른 길로 이끈다.

46) 그러므로 형상들은 영원히 창조되지 않은 채 신에서 있어야만 한다.

니다. 다음으로 이러한 형상적인 원인은 마찬가지로 더 이상 목적원인을 지니지 않는다는 것이 일어난다. 왜냐하면 목적원인이 본질형상을 받기 때문이다. 이럴 경우 그러므로 '여기서'(이러한 과정들에서) 목적원인보다 더 먼저 있는 본질형상이 실제로 있다. 이 경우에 그러므로 마지막 본질형상은 더 이상 마지막, '최후의' 본질형상이 아니다(받아들임에 모순되는 것).

이러한 것이 그러한 사정에 있기 때문에, 그래서 (마지막) 본질형상의 목표는 본질형상의 본질(본질형상) 자체이다. 이러한 근거로부터 사람들은 다음의 것, 즉 첫 번째 목적원인(신)은 첫 번째 작용원인(신)과 그리고 첫 번째 형상적인 원인과 (신의 앎에서) 서로 구별될 것이라는 것을 받아들일('요청할') 수 없다. 왜냐하면 이 장에서 설명되었던 것처럼, 첫 번째 형상적인 원인은 밑바탕에 따라서 가장 높은 작용원인과 하나의 같은 것이기 때문이다. 우리가 행하였던 것에 일치하여, 마지막 작용원인이 이것의 고유한 본질과 구별되어질 마지막 목표를 지닌다는 것은 가능하지 않다. 이것으로부터 모든 사물들은 한 유일한 원인으로 '올라간다'는 것이 명백하다. 그리고 이 유일한 원인은 목적원인, 작용원인 그리고 형상원인이다. 우리는 이러한 것을 다시 (더 짧고) 특별한 방법으로 나중에 설명할 것이다. 이것이 세 번째 장의 끝이다. 이 장을 통해서 형이상학의 첫 번째 부분이 끝을 맺는다.

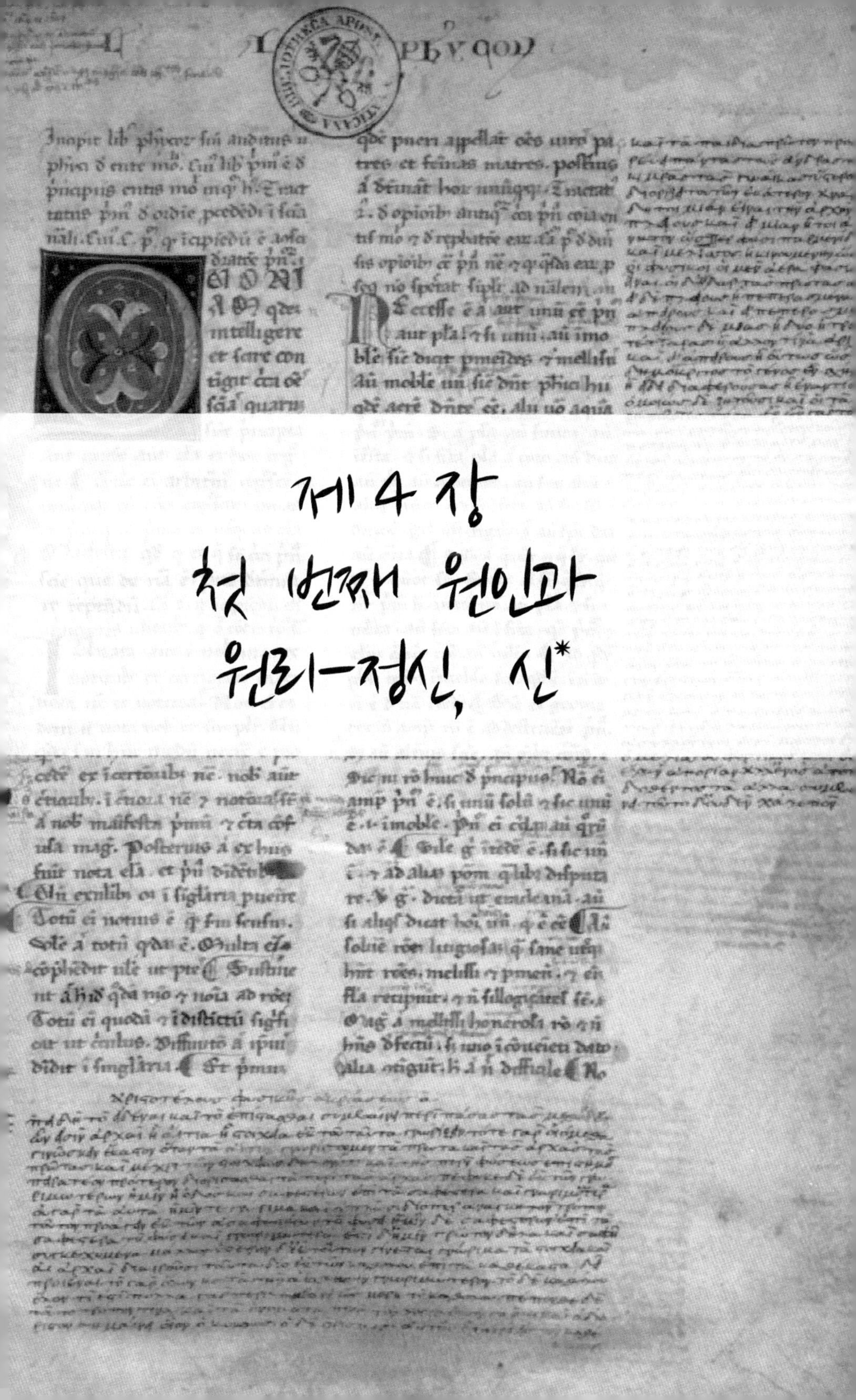

제 4 장
첫 번째 원인과 원리-정신, 신*

앞에서 있는 것은 모두 10개의 틀들에 의해서 말해진다는 것, 더욱이 어떤 '더 먼저[Früher]'(자체로 그리고 처음에[per se et primo])에서는 밑바탕에 의해서, 어떤 '더 나중[Später]'(우연으로[per accidens], 실체에 근거하여)에서는 나머지 틀들에 의해서 말해진다는 것을 다루었다. 나아가 실체는 나머지 틀들의 실제로 있음을 위한 원인일 것이라고 말해졌다. 마찬가지로 그곳에서 감각적으로 알 수 있는 실체는 질료와 본질형상으로 쪼개진다는 것이 다루어졌다. 이러한 둘은 또한 이것들의 측면에서는 2가지 실체들인데, 실체가 실체의 실재하는 있

■

* 옮긴이 주 – 이 장은 사실 아무런 제목이 없다. 그리고 내용적으로는 천체의 운동과 운동자에 관한 것이다. 하지만 이 장을 그렇게 읽는 것은 아리스토텔레스의 형이상학을 보잘 것 없는 것으로 잘못 이해하는 것이 될 것이다. 우리는 아리스토텔레스가 천체운동을 설명하는 의도를 읽어야 할 것이다. 아리스토텔레스의 형이상학을 읽는데 있어 항상 주의해야 할 것은 형이상학이란 직접 감각적으로 파악할 수 있는 것이 아닌 감각적인 파악을 통하여 비유적으로analog 이해해야 한다는 점이다. 그래서 아리스토텔레스는 크게 둘로 나누어서 형이상학을 자연학에 비유적으로 파악한 것으로 볼 수 있다. 이 장은 둘 중 한 가지인 천체의 운동과 운동자를 통해서 첫 번째 원인, 원리로서 영원한 운동되지 않는 운동자, 정신, 신을 파악하는 것이다. 이 때문에 옮긴이는 이 장의 재목으로 천체의 운동과 운동자라고 붙이지 않고 첫 번째 원인과 원리–정신, 신이라고 붙인다.

음에 따라서 이것들로(질료와 본질형상으로) 쪼개지는 한에서 그리고 이것들을 통해서 실체의 존속을 유지하는 한에서 그러하다. 나머지 틀들은 자신들의 존속을 실체의 틀을 통해서 유지한다. 그 다음으로 이러한 사물들의 보편적인 개념들과 사물들의 추상화된 보편적인 개념들이 (플라톤의 이데들로서) 생각하는 영혼의 바깥에서 실제로 있음-방식을 갖지 못한다는 것과, 마찬가지로 보편적인 것들 universalia은 감각적으로 알 수 있는 개별자들의 실제로 있음을 위한 원인이 아닐 것임이 나타내졌다. 오히려 단 한 개의 사물들의 본질형상과 단 한 개의 질료는 단지 (개별적인) 실체의 실제로 있음을 위한 두 원인들일 것이다. 이런 개별적인 실체는 개별적으로 지시된 대상이다. 개별자는 단지 종에 따라서 같거나 혹은 닮은 다른 개별자에 의해서 생겨난다. 보편적인 본질형상과 보편적인 질료는 생겨남도 사라짐도 지니지 않는다. 있음의 첫 번째 원리들에 관한 앎에 관하여 앞에서 행한 해설이 이러한 설명들에까지 이르렀다.

1. 비물체적인 실체로서 첫 번째 영원한 운동자

이러한 부문(형이상학)이 있는 것의 원인들을 이것의 마지막 원인들에까지 수행하기 때문에, 이제부터 우리는 다음과 같은 문제를 현실화할 것을 제시한다. 즉 실재하는 실제로 있음이 감각적으로 알 수 있는 실체에서 의심 없이 주어지는 저런 첫 번째 원리들, 말하자면 질료와 본질형상이 감각적으로 알 수 있는 실체의 실제로 있음을 개념화하기 위해서 충분한지? 이 경우에는 그러므로 분할되지 않는 실체(즉 비물체적이지 않는 본질)가 가능하다(가능할 것이다). 이러한 비물체적이지 않는 본질은 감각적으로 알 수 있는 실체의 원인을 나타낸다. 혹은 다음과 같이 물어진다. ‘여기서’(이 세계에서) 감각적으로 알 수 있는 실체를 위한 원인이며 더욱이 항상 활동적인 방식에서 원인인 비물체적인 실체가 실제로 있는지? 만일 이러한 것이 경우·우연Fall이라면, 계속 다음과 같은 문제가 일어난다. 즉 이러한 실체의 실제로 있음-방식은 어떤 종류에서 있을 것이며 이러한 실체에 대해서 얼마나 많은 방식들로 말해질 것인지? 이러한 실체가 감각적으로 알 수 있는 실체를 위한 첫 번째 원리일 것인지? 나아가 자연학에서 질료들은 결국 실제로 사물에서 실재하는 첫 번째 질료로 이끌어진다는 것이 명백해졌다. 따라서 다음과 같이 물어진다. 즉 본질형상 역시 마찬가지로 실제로 사물에서 실재하는 첫 번째 본질형상으로 이끌어지는가? 혹은 비물체적인 본질형상(플라톤의 이데들)으로 이끌어지는가? 이와 같은 문제는 첫 번째 목적원인과 마지막 작용원인에 관해서 나타난다. 기이하고 특별한 방식으로 이러한 문제를 고찰하는 방법은 ‘여기서’ 승인된 원리들(요청들)의 종류에 따라서 질료에서는 실제로 있지 않는 운동시키는 원리들의 실제로 있음에 관하여 자연학에서 증명하였던 것을 전제하는 것이다. 그렇지만 우리가 이러한 것을 여기서 철학자들의 습관에 따라서 단순히 마치 이러한 사물들을 증명하는 것이 이러한 학문(형이상학)에 속하는 것처럼 개괄할 필요는 없다.

따라서 우리는 말한다: 다음과 같은 것이 자연학에서 이미 설명되었다. 즉 각각의 운동된 것Bewegte은 운동시키는bewegende 원리를 전제한다는 것, 나아가 운동된 것은(taḥarruk 대신에 mutaḥarrik) 단지 운동되는 것이 가능태에서 실제로 있는 한에서만 운동된다는 것, 그리고 운동자는 운동자가 활동에서[in actu] 있는 한에서 운동을 실행한다는 것, 그리고 만일 운동자가 이번에 운동을 실행하고, 그러나 다른 때는 그와 같은 종류의 운동을 일으키지 못한다면, 운동자는 어떤 방식에서 수동적으로 운동되는 것임에 틀림없다. 왜냐하면 가능태는 운동자가 활동적으로 운동시키지 않는 경우에 활동적인 운동을 위해 실제로 운동자에서 있기 때문이다. 우리는 이러한 것을 자연학에서 이미 설명하였다. 그러므로 세계 모든 것의 첫 번째 ('최후의') 운동자가 이번에 운동을 실행할(lam을 지움) 것이고, 다른 때에는 실행하지 않을 이러한 경우를 받아들인다면, 세계 모든 것에서 첫 번째 운동자보다 더 먼저 있는 그 밖의 운동자가 필연적으로 실제로 있어야만 한다. 그러므로 첫 번째 운동자라고 했던 것은 첫 번째 운동자가 아니다. 그러므로 이러한 두 번째 운동자에 관하여 이 운동자가 이번에 운동을 하고, 다른 때는 운동을 하지 않는다는 것을 받아들인다면, 두 번째 운동자에 관하여 첫 번째 경우에서 일어났던 그와 같은 것이 필연적으로 일어난다. 따라서 그러므로 이러한 연속은 끝없는 사슬을 낳는다는 사실 혹은 '여기서'(세계 모든 것에서) 어떠한 방식에서도 운동하지 않을, 또한 본질에 따라서 (자체로)도 우연적으로도 운동되어질 수도 없을 운동자가 실제로 있다는 것을 인정해야할 사실은 거부할 수 없는 결과이다. 이러한 것이 그러한 사정에 있기 때문에, 그러므로 운동자는 필연적으로 영원하며, 운동자에 의해서 운동하고 있는 대상은 마찬가지 경우로 영원히 운동하는 중에 있다; 왜냐하면 정해진 시간에 첫 번째 영원한 운동자에 의해서 운동되는 가능태에서 있었던 어떤 것이 실제로 있었다면,

‘거기서’(이 경우에서) 영원한 운동자에 앞서간 어떤 운동자가 필연적으로 실제로 있어야만 할 것이기 때문이다. 이러한 근거로부터 동물학의 16장에서 실제로 있음이 설명되었던 운동자는 전체 세계의 모든 것에 대한 운동자의 도움 없이 특별한 운동을 실행하는 충분한 조건을 지니지 못했다.

그러므로 만일 ‘여기서’(세계 모든 것에서) 영원한 운동자가 실제로 있다는 것이 분명하다면, 그리고 만일 원형의 공간적인 운동을 제외한 영원한 운동은 있을 수 없다면 - 이러한 것은 자연학에서 설명되었는데 -, 이러한 설명으로부터 영원한 공간적인 운동이 ‘여기에’(이 세계에) 실제로 있어야만 한다는 것이 명백하다. 그렇지만 이러한 영원한 공간적인 운동은 감각적인 앎을 통해서는 천체의 운동을 제외하고 어떤 방식에서도 확실하지 않다. 이 때문에 필연적으로 이러한 물체·천체의 운동은 찾아진 영원한 운동이다. 이러한 물체의 운동자는 동시에 영원한 운동자이다. 이러한 운동자의 실제로 있음은 더 앞선 실행들을 통해서 분명해진다. 마찬가지로 영원히 지속하는 운동의 실제로 있음은 시간에 관련하여 증명된다; 왜냐하면 증명된 것처럼, 시간은 운동의 우연들 중의 한 가지이기 때문이다. 시간은 천천히 생겨날 수 없으며(사정에 따라서: 구성하는 기초요소들로부터 생겨나며), 시간을 넘어선 그런 운동자에 의해서조차도 생겨날 수 있는 것이 아니다. 이를 위한 근거는 다음과 같은 것이다: 만일 우리가 시간이 점차적으로 생겨난다는 것을 인정한다면, 이와 같은 시간은 이 시간이 이전에 실제로 있지 않았던 다음에, 더욱이 이미 이 시간이 있었기에 앞서서 실제로 있었다.[1] 그럼에도 불구하고 더 먼저와 더 나중은 시간의 부분들을 위한 2가지 표시들이다. 이 때문에 그러므로 시간은 이 시간이 있었기에 앞서서 실제로 있어야만 할 것이다. 나아가: 시간이 생겨나는 어떤 것이라면, 어떤 시간도 개별적인 사물에 앞서가지 못할 것이라는 것이 밝혀져야만(나타나야만) 할 것이다. 그런데 이 시간은 (다른 사물을 위해서) 현재하는[gegenwärtig] 시간일 수 있을 것이다. 그렇지만 사람들은 어떠한 과거도 활동적인 '현재하는' 순간[Augenblicke]에서 실제로 있는 개별적인 사물들에 앞서가지 못할 것임을 불가능한 것으로 생각할 수 있다. 하물며 (시간이 운동의 척도인 한에서) 시간을 시간의 본질에서 생각해내는 경우에 이러한 사물을 상상할 수 있을 것이라고는 생각할 수 없을 것이다. 오직 우리가 시간을 선[Linie]처럼 생각하는 경우에 이러한 상상에서 잘못이 나타날 수 있다; 왜냐하면 공간적인 위치를 지니는 한에서 선은 - 이러한 선이 활동적으로 실제로 있는데 - 끝이 있다는 필연적인 결과를 갖기 때문이다. 하물며 사람들이 선에서 끝이 없음(원문: 끝이 있음)을 상상할 수 있을 것이라는 것은 말할 필요도 없기 때문이다. 이 때문에 만일 너는 또한 시간을 이러한 의미에서 직선으로 생각해 본다면, 시간이 끝이 없을 것이라는 것은 불가능하다. 이러한 종류의 잘못은 공간적인 운동과 (장소들의) 바뀜에 대한 장소[Ort](공간[τόπος, Topik])에서 마주하는 것들에 속한다. 파라비[Farabi]는 실재하는 변화하는 사물들에 관하여 이러한 문제를 길게 설명하였다.

이러한 것이 그러한 사정이기 때문에 그리고 시간이 영원히 연속하는 것을 이룬다는 것이 분명하기 때문에, 시간은 필연적으로 연속

■

1) '점차적으로'와 '천천히'에서 이미 시간이, 즉 연속이 (위에) 놓여 있다.

하는 한결같은einheitlich 것인 영원한 운동에 뒤따라온다; 왜냐하면 단어의 고유한 의미에서 한결같은 운동은 연속하는 운동이기 때문이다. 만일 '여기서'(이 세계에서) 영원한 운동이 실제로 있다면, 결과적으로 이와 같이 또한 영원한 그리고 항상 동일하게 머무르는 운동자가 현재 있어야만 한다; 왜냐하면 많은 (첫 번째의) 운동시키는 원리들이 실제로 있을 것이라면, 운동은 하나의 같은 운동이 아닐 것이며, 또한 연속하는 운동도 없을 것이기 때문이다. 이제 이러한 첫 번째 운동자가 질료적인 본성에서 있지 않을 것이라는 것은 시간에서 일어나는 운동자의 운동이 끝없이 생긴다는 것을 통해서 명확해졌다. 그러나 질료에서 실제로 있는 각각의 운동자는 필연적으로 양이 붙어 있다. 즉 이러한 운동자는 물체를 지닌다. 그러나 양적인 것에서 있는 각각의 가능태는 양의 분할할 수 있음에 일치하여 나눌 수 있다. 자연학에서 설명되었던 것처럼, 가능태는 끝이 있음과 끝이 없음의 정해짐에서 운동자에 뒤따르는데, 사람들이 이러한 가능태를 물체와 섞여진(운동자에 스며드는) 것으로 전제하든 혹은 (wa 대신에 au) 단지 운동자에 세겨진 것으로 전제하든 간에 그렇다. 불에서 뜨거움이 물에서 차가움이 그러한 사정에 있다. 이러한 가능태는 임의의 어떤 방식에서 필연적으로 안에서 질료에 종속되어 있다. 즉 가능태의 실제로 있음을 위해서 무조건적이고 필연적으로 종속되어 있다(조건 없이 담음conditio sine qua non으로서). 영혼의 원리에 관하여 사정이 그러하다. 본질형상이 질료적인 것이기 때문에, 운동시키는 원리로 끝없이 있는 질료적인 힘은 실제로 있을 수 없다. 모든 이러한 것은 자연학에서 입증되었다. 그러므로 우리는 그곳으로부터 시작하고자 한다.

우리는 여기서 다룬 명제를 이러한 운동자와 관계하여 또한 다른 증거들을 가지고 설명할 수 있다. 따라서 우리는 가르친다: 천체를 운동하게 하는(이 때문에 마지막 원인으로 보이는) 첫 번째 운동자는 질료가 붙어 있는 것으로 받아들여질지도 모른다. 이럴 경우 첫 번째 운동자는 첫 번째 운동자로부터 운동시키는 밑바탕과 구별되는 밑바탕에서 발견되어야만 한다. 그리고 이 운동자는 최후의 사물처럼 밑바탕에 관계해야만 한다. 만일 이러한 것이 그러한 사정에 있다면, 이러한 물체는 천체에 대한 자기의 상상들에 근거하여 그리고 자기의 공상들에 근거하여 천체를 운동시키거나-동물에서 관계가 그러한데-혹은 이러한 물체는 자연적인 운동에 근거하여(감각적인 영혼anima sensitiva의 관여 없이) 천체를 운동시킨다. 공간적인 운동에서('어디에서in dem Wo') 사정이 그러하다. 그렇지만 이러한 가정은 명백히 불가능하다. 따라서 우리는 이러한 천체의 운동은 단지 목표로 운동해 가는 갈망에 근거하여 일어난다는 것을 가정한다; 왜냐하면 누군가는 이러한 것을 어려운 문제로 세울 수 있을 것이기 때문이다. 이러한 종류의 어려움을 반박하기 위해서 아비세나가 행한 다음의 것은 충분하지 않다: '열망(끌어당김)의 운동은 오직 비본성적인 상태로부터 시작하며 본성적인 상태를 향하여 열망한다'; 왜냐하면 열망의 이러한 종류는 단지 직선 운동을 하는 물체의 열망을 위해서 실제로 있기 때문이다. 사정은 이러한(지상의) 물체들의 정지와 마찬가지다. 이러한 물체들의 정지는 물체들의 본성과 일치한다. 그러나 운동은 바깥의 우연적인 것의 종류에 따라서 물체들에 귀속한다. 그렇지만 설명되었던 것처럼, 이러한(하늘의) 물체의 열망은 모든 관계들에서 같은 종류이다(그러므로 원형으로); 왜냐하면 이러한(하늘의) 물체는 중심의 둘레를 운동하기 때문이다. 이러한 근거로부터 사람들은 말한다: 하늘의 물체에서 정지의 상태는 가능 154-1 하지 않다. 이것은 이러한 천체 운동의 원인으로 세울 수 있을 가정들 중의 한 개다. 그럼에도 불구하고 만일 우리가 이러한 하늘의 물체는 영혼의 원리를 지녀야만 한다고 주장한다면, 저러한 가정(이러한 물체는 맹목적인 자연의 힘에 근거하여 운동된다는 것)은 분명히 불가능하다. 그러나 '어디에서[Woher]'(어느 정도까지) 하늘의 물체가 영혼의 원리를 지닌다는 것이 분명한가? 이것은 다음의 설명으로부터 밝혀진다. 물체는 분명히 영원한 운동에서 발견된다. 이러한 근거로부터 물체는 운동 자체를 혹은 운동과 필연적으로 묶여진 어떤 것을 필연적으로 갈망한다. 그러나 이것은 지상의 세계에서 사물들에 관하여 미리 보는 것[Vorsehung]이다. 혹은 세 번째 경우로, 하늘의 물체는 이러한 두 물체들(운동 자체와 운동과 필연적으로 묶여진 어떤 것−옮긴이)을 동시에 열망해야만 한다. 그러므로 하늘의 물체와 관련하여 이 물체가 (단지) 운동 자체를 열망하지도 않고, 또한 (단지) 필연적으로 우연적인 운동을 열망하지도 않는다는 것은 분명하다. 이 때문에 그러므로 구[Sphäre]는 영혼의 원리를 확보하며 상상들로부터 나온 갈망을 지닌다;[2] 왜냐하면 운동은 영혼의 활동[Tätigkeit]이기 때문이다. 만일 영혼이 실제로 있지 않다면, 오직 (자연적으로) 운동된 대상만이 현재 있을 것이다. 이것은 아프로디시아스[Aphrodisias]

■

2) 각각의 갈망, 열망은 이것에 일치하는 아는 것으로부터 시작한다. 그러므로 감각적인 것은 어떤 감각적인 것으로부터 시작한다.

출신의 아렉산더Alexander가 실행한 것으로부터 명백하다. 이를 위한 근거는 다음의 것에 있다: 즉 영혼을 지닌 것Beseelte보다 더 우수한 것이 자체로 영혼을 지니지 않을 것이라는 것은 가능하지 않다. 그러나 하늘의 물체가 영혼이 있는 것보다 더 우수하다는 것은 하늘의 물체가 영혼이 있는 것을 이끌고 본성에 따라서 이것에 앞서간다는 것에서 자기 근거를 갖는다. 나아가 하늘의 물체는 영원하다. 그러나 영원한 것은 영원하지 않는 것보다 더 우수하다. 오히려 하늘의 물체는 땅위에('여기에') 있는 사물들로부터 개념적인 상상들을 얻는다는 것이 분명하다; 그렇지 않으면 하늘의 물체가 미리 봄을 실제로 행하는 것처럼, 하늘의 물체는 지상의 사물들에 관하여 그러한 종류의 미리 봄을 행할 수 없을 것이다. 이러한 근거로부터 옛날 철학자들은 하늘의 물체에 더 큰 가치를 덧붙인다. 그들은 이러한 하늘의 물체는 신적일 것이라고 생각하였다. 그렇지만 만일 하늘의 물체가 영혼의 원리를 지닌다면, 이러한 하늘의 물체는 오직 감각적인 지각에 근거하여 혹은 환상의 상상에 혹은 지성에서 생기는 개념적인 사유에 근거하여 운동한다. 그렇지만 이러한 물체가 바깥의 감관들äußere Sinne을 지닌다는 것은 불가능하다; 왜냐하면 이런 바깥의 감관들은 오직 육체의 완전(한 유지)을 위하여 동물에게 주어졌기 때문이다. 그러나 하늘의 물체에 관하여 이것은 영원할 것이라고 이미 다루었다. 이와 같은 근거는 저런 물체가 (안에 있는 감관들의) 환상적인 상상들Phantasievorstellungen을 지닌다는 것에 반대로 말한다; 왜냐하면 마찬가지 경우로 이러한 환상적인 상상들은 동물에게 오직 육체의 완전을 끌어올 목적으로만 주어졌기 때문이다. 나아가 환상적인 상상이 바깥 감관들의 지각없이 일어난다는 것은 가능하지 않다. 하늘의 구의 운동이 바깥의 감관들로부터 혹은 환상적인 상상으로부터 운동의 결과를 얻을 것이라면, 하늘의 구의 운동은 한 결같은 그리고 연속하는 운동이 아닐 것이다. 이러한 것이 그러한 사정이기 때문에, 구의 운동은 지성을 통해서 작용된 상상에 근거한 (그러므로 추상된 개념에 근거하는) 갈망으로부터 시작한다는 것 이외에 다른 어떤 것도 남겨져 있지 않다. 그럼에도 불구하고 우리가 개념을 만드는 이러한 실체가 물체일 것이라는 것을 가정한다면, 이러한 것은 마치 너가 주장한 것처럼 그러하다: 지상 세계의 사물들에서 더 뛰어난 것은 자신의 상상을 더 조금 완성된 것을 통해서 달성해야만 한다. 그렇지만 이것은 생각할 수 없다. 그 밖에 근거는 다음과 같다. 사람들이 천체 운동의 원인으로 처음의 천체보다 더 완성되었을 다른 천체의 아는 그림[Erkenntnisbild]을 가정할 것이라는 것은 가능하지 않다; 왜냐하면 만일 사람들이 천체의(하늘의 구의) 운동의 원인으로 다른 천체의 물체를 세운다면, 첫 번째 천체를 위해서처럼 같은 것이 이러한 다른 천체를 위해서 일어나기 때문이다. (또한 이런 다른 천체는 보다 더 완성된 물체에 의해서 운동되어야만 한다.) 그러나 이럴 경우 천체들은 끝없는 수를 이룰 것임에 틀림없다.

이러한 것이 그러한 사정이며 나아가 이러한 하늘의 물체가 다른 물체로 운동하는 것은 불가능하기 때문에–이때 저런 다른 물체가 더 완성된 것으로 가정되든 혹은 더 적게 완성된 것으로 가정되든 상관없이–, 하늘의 물체는 원리에 근거하여 운동된다는 오직 하나의 가능성만이 남아 있다. 이 원리는 갈망을 가지며 (그리고 자극하 156-1
거나 혹은: 갈망에 의해서 추구되는 것, 신) 동시에 이러한 하늘의 물체보다 더 완성된 것이다. 이러한 원리는 절대적인 의미에서 이것

의 실제로 있음이 좋음Gute인 그러한 사물이다(플라톤: 이데, 즉 좋음을 대신하는 추상된 본질성); 왜냐하면 좋음을 향한 갈망을 자극하는 원리(신)는 필연적으로 다음과 같은 사정에 있어야만 하기 때문이다. 즉 원리에 의해서 목표로 생각된 좋음(신 자체)은 갈망의 가장 우수한 객체이며 가장 잘 완성된 좋음이라는 사정에 있어야만 한다. 이것은 저런 능동적인 원리가 (구의) 이러한 영혼의 운동에서 본성적으로 원리에 귀속하는 열망을 지지한다; 왜냐하면 자연학에서 설명되었던 것처럼, 이러한 물체의 자연적인physische 열망과 물체의 영혼의psychische 운동 사이에 어떤 대립도 실제로 있지 않기 때문이다.

그러므로 이러한 것은 저러한 증명들 중 한 가지이다. 이 증명은 운동자가 질료에서 실제로 있지 않다는 것을 증명하는 것이다. 그럼에도 불구하고 가장 특별한, 가장 짧은 그리고 가장 확실한 길은 우리가 처음에 거닐었던 그런 길이다. 이것이 아리스토텔레스의 방법론Methode이다. 이러한 근거로부터 여기서 모든 이러한 사물들을 위해서 요청하는 것이 가장 알맞은 것이다. 우리는 자연학자에게 이러한 요청의 증명을 맡긴다. 우리가 이곳에서 지금 고려해야만 하는 것이 저러한 원리들과 관계한다; 왜냐하면 저러한 원리들의 실제로 있음에 대한 초기의(예견된, 어떤 증명에 의해서도 동행되지 않은) 가정이 이러한 특성을 의미하기 때문이다. 즉 이러한 가정은 저런 원리들이 질료에서 있지 않는 한에서 원리들을 지칭하기 때문이다.[3] 이 때문에 우리의 탐구는 다음과 같은 물음으로 향한다. 즉 저러한 원리들의 실제로 있음이 어떻게 있는가? 얼마나 큰 수에서 원리들이 현재 있으며 어떻게 원리들은 감각적으로 알 수 있는 실체와 관계하는가? 즉 얼마나 많은 방식에서 원리들은 그와 같은 실체를 위한 첫 번째 원리인가?; 왜냐하면 첫 번째 원리들은 많은 사물들에 의해서(그러므로 서로 다른 의미에서) 기술되기 때문이다.

2. 천구의 운동에서 첫 번째 원리와 원인

그 밖의 문제는 다음의 것으로 말해진다. 즉 어떻게 한 원리들이 실재하는 실제로 있음에서 다른 원리들과 관계하는가? 즉 한 원리들은 다른 원리들에 앞서가는지 혹은 원리들이 서로서로 종속되어 있는지? 말하자면 한 원리들은 다른 원리들을 위한 원인들이 아닌지? 그러나 만일 원리들이 실제로 있으며, 그 결과 한 원리들이 다른 원리들을 위한 원인들이라면, 그 밖의 물음이 세워진다. 즉 얼마나 많은 방식에서 원리들은 원인들인가? 그리고 더 나아가 공통으로 첫 번째 원리들에 참여하는 사물늘은 무엇을 통해서 정의될 수 있는가? 그리고 어떤 방식에서 사물들은 첫 번째 원리들에 참여하며 어떻게 원리들의 서로 다른 단계의 우월함이(원리들이 참여하는) 저런 공통적인 사물에서 구별되는가? 이러한 마지막 문제는 단지 한 원리들이 다른 원리들을 위한 원인들로 입증되는 경우에만 세워진다. 이럴 때 계속해서 물어진다. 얼마나 많은 의미에서 원리들이 원인들인가? 첫 번째 원리들에 공통으로 참여하는 사물들은 예를

■
3) 모든 비질료적인 것의 탐구는 형이상학에 속한다.

들어 이러한 사물들의 각각의 개별자가 (순수한) 지성이라고 정해진 것들[Bestimmungen]이며, 나아가 (모든 순수한 정신적인 것처럼) 자기 스스로 아는 어떤 것, 실체, 살아 있는 것, 하나적인 것[Einheitliche], 유일한 것 그리고 나중에 분명해질 더 많은 다른 정해진 것들이다. 짧게 말해서 우리는 앞에서 언급한 부분에서처럼 형이상학의 이 부분에서 또한 이와 같은(비교하는) 방식으로 탐구할 필요가 있다. 그곳에서 말했던 것처럼, 사물들이 바깥 세계에서 실제로 있는 한에서 (왜냐하면 있는 것은 양에 따라서 있는 것이다[ens in quantum est ens]는 것은 형이상학의 객체[Objekt]이기 때문에), 이러한 방식은 실재하는 감각적으로 알 수 있는 사물들 서로의 관계[Verhältnis]에 관계한다. 다음으로 탐구는 사물들의 관계로 확장된다. 이러한 사물들은 우연적인 것들을 대신하는 것이다. 같은 의미에서 우리는 '여기서'(형이상학에서) 실제로 있음의 이러한 (우연적인) 종류를 고찰해야만 한다. 그 다음으로 우리는 저런 감각적으로 알 수 있는 있음에 관하여 다루어야만 하며, 있음의 우연적인 것들이 이러한 개념적으로 파악할 수 있는 (그리고 순수하게 정신적인) 있음에 관계함들에 관하여도 다루어야만 한다. 우리가 이러한 것을 행한 다음에, 우리는 실제로 있는 사물들 자체들과 이러한 사물들의 최고의 원인들을 포괄하는 학문을 만들었다. 탐구의 이러한 부분을 나는 아리스토텔레스의 형이상학에서 여러 장들 중 철자 Λ(L)로 표기된 장(S. 1069a~1076a)에 따라서 정돈하였다. 이것은 앞에서 언급한 것으로부터 분명하다. 그곳에서 형이상학의 이러한 부분에 대한 앎은 이러한 학문의 첫 번째 부분의 ('완전태[ἐντελέχεια]') 완전히 끝남[Vollendung]과 완전함[Vollständigkeit]처럼 그런 사정이라는 것을 설명하였다. 형이상학의 이 부분에서 탐구

의 목적이 무엇인지 그리고 이 부분의 문제들이 어떤 것인지가 설
명되었기 때문에, 그러므로 우리는 필연적으로 이러한 사물들의 각 158-1
각의 개별자에 대한 설명을 시작해야 한다.

따라서 우리는 가르친다: 이러한 특징을 지닌 첫 번째 원리들은 1보다 더 많은 수이다(하늘의 구의 정신들). 이러한 것은 자연학으로부터 분명하다; 왜냐하면 우리가 그것의 실제로 있음에 관하여 앞에서 말한 운동자는 그것의 실제로 있음이 동물학 16장에서 증명되었던 운동자와는 서로 다르기 때문이다. 말하자면 앞의 운동자는 본성에 맞게 뒤의 운동자에 앞서간다. 이를 위한 근거는 운동을 실행하기 위하여 두 번째 운동자는 첫 번째 운동자를 필요로 한다는 것이다; 왜냐하면 첫 번째 운동자는 두 번째 운동자를 위하여 이 두 번째 운동자가 활동하는 것과 동등한 밑바탕들을 배열하지 않을 것이며, 그래서 첫 번째 운동자는 아무 것도 산출할 수 없을 것이기 때문이다. 이것은 자연학에서 다루어졌다. 그럼에도 불구하고 이러한 첫 번째 운동자가 운동을 실행하기 위하여 그의 측면에서 두 번째 운동자를 필요로 하지 않는다. 더 나아가: '여기서'(이 세계에서) 천체의 많은 운동들이 현재 있다는 것은 감각적인 지각을 통해서 분명하다. 이와 같은 운동들은 가장 큰 운동을 하는 물체(에워싸고 있는 구[Umgebungssphäre])의 각각의 운동들(즉 개별적인 결과들과 연역들)인 것으로 보인다. 부분들처럼 혹은 거의 가장 큰 구의 부분들처럼 구들이 그와 같은 사정에 있다. 자연학에서 이미 이와 같은 구들은 한 유일한 실체에서 기인한다는 것(유일한 실체로부터 생겨난다는 것)이 설명되었다. 이와 같은 유일한 실체는 어떤 대립자도 지니지 않는다(그러므로 사라지지도 않으며 없앨 수도 없다). 따라서 이러

한 실체의 종합은 필연적으로 영원하다. 그 밖의 근거는 다음과 같다: 영원한 것의 부분들은 영원한 어떤 것이다; 왜냐하면 이러한 항상 같은 것으로 머무르는 한결같은 운동, 즉 하늘의 일상적인 운동은 영원한 운동이라는 것이 이미 증명되었기 때문이다. 가장 큰 물체(에워싸고 있는 구)의 부분들인 하늘의 구들은 또한 이것들의 측면에서 영원하기 때문에, 그러므로 또한 이러한 하늘의 구들의 운동도 필연적으로 영원한 운동이어야 한다. 이러한 구들을 운동시키는 원리들은 이런 경우 또한 이것들의 측면에서 영원한 원리들이다. 이러한 원리들은 전 세계 모든 것의 운동자(신)처럼 그와 같은 방식에서 작용한다(이러한 원리들은 같은 유로부터 있다).

사람들은 계속해서 다음과 같은 문제를 세운다. 이러한 운동들의 수와 스스로 운동하는(혹은 운동된) 물체들의 수는 얼마 만큼인가?
159-1 수학적인(그러므로 학문적인) 천문학(그러므로 점성술을 제외하고)의 부문들로부터 이러한 문제가 받아들여졌다. 이 때문에 우리는 여기서 이런 학문으로부터 우리 시대에 모두가 다 알고 있는 것을 앞에 놓는다. 이것은 프톨레마이오스로부터 우리 시대에 까지 이러한 학문의 지지자들 사이에 어떠한 입장차이도 없는 그런 것이다. 그러나 우리는 이러한 앎들로부터 전문가들 사이에 입장차이가 있는 것을 이런 학문의 지지자들에게 넘겨주고자 한다. 나아가: 많은 이러한 운동들에 관하여 단지 사람들이 일반적으로 알고 있는 기본명제들의 사용을 통해서 고찰할 수 있다; 왜냐하면 많은 이러한 운동들에 대한 설명은 (학문적으로 종사하는) 긴 시간을 전제로 하기 때문이다. 이런 긴 시간이란 인간의 생명이 유지되는 동안의 여러 배이다. 이러한 (천문학의) 부문에서 일반적으로 알려진 전제들은 천문

학의 전문가들 사이에서 어떤 입장차이도 없는 그러한 것들이다. 이러한 근거로부터 우리는 이러한 종류의 가정들을 선발하였다. 따라서 우리는 가르친다: 천체의 운동에 관하여 공통적으로 가르쳐진 (사람들이 한 입장에 있는) 이러한 학설은 다음과 같은 것으로 말해진다: 운동들의 수는 38개이다. 5개는 3개의 위쪽 행성들('별들')에 귀속하는 토성, 목성 그리고 화성이며, 그 밖에 5개는 달에, 8개는 수성에, 7개는 금성에, 1개는 태양에 귀속한다; – 왜냐하면 사람들은 태양의 길을 (구의 중심이) 중점(세계)의 바깥에 놓여 있는 구에서 생각해보았지만, 원형운동(하루)의 구에서는 생각해보지 않았기 때문이다 – 결국 (태양에 귀속한 1개는 – 옮긴이) 에워싸고 있는 구의 운동이다. 이것은 별들로 채워진 구이다. 사람들은 또한 멀리 떨어져 있는 구를 가정한다. 그렇지만 이러한 구에 관하여 어떠한 확실성도 있지 않다. 프톨레마이오스는 '여기에'(이 세계에) 12개 성좌들의 구의 느린 운동이 실제로 있을 것이라고 생각하였다. 이 운동은 매일 하는 운동과는 구별될 그런 운동이다. 이러한 구의 운동의 운행은 수천 년에야 비로소 완성될 것이다. 다른 자들은 이러한 운동은 앞으로 그리고 뒤로 나가는 그러한 종류의 운동일 것이라고 생각하였다. 이러한 생각을 품었던 자는 Zarkāla †1100(Brokelm. Ⅰ,
472, Nr. 3)란 이름으로 알려졌다. 그는 우리의 시민에 속하며(그는 160-1
스페인 사람이다) Andalusien(스페인 남부의 지방 이름)출신이다. (그의) 추종자들은 이러한 사실(세차운동Präzessionsbewegung[4)])의 설명을

■
4) 옮긴이 주 – 세차운동: 지구의 자전축이 궤도에 대하여 23도 30분의 경사도를 가지고 자전하는 운동이

위하여 어떤 ‘형식Form’(정해짐, 구의 고유한 성질)을 가정한다. 이 형식으로부터 설명하여질 운동이 밝혀진다(마땅히 밝혀진다). 이러한 종류의 운동을 세우는 것, 즉 태양의 항상 되돌아오는 운행들을 12궁도의 알려진 점으로 되돌렸던(환원하였던, 측정하였던) 상황이 추종자들을 자극하였다. 이들은 이때 이러한 점은 (매 년) 다를 것이라는 것을 발견하였다. 다른 자들은 이러한 차이성은 태양의 구에서 특별한 혹은 더 많은 운동들을 가정해야만 할 것으로 이끈다고 생각하였다. 그리고 또 다른 자들은 저러한 탐구들이 도구들에서 (개량할 수 있는) 미완성들에 기초하였다고 혹은 도구들 자체에서 (개량할 수 없는) 모자람들에 근거하였다고 생각하였다. 이러한 도구들이 저런 사물들의 고유한 본질을 아는 것을 방해하는 것이다.

줄여서, 나의 견해에 따르면, 별들로 채워진 구와 구별된 채로 저러한 세계에 아홉 번째 하늘의 구가 현재 있을 것이라는 것은 배제해야 마땅하다; 왜냐하면 하늘의 구는 구의 가장 뛰어난 부분을 기술하는 어떤 (특별한) 별을 위해서 단지 가정될 뿐이기 때문이다. 이러한 근거로부터 사람들은 주장할 수 있다: 하늘의 구에 별들이 많으면 많을수록, 더욱더 하늘의 구는 뛰어나다. 이것을 아리스토텔레스 또한 설명하였다. 가장 큰 운동을 일으키는 하늘의 구는 구들 중 가장 뛰어난 구이다. 이러한 근거로부터 우리는 하늘의 구가 별들 없이 있을 수 있을 것이라는 것을 불가능한 것으로 나타냈다. 나의 견해로는 이러한 것은 심지어 불가능하며 사람들이 이미 이러한 운

■
다. 지구는 태양이나 달의 인력을 받아 2만 5천 8백년의 주기로 세차운동을 하고 있다.

동들의 원인에 관하여 탐구를 시작할 때 알아야만 할 그리고 기억해야만 할 어떤 것이다.

우리는 이러한 설명으로 우리의 주제로부터 벗어났으며, 이 때문에 우리는 처음의 탐구로 되돌아가고자 한다. 만일 우리가 이러한 (즉 알려진) 천체운동들의 수를 그렇게 많게(38개) 가정한다면, 필연적으로 운동시키는 원리들의 수는 이러한 천체운동의 수에 일치해야만 한다. 이를 위한 근거는 구의 각각의 운동은 각각 개별적인 구의 특별하고 고유한 갈망에 근거하여 단지 완성될 것이라는 것이다. 160-1 그러나 특별한 갈망은 단지 갈망의 특별한 대상으로만 향해진다. 이러한 것은 모든 하늘의 구의 운동자가 하늘의 일상적인 운동에서 유일한 운동자일 것임을 우리가 인정하는 경우이다. 그러나 만일 우리가 이러한 운동을 이러한 구들의 각각의 개별 구가 특별한 운동자를 지닌 것으로 생각한다면, 이러한 운동자의 수는 45개이다. 지나가듯이 탐구할 때 이러한 것은 아리스토텔레스의 견해라는 것을 사람들은 추측할 수 있을 것이다. 아프로디시아스의 알렉산더Alexander는 세계 모든 것의 원리들에 관한 그의 알려진 논문에서 다른 견해를 설명하였다. 그는 이러한(일상적인) 운동을 만들어낸 모든 구들의 운동자를 유일한 운동자로 나타냈다. 이들 두 견해들 중 어떤 것이 더 뛰어나며 더 좋은 견해일지의 물음에 관하여, 이러한 것은 사실 의심스러운 논의의 대상이다. 요컨대 사람들이 7개의 별들(행성들)의 각각이 정해진 방식으로, 즉 일상적인 운동으로 운동하는 특별한 하늘의 구를 지닐 것이라는 것을 인정한다면–이러한 가정은 수학자(즉 천문학자들)의 습관적인 가정과 일치하는데–, 이러한 구들의 각각 개별 구를 위하여 일상적인 운동의 설명으로 한 특별한 운동자를 가정하는 것은 가장 좋은 것이다. 그렇지 않으면 자연의 힘[Naturkraft]은 목적 없는 어떤 것을 일으킬 것이다. 말하자면 만일 우리가 특별한 운동을 지니지 않은 하늘의 구를 가정한다면, 이 구는 목적이 없을 것이다. 그러나 우리가 존립을 이러한 방식으로(각각의 구는 고유한 운동을 가질 것이라고) 전제한다면, 또한 이럴 경우 이러한 일상적인 운동은 단어의 참된 의미에서 유일한(단순한) 운동은 아니다; 왜냐하면 이러한 일상적인 운동은 유일한 운동자로부터 나오지 않기 때문이다. 오히려 이것은 일상적인 운동에서 우연적인 것인데, 모든 부분들이 이와 같은 일상적인 운동에서 한 유일한 시간에 일치하는 경우에 그러하다. 그러나 일상적인 운동은 자기 자신에서 운동들의 큰 수로 이루어진다. 이런 운동들은 서로 다른 공간들(길거리들[Wegstrecken])에서 실행되는 것이며 서로 다른 종류들을 운동시키는 원리들로부터 시작하는 것이다. 따라서 하늘의 일상적인 운동은 이러한 가정에서 어떤 단지 우연적인 방식에서(본질적인 방식에서가 아닌, 자체로가 아닌)만 단순한 (한결같은) 운동이다. 왜냐하면 서로 다른 속도(주위를 도는 원)를 지니며 운동들은 자체로 한결같고 동일하며 한 유일한 시간에서 일어나는 이러한 종류의 운동된 원리들은 오직 구의 부분들에서만 발견되기 때문이다. 그러나 일상적인 운동이 어떤 단지 우연적으로만 한결같은 운동이기 때문에-어떤 그러한 종류가 항상 혹은 대부분의 경우들에서 또한 단지 (완성되지 않은) 지상 세계의 사물들에서만 실제로 있을 것이라는 것이 불가능한 것이긴 하지만-그런 까닭에 일상적인 운동이 또한 하늘의 물체에서 불가능할(원문: 틀린) 것이라는 것은 더욱더 옳지 않을 것이다.

우리가 설명하였던 것처럼, 모든 이러한 것이 그러한 사정에 있기 때문에, 자체로per se 언제나 변함이 없는(한결같은) 운동은 오직 유일한 운동하는 원리에서만 있다. 이러한 원리는 유일한 운동자를 통해서만 운동한다. 그리고 이러한 근거로부터 다음의 것은 가장 옳은 것이다. 즉 하늘의 구는 자신의 전체 체적에 따라서 모양과 관련하여 공 모양을 지닌 유일한 생명이 있는 본질일 것임을 가정하는 것이다. 하늘의 구의 볼록한 표면은 항성의 구의 볼록한 표면이며, 하늘의 구의 오목한 표면은 불의 구에 (달 아래에서) 접하는 그런 것의 오목한 표면이다. 하늘의 구는 변함이 없는 (한결같은) 그리고 보편적인 운동을 지닌다. 그러나 예를 들어 각각 개개의 별(행성들)을 위하여 하늘의 구에서 실제로 있는 많은 수의 운동들은 단 한 개의 본성을 지닌다. 하늘의 구에서 가장 큰 운동은 동물에게서 공간의 (한 곳으로부터 다른 곳으로) 운동과 같다. 이와 같은 하늘의 구의 개별적인 운동들은 동물의 마디들의 운동들과 같다. 이러한 근거로부터 말해진 (개별적인) 운동들은, 예를 들어 가장 큰 운동을 위한 중심인 지구 둘레를 도는 것처럼, 둘레를 돌 특별한 중심들을 필요로 하지 않는다; 왜냐하면 수학이 증명한 것처럼, 이러한 운동들의 대부분이 세계 모든 것의 중심 바깥에 있는 중심들을 지니기 때문이다. 지구로부터 이러한 운동들의 거리는 하나의 같은 거리가 아니다.

따라서 우리(우리의 이해)를 위해서 다음의 것, 즉 중심은 세계 모든 것의 중심과 같을 것이며 극들은 세계의 극들과 같은 많은 하늘의 구들을 상상하는 것은 필연적이지 않다. 왜냐하면 이것들은 서로서로 단지 주관적으로 만들어진 생각Einbildung에서만 구별되기 때문이다. 이러한 생각은 각각 개별적인 별을 위해서 가정할 수 있는 하늘의 구들 사이에서(비록 하늘의 구들이 활동태에서 일치할지라도) 구별할 수 있다. 이럴 경우 하늘의 구들은 서로서로 분리되지 않은 그리고 운동 자체를 점유하지 못한 물체처럼 그러한 사정에 있을 163-1 것이다. 도리어 개별적인 구의 운동들은 독립적인 운동(운동 자체 motus per se)으로 이해할 수 없고, 오히려 하늘의 구 전체의 부분들로(즉 우연적인 운동으로 als motus per accidens) 이해할 수 있다. 나아가 학설은 이러한 물체들 곁에서(그리고 이것들 안에서) 별들이 하늘의 일상적인 운동으로 운동한다는 의미이다. 요컨대 이러한 가정으로부터 어떤 모순도 일어나지 않는다. 7개의 별들(행성들)의 각각 개별자를 위해 특별한 구들을 가정하도록 수학자들을 이끌었던 확신할 만한 근거는, 이럴 경우 이러한 구들 곁에서 7개의 별들(행성들)이 일상적인 운동으로 계속 운동하는데 특별한 운동들이 주어진 구들에 일치하여-오직 다음과 같은 것이다. 수학자들의 견해에 따라서 유일하게 운동되는 물체는 2개의 서로 다른 운동들에서 운동할 수 없다. 왜냐하면 이 물체는 같은 시간에 하나의 같은 운동되는 물체를 유지하고 정해진 변함없는 체적을 지녀야 하기 때문이다. 이와 같은 견해는 우리가 설명하였던 명제로 이끌어졌다; 왜냐하면 이러한 하늘의 구들은 말하자면 이것들의 특별한 운동들에서 운동되기 때문에, 더욱이 운동들의 특별한 구들에서(그리고 곁에서) 동시에 공통된 운동과 함께(우리의 견해에 따라서) 운동되기 때문인데, 이러한 구들이 가장 큰 물체(항성의 구)의 부분들인 한에서 그렇다. 이러한 하늘의 구들은 마치 저런 부분들이 (유일하게) 특별한 운동 자체를 점유하는 것처럼 그러한 사정에 있지 않다. 오히려 하늘의 구들은 단지 이것들이 부분들인 한에서(그러므로 우연적으로)만 운동한다.

계속해서 다음과 같이 물어진다. 이러한 부분들의 운동들이 같은 운동자로부터 생겨나며, 한편으론 이것들이 서로로부터 분리됨으로써, 어떻게 이러한 부분들이 연속하는가? 그리고 이러한 부분들이 계속해서 서로서로 분리하여 운동하지 못한다는 것이 어떻게 가능한가? 우리는 이러한 문제를 이미 천체와 세계에 관한 책에서 다루었다. 다음으로 그 밖의 문제로 다음의 물음들이 나타난다. 운동시키는 원리들은 바로 앞에서 언급되었던 것들보다 더 적은 수로 세워지는 것이 가능한가? 이러한 견해는 몇몇 철학사들에 의해서 지지되었었다. 여기에서 이들은 하늘의 각각의 구를 위해서 오직 유일한 운동자만을 가정한다. 이러한 유일한 운동자를 통해서 운동되는 첫 번째 사물은 별(행성)이다. 그 다음에 이러한 첫 번째 사물로부터 나머지 운동들을 구성하는 힘들이 흘러나온다. 이 힘들은 이러한 특별한 별에 소유물이며 이러한 별의 목적을 위해 행하여진다. 그렇지만 이렇게 이해하는 것은 앞에서 언급한 것과 나중에 뒤따르는 것에 따라서 불가능하다. 이를 위한 근거는 하늘의 구들의 운동자가 뒤따르는 것처럼 그러하다는 것이다. 우리가 운동을 추상적 개념의 상상에 따라서 질료에서 있지 않는 사물들로부터 단지 일어날 뿐이라는 것을 가정한다면, 각각 개별적인 별들에 귀속하는 모든 실재하는 운동들은 개별적인 별의 개념적 내용으로부터도(객체로), 또한 이러한 별을 향하는 갈망으로부터도 생기지 않는다는 것은 분명하다. 그러므로 이것은 앞에서 설명되었다. 마찬가지로 이러한 과정들에서 별로부터 별의 구들의 나머지 부분들로 흘러나온 힘들은 실제로 있지 않다; 왜냐하면 별과 구들은 영혼의 부분들로부터 단지 순수하게 추상적인[5] 본성에서 있는 개념들의 형상화를 통해서 활동하는 것('종류')을 지니기 때문이다. 그러나 이러한 실체들(구들)의 수가 하늘의 운동자들의 수보다 더 크다는 것이 가능한지에 관한 문제에 관하여, 그러므로 이러한 가정은 가능하다. 그럼에도 불구하고 다음과 같은 방식에서 그러한 사정에 있다. 이러한 첫 번째 원리들 중 한 원리가 우리가 낱낱이 열거한 그러한 원리들과 다를 것이라는 것을 가정하자. 이럴 경우 이러한 원리는 또한 특별한 방식에서 이 원리에 귀속하는 활동을 가져야만 한다. 이 원리는 저런 다른 원리들 가운데 정해진 원리를 위한 혹은 나머지 원리들의 종합을 위한 첫 번째 원리이어야만 한다. 이러한 첫 번째 원리에 관하여는 나중에 설명되어질 것이다. 혹은 이러한 (지상의) 사물들의 첫 번째 원리는 달의 구 아래에 있는 사물들의 부분들에 적용되어야만 한다. 예를 들어 능동적인 지성Intellekt이 그러한 사정에 있다; 왜냐하면 이러한 첫 번째 '고귀한'(품위 있는) 원리들 가운데 한 원리가 특별한 활동성을 지니지 않는 다는 것(그리고 그럴 경우 목적이 없을 것)은 불가능하기 때문이다. 불의 본질은 말하자면 타는 활동이 불로부터 작용되어질 것(시작할 것) 이외에 다른 사정에 있을 수는 없다. 그렇지만 (하늘 세계의) 이러한 원리들은 이것들의 본성(자체)에 근거하여 활동하는
165-1 원리들이다. 예를 들어 태양이 자신의 본성에 근거하여 빛을 내는 것처럼 그와 같다. 나아가: 저런 원동력들Agenzien 아래서 (특별한) 활동성을 갖지 않은 첫 번째 원리가 실제로 있었더라면, 자연Natur은

■

5) 추상적인 것Abstrakte은 개별적인 것들의 정해지지 않은 큰 수를 자기 안에 포함한다. 그래서 이렇게 추상적인 상상으로부터 많은 홀로 있는 구의 운동들을 설명할 수 있다.

목적 없는 어떤 것을 창조하였을 것이다. 따라서 이러한 원리는 (자체로) 근원적인 목적을 자신의 활동성을 통해서 구체화하기 위하여 실제로 있을 필요는 없고, 오히려 이차적인 목적을 위해서 실제로 있어야만 한다. 우리가 이와 같은 것을 곧 설명하게 될 것이다. 그렇지만 관계는 (세계 모든 것의 전체 영역을 위하여) 하나의 같은 것이다. 즉 (자연의 힘의 작용을 통해서) 특별한 활동성을 소유하지 않았을 첫 번째 원리는 실제로 있을 수 없다. 결국 이러한 근거로부터 우리는 다음과 같은 결정적인 명제에 도달할 것이다. 즉 하늘의 구들의 수는 끝이 있는 수일 것이며 활동하지 않은 첫 번째 원리들은 실제로 있을 수 없다.

3. 첫 번째 원리로서 본질형상

이러한 첫 번째 원리들의 실제로 있음에 관하여 말하여진 것이 분명하기 때문에, 이제 우리는 다음과 같은 것을 고찰하고자 한다. 즉 얼마나 많은 방식으로 저러한 첫 번째 원리들이 실제로 있는지 (형이상학의 형식적인 대상에 일치하는: 있는 것은 양에 따라서 있는 것이다[ens in quantum est ens])? 어떤 방식에서 이것들은 운동시키는 원리들이며 얼마나 많은 방식에서 이러한 감각적으로 지각할 수 있는 '신적인' 물체를 위한 첫 번째 원리들인가? 이러한 문제들을 고찰해 나가는 방법은 심리학에서 입증되어졌던 것을 요청·가정으로 이곳에서(형이상학에서 - 옮긴이) 전제하는 것이다; 왜냐하면 여기서 문제가 되는 대부분의 첫 번째 원리들은 저런 학문으로부터 빌

려왔기 때문이다. 만일 사람들이 저런 학문(심리학)을 먼저 이해하지 못했었다면, 실제로 있음의 이러한 종류를 이것의 성질에 따라서 알 수 있는 가능성은 없다. 이러한 근거로부터 사람들은 신의 법칙으로 주장한다: '너의 본질을 안다면, 너는 또한 너의 창조자도 안다'(소크라테스의 명언을 예언자에게 알아듣게 하는 잘 알려진 전통적인 격언).

이러한 근거로부터 우리는 가르친다: 본질형상들은 (심리학에서) 설명되었던 것에 일치하여 2가지 실제로 있음–종류들[Existenzarten]을 지닌다. 한 가지 실제로 있음-종류는 감각적으로 알 수 있는 것이거나 혹은 감각적으로 알 수 있는 것과 같다. 이러한 종류는 첫 번째 질료에서 현재 있는 한에서 본질형상들에 귀속한다. 다른 실제로 있음-종류는 정신적인(추상된) 종류이다. 이러한 종류는 본질형상들에 (앎의 형상으로) 귀속하는데, 이러한 종류가 질료로부터 축출되어진 한에서 그렇다. 따라서 만일 '여기서'(이 세계에서) 실제로 있음을 지닌 본질형상들이 질료에서 있지 않는 한에서 실제로 있다면, 본질형상들이 순수한 ('분리된') 정신들을 기술한다는 것을 피하기는 어렵다; 왜냐하면 본질형상들인 한에서 본질형상들에게 실제로 있음의 세 번째 종류는 더 이상 귀속할 수 없기 때문이다.

말해진 운동들에 귀속하는 실제로 있음-방식은 저러한 실체들이 순수한 정신들인 한에서만 있다는 것이 명백하기 때문에, 우리는 이제 다음의 문제를 고찰하고자 한다. 순수한 정신들이 어떤 방향으로 하늘의 물체들을 운동시키는가? '여기서' (운동의 완성됨을 위해서) 열망에 의해서 자극된 개념적인 생각의 가능성 이외에 다른 가능성은 주어지지 않는다. 같은 방식에서 좋아 했던 객체에 대한 아는 그림Erkenntnisbild은 (열망에 근거하여) 좋아하는 것을 운동시킨다. 이러한 것이 그러한 사정이기 때문에, 하늘의 물체들에게 필연적으로 지성Verstand을 주어야만 한다. 왜냐하면 하늘의 물체들은 지성에 합당한 상상들을 만들기 때문이다(천체의 운동들을 실행할 수 있기 위해서). 이러한 것은 원인에 그리고 실재하는 있음에 근거한 증명이다. (그러므로 증명은 한편으로는 원인으로부터 작용으로 나가는 연역적이며, 다른 한편으로는 사실들로부터 이것들의 원인으로 나가는 귀납적이다); 왜냐하면 운동은 오직 열망에 의해 함께 가는 경우에만 일어날 뿐이기 때문이다. 이 때문에 필연적으로 운동에게 이성적인(즉 추상적인 개념에 의해 함께 가는) 열망을 준다. 하늘의 구는 영혼의 모든 '부분들'(partes) 중 단지 이러한 부분(즉 지성)만을 지닌다; 왜냐하면 하늘의 물체들에서 바깥의 감각적인 지각능력들이 현재 있을 것이라는 것은 가능하지 않기 때문이다. 요컨대 이러한 능력들은 동물에게는 단지 기관('장소')에 주어진다. 능력들은 기관(장소)에 알맞다. 그러나 저러한 물체들(하늘의 구들)은 영원하다(즉 사라지지 않는다. 그러므로 이것들은 양육할 수도 낳음을 통해서 번식할 수 도 없다. 이 때문에 바깥의 감관들은 하늘의 물체들에게는 쓸모가 없을 것이다). 마찬가지로 아비세나가 뒤의 것을 가정한 것처럼(형이상학, IX장) 이러한 하늘의 구들은 공상의 능력들을 거의 지니지 않았다; 왜냐하면 공상의 능력들은 바깥의 감관들 없이 있을
수 없기 때문이다. 이것은 심리학에서 설명되었다. 비록 객체가 더 167-1
이상 지금 있지 않을지라도, 공상의 능력들은 동물이 그와 같은 능력들을 통해서 객체들로부터 바깥의 자극들에 근거하여 운동할 수 있기 위한 목적으로만 현재 있다(바깥의 감관들이 객체들을 지각하

였다). 그 다음으로 대부분의 경우에서 감각적인 지각능력들의 목적은 물체의 존속을 유지하는 것이다. 나아가: 아비세나가 가르친 것, 즉 천체들이 운동해가는('천체들의 장소를 바꾸는') 그러한 장소를 공상에 알맞게 생각하는 것처럼, 하늘의 물체들이 그러한 사정에 있다면, 천체들의 운동은 유일한 (한결같은) 운동도 아닐 것이며 연속하는 운동도 아닐 것이다. 왜냐하면 구들의 영혼들에 의해서 공상에 알맞게 생각된 서로 다른 대상들이 연속하기 때문에, 그리고 상태들이 천체들에서 서로 다르기 때문이다. 공간적인 위치들은 단지 우연적인 방식에서만, 즉 한 위치가 다른 위치에 관계함에 근거해서만 이러한 영혼들에 귀속한다. 그러나 예를 들어 태양이 자신의 운동에서 나타낸 이러한 열망함(끌어당김)은 가장 큰 구(항성의 구)에 대한 태양 구의 위치(자리)로부터 일어나고 야기되는 어떤 것이다. 그러나 만일 이러한 하늘의 물체들이 공상적 활동성을 지닐 수 없다면, 마찬가지로 이런 물체들은 단 하나의[singulär] 운동도 거의 지니지 못한다.[6] 단지 내가 가르친 그런 의미에서만 천체들의 운동은 항상 변함이 없는 연속적인 운동이다. 요컨대 완전히 끝남이 좋음에 대한 개념적 생각을(그러므로 질료를 완전히 벗겨냄으로 인하여) 고집하는 이런 좋음을 구들의 영혼들이 생각한다면, 구들의 영혼은 완성됨(ἐντελέχεια)에서 이러한 좋음과 닮을 것을 갈망한다. 이러한 닮음[Verähnlichung]은 좋음이 이러한 영혼들의 실제로 있음으로부터 가능한

■

6) 이러한 종류의 개별적인 운동은 단지 공상적인 생각으로부터만 시작할 수 있다. 왜냐하면 이러한 운동은 개별적인 어떤 것을 생각하기 때문이다.

한 가장 잘 완성된 방식에서 '활동적이' 되는(낳아지는) 것에서 있다. 만일 구의 운동되는 상황이 정지해 있는 상황보다 더 우수하다면-요컨대 운동은 자연의 사물들을 위한 살아있는 활동성인데-, 그러면 구들은 영원한 운동에서 있다. 이러한 영원한 운동은 다음과 같은 방식에서는 일어나지 않는다. 즉 영원한 운동이 개념적으로 생 168-1
각되는 것은 운동을 위해서 생긴다는 것이다; 왜냐하면 만일 이러한 것이 그러한 사정에 있다면, 더 우수한 것이 더 적게 완성된 것을 위해서 있어야만 할 것이기 때문이다. 오히려 운동은 필연적으로 저러한 완성됨[Vollkommenhiet](개념)으로부터 생기고 완성됨을 뒤따르는 방식에서 일어난다. 마찬가지로 태워지는 과정이 불의 본질형상 '에'(으로부터) 뒤따른다(생긴다). 만일 예를 들어 우리가 우리 본질의 가장 높은 완성됨에 도달한다면, 완성됨으로부터 다른 사람들과 될 수 있는 대로 잘 나누는 것은 우리를 위해서 가장 좋은 것이며 가장 고귀한 것이다; 왜냐하면 어떤 본질의 완성[Vollendung]은 다른 본질에(algair라고 읽음) 배열되기 때문이다. 사태는 하늘의 물체들에서 이것들 아래에 있는 것과의 관계에서 마찬가지 사정에 있다. 우리는 이것을 나중에 실행할 것이다.

그러므로 다음의 것은 앞서 언급한 것으로부터 명백하다. 실제로 있음의 어떤 종류가 저런 운동시키는 원리들에 귀속하는가? 그리고 어떤 방식에서 이것들의 운동이 일어나는가? 이것으로부터 동시에 운동시키는 원리들은 분명히 단지 하늘의 물체들만을 위하여 운동시키는 원리들인 것은 아니다. 또한 이러한 원리들은 하늘의 물체들이 하늘의 물체들이게 하는(himā 대신에 mā: 본질에 대한 아리스토텔레스적인 표시) 일치하는 본질형상들을 하늘의 물체들에게 주는 활동성도 갖는다. 이를 위한 근거는 다음의 것에 있다. 즉 만일 우리가 '저것'(하늘의 정신들의 이데들)을 부정한다면, 그럴 경우 더 이상 원형 운동에서 있는 하늘의 물체들의 본질형상들은 실제로 있지 않다. (결국 하늘의 물체들의 본질형상들은 하늘의 정신들의 이데들에서 흘러나온 것들[Emanationen]이어야만 하지 않겠는가!) 다음의 것이 그러한 사정에 있다: 만일 우리가 능동적인 지성(정신[νοῦς])을 부정한다면, 하늘의 구들의 가장 높은 완성은 더 이상 실재하는 것으로 있지 않다. 그러므로 이러한 의미에서 하늘의 구들은 어떤 방식에서는 (하늘의 구들이 물체들에게 본질형상을 줌으로써) 물체들을 위한 능동적인 원리들이다; 왜냐하면 (idā 대신에 id) 그와 같은 종류의 구들은 이것들이 사물의 '실체'(본질성)를 작용시키는 활동을 하기 때문이다. 이러한 구들의 활동성이 영원한 것이든 혹은 시간적으로 한정된 것이든 간에 그렇다. 그러나 가장 우수한 운동은 영원한 운동일 것인 것이다. 마찬가지로 저러한 하늘의 정신들은 다른 측면에서 구들의 본질형상들을 뜻한다; 왜냐하면 하늘의 물체들의 본질형상들은 하늘의 물체들이 자신들의 생각을 통해서 저러한 정신들로부터 받은 것 이외에 아무것도 아니기(그리고 조금도 어떤 것이 아니기) 때문이다. 더 나아가 왜냐하면 우리가 행하였던 것처럼, 하늘의 물체들은 저러한 정신들을 통해서 열망의 종류를 향해 운동되기에, 그래서 저러한 정신들은 (구들의 운동들을 위한) 궁극적 목표[Endziel]이기 때문이다. 이러한 것이 그러한 사정에 있기 때문에, 이러한 첫 번째 원리들은 '이러한' 감각적으로 지각할 수 있는 (지상의) 있음에게 본질형상으로, 활동하는 원리(작용의 원인[causa dfficiens])로 그리고 궁극적 목표로 관계한다. 이러한 근거로부터 감각적으로 지각할 수 있는 (지상의) 있는 것의 본질형상들은 저런 정신들로부터 마치 저러한 (위층의) 정신이 (아래층의) 감각적인 물체들의 목적으로 활동하는 것처럼(혹은 실제로 있는 것처럼) 이끌어 내지지 않는다. 오히려 이러한 설명으로부터 분명해진 것처럼, 감각적으로 지각할 수 있는 물체는 자신의 목적으로 향해지는 것처럼 저러한 정신들로 향해진다. 이러한 상황들에서 단지 한 가지 가능성만이 남아 있다. 이 가능성이란 본질형상이 하늘의 정신들로부터 생겨나는 것은 두 번째 방식에서(우연적인 결과에서), 그리고 신이 인간에게 덕들을 분배할 것을 법칙으로 말한 의미에서, 즉 신 자신이 홀로 어떤 덕을 획득하기 위해서가 아닌 (오히려 모든 좋음의 사심 없는 기부자로서 덕을 획득하기 위해서) 덕들을 분배할 것이라는 의미에서 일어나는 것이다.

4. 비물체적인 실체와 감각적인 실체

설명된 것은 또한 다음과 같은 것을 통해서 명확해진다. 분명히 실제로 있는 사물들은 2가지 그룹을 만든다. 한 그룹은 하나가 다른 것에 봉사하기에 알맞은데(준비가 되었는데), 이러한 그룹이 첫 번째 목적인 한에서 그렇다. 이와는 반대로 두 번째 그룹은 다른 것을 완성하고 이것을 개선하는(활동적이게 하는) 것인데, 이러한 두 번째 그룹이 (형상을 주는) 여왕인 한에서 그러하며, 마치 이것이 다른 것의 목적으로(그러므로 이것에 종속시키는) 거기에 있는 것처럼 그런 것은 아니다. 이들 두 그룹은 사실 임의적인(자유로운) 정지와 활동태들(기술들)에서 실제로 있다. 이러한 비물체적인 실체들에 관하여, 얼마나 많은 방식에서 이러한 실체들이 감각적으로 알 수 있는 실체를 위한 첫 번째 원리인지, 어떻게 이것들이 감각적으로 지각할 수 있는 실체에 관계하는지(위에 있는 것으로서)가 설명되었기 때문에, 그러므로 우리는 이제부터 다음의 것을 고찰할 필요가 있다. 즉 어떻게 이러한 원리들이 하나의 같은 있음-단계[Seinsstufe]에서 서로 관계하는가? 이럴 경우에 세계 모든 것이 유일한 첫 번째 원리를 지닐 것이다. 그러므로 이러한 것은 (있음의) 유에서 첫 번째 원리일 것이며, 그리고 이 첫 번째 원리는 모든 나머지 것들에 앞서갈 것이다. 나머지 원리들은 단지 우연적으로 첫 번째 원리들일 것인데, 이런 나머지 원리들이 저런 첫 번째 원리에 참여하는 한에서 그리고 그런 정도에서 그렇다. 만일 이러한 것이 그러한 사정에 있다면, 그 밖의 물음이 세워진다. 즉 얼마나 많은 관점에서 첫 번째 원리가 다른 원리를 위한 원리일 수 있는가? 왜냐하면 첫 번째 원리가 동시에 나머지 원리들의 종합을 위한 원리이기 때문이다. 우리는 이렇게 가르친다: 만일 사람들이 첫 번째 원리들의 관계를 고찰한다면, 사람들은 한 원리들이 가치에 따라서 다른 원리들에 앞서간다는 것을 안다. 이를 위한 근거는 다음의 것에 있다: 하늘의 구의 일상적인 운동을 실행하는 운동자는 모든 나머지 운동자들보다 더 고귀하다; 왜냐하면 모든 나머지 운동자들은 운동자와의 관계에서 단지 우연적인 방식에서만 운동하기 때문이다(항해하는 배에서 정지한 자가 우연적으로 운동하는 것처럼). 그러나 운동자는 자체 이러한 다른 운동자들을 통해서 운동되지 않는다. 나아가: 더 빠르게 운동하고 더 큰 물체·몸체를 가진 원리는 필연적으로 더 우수하다. 사람들이 사태를 나머지 첫 번째 원리들에서 고찰한다면, 이런 원리들은 이러한 관계(계산ratio)에서 서로 다름을 보이는 것을 알게 된다.[7] 만일 우수성에서 서로 다른(그러므로 이러한 것을 단지 우연적으로 지니는) 사물들이 종에서는 구별되지 않는다면, 즉 만일 사물들이 서로 다른 종들을 만들지 않아서, 그 결과 한 사물들이 (자체로, 본질에 따라서) 다른 사물들보다 더 우수하다면, 사물들에서 현재 있는 차이성은 단지 한 사물들이 다른 사물들에 오로지 문제되는 공통적인 종 안에서 앞서간다는 것이다. 그렇지만 그러한 사정에 있는 사물들 중 한 사물들은 다른 사물들(이것들은 저런 정해짐 자체를 지니는데)과 관계하여 작용('의 형상')이다. 이러한 의미에서 모든 나머지 것들에 앞서가는 원리는 가장 높은 원리이며 모든 것들을 위해 작용시키는 원리이다(왜냐하면 자체인 것das per se은 각각의 있음의 질서에서 우연적인 것das per accidens의 원인이기 때문이다). 이러한 것이 그러한 사정이기 때문에 그리고 저런 운동시키는 원리들 중 가장 우수한 것은 하늘의 일상적인 운동을 일으키는 운동자라는 것이 이미 분명해졌기 때문에, 그러므로 이러한 운동자는 나머지 운동시키는 원리들을 위해서 가장 높은 원인이어야만 한다. 나아가 나머지 운동된 물체들은 공동으로 이러한 운동자와 함께 운동자의 운동을 지닌다(운동자의 운동에 참여한다)는 것이 분명하다. 그러므로 운동되는 물체들은 운동자에 의해서 운동되며, 그 결과로 운동되는 물체들은 공동으로 저런 정신의(하루의 운동에서 태양구의) 정신적인 생각 속

■

7) 자체인 것은 서로 다름을 허용하지 않는다. 그러므로 이러한 서로 다름은 우연적인 것으로, 많건 적건 자체에 참여하는 것으로 되돌아간다.

의 그림들[Vorstellungen]에 참여한다. 이 때문에 그러므로 (아래에 배열된 구들의) 원리들 중 각각의 개별적인 원리는 보편적 정신적인 생각속의 그림, 즉 모든 것에 공통적인8) 그리고 동시에 (특별한 운동의 설명을 위한) 특별한 생각속의 그림을 지닌다. 보편적인 생각속의 그림은 정신적인 원리들의 종합이 저런 첫 번째 운동자로부터 만든 개념이다. 특별한 생각속의 그림은 원리들의 각각의 개별자가 각각의 개별적인 운동자로부터 만든 개념이다. 이러한 보편적인 생각속의 그림('보편성[Universalität]')은 '여기서'(구들에서) 각각의 개별적 정신적인 원리에 특별히 귀속하는 생각속의 그림들에 유처럼 관계할 수 없다; 왜냐하면 이러한 개별적인 생각속의 그림들은 질료를 지니지 않기 때문이다. (단지 질료가 있는 곳에만 유가 있다.) 오히려 보편적인 생각속의 그림은 많은 사물들이 유일한 원리에 관계하는 것처럼(비물체적인 사물들이 한 점에 관계하는 것처럼) 개별적인 생각속의 그림들에 관계한다. 이러한 첫 번째 원리는 나머지 원리들에 앞서가며 이것들의 실제로 있음을 위한 원인이다. 그 밖의 근거는 다음의 것이다. 보편적인 것[das Universalle]은 개별적인 것[das Partikuläre]에 앞서간다; 왜냐하면 만일 사람들이 보편적인 것을 떼어놓는다면, 사람들은 동시에 또한 개별적인 것을 떼어놓기 때문이다(부정하기 때문이다). 그러므로 만일 보편적인 생각속의 그림이 유의 종류에 따라서 앞서간다는 것이 이러한 보편적인 생각속의 그림에 기초하고 있지 않다면, 이러한 보편적인 생각속의 그림은 저런 원리들의

■

8) 이러한 공통적인 생각속의 그림이 개별적인 구들의 하루운동을 알게 할 것이다.

나머지 정신적인 생각속의 그림들에서 필연적으로 원인의 종류에 따라서 앞서간다.

이와 같은 방식으로부터 바로 이러한 정해짐(계산ratio)은 각각 개별적인 별들이 실행하는 (구들의) 커다란 운동들에서 자명하다. 저러한 운동들에 관해서 이 운동들이 별의(관계하는 구의) 운동을 위해서 일어난다는 것이 분명하다; 그러나 이럴 경우 (그리고 이 때문에) 다음과 같은 것이 필연적으로 분명해진다. 즉 구들을 운동시키는 원리들은 이러한 운동을 항성의 운동 때문에 실행한다는 것(왜냐 172-1
하면 이러한 원리들은 가장 큰 운동의, 하루운동의 목표, 그러므로 모든 운동들의 마지막 목표이기 때문이다). 그렇지 않으면 별들의 운동은 저런 정신적인 원리들로부터 단지 우연적인 방식으로 일어나야만 할 것이다. 모든 이러한 것이 프톨레마이오스가 기술하였던 것처럼 그러하기 때문에, 그러므로 이렇게 각각 개별적인 별은 유일한 운동보다 더 많은 운동들을 지닌다. 각각의 구를 운동시키는 원리들은 동시에 필연적으로 별을 운동시키는 원리 자체에 의해서 일으켜진다. 그리고 7개의 별들(행성들)의 운동자들은 가장 큰 구(항성의 구)의 운동자에 의해서 불러일으켜진다.

따라서 우리는 (활동하는 것Wirkliche의) 이러한 틀에서 첫 번째 원리의 실제로 있음 방식을 고찰하는 이러한 논문을 끌고 가고자 한다. 요컨대 우리가 구들의 각각의 개별 구에 특별히 귀속하는 사물들을 고찰하는 경우에, 이러한 운동자는 운동자에게 첫 번째 원리라는 능력을 준 있음을 필요한 만큼 충분하게 지니지 않았음이 더 나중의 설명에서 분명해질 것이다. 마찬가지 경우로 일반적인 방식에서 앞에서 설명한 것으로부터 다음과 같은 것이 분명하다. 즉 이러한 비물체적인 원리들은 필연적으로 첫 번째 원리로 이끌어져야만 (원리들의 사슬에서 빠져 나와야만, 끝나야만) 한다. 이러한 비물체적인 원리들은 한 원리들이 다른 원리들로부터 독립하여 있을 것이기에, 그 결과 이런 원리들 사이에 원인과 작용의 묶음은 있지 않을 것이라는 그러한 사정에 있지 않다. 이러한 것은 그러한 사정에 있다. 왜냐하면 '첫 번째 원리'라는 표현은 명백한(유일한) 의미에서 혹은 이중적인 의미에서, 혹은 어떤 배열과 비례에서(그러므로 비유적인 의미에서) 구들의 정신들에 의해서 말해지기 때문이다. 그리고 술어의 이러한 종류는 '애매한'(비유적인) 방식에서 서술되는 용어들[termini]에 속하기 때문이다. 그렇지만 첫 번째 원리의 개념은 명백한 방식에서 (구들의 정신적인 원리들에 의해서) 말해질 수 없다; 왜냐하면 (개체들의) 많음은 명백한 방식에서 말해지는 내용들(사물들)에서 질료에 기초를 두기 때문이다. 그러나 구들의 정신적인 원리들은 질료적이지 않다. 마찬가지로 '첫 번째 원리'라는 용어가 순전히 애매한 의미로 저러한 구들의 정신적인 원리들에 의해서 말해진다는 것은 불가능하다; 왜냐하면 저러한 원리들은 하나의 같은 유를 지닌다고 이미 설명되었기 때문이다. 만일 이러한 것이 그렇게 설명된다면, 오로지 한 가지 가능성만이 남는다. 이 가능성은 첫 번째 원리의 개념이 구들의 정신적인 원리들에 의해서 어떤 '더 먼저와 더 나중'에 따라서 (그러므로 비유적인 방식에서) 말해진다는 것이다. 그렇지만 술어들을 어떤 '더 먼저와 더 나중'에 따라서 말하는 사물들은 필연적으로 유일한 사물에 관계하며, 이러한 사물은 모든 나머지 대상들에서 저런 술어(비례[ratio])의 실제로 있음을 위한 원인이다(왜냐하면 이러한 사물은 자체로 저러한 술어를 지니기 때문에:

이것은 우연적으로 나머지 대상들에 귀속하기 때문이다). 예를 들어 뜨거움의 개념(용어)이 그러한 사정에 있다. 사람들은 이와 같은 개념을 뜨거운 사물들로부터 사물들의 불과의 관계에서 말한다(이 불은 자체로 뜨겁다). 불은 모든 다른 뜨거운 사물들에서 뜨거움의 실제로 있음을 위한 원인이다. 따라서 사람들이 이러한 첫 번째 원리들로부터 유일한 첫 번째 원리로 올라가야만 한다는 것은 분명하다. 그럼에도 불구하고 사람들은 이것을 통해서 (첫 번째 원리의 혹은 모든 정신들의) 고유한 본성을 알 수 없다. 이러한 것은 앞에서 설명한 것으로부터 분명하다.

또한 다음의 것을 통해서 이러한 생각(ratio)이 분명해질 것이다; 왜냐하면 우리가 이러한 하늘의 물체들의 활동태들을 보기 때문이다. 이 활동태들은 지상의 세계에서 각각의 개별적으로 작용하는 사물을 실제로 있도록 해주기 위해서 그리고 거기 있음[Dasein]에서 사물을 유지시켜주기 위해서 물체들의 운동으로부터 생겨나며 서로 지지하는 것이다. 이러한 배열과 안에서 함께 결합한 사슬은 뒤따르는 것처럼 관계한다: 만일 우리가 이러한 운동들 중 유일한 운동을 떼어낸다면, 사물들의 실제로 있음이 어지럽혀지며('흐트러지며') 사물들의 배열이 부정된다. 이러한 근거로부터 우리는 달과 '방황하는' 별들(행성들)이 마치 이것들이 이것들의 운동들에서 태양을 위하여 애쓰는 것처럼 그리고 영향들을 계속 미치는 것처럼(tunḳil이라고 읽음; -달 아래의 세계에 넘겨주는 것처럼 그리고 이러한 세계에 매개하는 것처럼) 그러한 사정에 있다는 것을 본다. 이러한 가정을 위한 근거로 우리는 항상 다음의 것을 본다(그리고 확인한다). 즉 수학적 천문학에서 설명되었던 것처럼, 달과 행성들이 정해진 거리에서 태양으로 운동한다는 것이다. 말하자면 이것들은 견고하게 닫혀진 항로들에서 이것들의 속도('빠름과 느림')와 관련하여 한 번은
174-1 가까이서 그리고 한 번은 멀리서 발견된다. 그러므로 이러한 활동태가 이것들(혹은 '이것', 태양)에 우연적으로 귀속한다는 것은 가능하지 않다.

만일 이러한 것이 그러한 사정이라면, 그러므로 이것들(달과 별들)은 필연적으로 자신들의 운동들에서 하나의 같은 목표를 열망한다. 그러나 별들이 지상의 사물들을 목적으로 ('여기에') 실제로 있지 않기 때문에, 별들 모두에게 공통으로 있는 저러한 목표는 첫 번째 원인이어야만 한다. 저러한 목표에서 (그 결과 그리고 그것과 함께) 별들 모두는 (조화를 이루며)[9]일치하며 이러한 지상 세계의 각각 개별적으로 있는 것을 산출하기 위해서 서로 지지한다. 요컨대 만일 정신적인 본질이 유일한 운동시키는 원리보다 더 많은 것을 통해서 실제로 있다면, 정신적인 본질의 여기 있음[Dasein]은 (자체로) 유일한 궁극적 목표에서 이러한 운동시키는 원리들의 조화로움을 통하여 필연적으로 함께 결합된다. 이러한 사상을 신이 언어로 제시한다: "이 두 세계에서 많은 신들이 어떤 신 바깥에서 실제로 있을 것이라면, 이들 둘 다 몰락할 것이다."

■

9) 목표를 향한 열망을 통해서 별들의 운동들이 한결같이, 즉 조화롭게 정돈된다.

5. 유일한 첫 번째 원리의 실제로 있음

이것을 짧게 파악하기 위해서: 세계 모든 것은 단지 유일한 첫 번째 원리의 실제로 있음을 통해서만 (조화로운 것이며) 한결같은 것이다(배열의 하나임[Einheit]). 그렇지 않으면 하나임은 세계 모든 것에서 단지 우연적으로만 실제로 있을 수 있을 것이거나, 혹은 하나임은 대체로 현재 있지 않을 것임이 결과로 나올 것이다. 짧게 말해서, 세계 모든 것은 도시가 품위 있는 시민들과 관계하는 것처럼 관계한다. 만일 이와 같은 시민들이 또한 많은 중요한 권위들('통솔들')을 지닌다면, 이것들은 확실히 유일한 (가장 위쪽의) 지배로 이끄는 연속하는 사슬을 만든다. 그리고 이것들은 하나의 유일한 목표를 열망한다. 그렇지 않으면 도시는 한결같은 조화롭게 질서 지워질 수 없을 것이다. 이러한 근거로부터 도시가 자신의 지속적인 존립을 유지하는 것처럼, 그와 같이 세계 모든 것에서도 또한 그러하다. 이러한 근거로부터 베두인 사람들[Beduinen][10]의 도시들(혹은: 실크로드의 상인들[Karawanen]을 위한 머무는 곳)은 피난하는·도망치는 현상들이다; 왜냐하면 이 도시들에서 하나임은 오직 우연적인 방식에서만 발견되기 때문이다.

어떤 종류에서 저런 '사상들'(합목적성들, 정해짐들, 이성들)의 실제로 있음이 있는지, 그리고 어떻게 이런 사상들이 감각적으로 알 수 있는 세계 모든 것에 관계하며 또한 사상들 서로 간에 관계하는 175-1

■
10) 옮긴이 주 - Beduine: 사막을 유랑하는 아라비아인.

지가 분명하기 때문에, 그래서 우리는 이제 각각의 개별자에 특별히 귀속하는 정해짐들을 고찰하고자 한다. 우리가 앞에서 언급했던 것처럼, 우리는 이러한 고찰을 심리학에서 이미 설명되었던 것으로부터 이끌고자 한다. 따라서 우리는 주장한다: 이러한 첫 번째 원리들의 각각의 개별 원리가 자신의 본질을 (반성하면서) 스스로 생각한다는 것은 우리의 지성Verstand이 그와 같은 사정이라는 것으로부터 분명하다. 즉 만일 이러한 것은 요컨대 지성이 개념들을 생각하는 동안에 자기 자신으로 되돌아오는 것에 알맞다면, 지성은 자기의 고유한 본질을 생각한다; 왜냐하면 지성의 본질은 개념들[11] 자체와 일치하기 때문이다. 하늘의 세계에서도 사정은 마찬가지다. 만일 지성이 '저기서' 개념 자체 이외에 다른 어떤 것이 아니라면; 그러므로 (반성적 사유의) 관계가 저런 비물체적인 정신들에서 바로 그렇게 관계한다는 것은 얼마만큼은 더욱이 많이 알맞다; 왜냐하면 만일 지성이 질료에 들어가지 않는 한에서, 언급된 고유성이 우리의 지성에 귀속한다면, - 비록 지성이 (생명의 원리로서) 그것을 제외하고 질료에 종속될지라도 - 그러면 이러한 과정은 질료에 종속된 어떤 종류의 것도 지시하지 않는 순수한 정신적인 실체들에서 마찬가지 사정에 있다는 것이 더욱더 명백하기 때문이다. 이러한 근거로부터 우리는 주장한다: 정신(생각Denken)과 생각된 것Gedachte은 이것이 우리 안에서 일어난 것Fall보다 훨씬 더 높은 의미에서 순수한 정신적인 실체들에서 하나가 된다; 왜냐하면 생각(정신)은 우리 안에서, 비록 생각이

■

11) 개념들은 정신의 형상들, 그러므로 정신의 본질을 만든다. 정신은 앎에서 정신이 아는 것이 된다.

생각된 것 자체와 일치할지라도, 그럼에도 불구하고 생각의 질료와의 관계 때문에 차이성을 제시하는 그러한 사정에 있기 때문이다.[12)]

6. 첫 번째 원인 원리로서 작용인과 작용

저러한 정신들의 각각의 개별 정신이 자기의 본질 (자체)를 생각한다는 것이 분명하기 때문에, 우리는 계속해서 다음의 것을 깊이 생각하고 싶다. 즉 각각의 개별 정신은 또한 자기의 본질 바깥에 있는 사물을 생각할 수 있을지 혹은 없을지? 이러한 방식에서 우리는 주장한다; 이미 심리학에서 설명되었던 것처럼, 개념(과 생각된 것)은 생각하는 것Denkenden의 완전히 끝남(ἐντελέχεια)과 생각하는 것의 본질형상이다. 만일 우리가 이러한 정신들 중 한 정신이 사물 바깥에 있는 다른 것을 생각한다고 인정한다면, 이 정신은 단지 정신이 '같은 것dasselbe'(이러한 생각)을 통해서 완성되는 한에서만 이와 같은 사물을 생각한다. 그러므로 저러한 밖에 있는 다른 사물은 정신에 앞서가며 어떤 의미에서는(능동적으로 생각하는 것으로서) 정신의 실제로 있음을 위한 원인이다. 우리가 이러한 것을 인정한다면, 이러한 정신들 중의 한 정신이 다른 것에 의해서 불러일으켜진다는 것은 마찬가지 사정에 있다. 이럴 경우 작용(불러 일으켜진 정신)이 그것의 원인을 정신적으로 파악하는 것이 더욱 많이 필요하

■

12) 어떤 것이 질료에 더 가까이 있으면, 그것은 더욱더 많이 많음과 개별화로 기울어진다.

다. 그러므로 이런 경우 이러한 두 개념들은 서로 관련이 있는(서로 바꿀 수 있는) 것, 즉 작용이 원인에 관계하듯 한 다른 대상을 개념적으로 생각하는 정신적인 원리가 이러한 다른 것에 관계하는 그러한 것이다. 그러므로 정신이 한 원인을 지닌 그러한 사정에 있다면, 작용은 정신의 원인을 정신적으로 생각한다; 왜냐하면 불러일으켜진 것의 경우에 이것의 본질이 있게 된 것(원인)을 동시에 생각하는 것 없이 그것의 고유한 본질을 정신적으로 생각한다는 것은 불가능하기 때문이다. 그러나 이러한 정신적인 원리들의 각각의 개별 원리가 자신의 본질을 생각한다는 것은 이미 명백해졌다. 그러므로 작용이 정신적인 원리들의 영역에서 작용의 원인을 (즉 불러일으킨 정신을) 정신적으로 생각한다는 것은 절대적으로 피할 수 없다. 이것으로부터 첫 번째 원리들(즉 정신들) 중 몇몇은 다른 것을 위해 더욱이 본질형상의, 작용원인의 그리고 목적원인의 의미에서 첫 번째 원인들이라는 것이 확실하다. 같은 방식에서 정신들이 원형 운동을 실행하는 하늘의 물체들의 본질형상과 관계한다는 것은 이미 증명되어졌다; 왜냐하면 이러한 관계들은 하나의 같은 것이기 때문이다. 이러한 근거로부터 또한 원인은 이러한 영역에서 자신의 목적으로 향하지 않는 것처럼 작용으로 향하지 않는다. 말하자면 더 뛰어난 사물은 더 적게 뛰어난 것의 목적으로 실제로 있을 것(이며 활동할 것)이라는 것은 가능하지 않다. 오히려 그것은 반대의 사정에 있다: 원인으로부터 작용의 일어남은 저러한 정신들의 영역에서 원인의 완성됨에 뒤따르는(원인으로부터 결과로 나온-흘러나온 이데) 어떤 것 이외에 다른 것이 아니다. 마찬가지로 타는 과정은 불의 '실체'(본질성)로부터 일어난 어떤 것이다. 우리가 설명하였던 것처럼 이러한 것이 그러한 사정이기 때문에, 분명히 원인은 정신들의 세계에서 원인의 작용을 개념적으로 생각할 수 없다. 그렇지 않으면 다음 177-1 과 같은 경우가 나타나야만 한다. 즉 원인은 다시 작용으로 되어질 것(원인의 첫 번째의 작용으로부터 일으켜질 것)이란 경우가, 그리고 더 완성된 것은 덜 완성된 것을 통해서 완성되어질 수 있을 것이란 경우가 필연적으로 나타날 것이다. 그러나 이러한 것은 불가능하다.

따라서 각각의 관계에서 분명하다: 앞에서 실행되었던 것처럼, 만일 사람들이 원리의 측면에서 다른 원리를 통해서 일으켜지지 않는 첫 번째 원리를 정신들로 가정한다면, 이러한 첫 번째 원인은 단지 자신의 고유한 본질만을 생각할 수 있다. 이러한 첫 번째 원인은 이러한 원인에 의해서 불러일으켜진 사물들을 알 수 없다. 그렇지만 이러한 것은 결국 첫 번째 원인에 이르는 정해짐이 아니다. 오히려 첫 번째 원인은 모든 정신들을 품으며(관계하며) 심지어 하늘의 물체들까지도 품는다; 왜냐하면 우리는 모든 정신들이 이것들의 실제로 있음 방식의 척도에 따라서 이것들 '아래에' (종속되어) 있는 사물들을 정신적으로 생각한다고 여기지 않기 때문이다. 말하자면 만일 이러한 것이 이러한 사정이라면, 더 완성된 것은 덜 완성된 것을 통해서 완성되어져야만 할 것이며, 동시에 저러한 정신들의 개념적인 생각속의 그림들은 시간적으로 (그리고 점차로) 생겨나고 사라질 것이다(그러므로 가장 심하게 불완전할 것이다). 인간들의 개념들이 이러한 사정에 있다. 사태가 그러하기 때문에, 다음과 같은 것이 타당하다: 비록 순수한 정신들이 모두 한결같은(단순한) 것들일지라도, 더욱이 생각하는 자와 생각된 것이 정신들에서 하나의 같은 것일지라도, 그렇지만 이러한 정신들은 정신적인 활동태에서 서로 다른 완성됨을 지닌다. 하나임이 가장 높은 의미에서 귀속하는 그러한 원리는 첫 번째 원리, 단순한 원리이다. 첫 번째 원리에 연결된 것은 첫 번째 원리, 단순한 원리에 뒤따르고, 그 다음에 두 번째 원리에 접한 세 번째 원리가 뒤따른다. 간단하게 말해서: 정신적인 원리가 자기의 본질을 생각하기 위하여 다른 원리들보다 더 큰 수를 더욱 많이 필요로 하면 할수록, 정신적인 원리는 그때마다 더 적은 방식으로 단순함을 가진다. 동시에 어떤 많음이 정신적인 원리에 포함되어 있다. 반대의 경우로 이러한 것이 타당하다: 정신의 실체가 자기의 본질을 생각하기 위하여 다른 원리들의 수를 더 적게 필요로 하면 할수록, 이러한 정신의 실체는 더 높은 의미에서 단순함을 갖는다. 결론적으로 첫 번째의 참된 의미에서 단순한 것은 자기의 본질을 생각하기 위하여 어떠한 바깥의 대상도 필요로 하지 않는 그러한 것
178-1 일 뿐이다(신).

그러므로 이러한 것은 정신들이 개념적으로 생각함과 관련하여 설명한 결과이다. 그럼에도 불구하고 이러한 명제는 많은 불가능한 생각속의 그림들과 그리고 어려움들과 결합되어 있다. 한 명제는 말해진다: 이러한 원리들은 저러한 전제들에 따라서 그렇게 원리들의 활동적인 있음을 첫 번째 원리들인 사물들을 통해서 유지한다. 이럴 경우에 그러므로 자연물들에서 한 사물들이 다른 사물들로부터 나오듯이, 두 번째 원리들이 첫 번째 원리들로부터 나온다. 예를 들어 불의 작용인 타는 과정이 이러한 사정에 있다. 그리고 눈으로부터 '시작되는' 얼어가는 과정이 또한 이러한 사정에 있다. 그러므로 이럴 때 정신들은 다른(위에 있는) 정신들로부터 앎의 기능을 통해서

생겨나지 않는다(오히려 의식적이지 않는 자연의 과정을 통해서 본질 자체에서 생겨난다). 그렇지만 형식상 아는 자인 한에서 아는 것으로부터 그가 알지 못한 사물이 나온다는 것은 불가능하다. 신이 격언으로 이러한 것을 언급한다: "그는 그 어떤 피조물도 알지 못한다. 왜냐하면 그는 선량한 자이며 정통한 자이기 때문이다."(Kor. 36, 79) 그 밖에 근거는 다음과 같다: 알지 못함은 부족함이다. 그렇지만 가장 높게 완성됨을 지닌 사물이 자기 안에 부족함을 감추어 둘 수는 없다. 이것이 위에서 세워진 명제에 붙어 있는 가장 큰 어려움이다.

우리는 이와 같은 것을 풀고자 하며, 그런 까닭에 가르친다: 작용원인은 작용에게 작용원인의 실체(본질성)에서 있는 것에 대한 베낀 그림 이외에 다른 어떤 것도 주지 않는다. 작용은 이 때문에 필연적으로 '다른 것'이어야만 하며 수에 따라서 두 번째 작용이어야만 한다. 이것으로부터 2개의 결론들 중 한 개가 모순 없이 생긴다. 작용은 첫 번째 작용에서 첫 번째 질료를 통하여 원인과 구별된다.[13] 이를 위한 근거는 다음과 같다: 만일 종에서 작용이 작용원인과 본질 형상에서 둘 사이에 서로 다름없이 같다면('작용원인과 일치한다면'), 그럼에도 불구하고 둘 사이에 필연적으로 현재 있는 서로 다름은 같은 종 안에서 등급이 있는 구별들에서 생긴다. 이것은 다음과 같은 것을 통해서 나타난다. 즉 작용원인이 저러한 종 안에서 작용보다 더 완성된 것이다; 왜냐하면 작용은 자체로 작용원인보다 더

■

13) 두 번째 작용에서 서로 다름 · 차이는 본질 자체에, 그러므로 형상에 기인해야만 하거나, 종의 서로 다름이 의미하는 것, 같은 종 안에서 그와 같은 종류의 종이 아닌 것 혹은 본질의, '뛰어남'의 질들에 기초해야만 한다.

완성될 수 없기 때문이다(이러한 것은 기껏해야 우연적으로 생각할 수 있기 때문이다). 왜냐하면 작용의 본질성은 단지 작용원인을 통해서만 (그리고 작용원인으로부터만) 완성되기 때문이다.

이러한 것이 그러한 사정이기 때문에, 그러므로 질료에서 현재 있지 않는 정신적인 원리들은 분류된다. 그 결과 이것들에서 작용원인들은 작용으로부터 그리고 원인은 작용에서 일으켜진 객체로부터 구별된다. 이때 종에 따라서는 그 어떤 서로 다름없이, 같은 종의 범위 안에서 단지 뛰어남의 서로 다른 척도에 따라서만 구별된다. 우리 안에서 능동적으로 생각하는 정신은 이러한 세계에서 그리고 이 세계의 부분들의 각각의 개별 부분에서 실재하는 배열과 순서에 대한 정신의 생각 속의 그림 이외에 다른 어떤 것이 아니기 때문에, 그리고 이러한 정신은 사물의 더 멀리 떨어진 그리고 더 가까운 원인들에 따라서 세계에 대한 각각 개별적인 사물의 앎 이외에 다른 어떤 것이 아니기 때문에, 결론적으로 결국 전체 세계의 모든 것을 아는 것이기 때문에, 그래서 필연적인 결과는 다음과 같다: 이러한 (능동적인) 생각을 우리 안에서 만들어내는 정신(능동적인 지능[Intellekt])의 본질성은 지상의 세계에서 현재 있는 이러한 사물들에 대한 개념적인 생각속의 그림과 다르지 않다(왜냐하면 원인은 단지 원인 자신이 지닌 것만을 줄 수 있기 때문이다). 그럼에도 불구하고 필연적으로 저러한 정신은 이러한 사물들을 (우리 인간들보다) 더 탁월한 방식에서 생각한다. 그렇지 않으면 '여기서'(이러한 과정에서) 우리와 저러한 정신 사이에 어떤 서로 다름도 있을 수 없을 것이다(그럼에도 불구하고 이러한 서로 다름은 필연적이다). 어떻게 저러한 정신이 사물들을 또한 (우리보다) 더 완성된 방식에서 생각하지 못할 것인가! 그렇지만 능동적으로 생각하는 우리의 정신이 시간에서 생겨나고 사라진다는 것은 확실해졌다. 왜냐하면 정신이 질료와 함께 결합되어(서로 함께 붙어) 있기 때문이다. 그러나 정신이 정신적으로 파악한 대상은 이때 (그리고 그럼에도 불구하고) 영원하며 질료와 결합되어 있지 않다. 단지 우리 안에 있는 정신의 무능함 때문에 인간의 생각은 바깥의 감관들의 활동태를 필요로 한다. 이를 통해서 만일 우리가 바깥의 감관들의 활동태를 부정했다면(잃었다면), 우리는 이로 인하여 동시에 또한 감관들의 활동태에 상응하는 정신적인 내용을 부정한다는 것을 설명할 수 있다. 이러한 근거로부터 또한 180-1
다음과 같은 것을 이해할 수 있다. 우리에게 사물에 관하여 어떤 것을 말하는 것(혹은: 사물로부터 어떤 것을 파악하는 것)이 불가능하다면, 그리고 이런 경우에 우리가 사물의 추상적 개념에 부딪친다면, 그러면 (lam 앞에 wa는 제거함) 우리는 그와 같은 개념을 단지 모두 알려진 것(직관된 그림들과 모범으로서 감각적인 지각)으로 되돌아가서 파악하는 방법을 통해서만 나타낼 수 있다. 이러한 근거로부터 '여기서'(이 세계에서) 원인들이 우리에게 알려지지 않은, 그러나 능동적인 지능의 본질에서 실제로 있는 많은 사물들이 실제로 있다는 것이 가능하다. 이러한 의미에서 지능은 우리에게 꿈의 원인들에 대한 앎과 다른 과정들의 앎을 줄 수 있다. 예를 들면 미래의 사물들에 관하여 예언자의 지각처럼 앎을 줄 수 있다. 우리는 질료에 기초하고 있는 우리의 무능력 때문에 이러한 것을 알 수 없다. 이러한 근거로부터 마찬가지 경우로 다음과 같은 것은 필연적인 결과이다. 즉 활동하는 지능의 개념(생각된 것, 그러므로 개념의 작용)은 이러한 것의 입장에서 바로 이러한 지능의 개념보다[14] 더 충분하지 않은 내용을 기술할 것이다(그 결과 활동하는 지능의 개념은 그것의 본질에 아무것도 덧붙이지 못한다). 왜냐하면 둘은 종에서 동일하기 때문이다. 그럼에도 불구하고 지능의 개념(원인, 생각하는 것)은 어떤 의미에서는 활동하는 지능의 개념보다 더 완성된 것이다. 관계는 일반적으로(모든 구들의 지능들에서) 그러하다. 그 결과 (심지어) 첫 번째 원리는 실제로 있음을 모든 다른 방식들에서보다 더 완성된 방식에서 생각한다. 이런 다른 모든 방식들에서 질료로부터 자유로운 정신들이 서로 다른 완성됨을 지닐 수 있는 것들이다; 왜냐하면 필연적으로 이러한 원리에 관한 앎의 내용은 종(본질)에 따라서 한 번도 인간들의 앎의 내용들과 다르지 않았기 때문이다. 하물며 다른 정신적인 실체들의(하늘의) 개념들에 관해서는 말할 것도 없다. 비록 이러한 원리가 완성됨에 따라서(그러므로 단지 질에 따라서만, 본질에 따라서는 아니고) 확실히 인간의 정신과 서로 다를지라도 말이다.

7. 첫 번째 원인 원리와 정신

사물의 실체(본질성)에 연결된 가장 가까운 사물은 사물 가운데[unter] 있는 정신이다. 이것에서 사물은 체계적인 배열에 따라 정신에 뒤따르는데, 사람들이 이러한 사슬에서 인간적인 정신에 도달하기까지

■

14) 경우에 따라서는: 사람들이 능동적인 지능으로부터 만든 개념보다; 그렇지만 더 좋게는: 생각의 과정을 통하여 산출된 것보다, 두 번째 지능.

그리한다. 또한 우리의 생각이 그와 같은 사정에 있다.[15] 오직 질료적인 사물들만이 우리의 개념적인 생각속의 그림의 활동태를 위한 가장 고유한 객체이다. 인간은 그가 정신적인 원리들의 영역으로부터 생각한 내용들을 단지 어떤 유사성(비례)에서만 파악한다. 그러므로 만일 우리가 (하늘의) 정신적인 원리들을 생각한다면, 이러한 생각은 단지 어떤 질서에서 일어난다. 우리의 실체(본질성)에 가장 가까이 있는 사물은 그러므로 (달의 구·궤도의) 능동적인 지능이다. 이러한 근거로부터 몇몇 철학자들은 다음과 같이 생각하였다. 즉 우리는 이러한 지능 자체를 지능의 가장 깊은 본질에 따라서 생각할 수 있다(nataṣauwar). 그 결과 우리는 이렇게 지능과 하나의 같은 본질일 것이며, 동시에 (우리 정신의) 작용은 원인과 동일해질 것이다(원인으로 되돌아갈 것이다)(능동적 지능과 동일해진다. 즉 자신과 하나가 된다[fit unum cum ipso]). 같은 의미에서 능동적 지능의 개념적인 활동태를 위한 객체는 오직 지능의 고유한 본질이다. 지능은 자기 위에 있는 정신적인 원리들의 영역으로부터 파악한 내용들을 마찬가지 경우로(그러므로 인간처럼) 단지 한 어떤 유사성(비례)에서 생각한다(이러한 지능에서 위에 있는 정신들이 자기 자신에서 있는 것처럼 그렇게 생각하지는 않는다). 있음의 첫 번째 원리에 도달하기까지는 같은 것이 세 번째, 네 번째 정신적인 원리 등등을 위해서 타당하다. 이와 같은 근거로부터 첫 번째 원리(신)는 마지막에 자신

15) 자연적인 질서가 하늘의 정신들의 생각에서 그리고 발생시킨 것에서 지배하는 것처럼, 자연적인 질서는 그렇게 또한 우리의 생각에서도 지배한다. 뒤의 것은 올라가는 질서이며, 앞의 것은 내려가는 질서이다.

에 귀속하는 정해짐을 지닌다. 이러한 정해짐이란 이러한 원리가 사물을 단지 어떤 유사함에서만 생각하지 않는 것이다. 이러한 근거로부터 첫 번째 원리는 그에 의해서 생각된(즉 생겨난) 사물들을 완성되지 않는 방식에서 생각하지 않는다(binakṣin). 오히려 첫 번째 원리의 정신(생각)은 가장 잘 완성된 정신이다. 왜냐하면 정신의 본질이 가장 잘 완성된 본질이기 때문이다. 이러한 이유로부터 완성됨(가치)에서 어떤 서로 다름도 정신의 본질 속에 실제로 있지 않다. 오히려 정신은 다른 사물들과 각각을 비교할 수 없는 절대적인 의미에서 완성된 정신이다. 만일 (그때마다의) 저러한 정신적인 원리들 아래서 작용의 원인으로부터 작용을 생각하는 것이 원인의 고유한 본질로부터 원인 자체를 아는 것과 같을[identisch] 것이라면, 원인과 작용 사이에 어떤 서로 다름도 일어날 수 없을 것이다. 그리고 어떤 많음도 이러한 정신적인 원리들의 경우에서 있을 수 없을 것이다. (모든 것들은 같을 것이다.)

이러한 설명으로부터 사람들이 어떤 의미에서 순수한 정신들에 관하여 주장할 수 있는지가 명확하다: "순수한 정신들은 모든 사물들을 생각한다." 모든 정신적인 원리들은 심지어 하늘의 구들 · 궤도들의 정신들은 같은 방식에서 관계한다(법칙에 알맞다[Gesetzmäßigkeit]). 나아가 어떤 의미에서 순수한 정신들에 관하여 말해질 수 있는지가 분명해질 것이다: "순수한 정신들은 자기들 아래에 있는 것을 생각하지 않는다." 이것으로 인하여 앞에서 언급된 의심들이 풀릴 것이다; 왜냐하면 사람들은 이러한 의미에서 말하기 때문이다: '정신들은 정신들에 근거하고 있는 사물을 안다'(그러므로 정신들에게 종속된다). 왜냐하면 알려진 사물을 우리가 말하는 것처럼 그렇게, 아는 자인 한에서 아는 자에게 근거하고 있는 것은 아는 자로부터 논리적인 방식에서 결과로서 일어나기 때문이다. 다른 경우에서 원인의 결과로서 이러한 작용의 일어남은 한 사물들이 다른 사물들을 통해서 일어나는 자연적인(비이성적인) 사물들의 생겨남처럼 그러한 사정임에 틀림없을 것이다.

다음의 것을 주장한 자들은 이러한 해설을 옹호한다: 신은 (신 바깥에 있는) 사물들을 안다. 그리고 다음의 것을 주장한 자들은 두 번째 학설을 옹호한다: 신은 신 아래에 있는(그리고 신보다 더 완성되지 못한) 그런 것은 알지 못한다.[16] 이들의 주장을 위한 근거는 학문이란 개념이 애매한 의미에서 사용되어진다는 것을 이들이 알지 못했던 것이다. 따라서 이들은 학문이란 개념을 이 개념이 유일한 의미(univoce)를 뜻한다는 방식으로 파악한다. 이것으로부터 2개의 대립적인 명제들이 생겼으며 더욱이 확정되지 않는(정확하지 않는) 방식에서 이해되어진 학설들로부터 생겨난 것처럼 이런 방식에서 생겨났다.

같은 방식으로 앞에서 언급했던 불가능한 생각 속의 그림(신은 완성되지 않은 것들을 지닌다)이 앞서 말한 것을 통해서 해명된다. 게다가 완성되지 않음은 사물을 (다른 사물에 대하여) 더 완성된 방식에서 혹은 보다 덜 완성된 방식에서 알게 되는 것이 아니라는 것처럼 해명된다. 오히려 완성되지 않음은 단지 이러한 사물에(한 '다

16) 이들의 근본생각은 이렇다: 만일 신이 같은(유일한) 의미에서 사물들에 대한 앎을 우리처럼 갖는다면, 신은 완성되지 못했을 것이다.

른 사물’ 혹은: 모순된 학설) 대한 반대에서만 있다; 왜냐하면 사물을 덜 완성된 방식에서 보지 못했던, 그렇지만 동시에 사물을 완성된 방식에서는 보았던 그런 사람은 이것으로 인하여 자기 자신에서 어떤 부족함도 지니지 않기 때문이다.[17] 우리가 설명하였던 것은 아리스토텔레스와 그의 제자들의 아려진 학설이거나 혹은 이들의 학설로부터 이끌어낼 수 있는 것이다; 왜냐하면 이러한 철학자들은 능동적인 지능에 관하여 지능이 지상의 사물들을, 그러므로 (보다 덜 완성된 것으로) 지능 아래에 있는 것을 안다고 주장하기 때문이다. 이들은 이와 같은 것을 천체의 정신들로부터 주장한다. 그러나 우리가 설명하였던 것과 일치하게 서로 다름은 능동적 지능에서 혹은 지능 위에 있는 (정신들과) 원리들에서 관계할 수 있는 것에서는 있지 않다; 왜냐하면 다음과 같은 경우를 제외하면, 순수한 정신들에 관하여 순수한 정신들이 그 어떤 사물을 안다는 것은 가능하지 않기 때문이다. 즉 순수한 정신들이 사물의 실체성(본질성)을 가정하는 것을 통해서, 혹은 우리가 설명하였던(순수한 정신들이 사물의 본질형상을 관계하는 사물에 동시에 줌으로써) 의미에서인 경우를 제외하면 가능하지 않다.

그러므로 이러한 설명으로부터 다음의 것이 분명하다. 즉 어떤 방식으로 정신적인 원리들이 자신들의 고유한 본질과 본질 밖에 있는 것을 아는가? 이와 같은 정신적인 원리들이 실체의 본성을 갖는

■

17) 왜냐하면 신은 세계에 대하여 완성되지 않은 앎을 갖지 않기 때문에, 신은 결코 완성되지 않았던 것이 아니다. 신은 사물들을 자기의 본성에서 알며, (우리처럼) 사물들 자체에서 그리고 사물들 자체로부터 알지 않는다.

다는 것에 관하여 아무 의심도 없다; 왜냐하면 실체들의 원리들(원인들)은 또한 자체 필연적으로 실체임에 틀림없기 때문이다.[18] 나아가: 실체라는 이름은 일반적으로 질료에서 있지 않는 사물들을 나타낸다. 그러므로 가장 뛰어난 의미에서 실체라는 이름을 얻은 대상은 이 때문에 정신적인 실체들의 영역에서 첫 번째 원리이다; 왜냐하면 첫 번째 원리의 실체는 저러한 정신들의 실체들을 위한 원인이기 184-1
때문이다. 마찬가지로 분명히 이러한 정신들은 자체로 생명을 지니며 스스로 즐겁고 행복하다. 그리고 명백히 이러한 정신들 중 첫 번째 정신은 모든 것이 가장 잘 완성된 생명과 가장 잘 완성된 행복을 자기 안에 지닌 살아 있는 정신이다. 이를 위한 근거는 첫 번째 정신은 단지 자신의 본질을 통해서 (자체로) 행복을 즐기는 그러한 정신이라는 것에 있다. 행복과 기쁨은 첫 번째 있는 것을 통해서(그러므로 본질들 자체를 통해서가 아니라, 오히려 우연적으로) 다른 본질들에 단지 붙어 있을 뿐이다. 이러한 이해를 위한 증명은 다음의 것에 있다: 왜냐하면 '생명Leben'이란 이름은 대개 우리의 언어사용에 따라서 앎의 가장 높은 단계로 사용되기 때문에–생명이란 이름 아래서 사람들은 밖의 감관들의 앎을 이해하는데–, 그러므로 생명보다 더 중요한 의미에서(modo eminentiori) 아는 원리들(혹은: 아는 활동태, mudrakāt=idrākāt)이 나타내진다. 이러한 아는 원리들은 가장 잘 완성된 방식으로 게다가 가장 잘 완성된 객체를 아는 원리들이다. 같은 것이 즐거움에서도 타당하다. 이와 같은 즐거움은 앎에 붙

■

18) 원인이 자기 안에서 지니지 않은 것을 원인은 원인의 작용에게 줄 수 없다.

어 있는 ‘그림자’(함께하는 현상)이며 앎의 객체들 자체의 서로 다름과 앎의 영속성에서 상응하여 즐거움의 강도에서는 서로 다르다. 이러한 이유로부터 저러한 하늘의 정신들은 가장 뛰어난 독특한 의미에서 즐거움을 향유하는 그런 정신들이라는 것이 적절하다; 왜냐하면 첫 번째 원리를 제외하면, 정신적인 원리들 각각의 개별 원리는 자신의 고유한 본질의 앎과 첫 번째 원리의 앎을 (신의 앎에서) 즐기기 때문이다. 그러나 있음(신)의 첫 번째 원리는 유일하게 자신의 고유한 본질을 즐기며 이러한 것을 통해서 행복하다; 왜냐하면 첫 번째 원리의 앎은 앎의 가장 잘 완성된 종류이며, 이 때문에 또한 그의 즐거움은 즐거움의 가장 잘 완성된 종류이기 때문이다. 비록 저러한 첫 번째 정신이 나머지 정신들과 함께 공통으로 그가 영속적으로 즐기는 정해짐을 지닐지라도, 그렇지만 저러한 아래에 있는 정신들의 즐거움은 즐거움이 단지 첫 번째 원리의 작용(분배)을 통해서만 (그러므로 우연적으로) 영원히 지속한다는(고유한 본성으로부터가 아닌) 그러한 사정에 있다. 그러나 첫 번째 있는 것의 즐거움은 자신의 본질 자체에 기초한다(자체로 일어난다). 모든 정신들이 참여하는 나머지 보편적인 개념들(정신들의 세계의 알맞은 법칙)은 이와 같이 이해할 수 있다. 이러한 보편적인 개념들은 첫 번째 있는 것의 본질에 근거하여(자체로) 첫 번째 있는 것에 귀속하지만, 그러나 첫 번째 있는 것을 통하여(우연적으로, 다른 것으로부터, 원인으로부터 per accidens, ab alio, a causa) 다른 정신들에 귀속한다.

8. 첫 번째 원인 원리와 하나 그리고 많음

앞의 설명들로부터 실체들의 영역에서 (우연적으로) 많은 실체들의 실제로 있음을 위한(fi 앞에 wa는 지움) 원인인 (자체) 첫 번째 실체를 탐구해야만 한다는 것이 분명해졌기 때문에–설명되어졌던 것처럼, 많음의 각각의 종류는 필연적으로 많음에서 하나임이 ('자체' 그리고 많음의 원인으로서) 현재 있어야만 하는 그러한 성질에 있는데–, 그래서 필연적으로 첫 번째 실체가 이러한(신 밖의) 실체들에서 실제로 있어야만 한다는 것이 밝혀진다. 이러한 첫 번째 실체는 실체들이 숫자상 많은 그리고 수에 알맞게 정할 수 있는 실체들임을 위한 원인이다.

이것은 이러한 정신적인 실체들이 필연적으로 실체들의 종합에서 유일한 원리를 지녀야만 한다는 확실한 이유이다. 그런데 정신적인 실체들이 많음을 만들고 종에 따라서 서로 다른 배열들을 기술하는 한에서, 이 유일한 원리는 본성에 따라서 정신적인 실체들에 앞서간다.[19] 왜냐하면 하나[Eine](와 '자체로')는 사물들 각각의 종에서 나눌 수 없는 것이며 또한 유에서 작용하는(예를 들어 본질성 자체가 그러한 사정인데) 실재하는 나누어짐을 통해서 많음을 만들어내지도 못하기 때문이다. 그리고 더 나아가 이러한 비물체적인 본질들 각각의 개별 본질에서 현재 있는 실재하는 많음은 정신적인 실체들

■

19) 이러한 마지막의 정해짐들을 통해서 신 밖의 실체들이 우연적으로 있다는 것이 명확해진다. 이 때문에 신 밖의 실체들은 자체로 있는 원리로 되돌아가져야만 한다.

에서 단지 정신적인 실체들이 자신들의 본질로부터 많음을 아는(바깥 세계의 사물들로부터는 아닌, 사물들의 본질성을 추상하여) 의미로만 실제로 있기 때문이다–앞에서 그렇게 언급되어졌다–. 그래서 필연적으로 다음과 같은 것이 일어난다. 있는 것의 이러한 영역에서 하나라는 것은 자신의 본질로부터 (그리고 자신의 본질에서) 정신적으로 파악한 것에서 나누어질 수 없음에 틀림없다. 이러한 근거로부터 하나(한결같은 것)와 하나의 본질 자체인 단순한 것은 사물들을(사물들 자체로부터) 생각할 수 없다. 마찬가지로 하나의 본질에서 현재 있지 않는 많음을 하나가 개념적으로 파악한다는 것은 하나의 입장에서 가능하지 않다. 혹은(원문: 또한) 하나의 본질 바깥에서 있는 많음을 하나가 개념적으로 파악한다는 것은 가능하지 않다. 자체로 하나와 단순한 것은 자신의 실체(본질성, 자체)에서 있다. 다른 본질은 이것의 측면에서 오로지 첫 번째 본질을 통해서(우연적으로) 있다. 이러한 정신적인 실체들 각각의 개별 실체에서 하나임의 개념은 단지 하나임의 개념(생각된 것Gedachte[20])이 단순한 개념이라는 것에서만 있기 때문에–이러한 사정에 근거하여 (창조하는 위에 있는 정신들의–tatagauhar bihā) 이러한 생각내용들을 통해서 실체들(본질성들)로 기술되는 많은viele[21] 정신들(생각된 것)이 하나씩 한 유일한 (첫 번째) 개념(생각된 것, 정신νοῦς)으로 이끌어지기 때문에 –, 그

■

20) 각각의 정신은 자기 위에 있는 정신에 의해 생각되며 이것을 통해서 '창조된다'. 인과율의 작용을 통해서 정신 자체는 단순한 본질이다. 왜냐하면 저러한 생각된 것의 내용이 단순한 것이기 때문이다.

21) 이러한 용어는 개별적인 본질의 많음을 의미한다. 여기서는 물론 개개의 질료적인 개별자들의 많음을 의미하지는 않는다. 정신들은 한 다른 의미에서는 질료적인 사물들로서 개별자들이다.

래서 필연적으로 하나임의 개념은 단어의 고유한 의미에서 그리고 첫 번째 계열에서(처음에 그리고 자체로) 단지 첫 번째로 있는 것(신)에만 귀속한다. 두 번째 계열에서 하나임의 개념은 순서에 따라서 첫 번째에 연결되는 것으로부터 진술할 수 있는데(이러한 방식에서 하나임은 내려가는 완성됨에서 정신들의 내려가는 줄[Reihe]로부터 서술할 수 있는데), 생각된 것(흘러나온 정신들)의 최고로 많음(과 완성되지 않음)은 우리 안에서 실제로 있는 정신의 개념들(‘생각된’ 내용들)의 많음이라는 것은 제외한다. 이러한 것은 우리가 앞의 설명에서 쉬지 않고 알려고 노력하였던 하나임이다. 하나임은 나머지 실체들에게 그것들의(우연적으로 그것들에서 현재 있는) 하나임들을 주는 실체들에서 (자체로) 하나임을 만들었다.

9. 첫 번째 원인 원리와 항성구의 정신들

성질들로 보아 무엇이 고유한 방식으로(자체로) 첫 번째 있는 것에 귀속하는지가 분명하기 때문에, 그리고 나아가 비물체적인 정신들 각각의 개별적인 실재하는 본질에 속하는 정해짐들이 알려졌기 때문에, 우리는 이제부터 필연적으로 정신들의 서열에 관하여 정신들이 첫 번째 원리와 관계함에서 다루어야만 한다(이러한 서열은 첫 번째 원리에로 이끌어진다). 이러한 사슬은 이것이 궁극적으로 감각적으로 알 수 있는 있는 것의 가장 중요한 단계들에 이르는 성질이다. 왜냐하면 사람들이 정신적인 실체들로부터 시작하여 내려가서 187-1
질료적인 실체들에 도달하기 때문이다. 이러한 것은 단순한 기초요소들과 첫 번째 질료이다; 이 때문에 우리는 가르친다: 앞의 설명으로부터 세계 모든 것에서 가장 뛰어난 운동자는 항성의 구의 운동자이며, 이런 운동자는 첫 번째 원인이라는 것이 분명하다. 여기까지는 명제가 이미 앞의 설명에서 분명해졌다. 그러나 만일 우리가 고유한 (배타적인) 의미에서 첫 번째 있는 것에 귀속하는 성질들[Eigenschaften]을, 즉 운동자는 하나이며 어떤 방식에서도 많음을 운동자의 본질에서는 생각할 수 없는 단순한 것[22]이라는 정해짐들을–이러한 운동자의 활동태와–비교하면, 이러한 성질들을 말해진 운동자에게 맡길 수는 없다; 왜냐하면 이러한 운동자는 확실히 첫 번째 원리이기 때문이다. 이 첫 번째 원리로부터 유일한 본질형상이 보다 더 많이 생겨난다. 물론 그렇지만 첫 번째 원리는 본질형상을 항성의 구에게 불러일으켰고(주었고) 동시에 이러한 첫 번째의 구에 뒤따르는 구에게 운동자의 실제로 있음을 불러일으켰던 원리이다. 그렇지만 하나이며 단순한 것인 한에서 하나이며 단순한 것은 자기 안에 있는 필연성으로 단지 유일한 작용만을 만들어낼 수 있다.[23] 그러므로 어떻게 다양한 많음과 완성됨에 따라서 서로 다른 많음이 하나로부터 나올 수 있는가? 이를 위한 근거는 운동자가 자체로 하늘의 형상보다 더 완성된 본질형상을 기술한 것에 있다. 말해진 2가지 하나임들이 (운동자의) 이러한 형상으로부터 생긴다. 하나임은 필연적으로 부분들을 지니는데, 이 부분들 중 한 부분들은 다른 부분들보다 더

■

22) 경우에 따라서: 운동자는 자신의 본질로부터 어떤 개별적인 많음도 알지 못한다(오히려 모든 것은 운동자의 본질의 하나임에서 알게 된다).

23) 그러므로 신은 필연적으로 작용하는 원리이다.

완성된 것들이다. 만일 이러한 첫 번째 본질이, 즉 항성 구의 운동자가 말해진 종류에서 그러하다면, 이럴 경우 그러므로 이와 같은 운동자는 일관되게 (그러므로 피조물인 것을) 일으켰으며 자기의 실제로 있음을 만들어내는 원인을 지닌다. 이러한 (일으키는) 첫 번째 원리는 앞에서 언급된 성질들을 귀속시키고 성질들에 의해서 서술될 수 있는 것이다. 이것은 신, 고귀한 자[Erhabene]이다; 왜냐하면 말한 것(항성 구의 운동자)에 앞서가는 다른 첫 번째 원리를 세우는 것(불러들이는 것)은 필연적으로 쓸데없는 어떤 것이기 때문이다; 그러나 본성 · 자연은 어떠한 쓸데없는 것도 지니지 않는다(그와 같은 종류를 생산하지 않는다).

그 밖의 물음이 세워진다. 어떻게 이러한 첫 번째 정신적인 원리들이 첫 번째 있는 것(신)과 관계되는가? 분명히 이것(항성 구의 운동자, 정신)이 가장 가까운 원리이어야만 한다는 것은 분명하다. 이런 경우에 그에게(신) 가장 가까이에 서 있는 것은 가장 단순한 정신적인 내용[24]을 가지며 가장 잘 완성된 것이다. 그러나 하늘의 세계에서 세계 모든 것의 운동자보다 더 완성된 어떤 운동시키는 원리도 나타나지 않기 때문에, 필연적으로 이러한 운동자는 신에 근거한 첫 번째 사물(정신)이다. 이럴 경우 질서는 정신에 연결된다. 그럼에도 불구하고 질서에 관해서 어려움이 있다; 왜냐하면 우리가 설명했던 것처럼, 가장 우수한 피조물은 질서에 따라서 앞서간다는 것이

■

24) '이것은 생각된 것과의 관계에서 가장 단순한 것이다', 즉 생각의 활동태를 통하여 이것에 위에 있는 것으로부터 흘러나오고 생겨나온 것인 한에서, 가장 단순한 것이다.

필연적이며 결과로서 나타날 것임에 틀림없기 때문이다. 저러한 운동자들 중에 어느 운동자가 가장 우수한 운동자인지(innamā 앞에서 wa는 지워짐), 우리는 4개의 동기들(기호들) 중 한 개에서 그것을 안다: 운동의 빠름에서, 운동하는 물체의 체적의 크기에서, 그것이 다른 것을 자기 안에 품고 있는(세계 모든 것을 에워싸는) 상황에서 혹은 별의 크기와 별의 구의 크기에서 안다. 다섯 번째 기호는 별들의 운동들을 완성시키는 운동들의 많은 수이거나 혹은 적은 수이다.[25] 말하자면 법칙이 필요하다: 만일 별들을 운동시키기 위하여 운동시키는 원리가 한 유일한 운동자의 수보다 더 많은 수를 필요로 한다면, 이러한 필요[Erfordernis]는(필요는 욕구하는 것[Bedürftigsein]과 같기 때문에) 그의 운동들을 완성시키기 위해서 단지 운동들의 보다 더 적은 수만을 필요로 하는 원리와 비교에서, 혹은 다른 운동을 필요로 하지 않는 그런 것과 비교에서 필연적으로 덜 완성됨을 뜻한다(그러므로 철저하게 단순하다. 기본명제로: 단순하면 단순할수록 더욱더 완성된다).

10. 항성구의 운동과 운동자

그렇지만 분명히 항성구의 운동자는 모든 이러한 탐구방식에 따
189-1 라서 우월함(가치)을 지닌다. 즉 나머지 별들의(에서) 활동태에(앞서 간 것들에) 반대로 항성 구의 운동자의 운동이 운동들 중 가장 빠른

■

25) 돕고 지지하는 운동자의 수가 많으면 많을수록, 운동자는 더욱더 덜 완성적이다.

운동이며, 이것의 물체는 가장 큰 물체이고, 이것은 단지 한 유일한 운동만을 통해서 많은 별들을 운동시킨다. 내려가는 계열에서 운동자에 연결된 질서는 우리가 말했던 것처럼 그러하다. 이를 위한 원인은 다음의 것, 즉 더 일치하는 것의 그리고 더 적절한 것(더 사실적인 것)의 판단에 따라서는 제외하고, 이러한 사물들을 판단하기 위해서 우리는 아무런 참된 고유한 전제들을 지니지 않았다는 것에 있다. 그러므로 우리는 이러한 문제를 (물론 그리스 사람들의 천문학적 작업들의) 주석자들에게서 사용되는 것처럼 그렇게 가정한다. 따라서 우리는 주장한다: 운동자의 질서에서 첫 번째 구에 연결된 구는 토성의 구이다. 이러한 계열은 구의 질서에서 계속 나간다. 이러한 것은 이미 수학적 부문들에서(두 번째 부문은 천문학인데) 설명되었다. 이러한 앎에 도달하기 위해서 어떤 확실한 길도 취하지 못하였음을 우리는 주장하였었다. 왜냐하면 만일 우리가 이와 같은 종류의 질서를 이러한 운동들에 이것들의 구들의 위치에 따라서 서로 덧붙여 준다면, 구의 우월함을 필연적으로 일으키는 저러한 사물들(기본명제들, 동기들)은 똑같이 대립하기 때문이다.[26] 예를 들면 이것은 에워싸는 구가 에워싸인 구의 형상을 대신하는 한에서, 에워싸는 구가 이것에 의해 에워싸인 것보다 더 완성적이라는 기본명제에 알맞다. 그렇지만 구에서 운동의 빠름으로부터 그리고 별들의 많은 수 혹은 적은 수로부터 그리고(토성의 구에 관하여) 별의 큰 혹은

■

26) 그런 경우 그러므로 사람들은 저러한 운동들이 혹은 이러한 동기들이 우수한지 그리고 결정적인지를 알지 못한다.

작은 모양으로부터 끌어내진 우월함은 있지 않다. 이를 위한 근거는 우리가 낮은 단계의 구들을 (윗 단계의 구들보다) 더 빠르게 운동하는 것으로 보는데 있다. 예를 들어 태양과 달의 구가 그러한 사정에 있다. 이것에 반대하여 사람들은 어려움을 나타낼 수 있을 것이다: 구들의 운동에서 이러한 빠름은 단지 구들의 뒤에 놓여 있는 거리와의 관계에서만 있을 뿐, 자기 자신에서는 없다.[27] 마찬가지 경우로 태양과 관련하여 태양이 가장 큰 별이며, 그러나 태양은 동시에 운동들 중 가장 적은 수를 지닌다는 것이 분명하다. 이미 언급한 것처럼, 이러한 사물들의 체계적인 질서에 관하여 우리는 확정적인 방식에서 어떤 것을 말할('고찰할') 수는 없다.

어떤 사람은 다음과 같이 물을 수 있을 것이다: 너의 구 이론에 알맞게 우리는 토성 구의 영혼과 토성에 뒤따르는(목성의) 구의 운동자는 토성의 운동자로부터 시작한다는 것을 가정하였다. 토성 구의 운동은 이때 한 유일한 운동보다 더 많은 것들로 구성된다. 때문에 토성으로부터 야기되어진(시작한) 것은 또한 유일한 운동자보다 더 많이 있어야만 한다. 물론 이러한 작용들의 총합은 분명히 6의 수에 달한다: 첫째로 토성의 구에 연결된 구의 운동자와 토성의 구를 구성하는 5개의 운동들이다. 그렇지만 너희들의 가정에 따라서 이러한 운동자로부터 3개의 사물들만이 '시작한다'(일으켜진다)는 것이 필연적인 것으로 증명되었다. 왜냐하면 운동자가 세 번째 단계

27) 그러므로 태양과 토성의 절대적인 운동은 같은 운동이다. 다만 상대적 운동만이 다를 뿐이다. 태양이 뒤에 있었던 거리는 그와 같은 관계에서 태양의 운동이 토성에 대한 비교에서 더 빠른 것으로 나타난 것보다 더 작다.

를 첫 번째 있는 것과의 관계에서 받아들이기 때문이다. 이를 위한 근거는 첫 번째 있는 것의 활동태에서 현재 있는 많음은 이것의 본질에서 있는 많이 있음Vielsein으로부터 결과로서 나온다.[28] 하나의 같은(유일한) 본질은 이와 같은 기본명제에 따라서 단지 활동태를 작용시킨다. 우리는 이러한 어려움에 대답한다: 말해진 결과는 오직 이러한 사물들이 저러한 세 번째 운동자로부터 생겨나며, 이때 사물들이 세 번째 운동자로부터 시작함으로써 질서에 따라 하나의 같은 단계에서 있다는 것을 가정하는 경우에만 일어난다. 도리어 우리는 가르친다: 세 번째 단계를 받아들인 이러한 운동자로부터, 말하자면 토성 구의 운동자로부터 근원적인 방식에서 3개의 사물들이 생겨나온다: 첫째로 토성에 뒤따르는 구의 운동자, 둘째로 별(목성) 자체 그리고 셋째로 운동시키는 원리들 중 한 개의 원리가 생겨나온다. 이 운동시키는 원리들을 통해서 별들이 운동한다. 다음으로 첫 번째 것으로부터 두 번째 것이 나오며, 세 번째 것은 두 번째 것으로부터 나온다. 이와는 달리 사람들은 다른 생각을 말할 수 있을 것이다: 이러한 설명에 따라서 만일 예를 들어 달과 태양의 운동자가 이러한 원리들(토성 등등)보다 더 큰 안쪽의, 본질적인, 실재하는 많음을 나타낸다면, 달과 태양으로부터 생겨나온 운동시키는 원리들은 저러한 안쪽의 본질적인 많음에 맞게 관계해야만 한다는 것이 일어난다(왜냐하면 작용은 많음에 관하여 원인에 일치하기 때문이다). 이 때

■

28) 있음은 활동으로 향한다Operari sequitur esse. 본질의 있음에 알맞게 본질의 활동태는 밖으로 향한다. 있음이 많음을 열망한다면, 많음은 또한 활동태에서 나타나야만 한다.

문에 예를 들어 달은 9개의 운동들에 그리고 태양은, 만일 우리가 태양을 네 번째 구에서 가정한다면, 5개의 운동들에 혹은 만일 우리가 태양을 달 의 구의 위에, 그러나 금성과 화성 아래에 가정한다면, 8개의 운동들에 관계해야만 할 것이다. 이러한 것은 수학자들이 저러한 문제들에서 가진 서로 다른 견해들에 일치한다.

따라서 우리는 다음과 같은 것을 가르친다: 하늘의 원리들 각각의 개별 원리로부터 나온 많음은 모순 없이 (그러므로 저러한 원리의, 원인의) 본질 자체가 나누어지는 것들보다 더 클 수는 없음이 주장되어졌다. 이것은 옳다. 이 때문에 하나로부터 본질의 둘임Zweiheit이 생겨날 수 없을 것이고, 하나Eine로부터 오직 유일한 것Einzige이 생겨나온다. 마찬가지로 본질이 둘임으로 쪼개지는 원리에서 본질로부터 셋임Dreiheit이 발생되는 가능성은 현재 있지 않다. 그리고 마찬가지로 타당하다: 셋임으로 쪼개진 본질에서 본질로부터 넷임Vierheit이 발생되는 그런 가능성은 주어지지 않는다. 그러나 필연적이게도, 자기 안에서 많음을 기술하는 본질의 작용은 본질 자체가 나누어지는 많음처럼 그와 같이 수에 관계해야만 한다는 학설에 관하여, 이러한 학설은 자명하지 않다; 왜냐하면 앞에서 행한 설명에 따라서 오직 이러한 정신적인 원리들 중 한 개의 원리가 어떠한 특별한 활동태를 지니지 못했다는 것은 불가능하기 때문이다. 그러나 이로부터 필연적으로 저러한 정신적인 원리들 각각의 개별 원리의 활동태들이 수에 따라서 이러한 원리의 본질 자체가 나누어지는 수처럼 그와 같이 관계해야만 한다는 것은 일어나지 않는다. 관계에서
192-1 이러한 서로 다름은 이것의 있음의 완성됨과 관련하여 정신적인 원리들의 서로 다름으로 되돌아갈 수 있다: 있음이 많음으로 쪼개지며

동시에 더 완성된 것의 정신적인 본질은 그래서 이것(있음이 많음으로 쪼개지며 동시에 더 완성된 것 - 옮긴이)의 활동태들이 (또한 수에 따라서) 이것의 완성된 본질에 일치하는 그러한 사정에 있다. 그러나 더 적게 완성됨을 지닌 것의 본질은 이것(더 적게 완성됨을 지닌 것 - 옮긴이)의 활동의 많음에서 이러한 많음이 이것의 본질의 많음 뒤에 머물러 있는 그러한 사정에 있다.[29] 이것으로부터 사람들이 활동태들의 많음을 생겨나게 하는(불러일으키는) 이유를 한 유일한 본질로부터 이끌어내고자 했던 불가능성은 결코 일어나지 않는다.[30] 마찬가지로 앞서 말한 것으로부터 정해진 많음을 자기 안에 지니고 있는 본질로부터 더욱더 큰 많음이 일으켜진다는 것은 거의 일어나지 않는다.[31] 이러한 더욱더 큰 많음은 원인의 본질에서 주어진 있음의 많음보다 더 완성되었을 것이다. 이러한 방식에서 한 실체들이 다른 실체들로부터 생겨남으로써, 실체들이 어떤 질서에서 유지된다. 그렇지 않으면 한 유일한 작용이 하나[Eine]로부터 생기지 않을 것이란 피해야 할 불가능성이 일어날 것이다. 이러한 의심스러운 명제의 원인은 대립[Gegenteil]이다. 이 대립은 다음과 같은 것에서 있다. 즉 단지 한 작용이 이러한 원리로부터 생긴다는 것이 명백하기 때문에, 그래서 사람들은 (작용으로서) 유일한 활동태는 오직 유일한 원리로부터 나온다는 것을 이끌어냄으로써 이러한 판단(ḳaḍīja)

■

29) 원인과 작용 사이에 완성된 일치는 오직 가장 완전히 끝난, 가장 높은 원리들에서만 가능할 뿐, 더 밑바닥에 있는 원리들에서는 가능하지 않다.

30) 옮긴이 주 – 이 문장을 의역하자면 이러하다: 사람들이 활동태들의 많음을 유일한 본질에 의해서 생겨나도록 하는 것은 결코 불가능하다. 즉 활동태들의 많음은 유일한 본질로부터 생겨나지 않는다.

31) 그러므로 원인과 결과 사이에 허용되지 않은 부조화는 결코 생기지 않는다.

은 바꿀 수 있다고 생각하였다. 둘임은 이것의 측면에서 오직 둘임으로부터만 생긴다. 오히려 하나[Eine]로부터 오직 한 작용이 나오며 둘임으로부터는 둘임 혹은 있음에서 '더 낮게' 있는(그러므로 아직 완성되지 않은) 어떤 것이 나온다는 것은 옳다.[32)] 그러나 언급한 이 학설, 즉 작용되는 둘임은 필연적으로 둘임에 의해서 일으켜져야만 한다는 것은 필연적으로 일어나지 않는다. 이 때문에 우리는 사물들의 이러한 질서를 내버려둔다.

그래서 이렇게 첫 번째 원리가 나타난다. 첫 번째 원리로부터 항성 구의 운동자가 나온다. 이 경우 항성 구의 운동자는 항성 구의 본질형상을 위한 원인('출발점')이다. 별의 구의 운동자는 별(토성) 자체의 본질형상을 위한 출발점이다. 목성과 이러한 행성 자체의 구의 운동자는 단지 한 개의 운동자일 뿐이다. 이러한 한 개의 운동자는 토성의 운동을 구성하는 운동시키는 원리들에 속한다. 이러한 운동자로부터 운동되며 영원히 존속하는 3개의 사물들, 즉 이러한 별(토성)의 (3개의) 운동들이 생겨나온다. 3개의 사물들, 즉 3개의 운동들은 마찬가지 경우로 어떤 질서를 지닌다. 이러한 질서에 목성 구의 운동자가 뒤따른다. 마찬가지 경우로 이 목성 구의 운동자로부터 3개의 사물들, 즉 화성 구의 운동자, 화성의 구 자체 그리고 세 번째 운동자가 나온다. 이 세 번째 운동자로부터 나머지 운동자들이 유래한다(나머지 운동자들은 낮은 단계의 구들을 운동시킨다). 화성 구의 운동들이 같은 질서에서 이러한 원동력들로 이루어진다. 마치 두

---

32) 작용은 원인의 가득 차 있음Seinsfülle과 가치 있음Seinswerte 뒤에 머무를 수 있다.

번째 있는 것의 운동이 첫 번째 있는 것과의 관계에서(같은 세계 법칙이 곳곳에서 지켜지는데), 세 번째 있는 것의 운동은 두 번째 있는 것과의 관계에서 그리고 네 번째 있는 것의 운동은 세 번째 있는 것과의 관계에서 이루어지는 것처럼 그러하다. 그래서 사람들은 모든 구들의 정신들에서 관계를 생각한다. 이러한 질서는 확실하게 증명할 수 있는 것은 아니다. 이러한 질서는 오직 더 좋은 것의 그리고 더 우월한 것의 판단에 따라서만(단지 사실적인 것으로만) 세워졌다. 마찬가지 경우로 사람들은 태양의 운동자는 항성 구의 운동자로부터 나오며, 그 다음으로 토성의 운동자는 태양의 운동자로부터 나오는 등등 확립된 질서에서 달의 운동자에 까지 확신할 수 있다.

우리가 언급하였던 이러한 질서는 별들의 궤도로부터 태양과의 관계에서 명확한 것을 통해서, 그리고 이러한 별들이 항상 별들의 빠름 혹은 느림에서(속도에서) 태양에 대해 확고하게 정해진 거리들을 받아들이고 유지하는 상황으로부터 증명된다. 특히 금성과 수성이 그렇다. 이를 위한 근거는 이들 두 별들을 자기 안에 달고 있는 두 구들의 운동이 태양의 운동과 같다는 것에 있다. 달 또한 태양과 같은 운동을 지닌다는 것은 달이 태양과 합쳐지는 경우에 반대쪽에 놓인 경우에 그리고 1/4지점(측면에 섬)에 놓인 경우에 분명한 것으로 보인다. 사실상 이러한 관계(비례ratio)는 3개의 위쪽에 있는 구들에서 있다. 나아가 이러한 근거로부터 태양이 행성들 중 가장 우월한 행성일 것이며, 이와 같은 행성의 운동자는 순위에서 항성 구에 직접 뒤따를 것이란 것은 불가능하지 않다.

11. 항성구의 물체와 기초요소들

짧게: 우리가 말했던 것처럼, 전제들에 근거하여 확정된 분명한 방식에서 구들의 질서에 관하여 우리가 결정할 수 있는(구들의 질서를 알 수 있는) 이러한 종류의 전제들은 우리의 뜻대로 되지 않는다. 능동적 지능은 구들의 운동시키는 원리들 중 서열에서 맨 마지막의 원리로부터 시작한다. 우리는 이것이 달의 구의 운동자일 것임을 가정한다. 기초요소들은 필연적으로 하늘의 가장 큰 운동(항성 구의 운동)으로부터 일으켜진다. 이러한 명제는 이미 하늘과 세계 모든 것에 관한 책에서 증명되어졌다. 이를 위한 근거는 사람들이 거기서 운동은 뜨거움을 생산하는 그러한 성질을 지닌 것이라고 주장했다는 것이다. 불의 형상인 가벼움이 실재하는 뜨거움에 뒤따른다. 뜨거움의 결핍은 가벼움의 대립, 즉 무거움을 결과로 갖는다. 이러한 근거로부터 불은 구적인 물체의 볼록한 표면에 연결된다(즉 불은 세계 모든 것의 가장 높은 곳을 바로 항성 구의 아래쪽에 받아들인다). 그리고 이러한 근거로부터 지구가 세계의 중심에 있다. 왜냐하면 지구는 주변의 운동으로부터 멀리 떨어져 있기 때문이다(떨어져 있음에 틀림없기 때문이다). 불과 흙 사이에 놓여 있는 단순한 물체들은, 말하자면 물과 공기들은 이 때문에 2가지 관계에서 있다. 즉 이것들은 이것들 위에 있는 것과의 관계에서 무거우며, 이것들 아래에 있는 것과의 관계에서는 가볍다. 짧게 말하여: 단순한 물체들은 단지 물체들이 상반되게 대립되어 있는 방식으로 실제로 있기 때문에, 그리고 물체들의 대립을 일으키는 작용원인이 구의 물체의 운동 이외에 다른 어떤 것이 아니기 때문에, 그러므로 필연적으로 구의 물체

는 작용원인이며 이러한 단순한 기초요소들을 유지시키는 원인이다. 그럼에도 불구하고 구의 물체는 기초요소들에 단지 이러한 2가지 관계들만을 지닌 것은 아니다. 나아가 또한 구의 물체는 기초요소들을 위한 본질형상의 자리를 받아들이고, 반면에 기초요소들은 질료처럼 구의 물체에 관계한다; 왜냐하면 기초요소들 중 낮은 것은 더 높은 것을 통해서 완전히 완성되기(활동적으로 되기) 때문이다. 195-1
왜냐하면 동시에 기초요소들의 전체 총합이 구 물체의 끝남Ende을 통해서 완성되기 때문이다. 이러한 관계들은 하늘과 세계 모든 것에 관한 책에서 이미 설명되어졌다.

나아가 구의 물체가 원형 운동을 하는 한에서, 구의 물체는 자기 안에 자신이 주위를 돌게 될 어떤 물체를 (중심으로) 내보여야만 한다. 이것이 가운데 점이다. 이러한 성질을 하늘의 물체와의 관계에서 내보이는 물체는 지구이다. 그렇지만 지구가 실제로 있다면, 나머지 기초요소들 또한 실제로 있다. 이 때문에 나머지 기초요소들은 하늘의 물체의 실제로 있음으로부터, 더욱이 집의 형상으로부터 구운 돌과 벽돌처럼 이와 같은 방식으로 '결과된다'(추정된다)는 것은 필연적이다.[33] 이러한 것이 그러한 사정에 있기 때문에, 그래서 이렇게 하늘의 물체는 기초요소들의 실제로 있음을 위한 원인(!)이다. 왜냐하면 이러한 하늘의 물체가 지속시키는, 작용시키는, 형상적인 그리고 목적의 원인처럼 기초요소들과 관계하기 때문이다(반면에

■

33) '결과된다Resultieren'는 것은 이러한 예에서 일으킨다는 것을 뜻할 수는 없다. 그럼에도 불구하고 아베로에스는 이 단어를 다음에서 이러한 의미로 사용한다.

기초요소들은 질료적인 원인을 의미한다).

부분들이 같은 종이란 사실Tatsache에 관하여, 이것에 관한 가장 가까운 원인들을 세우기 위하여 단지 기초요소들과 하늘의 물체들의 운동들을 제시할 필요가 있다는 것이 이미 자연학문에서 다루어졌다. 자연학문에서 우리는 동물과 식물의 실제로 있음을 설명하기 위하여 밖에 있는 원리를 세우는 것에 관하여 말했었다. 이를 위한 근거는 식물들과 동물들에서 이것들이 정해진 목표에 도달됨으로써, 정해진 활동태를 실행하는 능력들이 생긴다는 것에 있다. 식물성의 영혼이 그러한 사정에 있다. 이러한 근거로부터 식물과 동물의 경우에서 이것들이 기초요소들로 (이것들의 적당한 원인들로처럼) 되돌려진다는 것은 가능하지 않다. 마찬가지로 식물과 동물을 낳는 개별자를 통해서 식물과 동물을 설명한다는 것도 가능하지 않다; 왜냐하면 낳는 개별자는 그와 같은 종류의 그리고 닮은 사물들에서 단지 받아들이는 질료 혹은 조직만을 주기 때문이다.[34] 씨앗(읽을 때: mina)과 월경이 그러하다. 모든 이러한 것은 자연학문에서 설명되어졌다. 그럼에도 불구하고 사람들이 사태를 이러한 학문(형이상학)에서 고찰한다면, 말해진 사물들이 파악될 수 있는(사물들의 본질형상) 원인(이성ratio, 정해짐)은 분명히 본질형상이 개별적인 것인 한에서 질료적이며 개별적인 본질형상(부모)으로부터 생겨날 수 없다. 왜냐하면 만일 질료적인 본질형상 자체가 다른 형상들을 시간적으로 질료에서 만들어낼 수 있다면, 비물체적인 본질형상들이 이러

■

34) 그러므로 하늘의 정신들이 형상을 주고, 반면에 자연적인 원인들은 질료를 준비해줄 뿐이다.

한 작용을 실행할 수 없을 것이기 때문이다. 그렇지만 이미 비물체적인 본질형상들이 질료에서 형상들을 만들어낼 수 있다는 것이 설명되어졌다. 이 때문에 질료적인 형상들이 이러한 기능을 지니지 않았다는 것이 필연적으로 일어난다.

12. 하늘의 물체의 본질형상과 질료

마찬가지로 이러한 것은 질료적이며 개별적인 사물이 단지 사물 자체에 본질적으로 같은 개별적인 사물(ratio)을 낳는다는 이유로부터 일어난다. 그러나 생겨난 개념적으로 파악할 수 있는 본질형상은 개별적인 사물이 아니라는 것이 분명하다.[35] 이러한 근거로부터 필연적으로 능동적 지성은 단순한 본질형상들과 또한 다른 본질형상들(구성된 물체들의 본질형상들)을 낳는다. 그러므로 자신의 본질에 근거하여 (자체로) 개별적인 것을 만들어내는 그러한 원리는 같은 종의 개별자이다(원인과 작용 사이에 일치의 법칙). 그리고 이러한 이유로 아리스토텔레스는 말한다: 인간은 오직 인간만을 낳는다. 이럴 경우 태양은 낳음의 활동태에서 인간과 결합된다. 그러므로 개별자는 자체로 낳아지며, 그러나 본질형상은 단지 우연적으로만 낳아진다. 그러므로 이것으로부터 다음의 것, 즉 본질형상이 낳는 그러

■

35) 그러므로 아베로에스에 따르면 자기 안에서 본질형상은 보편적이며 질료와의 결합을 통해서 비로소 개별적인 것이 된다(영혼론).

한 원리는 개별적인 것과 서로 달라야만 한다는 것이 분명하다. 그러므로 자체로 (낳음의 과정에서) 태어난 개별적인 인간은 개별적인 태양과 개별적인 인간으로부터 단지 낳아질 뿐이다. 그러나 인간에서 우연적으로 태어난 그러한 (보편적인) 본질(이성ratio)은 인간적인 본성이다. 그렇지만 단지 첫 번째 질료에서 현재 있는 그러한 인간의 본성만이 (개별적인) 인간을 낳는다(보편적인, 추상적인 본성은 낳지 못한다). 본질형상은 작용하는 것이라는 학설에서 아리스토텔레스와 플라톤 사이에 차이이다. 이러한 것을 주의하자. 이러한 방식에서 나머지 불가능성이 제거된다(풀린다).

만일 사태가 우리가 설명했던 것처럼 그러하다면, 그리고 오직 형상원인과 목적원인의 의미에서만 하늘의 물체들이 모든 사물들에게 공통적인 첫 번째 질료의 거기 있음Dasein을 위한 가장 가까운 원인이라는 것이 분명하다면, 사람들이 첫 번째 질료를 위한 원인들로서 오로지 이러한 2가지 이외에 다른 원동력들을 생각한다는 것은 가능하지 않다; 왜냐하면 작용원인은 사물에게 자기의 '실체'(본질성)를 줌으로써 사물을 작용시키기 때문이다. 사물은 이러한 실체를 통해서 무엇인 것, 즉 사물의 본질형상을 갖는다. 그러나 첫 번째 질료는 어떠한 본질형상도 지니지 않는다. 이럴 경우에 비로소 (첫 번째 질료가 이미 질료로 구성된 다음에) 첫 번째 질료가 작용원인을 받는다(이 작용원인은 첫 번째 질료로부터 형상을 통해서 실재하는 사물을 만든다). 사람들은 첫 번째 질료가 (두 번째 서열의) 다른 질료[36]를 포함한다는 것을 생각할 수 없을 것이다(첫 번째 질료는 두 번째 서열에서 형상일 것이다). 왜냐하면 형상은 물론 첫 번째 (그리고 맨 마지막) 질료이기 때문이다. 그러나 이 때문에 질료가 다른 관점에서 일으켜질 것임을 생각하는 것은 가능하다. 이를 위한 근거는 다음에 있다. 왜냐하면 사람들이 질료라는 개념을 질료(ὕλη)로부터 뿐만 아니라 하늘의 물체들의 질료로부터도 어떤 더 먼저와 더 나중에서 (그러므로 비유적으로) 말하기 때문에, 그리고 이러한 방식에서 진술된 것은 이러한 관계에서 더 먼저 것 (그리고 자체das per se)인 것이 더 나중 것(우연적인 것)의 실제로 있음을 위한 원인을 주는 그러한 사정에 있기 때문이다. 그래서 하늘의 물체들의 질료는(왜냐하면 이러한 질료로부터 '질료'라는 개념이 자체로 말해지기 때문에) 이러한 (지상의) 질료의 실제로 있음을 위한 원인이다(이러한 지상의 질료는 단지 우연적으로만 질료이다–아베로이즈에 따르면). 이때 오로지 이러한 질료의 본질형상들만이 하늘의 물체들의 질료가 실제로 있기 위한 원인이다. 사물들의 이러한 서열이 필연적이라는 것을 사람들은 이미 말해진 의미에서 이해한다(즉 기본명제에 따라서: 각각의 틀에서 자체는 모든 것의 원인이다: 각각의 틀에서 우연적인 것의 원인이다).

비물체적인 실체들이 완성된vollkommene[37] 실제로 있음 방식을 지니는 한에서, 이러한 비물체적인 실체들은 필연적으로 다른 사물들을 생겨나게 하는 그러한 사정에 있기 때문에, 그리고 나아가 이러한 실재하는 사물들의 몇몇은 이것들의 본질형상들에서 밑바탕 없

■

36) 이러한 경우에서 작용원인에 관하여 말할 수 있을 것이다. 왜냐하면 이러한 작용원인은 첫 번째 질료를 두 번째 질료에 형상의 종에 따라서 줄 수 있을 것이기 때문이다. – 작용원인의 고유한 기능.

37) 완성된 것의 본질적인 정해짐은 스스로 혹은 부분들을 자신으로부터 다른 것들에게 나누어주는 것이다(자신을 나누어주는 것은 좋은 것이며 완성된 것이다bonum et perfectum est diffusivum sui).

이 있을 수 없기 때문에, 그래서 필연적으로 또한 (사물들 자체들이 일으켜지는 경우에) 밑바탕이 현재 있을 것이다. 이 때문에 질료들에서 이러한 본질형상들의 실제로 있음은 자연적 필연성으로부터(에 근거하여) 생겨난다. 그러나 자기 자신에서 이러한 본질형상들의 실제로 있음은(결국 이러한 본질형상들은 순수한 형상들로서 실제로 있는데) 보다 더 완성된 것의 법칙에 근거하여 생긴다. 이러한 형상들은 원형 운동을 하는 물체들의 영혼들이다. 이러한 형상들의 실제로 있음은 요컨대 필연적으로 형상들의 실제로 있지 않음Nichtexistenz 보다 더 완성적vollkommener[38]이다. 이러한 설명을 통해서 사람들이 이러한 본질형상들의 실제로 있음에 관하여 일어날 수 있는 의심들이 풀린다. 예를 들어 다음의 것: 만일 형상들이 비물체적인 본질성들에서 더 완성된 방식으로 실제로 있다면, 무엇 때문에 형상들은 (지상의 질료에서) 덜 완성된 방식으로 그것들에서 실제로 있는가? 말할 것도 없이 어떤 사람은 답을 찾으려고 할 것임에 틀림없다: 이러한 과정들에서 신적인 예견은 단지 첫 번째 질료에만 관계한다. 그러나 이럴 경우에 더 완성된 것은 덜 완성된 것을 위하여 거기에 da[39] 있을 것이다. 그럼에도 불구하고 우리는 주장한다: 이러한 상태에서(질료에서) 형상들의 실제로 있음은 필연적으로 두 번째의(첫 번째의 것에, 하늘의 것에 뒤따르는) 실제로 있음-방식이다. 그러나 이러한 것(질료에서 덜 완성되어 실제로 있는 것)이 실재하는 실제

■

38) 더 완성된 것의 이러한 법칙은 아베로이즈에게는 낙관주의적 근본사상이며 자연에서 목적에 알맞음의 사상과 연결된다.

39) 이것은 신학적인 풀이 탐구인데, 아베로이즈는 이러한 탐구를 거절한다.

로 있음인 한에서, 이러한 것은 (여전히) 실제로 있지 않음보다 더 우월하다.[40] 이러한 이유로부터 형상들[41]은 덜 완성된 방식으로 실제로 있으며 이러한 형상들의 덜 완성된 실제로 있음은 형상들의 199-1
실제로 있지 않음과의 관계에서 더 완성된 것의 법칙에 기초한다. 형상들이 있음에서 덜 완성적이라는 상황과 그리고 질료들에서 실제로 있는 본질형상들을 의미한다는 상황은 필연성의 법칙에 기초한다.; 왜냐하면 형상들은 (만일 형상들이 한 번은 지상의 세계에서 마땅히 있어야 한다면, 질료들에서 보다는) 더 완성된vollkommeneren[42] 상태에서(biḥālin) 실제로 있을 수 없기 때문이다. 만일 우리가 우리의 가장 높은 완전히 끝남(ἐντελέχεια)에 도달했다면, 우리가 될 수 있는 한 이러한 완성됨으로부터 다른 본질들에게 분배한다는 것은 우리의 입장에서는 더 완성된 것이다(자신을 나누는 것은 좋은 것이다bonum est diffusivum sui). 이러한 것은 정신적인 원리들에서 이 원리들로부터 하늘의 물체들의 낳음에 관하여 마찬가지 사정에 있다. 따라서 4가지 물체들의, 즉 기초요소들의 본질형상들은 무조건적인 필연성에(의) 근거하여(법칙에 따라서) 실제로 있다(이러한 본질형상들은 덜 완성적이기 때문에 구들의 운동들의 목표가 아니다. 오히려 버려진 것처럼 구들의 운동들로부터 결과로 나온 것이다). 이러한

40) 있다는 것zu sein은 언제나 있지 않다는 것보다 더 좋다. 이것은 스콜라학파의 기본명제인데, 이것은 또한 자살을 허용하지 않음의 예로 들어진다(있음은 언제나 있지 않음보다 더 좋다esse semper melius est quam non esse).

41) 옮긴이 주-질료에서 있는 형상들.

42) 그러므로 이러한 덜 완성된 상태는 형상들의 경우에 상대적으로 아직 가장 좋은 상태이다. 이 때문에 낙관론은 이와 같은 종류의 덜 완성됨을 통해서 반박되지는 않는다.

것은 원형으로 운동하는 물체들의 본질형상들의 실제로 있음으로부터 일어난다(결과로 된다). 나아가 본질형상들은 필연성을 위하여 첫 번째 질료에서 실제로 있다. 이 때문에 마치 필연성이 2가지 근거들로부터, 즉 첫째로 형상들이 실제로 있는 한에서, 둘째로 형상들이 질료에서 받아들여진 한에서 이러한 형상들에서 현재 있는 것처럼, 사태는 그러한 사정에 있다. 본질형상들을 위한 필연성([daruratain])의 이러한 두 형상들의 원인은 원형 운동을 하는 구들의 실재하는 실제로 있음이다(이러한 구들이 지상의 사물들을 낳는다). 이러한 것은 이러한 형상들의 실재로 되어짐[Realwerden]에서 필연성이 저런 하늘의 물체들의(특별한 목표를 열망함 없이) 단순한 실제로 있음이라는 것에 기초한다. 그리고 그와 같은 형상들의 질료로 되어짐[Materiellwerden]에서 필연성은 저런 하늘의 물체들의 질료로 있음[Materiellsien](언어상: 밑바탕-안에-있음)이라는 것에 근거한다.

기초요소들의 연합과 섞어짐으로부터 활동적인 본질형상이, 예를 들어 식물과 동물의 본질형상이, 나아가 또한 인간의 본질형상이 생긴다. 요컨대 이러한 기초요소들은 단지 이성적인 영혼 때문에 실제로 있다; 그러나 이성적인 영혼은 더 완성된 것(의 법칙) 때문에 실제로 있다. 하늘의 물체들이 그러한 사정에 있다. 이러한 근거로부터 너는 서열에 따라 하늘의 물체들에 가장 가까이에 있는 그러한 본질은 지상의 세계에서 인간이라는 것을 안다. 인간은 영원히 있는 것과 생겨나고 사라지는 실체들 사이에 가운데-사물[Mittelding]처럼 그러한 사정에 있다. 지상의 세계에서 이성적인 영혼과 이러한 세계 아래서 본질형상들 사이에는 동일한 관계가 질료처럼 관계하는 이성적인 능력과 함께 놓여 있는 지성[intellectus aequisitus] 사이에서처럼 있다. 바깥의 감각적인 지각은 질료에처럼 마찬가지 경우로 이성적인 능력에 관계한다. 같은 것이 감각적으로 지각하는(민감한, 동물적인) 육체와 관계하여 식물의(언어상: 영양분을 주는[ernährende]) 영혼에 알맞으며 식물의 영혼과 관계하여 같은 종(Homöomerien)의 물체들에도 적절하다. 나아가 또한 같은 종의 물체들의 영혼은 인간의 기초요소들과 관계에서 타당하다; 왜냐하면 인간은 개념적인 것과 정신적인 것을 감각적으로 지각할 수 있는 작용하는것과 통일시키는 묶음을 산출하기 때문이다. 이러한 근거로부터 신은 인간을 위하여 지상의 실제로 있음–방식을 완성하였다. 이러한 있음–방식은 인간에게 (그렇지만 아직) 부족함을 채워야 하는 것이다. 왜냐하면 지상의 실제로 있음-방식은 신으로부터 멀리 떨어져 있기 때문이다. 이제 이렇게 물어진다: 무엇 때문에 신은 식물적인 그리고 동물적인 영혼에 관하여 유일한 종보다 더 많이 창조하였는가? 이를 위한 이유는 이러한 종들의 대부분의 실제로 있음은 더 완성된 것의 법칙에 근거한다(경우에 따라서: 더 완성된 것에 정돈된다)는 것에 있다. 우리는 몇몇의 동물들과 식물들에 관하여 이것들은 단지(innamā) 인간을 위하여 실제로 있다는 것, 혹은 한 부류들은 다른 부류들을 위하여 현재 있다는 것을 증명할 수 있다. 그렇지만 다른 동물들과 식물들에 관하여, 그러므로 예를 들어 인간들과 식물들에게 해로운 야생동물들에 관하여 이러한 것은 명쾌하지 않다. 나중에 다루게 될 다음과 같은 것이 그와 같은 사정에 있다. 말하자면 가장 많이 대립적인 사물들의 파괴는 단지 우연적인 방식에서 일어나며(자체로 의도하지 않으며) 그리고 질료들에서 있는 필연성에 근거하여 일어난다는 것이다. 전갈과 맹수들이 그러한 사정에 있다. 만일 동물들을 파괴하는 원리가 동물들보다 더욱더 완성적이지 않다면, 이러한 원리

201-1 는 적어도 덜 완성적이지는 않다.[43] 그러나 앞섬Vorgang은 단지 질료에 있는 필연성에 근거해서만 일어난다.

13. 사물의 실재하는 있음과 신의 예견

이것으로부터 사물들의 실재하는 있음에서 사물들은 필연성의 법칙에 따라서 서로 관계한다는 것, 그리고 사물들이 서로 사물의 완성됨에서 관계한다는 것이 분명하다. 모든 사물들의 완성됨(ἐτελέχεια)은 첫 번째 있는 것의 완성됨으로 되돌아가며, 사물들의 실제로 있음들의 필연성은 첫 번째 있는 것의 실제로 있음에 의해서 야기된다. 우리가 지상의 사물들에 관련하여, 즉 달의 구 아래에 있는 사물들에 관련하여 신의 예견을 다루는 것이 필요하다. 이러한 문제와 관련하여 우리는 이미 설명되었던 원리들에 근거하여 가설들을 세운다: 이러한 지상의 사물들의 실제로 있음과 같은 종류들에서 사물들을 보존함은 지구의 표면 위에서 필연적으로 열망된 목표이다. 이러한 목표를 눈앞에 둔 작용원인은 옛날(소크라테스 앞의) 철학자들 중 많은 자들이 세웠던 그러한 경우일 수는 없다. 이러한 것은, 사람들이 통찰한다면, 하늘의 물체들의 운동들의 조화가 각각 개별

■
43) 더 아래에 있는 것은 더 위에 있는 것을 파괴할 수 없다.

사물의 실제로 있음으로 향한다는 것을 통찰할 때 분명하다. 이러한 각각의 개별 사물들은 지상의 세계에서 마땅히 생겨나고 유지되어지는 것이다. 가장 많이 알려진 것은 저러한 정해진 사물(실로 말해진 목적론적 질서[teleologische Ordnung])이다. 그 밖에 달이 중요하다. 이를 위한 근거는 태양과 관련하여 분명하다: 태양이 현실에서 있는 것보다 더 큰 별일 것이라면, 그리고 지구에 더 가까이에 있는 별일 것이라면, 식물들과 동물들의 종류들은 타는듯한 뜨거움 때문에 몰락할 것임에 틀림없을 것이다. 반대의 경우에도 마찬가지다. 태양이 더 적은 부피를 지녔을 것이라면, 혹은 태양이 지구로부터 더 멀리 떨어졌더라면, 식물들과 동물들은 혹독한 추위 때문에 죽었을 것임에 틀림없다. 이러한 사물들에 대한 확인은 태양이 데움을 일으키는 매개물들에서, 말하자면 태양의 운동들에서 혹은 빛의 발산에서 나타난다. 커다란 추위와 뜨거움 때문에 살 수 없게 된 곳들에서 그와 같이 나타난다.

같은 의미에서 신의 예견이 적도에 어떤 각을 이루는 태양의 구에서 분명하게 나타난다; 왜냐하면 태양이 적도로 '기울어진' 구를 갖지 않았더라면, 여름도 겨울도 봄도 가을도 지상의 세계에서 생겨나지 않았을 것이기 때문이다. 그러나 분명히 이러한 사계절이 동물들과 식물들의 종들의 실제로 있음을 위해서 필요하다. 신의 예견의 각각 개개의 날[Tage]에 작용은 잘 알려져 있다; 왜냐하면 하늘의 매일하는 운동이 실제로 있지 않을 것이라면, 밤도 낮도 생기지 않을 것이기 때문이다. 이럴 경우 1년의 절반은 낮일 것이며 다른 절반은 밤일 것이다. 이럴 경우에 사물들은 죽어질 것임에 틀림없으며 게다가 낮에는 뜨거움 때문에 그리고 밤에는 추위 때문에 몰락할 것임에 틀림없을 것이다.

마찬가지 경우로 달의 영향이 더욱이 열매들의 싹트고 성장함의 완성됨에서 분명하다. 나아가 이것은 명백하다: 달이 실재하는 것보다 더 크거나 혹은 더 작을 것이라면, 지구로부터 더 멀리 혹은 더 멀지 않게 떨어져 있다면, 혹은 달의 빛을 태양의 빛으로부터 끌어내지 않았더라면, 이러한 활동성은 일어날 수 없을 것이다. 나아가: 달이 적도로 '기울어'졌을 구를 갖지 않았더라면, 달은 서로 다른 종류들의 작용들을 서로 다른 시간들에서 실행할 수는 없었을 것이다. 이러한 근거로부터 달은 밤들을 추운 시간에 데우고 뜨거운 시간에 식히는 작용을 행한다. 추운 시간에 달의 데움은 성좌에 근거한다. 이 성좌는 (달이 우리에게) 지구를 달로 수용한다. 이런 경우에 달은 성좌처럼 추운 시간에 지구에 관계하고 달이 우리의 천정 가까이에 있다; 왜냐하면 달의 구는 적도에 대하여 (태양의 구보다) 더 많이 기울어져 있기 때문이다. 뜨거운 시간에 사태는 반대의 사정에 있다 (달이 그와 같은 뜨거운 시간에 가장 낮은 곳에서 있고 태양은 가장 높은 곳에 있다). 즉 달의 보이는 것과 (태양을 통해서) 달의 밝아지는 것은 남쪽의 방향에서 일어난다; 왜냐하면 달은 항상 단지 달이 태양에 대해 반대에 서는 경우에만 보이기 때문이다. 태양이 찾아다닌다면, 달은 북쪽에서 나타나며 남쪽에서 나타나지 않는다. 태양이 북쪽에 있으면, 사태는 반대로 일어난다. 즉 달은 남쪽에서 보이며 북쪽에서는 사라진다. 이러한 근거로부터 달은 식히는 작용을 한다. 이를 위한 근거는 이럴 경우에 달의 빛은 남쪽에 비춰지는 것에 있다. 같은 것이 달의 대칭적인 궤도들[Bahnen]로부터도 분명하다. 이러한 달의 대칭적인 궤도들은 태양에 일정하게 제한된 거리에서 운동한다. 사람들은 이러한 것이 지상의[44] 사물들과 관련하여 신의 예견 없이 일어난다고 생각할 필요는 없다. 우리가 태양과 달에 관하여 말했던 이 같은 것을 우리는 또한 나머지 별들과 관련하여, 즉 태양을 향해 정해진 거리에서 나머지 별들의 구들과 대칭적인 궤도들에 관련해서 믿을 수 있다. 이러한 이유로부터 아리스토텔레스는 별들의 운동들은 태양의 운동들과 같다고 말한다. 단지 이것들의 운동이 서로zueinander[45] 반대로 행하기 때문에, 그리고 별들의 운동들이 태양에 닮아지기를 열망하였기 때문에 그는 이러한 것을 주장하였다. 만일 우리에게 감각적인 지각을 통해서 별들의 운동들에 관하여 많은 분량의 자료들, 즉 이러한 운동들의 중심들이 중심에서 벗어남들, 운동들이 한 점에 머무름과 되돌아감 등이 주어지지 않는다면, 그럼에도 불구하고 우리는 단호하고 확실하게 이러한 과정들은 세계 모든 것에서 신적인 예견에 기초한다는 것을 주장할 수 있다. 이러한 신적인 예견은 지상의 사물들에 미친다. 모든 이러한 관계들에 관한 앎은 우리에게는 이와 같은 관계들을 위해서는 기나긴 경험이 필요하기 때문에, 이것을 위해서 인간의 짧은 생명은 충분하지 않기 때문에 어렵다. 이러한 이유 때문에 우리는 경험들을 모았던 실험적인 천문학의 대표자들의 언급된 견해들을 받아들여야만 한다. 사람들은 대표자들의 해설들에 따라서 저러한 사물들을 이러한 별들(행

■

44) 비록 이러한 사물들이 완성되지 않았을지라도, 신의 예견은 이러한 사물들에 미친다 – 그러나 단지 우연적으로만, 자체로는 미치지 못한다.

45) 만일 takābul이라고 읽는다면. 그렇지 않으면: '왜냐하면 별들은 별들의 운동들을 받아들이기 때문에' 그리고 비슷하게.

성들)의 ‘접촉들[Berührungen]’(합해짐들)로부터 가능한 것으로 여긴다. 즉 사람들은 기나긴 고찰들을 통해서 이러한 관계들의 앎에 도달할 수 있다. 나아가 또한 항성(단지 행성들만이 아닌)에 관하여 이러한 (앎의) 결과에 도달하는 것은 가능하다. 그럼에도 불구하고 우리가 이것을 이미 다른 때 언급하였던 것처럼, 우리는 이러한 하늘의 물체들의 우월한 본성 때문에 하늘의 물체들에서 있는 신적인 예견이 (자체로 그리고 첫 번째로) 첫 번째 의도에서 일어나지 않는다고 생각하지 않는다. 이러한 신적인 예견은 별들 아래에 지상의 사물들에 미치는 것이다. 그렇지 않으면 영원한 사물들이 시간에서 있는 사라질 수 있는 사물들을 위하여 있어야만 할 것이며, 더 완성된 것이 덜 완성된 것을 위하여 작용해야만 할 것이다. 더 나아가 하늘의 물체들이 이러한 점에서 신적인 예견을 통해서 정해지기 때문에, 사람들은 하늘의 물체들은 세계의 사물들에 관하여 알지 못할 것이라고 주장할 수 없다. 나아가 하늘의 물체들은 질서를 이러한 물체들의 운동들에서 오직 자신들의 (더 높은) 원리들의 본질에 대한 앎을 통해서만 유지하기 때문에, 그리고 이러한 물체들의 원리들이 원리들의 측면에서 질서를 첫 번째 있는 것으로부터, 요컨대 신으로부터 받아들이기 때문에(점차적인 분배에서), 그래서 이렇게 우리에게 미치는 처음의, 근원적인, 신적인 예견이 신 자체의 고유한 예견이며 (천사의 예견이 아니며), 이것은 지구의 거주자(집들 ‘거주자의 무엇[dessen was auf]’)를 위한 원인이다. 하늘의 세계에서 실제로 있는 모든 것은 순수한 좋음이며 신의 의지와 의도로부터 유래한다. 나쁨[Böse]은 단지 질료의 필연성을 통해서 불러일으켜진 것으로서만 나타난다. 이러한 것은 사라짐, 늙음 그리고 다른 과정들에 알맞다. 나쁨은 단지 다음과 같은 이유들로부터만 (나쁨으로서) 그러한 사정에 있다: 이러한 정해진 (지상의) 실제로 있음-방식은 단지 2가지 종류들 중 한 가지에서만 가능하다. 왜냐하면 실제로 있음이 해로움과 결합되어 있는 사물들이 실제로 있지 않거나-그러나 이러한 있지 않음은 더 큰 해로움을 의미할 것인데-혹은 결과적으로 이러한 관계들이 말해진 (완성되지 않은) 방식에서 현재 있기 때문이다; 왜냐하면 이러한 사물들의 실제로 있음에서 (완성됨에 대한) 더 큰 척도는 가능하지 않기 때문이다. 불이 이러한 사정에 있다. 세계에서 불의 이로움이 분명하다. 많은 동물들과 식물들을 몰살시키는 일은 불에서는 단지 우연적으로만 일어난다. 그렇지만 어떻게 신의 예견이 동물에게 촉감의 능력을 주었는지 동물에 미치는 신적인 예견을 생각해보라. 그렇지 않으면 이러한 동물은 촉감의 능력을 자신의 본성에서 유지할 수 없을 것이며 해가 되는 감각적 지각의 대상들로부터 도망칠 수 없을 것이다. 이러한 지각은 이러한 동물의 본성의 척도에 따라서 성취된다. 그 결과 동물은 이로운 다른 사물들에게 가까워진다. 마찬가지로 신의 예견이 다음의 것을 동물의 각각 개별 종에게 주었다. 즉 동물의 실제로 있음을 해로운 영향 앞에서 보호하는 것이다. 이것은 또한 신의 예견이 세계 사물들에 이른다는 것을 증명하는 것이다. 만일 이러한 근거로부터 많은 동물들을 관찰한다면, 동물들의 실제로 있음을 유지시킬 사물들이 미리 만들어지지 않았을 경우에 동물들이 실제로 있을 수 없다는 것이 분명하다. 이러한 것은 인간과 관련해서 가장 명료하게 보인다. 인간이 이성을(에서) 지니지(있지) 않았더라면, 인간은 오랜 시간동안 실제로 있을 수 없었을 것이다. 이러한 근거로부터 우리는 하늘 세계의 저러한 첫 번째 원리들이 나쁨을 안다고 생각한다. 이러한 나쁨은 지상의 세계에서 현재 있으며, 더욱이 저러한 하늘의 사물들이 알 수 있는 방식에서 있는 것이다. 나아가 우리는 저러한 하늘의 정신들의 예견이 우리와 관련하여 우리를 실재할 수 있게 해주며, 뿐만 아니라 또한 우리의 실제로 있음에 아마도 해를 끼칠 수 있는 것으로부터 우리를 지킴으로써 우리의 여기 있음Dasein을 유지시켜주는 그러한 사물들에게도 실재할 수 있게 해준다고 생각한다. 아프로디시아스의 알렉산더는 이렇게 가르친다: 예견이 모든 각각의 사물들에 미친다는 주장은 스토아학파들(aṣhab arriwāḳ; 아마도 아카데미학파)[46)]이 제시하였던 것처럼 확실히 옳지 않을 것이다. 이를 위한 근거는 하늘의 정신들의 예견이 단지 지나간 것만을 앎으로써 성취될 것이기 때문이다. 그렇지만 하늘 세계의 정신들(이데들)은 새로 생겨나며 각각의 사물에 미치는 앎들을 지닐 수 없다. 하물며 이러한 정신들의 앎들이 끝없는 수(영원히 변화하는 지상의 사물들)를 진술한다는 것이야 말할 필요가 없다. 이러한 학설을 세웠던 자는 또한 일관되게 신의 원리들에 관한 큰 수가 실제로 있다는 가능성을 허용하였다; 왜냐하면 만일 예견이 각각의 개별적인 종에 그리고 이런 각각의 개별적인 종들을 이끎에 미친다면, 사실 신들이 세계 모든 것을 이끌기 때문에, 이때 어떻게 개별자에게 나쁨이 붙을 수 있는지 때문이다. 나는 나쁨의 종들 아래서 사물들이 또한 자유로울 수 있을 그러한 것

■

46) 이것은 여기서 운명에 관한 스토아학파의 이론을 의미하는 것은 아니고, 오히려 플라톤학파의 이론, 즉 이데들은 단지 모든 사물들의 보편적인 것만을 진술하며 이데들이 모든 사물들에 미친 영향에서 또한 단지 보편적인 것만을 뜻할 수 있다는 것을 의미한다.

을 이해한다. 그러나 필연적으로 들어오는 해로움들이 개별자를 만나는데, 이때 개별자와 풀 수 없게 꽉 결합되어진다(wuḳuuha 앞에 fa 206-1
를 놓음). 오히려 개별자의 경우에서 이러한 과정들은 신에서 유래하지 않는다는 논제가 생긴다. 그럼에도 불구하고(laka 대신에 lakin) 신의 예견에 관하여 이러한 학설을 세웠던 대부분의 철학자들은 신의 경우에서 모든 사물들은 가능하다는 견해를 가진다. 이것으로부터 이런 철학자들이 또한 (신으로부터 벗어난 것으로서) 나쁨을 가능한 것으로 설명하는 것을 이들과는 반대로 인간에게로[ad hominem] 연역할 수 있다. 그렇지만 (아베로에스가 대답한 대로) 분명히 신의 경우에서 모든 사물들이 다 가능한 것은 아니다; 왜냐하면 사라진 것이 영원할 것이라는 것 혹은 영원한 것이 사라질 것이라는 것은 생각할 수 없기 때문이다. 같은 의미에서 삼각형과 관련하여 삼각형의 각은 4직각과 같을 것이라는 것, 또한 색깔들과 관련하여 이것들이 듣는 감각의 대상들로 된다는 것은 불가능하다. 바로 언급된 학설은 인간의 앎을 위해서 매우 해로운 것이다. 다른 철학자는 이러한 학설을 신의 활동태들이 옳지 않음들로 표현되어질 수 없다는 것을 통해서 증명할 수 있을 것이라고 믿는다. 도리어 좋음과 나쁨은 신의 입장에서는 다르지 않다(왜냐하면 신은 이러한 술어를 넘어서 있을 것이기 때문이다).[47] 이러한 학설은 심히 드물고 낯설며 인간의 본성에서 매우 멀리에 있다. 이러한 학설은 좋음의 가장 잘 완

■

47) 대개 여기서 Gafar는 약 855년 생으로 생각되며(Horten, Die philosophischen Systeme, 303) 일반적으로 신의 의지를 법칙화하는 원리로 그리고 좋음의 척도로 가정하는 사변적인 신학자로 여겨진다: 어떤 것은 도덕적이며 좋다. 왜냐하면 신이 그것을 그렇게 원하기 때문이다.

전히 끝남을 지닌 실재하는 자연의 힘에 반대로 열망한다. 이를 위한 근거는 (저러한 학설에 따라서) (하늘의) 세계에서 자신을 통해서 (자체로) 좋을 사물은 실제로 있을 수 없을 것이라는 것이다. 이것은 단지 자의적인 인간이 만든 법을 통해서만 이러한 종류(의 좋음)일 수 있다. 마찬가지로 자체로 나나빠질 사물은 실제로 있을 수 없을 것이다. 나아가 좋음이 나빠질 것이고 나쁨이 좋아질 것은 가능할 수 있을 것임에 틀림없다. 그러나 이럴 경우 이 세계에서 대체적으로 실재하는 (고유한) 본질은(이것은 이것의 대립자로 바꾸어질 수는 없을 것인데) 실제로 있지 않을 것이다. 그 결과 그러므로 사물들과 예배들의 고귀함Erhabenheit[48] 조차도 (이성적인 피조물들의 측면에서) 단지 인간의 법(thesei)을 통해서만 좋을 것이다. 이런 경우 좋음은 또한 예배에 대한 게으름에서 그리고 신의 존엄을 믿는 것에 대한 경시에서 있을 것이다. 그러나 이러한 모든 것은 프로타고라스Protagoras의 학설들과 같은 견해들이다. 결론적으로 우리는 이러한 전제들로부터 생겨난 옳지 않는 학설들의 설명에 관계되어질 것이다.

이것으로 형이상학의 두 번째[49] 부분에 관한 장이 끝난다. 이것은 우리 책의 네 번째 장이다. 따라서 (짤막한 해설의) 이 책은 끝났다.

■

48) 대개 이러한 용어는 이성적이지 않는 피조물들의 예배를 의미한다. 이 피조물들은 그들의 여기 있음Dasein을 통해서 그들의 창조자에 대한 찬양을 의미한다.

49) 이 저작에 대한 카이로Kairo에서 손으로 쓴 현존하는 나머지 부분들을 곧 손에 넣을 수 있게 되기를 희망한다.

아베로에스의 형이상학에 관한 조망

(아리스토텔레스의 형이상학에 대한 그의 작은 해설에 근거하여)

208-1

학문들이 두 그룹Gruppen으로 나누어진다(종류들Arten로가 아닌, 왜냐하면 어떤 고유한 특별한 차이들도 없기 때문이다): Ⅰ. 신학적인 학문, a) 보편적인 학문: 변증법, 소피스트[1] 그리고 형이상학, 이들 셋 모두는 있는 것은 양에 따라서 (논리적으로 혹은 사실적으로) 있는 것ens(logicum sive reale) in quantum est ens이라는 것을 고찰한다. b) 개별적인 학문들, 있음의 정해진 형식들(보이는 방식들)을 대상으로 갖는 것, 즉 변화하는 있음(자연학들)과 양(수학); Ⅱ. 실천적인 학문들과 학문의 길잡이(입문)로서 논리학. 이렇게 나누는 근거는 우리의 앎의 객체가 바로 이러한 부분들로 쪼개지기 때문이다.-그러므

■

1) 이때 그렇지만 논리학은 고유한 철학의 밖에서 입문서로 머무른다.

로 형이상학의 객체는 이렇다: 1. 있는 것 자체, 2. 있는 것의 서로 다른 종류들(아래로 개별 학문들에까지), 3. 우연적인 것들, 4. 있음의 가장 높은 원인들, 즉 정신적인 실체들로까지 이러한 있음 단계의 연속적인 쌓아감(논리적인 단계서열을 실재[Real]의 영역으로 투영, 논리적인 계열을 존재론적 계열로 투영[des ordo logicus in den ordo ontologicus]). 그러므로 형이상학은 무엇보다도 형상의 원인과 목적의 원인[formale und finale Ursache]을 다룬다. 반면에 질료적인 원인과 작용원인(첫 번째 '운동자')에 대하여는 이미 자연학[Physik]에서 증명되어졌다. 그러므로 신-증명은 자연학문의 과제이다. 왜냐하면 (각각의 학문처럼) 형이상학은 형이상학의 객체의 실제로 있음을 전제해야만하며 다른 학문으로부터 받아들여야만 하기 때문이다(이 때문에 자연학에 종속되어짐 없이).

209-1 이러한 원리들에 따라서 (아리스토텔레스에 따르면) 형이상학에서 3개의 질료적인 객체들이 마땅히 다루어져야 한다: 1. 있는 것으로서 감각적인 사물들(형이상학의 형식적인 객체), 2. 실체의 원리들, 신과 정신, 3. 개별 학문들의 요청들. 그렇지만 이것들은 단지 우연적인 객체만을 만든다. 왜냐하면 개별적인 학문들의 요청들은 자명하며 오직 소크라테스 앞 철학자들의 잘못됨 때문에서만 특별히 다루어져야 하기 때문이다. 아베로에스 자신은 그것 때문에 형이상학을 5개의 부분들로 나눈다: 1. 객체, 2. 객체의 종류들, 3. 이러한 종류들의 우연들, 4. 실체의 원리들, 5. 개별 학문들의 요청들. – 왜냐하면 형이상학은 가장 높은 원인들의 앎을 전달하기 때문에, (인간의 생각을 고상하게 하고 활동적이게 함으로서) 형이상학의 이로움과 이것의 서열이 최고다.

그 다음으로 형이상학적 용어들이 설명되어져야 마땅하다. '있는 것[Seiende]'이란 표현은 비유적으로 서술되어지며, 더욱이 논리적인 계열에 의해서, 예를 들어 참[das Wahre]에 의해서, 즉 바깥 세계와 일치하는 정신적인 내용들에 의해서 기술되어진다–또한 존재론적인 배열로서, 예를 들어 10개의 틀들로서 진술되어진다. 우연적으로 있는 것은 어떤 것이 다른 것에 본질적으로 귀속하지 않는 경우에 있다. 또한 서술하는 것(연결하는 단어 '있다·이다[ist]')과 연역하는 것(필연적인 결과)의 관계는 있는[seiend]으로 나타내진다. 있음[Sein]은 10개의 실재하는 틀들 중 어떤 것도 아니며 5개의 논리적인 것들(Prädikamenta, 5개의 음성들[quinque voces])의 어떤 것도 아니다.–개별성[Individualität]은 같은, 바꿀 수 있는 방식에서 있음처럼 서술되지만(하나와 있는 것은 바뀌진다[unum et ens convertuntur]), 그럼에도 불구하고 논리적인 배열에 의해서는 서술되지 않는다.–'실체'는 개별적인 것을 지시하는 객체(여기 어떤 이것[τόδε τι])를 나타낸다. 이러한 실체는 존재론적인 실체, 나아가 논리적인 실체, 그러므로 술어와 정의를 나타낸다. 그러므로 사물들의 마지막 구성요소들은 이와 같은 구성요소들(원자들, 차원들, 질료와 형상)의 본질에 관한 모든 서로 다른 이론들에 따라서 가장 뛰어난 의미에서 '실체들'이라고 부른다. 우연적인 것은 한 실체로부터 본질로서 다른 어떤 것을 (그러므로 2차적인 동기들을) 복제하는 그러한 종류의 내용이다. 우연적인 것은 2가지 종류들로 나누어진다. 우연적인 것은 자기의 본질을 알려주는 것 없이 밑바탕의 개별자와 본래 결합되어 있거나(구체적인 우연적인 것), 혹은 우연적인 것의 개별성을 통해서(자기 자신을 통해서) 추상적 본질을 알려주는 것이다(보편적인 우연적인 것). 9개의 종류들이 낱낱이 말해진다: 1. 양(도량의 단위로서 사물의 부분들 중 한 개를 통해서 사물을 측정하는 것), 2. 질(상태-배열, 당함-참는 성질, 가능-불가능, 형식-모양), 3. 관계Relation(고유한 관계, 네 번째 틀, 고유하지 않는 관계), 모든 다른 9개의 틀들에서 나타나는 '관계'Beziehung. 첫 번째 관계에서 상관적reziprok이라는 각각 용어의 본질은 다른 것과 관계에서 말해진다. 이런 상관적이라는 용어는 다른 것 없이 자신에서는 아무 것도 의미하지 않는다. 관계는 상호적reziprok이며 쌍방bilateral이고, 한쪽 것들unilateralen에 대립에서 있다. 4. 본질(ḍat)은 개별자(실체, οὐσία)와 본질적인 것das Wesentliche을 의미한다. 만일 주어가 술어에서 혹은 술어가 주어에서 포함되어 있다면, 더욱이 본래의 부분으로서 포함된다면, 이 표현은 자체로 타당하다. 5. 사물은 있는 것das Seiende과 서로 바꿀 수 있다. 6. 하나Eine는 수적인 것(연속하지 않는 것) 혹은 연속한 것이다(이것은 단지 공상Einbildung에 따라서만 많음을 포함한다) - 안에서 섞어짐에 따라서 그리고 바깥의, 기술적인 구성에 따라서 수적으로 하나 – 1. 특별한 하나, 2. 유적인 하나, 3. 밑바탕에 따라서 하나, 4. 비례에 따라서 하나, 5. 우연적으로 하나. – 같은 것·동일한 것Identische은 하나와 일치한다. 반대Opposita(모순, 대립, 상대적인 것 그리고 결핍과 가짐contradictio, contrarietas, relatio 그리고 pribatio et habitus)와 개별적으로 그리고 본질적으로 서로 다른 것·차이. 가능태와 활동태는 작용하는 것의 전체 영역을 나눈다. 이것들은 전개 · 발전의 국면들이다. 가능태가 안에 있는 본성의 힘으로부터 작용하는지 혹은 바깥의 힘에 의해서 활동적으로 되어지는지 여하에 따라서 그리고 방해가 가능태에 대립하는지 혹은 그렇지 않는지 여하에 따라서, 가능태는 서로 다르게 작용하고 기능한다.

있음의 다른 특유함들로 다음과 같이 말할 수 있다: 1. 완성됨과 완성되지 않음; 2. 부분, 총체적인 파악에 대립으로 조직의 전체와 개별적으로 받아들일 수 있는 하나임들의 총합; 3. 4개의 원인들: 질료, 형상, 동력과 목적, 이것들에로 기초요소와 도구적인 원인이 향하여 간다; 4. 필연성, 이것 없이는 사물이 있을 수 없으며 이것을 통해서 사물이 실제로 있을 것임에 틀림없는 것; 5. 본성의 힘 · 자연의 힘Naturkraft과 본성 · 자연Natur(질료와 형상 등등에 의해서 말해진).

틀들과 있음

있는 것은 틀들에 의하여 비유적인 방식에서 말해지며, 이중적인 방식으로도 유일한 방식으로도 말해지지 않는다. 학문들을 체계적으로 배열하는 근본명제에 일치하여, 한 학문의 학설들은 아래에 있는 영역에서 증명절차의 방법으로(논리적인 전제로) 혹은 공리와 요청으로 전제될 수 있다. 이러한 방식에서 형이상학은 논리학으로부터 틀들의 개념을 받아들인다. 실체는 자신에서 실재하고 존립하며, 아래에 붙어 있는subiectum inhaesionis 것에서는 그렇지 않다. 반면에 우연적인 것은 실체에 달려있으며, 실체에 의해서 일으켜지고 실체에서 실제로 있다. 심지어 물체적인 실체는 곳, 위치 그리고 가짐(habere)에 대한 정의들의 부분을 만든다. 원동력은 이것이 실체의 영역에서 (예를 들어 키움Ernähren) 나타나는지 혹은 우연적인 것의 영역에서 (예를 들어 데움) 나타나는지의 여하에 따라서 서로 다르게 묘사된다. 첫 번째 경우에서 원동력은 실체에 참여하며, 두 번째 경우에서 원동력은 순수한 우연적인 것이다. 나머지 우연적인 것들이 실체에 붙어 있다는 것은, 그러므로 고유한 우연적인 것들이라는 것은 쉽게 증명할 수 있다(관계, 질, 양, 차원, 수로부터). 이것들은 요컨대 실체로부터 분리할 수 없다. 한 우연적인 것들은 있음의 배열에 따라서 다른 우연적인 것들에 앞서간다. 예를 들면 양은 질들에 앞서간다.

비물체적인 실체는 질료적인 개별자처럼 그와 같이 불러지며, 다른 것들에 따라서는 수들, 차원들, 원자들 그리고 점들을 실체로 부른다. 이러한 사물들은 동시에 물체적인 실체의 원인으로 나타내진다. 자연학문은 모든 이러한 문제들을 운동하고 있는 것ens mobile의 형식적인 관점에서 고찰하며, 형이상학은 있는 것은 양에 따라서 있는 것ens in quantum est이라는 것의 형식적인 관점아래서 고찰한다.

탐구는 주관적으로 더 멀리 있는 것으로, 즉 객관적으로(자체로καθ' ἀυτο) 더 가까이 있는 것으로 나가기 위해서, 주관적으로(우리로부터προς ἥμας) 더 가까이 있는 것에서, 즉 정의들에서 시작해야만 한다. 일반적인 정의들은 출발점의 한계를 정하는 것들로서 있으며, 반면에 자세하게 다룬 정의들은 앎의 과정에 대한 끝난 점의 사태를 설명하는 것들로서 있다. 서술들에 대립으로, 정의들을 위해서 단지 바꿀 수 있는 술어들만이 자체로 고찰된다; 왜냐하면 정의definitio와 정의된 것definitum은 같은 것임에 틀림없기 때문이다. 실체의 존재론적(질료와 형상) 부분들과 논리적(유와 서로 다름·차이) 부분들은 본질에 따라서 실체에 앞서간다. 이와 같은 본질은 우연적인 것에 적합하다. 실체는 본질에 대한 정의의 부분을 이룬다(활동적인actualiter 혹은 가능적인potentialiter). 이때 앎의 문제가 나타난다: 우리의 개념적인 내용들이 질료적인 개별자들과 일치한다면, 그 결과로 정의와 정의된 것은 서로 일치하거나 혹은 그렇지 않다. 또한 이럴 경우 개념적인 내용들은 정신 바깥에 플라톤적 이데들로 실제로 있을 수 있을 것이다. 본질적인 정해짐들은 감각적 지각의 구체적인 개별사물과 일치는데, - 그렇지 않으면 인간의 앎은 앎의 실재하는 내용으로부터, 그러므로 앎의 본래적인 참으로부터 박탈될 것이며, 이로 인하여 폐기될 것이다. 이러한 앎 혹은 참은 단지 생각하는 과정의 바깥의 형식적인 결과만을 순수한 주관적인 환영들 혹은 환각들에서 지닌다.

원인과 작용은 본질에서 일치할 것임에 틀림없지만, 그러나 수적으로는 틀림없이 서로 다를 것이다. 이러한 것은 무엇보다도 낳는 것과 운동시키는 것의 각각의 틀에서 첫 번째 운동자에 알맞다. 예를 들어 알에 관해서 새에 적절하다(자신과 닮은 것을 낳는다generat sibi simile). 작용은 맨 먼저 작용원인에서 이데아로 포함되어 있어야만 한다. 목적에 알맞은 행위들이 연결되어 있는 사슬에서 처음의 의도primum intentione는 마지막의 완성ultimum executione이다. 따라서 이 것은 기술적인 활동태에서 확실하다. 그러나 사태는 또한 자연물들에서 그와 같은 사정에 있을 수 있을 것이다. 그 밖에 만일 생각하는 내용들(보편개념들)이 맨 먼저 순수한 정신에 의해서가 아닌, 능동적인 지능에 의해서 자연물들 안에 넣어지게 될 것이라면, 어떻게 지성이 자연물들을 생각하는 것이 자연물들의 특징일 수 있겠는가? 그러므로 사물들의 본질형상들은 능동적인 지능으로부터 한편으로는 질료 안으로 흘러들어가야만 하며 - 이것으로부터 질료적인 세계 사물들이 생겨나고 - 다른 한편으로는 유일한 실체를 의미하는 인간의 질료적인 지성 안으로 흘러 들어가야만 한다 – 이것으로부터는 인간의 앎들이 생겨나온다. 동시에 이와 함께 다음의 것이 설명된다. 즉 무엇 때문에 우리의 개념이 사물들의 본질을 베끼는지, 반영하는지?: 요컨대 둘은 직접 같은 근원으로부터 태어나기 때문이다.

본질성 자체는 생겨날 수도 사라질 수도 없다. 왜냐하면 이것은 자신과 본질적으로 닮은 원리를 지니지 않기 때문이다. 동시에 본질성은 이 원리로부터 개별적으로 구별된다. 오직 구성된 것만이 변화하기 때문에 – 그러므로 질료와 형상 –, 이 때문에 사물들의 모든 첫 번째의 단순한 원리들은 생겨나지도 사라지지도 않는다. 마찬가지로 정의들, 논리적인 본질성들도 생겨남과 사라짐에 던져져 있지 않다. 그럼에도 불구하고 이러한 원리들은 플라톤의 이데들의 종에 따라서 실제로 있지는 않다; 왜냐하면 이데들을 받아들이는 것은 논리적인 있음의 설명을 위해서처럼 그와 같이 존재론적인 있음의 설명을 위해서도 쓸모없기 때문이다. 보편 개념들은 우연적인(실체의 종류가 아닌) 실제로 있음을 대개 실재하는 개별자들에서 지니지 않고, 오히려 우리의 정신에서 그리고 하늘의 정신들에서 지닌다. 단지 인간의 지성만이 실체적인 정신으로부터 (플라톤적 이데들의 종에 따라서) 흘러나와야만 한다. (사물들에서 그리고 정신에서) 보편 개념들의 실재함을 오직 정통 신학자들만이 부정한다. 정신에서 이들은 이것을 통해서 인간의 앎 자체를 파기한다.

생각하는 정신의 논리적인 활동태는 내용들을 연결하는 것에서뿐만 아니라 또한 추상하는 것에서도 있다. 만일 이러한 추상된 개념들이 또한 (우리 정신의) 바깥의 우연적인 것들이라면, 그렇지만 이런 개념들은 실체들의 가장 본래적인 본질을 알려 줄 수 있다; 왜냐하면 다음의 근본명제가 타당하지 않기 때문이다: 같은 것은 단지 같은 것을 통해서만 알려진다. 내용적으로 이러한 영혼의 우연적인 것들은 바깥 세계 사물들의 본질을 뜻한다. 보편성은 개념들 자체들의 내용들의 경우에서 우연적인 것이다. 이러한 개념들은 우연적인 것을 자기 안에서 내용적으로 그리고 사실적으로 지니지 못하고, 오히려 단지 인간의 정신에서만 (그러므로 우연적으로) 지닌다. 그러므로 개념들은 내용적으로 (자체로[in se]) 실체들일 수 있다. 사물들로부터 추상된 내용들은 첫 번째 개념들이며, 보편성의 형상들은 2차적인 개념들이다.

그러므로 극단적인 실재론은 부당하게도 보편 개념들을 감각적인 사물들의 본질성들이라고 주장한다. 오히려 이러한 보편 개념들은 질료와 형상으로 이루어진다. 우리가 무엇 때문에[Weshalb] 에 관하여 묻는 모든 사물들은 구성되어진 것들이다. 합성물이 단순한 덩어리가 아니라면, 합성물은 특별한 본질형상을, 합성하는 성분들의 본질형상과는 다른 본질형상을 내보여야만 한다. 부분들은 이러한 합성하는 성분들에서 활동적으로 있으며, 합성물에서는 단지 잠재적으로만 있다. 그러므로 결합된 형상은[forma compositi] (새로운 것으로서) 밖으로부터 합성하는 성분들의 형상들로 다가간다. 유(이것은 질료와 같은데)와 서로 다름 · 차이(형상을 대신함)는 그러므로 2차적인 의도들[secundae intentiones]이다. 지상의 사물들의 가장 본래적인 본질은 오직 형상 곁에서 질료를 표현하는 정의만을 포함한다. 비물질적인 사물들의 정의들에서 몇몇의 정해짐들은 본질형상을 대신하며, 다른 것들은 질료를 대신한다. 그 결과 또한 여기에서 (정의를) 구성하는 법칙이 유지된다. 그러나 사물에 관한 개념('사물의 논리적인 실제로 있음')은 내용적으로(바깥의 형상에 따라서가 아닌) 실재하는 객체와 일치한다.–단순한 기초요소들은 우연적으로 (합성하는 성분들을 통해서) 변화하며, 합성물은 자체로 변화한다.–사물들은 구성되어져야만 하는데, 왜냐하면 사물들이 2가지의 있음 형상들, 즉 논리적인 있음 형상과 존재론적인 있음 형상을 지니기 때문이다. 존재론적 있음 형상에서 질료는 본질(형상)로 다가간다. 따라서 이 두 성분들은 질료와 형상이다.

변화의 서로 다른 형상들은 서로 다른 밑바탕들을 전제해야만 한다. 질료의 특별한 종류는 본질적인('실체적인') 변화를 위한 밑바탕이다. 다른 종류, 즉 2차적인 밑바탕은 나머지 세 번째 종류들을 위한 밑바탕이다. - 사물들은 4가지 원인들을 통해서 구별된다. - 그러므로 학문적인 탐구는 이러한 4가지 원인들로 향해져야 하며 이것들을 알기 위해 시도해야만 한다.–유들에게 일치하는 실제로 있음-형상[Existenzform]은 형상과 질료 사이에 있는 가운데 사물이다. 왜냐하면 이것이 이미 부분적으로 형상을 뜻하기 때문이다. 이것으로부터 어느 정도까지 아직 많은 부분들로 이루어진 정의들이 본래적인 하나임을 뜻하며, 따라서 이러한 정의들이 바깥 세계의 한결같은 객체를 정의하고 객체에 일치할 수 있는지가 밝혀진다.–유일한 것으로 서술된 유들은 이것들의 밑바탕들에서 유일한 것으로 진술되지 않는 유들보다 덜 완성된 실재함 · 실제로 있음을 갖는다. - 유와 서로 다름·차이는 정의의 논리적인 '더 앞선[früheren]' 부분들이며, 양적인 정해짐들은 논리적으로 '더 나중의[späteren]' 부분들이다. 운동시키는 원리들은 사물의 부분들을 짜 맞춘다.–가장 보편적인 유는 본질이 서로 다르게 정해진 물체이다: 1. 3개의 실체적인 차원들로서, 2. 이러한 차원들이 (붙여진 것처럼) (질료의) 첫 번째 형상을 만드는 것,

3. 자체로 형상이 없는 질료로서, 4. 가르쳐진 질료의 결과로서. 차원들은 이것들에 고유한 성질이다(아비세나).

215-1 먼저 (물체의) ‘보편적인 형상’이, 다음에는 우연적인 것들로서 차원들이 질료에 귀속한다. 이것들은 특별한 종류들로, 그러므로 가능태와 활동태 사이에서 매개한다. 기초요소들의 물체화Körperlichkeit는 ‘열망하는 힘’(끄는 힘)을 고유한 성질proprium로 지닌 차원들(즉 3차원적인 질료)과 일치한다. 물체화의 밑바탕은 특별한 형상이다; 차원들은 물체화의 바깥의 우연적인 것들이다. 차원들은 수학적인 탐구의 형식적인 객체를, 그리고 자연학적인 탐구의 우연적인 객체를 만든다.

있음의 우연적인 것들

가능태는 능동적인 가능태와 수동적인 가능태가 있다. 첫 번째 가능태의 많은 것들이 단지 바깥의 객체에 작용을 미치며, 많은 것들이 (예를 들어 생물에서) 또한 자기 자신에게 작용하며(자기 자신을 치료하는 의사medicus curans se ipsum), 나아가 자연의 가능태들은 필연성을 가지고 작용하고, 영혼적인 가능태는 그러한 종류 없이 작용한다. 사람들은 가능태와 활동태를 상호관계처럼 (그러므로 뒤섞여서) 정의할 수 있다. 결코 활동적으로 되지 않은 가능태, 예를 들어 끝없이 가능적인 것은 사실에서 활동태에 도달하는 가능태와 구별될 수 있다. 가능태는 가까운 가능태와 먼 가능태가 있으며, 그렇게 가능태의 밑바탕도 가까운 것과 먼 것이 있다. 가능태가 활동으로 고유하게 전개하는 모든 국면에서 활동화시키는 원리는 수적으로 하나의 같은 원리이다.–활동적이어야만(활동적으로 되어야만) 하는 밑바탕은 각각의 가능태에 일치한다. 그러므로 만일 한 사물에서 많은 가능태들이 있다면, 사물에서 또한 많은 밑바탕들이, 즉 활동하는 밑바탕들이 있어야만 한다. 그렇지만 사람들은 이러한 계열들에서 끝없이 계속 나갈 수는 없다. 따라서 사람들은 첫 번째 밑바탕에, 즉 질료에 도달해야만 한다. 이러한 질료는 자기 안에(핵과 맹아에서) 모든 나머지 가능태들을 포함한다. 마치 다른 측면으로 모든 덜 완성된 활동태들이 더욱 두드러지게[eminentiori modo] 마지막 형상에 포함되어 있는 것처럼 그러하다. 그러므로 질료는 사물에서 모든 가능태의 원인이며 형상은 모든 활동태의 원인이다; 왜냐하면 어떤 유에서 절대적인 것과 자체로 있는 것은 이러한 유에서 우연적으로 그리고 상대적으로 있는 모든 사물들의 원인들이기 때문이다. – 활동태는 작용원인과 목적원인으로 있으며 또한 시간에 따라서 가능태보다 더 앞선다. 그러나 뒤의 것은 시간에 따라서 자주 활동태와 동시적이다.–하늘의 사물들에 가능태는 더 이상 포함되어 있지 않다. 하늘의 사물들에서 이러한 사물들에 기초하고 있는 전체 가능태는 활동적으로 되어졌다. 이 때문에 하늘의 사물들은 사라지지 않는다. 왜냐하면 하늘의 사물들은 더 이상 새로운 형상을 받아들일 수 없기 때문이다. 정신세계의 순수한 활동적인 사물들과 질료적인 세계의 가능적인 사물들 사이에서 영원한 구–운동이 매개한다. 이런 영원한 구-운동은 이것의 영원성과 사라지지 않음을 통해서 정신적인 사물들과 같으며, 구–운동의 위치 변화를 통해서(전체로서 구의 공간의 변화를 통해서가 아닌) 질료적인 사물들과 같다.

그러므로 이러한 둘 사이에 가운데에 있다. 이러한 구-운동은 영원한, 시간이 없는, 신적인 활동태를 시간적인 형상에서 매개한다. 그 결과 우리는 말할 수 있다: 신은 활동하게 된다(즉 그의 작용이 시간적으로 나타난다). 그가 활동하지 않은 다음에(즉 그의 영원한, 변화하지 않는 활동태가 시간적으로 매개되지 않은 다음에) 그렇게 된다.

언제나 그리고 활동적으로 그러한 사정에 있는(참인[wahr sind]) 그러한 종류들은, 예를 들어 삼각형의 각들은 2직각과 같다는 것은 사물들 아래에 있다. 이러한 보편적인 정해짐들(이것들은 질료에서 해방된 것인데)은 단지 지성의 생각하는 활동태로부터만 나온다. 가장 중요한 의미에서 하늘의 사라지지 않는 사물들은 (자체로) 참이다. 그러므로 이러한 사물들은 모든 우연적으로 참인 것을 위한, 즉 지상의 세계를 위한 원인이어야만 한다. 왜냐하면 자체로인 것[das per se]은 각각의 유에서 우연적으로인 것[das per accidens]을 위한 원인이기 때문이다. 그러므로 참인 것은 비유적으로 서술되어진다.

하나[Eine](대립: 많은 것[Viele])는 있음과 서로 바꿀 수 있다. 수의 원리는 양, 질 그리고 위치에 따라서 나눌 수 없는 생각하는, 즉 생각된 것에서 확정된 하나임[Einheit]이다. 반면에 하나는 자체로 분리된 것(자체로 나눌 수 없는 것[indivvisum in se])으로 정해지며 다른 모든 분리된 것에 의해서 정해진다. 수학은 하나와 많은 것을 자체에서 추상하여 탐구하며, 형이상학은 밑바탕에서, 그러므로 하나와 많은 것의 실제로 있음 방식(있는 것은 양에 따라서 있는 것이다[ens in quantum est ens])을 고찰한다. 하나는 10개 틀들의 바깥의 우연적인 것이 아니다(아비세나의 학설). 하나는 틀들의 개별 사물들 자체를 뜻한다. 그렇지 않으면 틀들의 서로 다른 배열들로부터 끝없는 혼란이 일어날 것이다. 하나는 있음처럼 모든 틀들의 토대Fundament이다(비유적으로analogice). 하나는 모든 틀들을 표시하며 있는 것과 서로 바꿀 수 있

217-1 다. 각각의 틀에서 하나는 '자체ein per se'를 주어야만 한다. 이 '자체'는 실재의 원인(실제로 있음의 원인), 앎의 근거 그리고 이러한 틀의 모든 나머지 사물들을 위한 척도이다. 그런데 이러한 사물들은 틀에 단지 우연적으로만 포함된다. 그 다음에 이러한 하나는 실체에 알맞다(신의 실제로 있음을 위한 일치-증명의 형상, 그렇지만 아베로에스는 신을 거절한다).

사물들은 유, 종 그리고 개별자에 따라서 부분적으로 혹은 전체적으로 서로 다르다. 여러 가지Diversität는 대립Kontrarität과 구별할 수 있다. 여러 가지의 사물들(이것들은 유에서 서로 다른 것들)은 동시에 밑바탕에 붙어 있을 수 있지만, 대립하는 사물들은 그럴 수 없다. 그럼에도 불구하고 두 극과 극들은 아래 대립자들Subkontraria, 즉 가운데 마디들에서 – 활동적으로가 아니고, 오히려 잠재적으로 섞여 있음에서 – 동시에 현재 있다. 대립자들은 차이Differenz를 통해서 서로 다르지만, 유에서는 하나다. 대립자들은 쌍을 이룬다. 그러므로 각각의 사물은 대립자를 갖는다.

하나와 많은 것 사이에 반대Opposition의 종류는 관계이며 가짐과 부족함의 관계이다(수중에 있음과 부분의 부족함을 고려하는 한에서). – 결국 원인들은 모든 원인들의 4가지 종류들에서 있어야만 한다. 신은 가장 높은 의미에서 자체로 그리고 맨 처음에 작용원인, 형상원인 그리고 목적원인이다(신 자신에 근거하여).

첫 번째 원인, 운동자, 운동

세계 모든 것의 절대적인 첫 번째 운동자가 있어야만 한다. 그 자신은 운동되지 않으며, 영원한 등등 이다. 시간은 같은 경우로 영원하다. 하늘의 운동은 구에게 생기를 주는 동물적인 원리로부터 시작한다. 이때 멀리 떨어진 영혼적인 이러한 운동의 원인은 구-정신의 추상적인 개념이다. 구들은 유일한 질료[Stoff]로부터 있으며 영원하고 사라지지 않는다(왜냐하면 구들은 대립자를 갖지 않기 때문이다). - 항성-구 뒤에 에워싸는 구는 없다.–하늘 전체는 유일한 생기를 주는 본질을 만든다(동물적인[animal]).–능동적이지 않는 하늘의 원리들은 실제로 있을 수 없다; 왜냐하면 자연에서 목적 없이는 어떤 것도 있지 않기 때문이다.–공상적 생각속의 그림들[Phantasievorstellungen]은 이와 같은 것을 갖지 않는다(아비세나의 이론에 반대로). 하늘의 원리들은 이것들 아래에 배열된 실체들을 운동시키며 실체들에게 또한 일치하는 본질형상들을 준다. 그러나 이 때문에 하늘의 원리들은 지상의 사물들 아래에 배열되지 않는다. 정신들은 다음의 것들을 안다. 1. 자기 스스로 반성하는 그리고 2. 바깥 세계의 사물들, 즉 다른 정신들. 왜냐하면 이것들이 3개의 원인들의 의미에서 더 낮게 있는 사물들의 더 높이 있는 원인들이기 때문이다: 형상(본질형상과 앎의 형상을 빌려줌)과 작용원인[causa efficiens] 그리고 목적원인[causa finalis]. 이때 그렇지만 원인, 즉 일으키는 정신은 정신의 작용, 즉 일으켜진 정신을 직접 알 수는 없다. 그렇지 않으면 작용의 본질형상은 원인에서 형상으로 되어질 것이다. 그러므로 작용은 원인 자체를 일으킬 것이다.–원과 자기 자신의 원인[ein circulus und causa sui ipsius]. 그렇지만 위에 있는 정신들은 자기 자신에서 아래에 있는 정신들을 안다; 왜냐하면 위에 있는 정신들의 불러일으킴은 앎의 활동(특별한 의도 없이)이기 때문이다. 만일 정신들이 사물을 추상하여 들어 올려서 안다면, 정신들은 사물의 본질성을 받아들인다. 그러므로 정신들은 덜 완성된 것을 단지 자신으로부터, 즉 고유한 본질로부터 안다. 나아가 정신들은 자체로 생명, 즐거움 그리고 기쁨을 지닌다. 신은 행복의 가장 높은 정도를 즐긴다. 게다가 다른 사물들을 통해서가 아닌 단지 자기의 본질을 통해서만 가장 잘 완성된 자기-앎에서 즐긴다.

하나임은 자체로 맨 처음에 오직 신에 귀속한다. 그리고 점점 더 많이 많음으로 발전하면서 언제나 우연적으로 증가하는 완성되지 않음과 함께 구의 정신들의 서로 다른 내려가는 단계들에 속하며 끝으로 우리 안에서 작용하는 정신에 귀속한다. 맨 처음에 신으로부터 흘러나온 정신은 항성-구의 운동자이다. 매번 위에 있는 운동자로부터 아래에 있는 운동자와 구가 생겨난다. 이러한 학설은 실증적으로 증명할 수 없다. 이 학설은 단지 가장 사실적인 것만을 말할 뿐이다.

질료는 작용원인을 갖지 않는다. 왜냐하면 이러한 질료는 단지 형상을 받을 수 있기 때문이다. 그러나 첫 번째 질료는 형상을 갖지 않는다. 완성된 것은 자신의 확장이다[est diffusivum sui]. 이 때문에 순수한 구의 정신들은 사물들을, 즉 구들의 물체들을 자신으로부터 흘러나오게 해야만 한다. 형상들은 사물들이 흘러나오는 경우에 자신에서 보편적이다. 형상들은 비로소 질료에서 개별적으로 된다. 인간의 영혼이 마찬가지 경우에 있다. 낮은 것은 있음의 각각의 단계에서 질료처럼 더 높은 것에 관계한다. 모든 것에서, 또한 지상의 사물들에 관해서도 신적 예견의 총명함을 알 수 있다. 나쁨은 더 큰 좋음에 봉사하는 단지 아주 적은 해로움minus malum이다.

아베로에스에 의해 극복된 혹은 언급된 아비세나의 명제들

219-1 1. 신－증명[Gottesbeweis]은 형이상학에 속한다, 5,5~25 u. A. 아베로에스: 자연학문은 신-증명을 제시한다(사람들은 운동에 근거하여 첫 번째의, 자신은 운동되지 않는 운동자를 안다). 아비세나의 우연-증명[Kontingenzbeweis]은 단지 좁은 가치만을 갖는다.

2. 있음은(11,27ff) 모든 신 이외 사물들의 우연적인 것[Akzidens]이다. 있음은 신에서 본질적이다. 신의 필연성과 세계의 우연성[Kontingenz]은 이것에 근거한다. 아베로에스: 있음은 구체적인 사물들과 일치한다. 세계 사물들의 우연성은－우연-증명의 기초－순수한 환영이다 (Müller, Philosophie und Theologie von Averroes 39,7ff. Widerlegung des Kontingenzbeweis). 그러므로 아비세나는(12,18ff.) 있는 것의 개념과 두 질서의(존재론적인 질서와 논리적인 질서의) 개념을 잘못 이해하였으며 주관적인 견해들에 따라서 그리스 철학을 변화시켰다.

3. 수적으로 하나임[Einheit]은(23,1ff.) 우연적인 것들뿐만 아니라 또

한 실체들을 나타낸다. 그러므로 하나임은 실체와 일치하지 않는다; 왜냐하면 그렇지 않을 경우 우연적인 것들을 나타낼 수 없을 것이며, 또한 (우연적인 것의) 양의 형상일 수도 없기 때문이다. 하나임은 동시에 실체를 표시할 수 있는 그러한 종류의 우연적인 것(과 양의 그러한 종류의 형상), 그러므로 바깥의 우연적인 것이어야만 한다. 하나임은 10개의 틀들에 공통으로 귀속한다(121,16~35, 123,12.36. 124,11). 아베로에스: 수적으로 하나[Eine]는 개별적인 실체와 일치한다(122,26~123,5)(Averroes, Widerlegung Gazalis, ed. Kairo 1903, S. 52,19. 82,1 unten; betr. des Seins 92,15. 96,1).

4. 아비세나(50,27): 물체들은 질료와 형상으로 구성된다는 것의 증명은 형이상학의 영역에 해당하며 자연학문의 영역에 관한 것이 아니다. 왜냐하면 이러한 자연학문은 자연학문의 객체를, 각각의 학문처럼, 객체를 형이상학으로부터 '받아들여서' 현재하는 것으로 전제하기 때문이다. 나아가 형상과 질료는 변화하는 것들[entia mobilia]에 속하지 않는다. 왜냐하면 이것들은 분리되면 실재하지 않기 때문이다. 단지 이것들의 합성물만이 변화하는 것[ens mobile]이며 이 때문에 자연학의 객체이다. (이러한 자연학은 자연학의 객체의 정해진 간접 증거들로부터 다음의 것을 내보일 수 있다.[2] 즉 이와 같은 자연학의 객체는 2가지 부분 실체들로 구성되어져 있음에 틀림없다. 질료와 형상. 그러나 형상과 질료의 탐구는 형이상학의 대상이며 과제다.

■

2) 아리스토텔레스는 알려진 바대로 자연학에서 첫 번째 질료의 실제로 있음을 이끌어 내지만, 그러나 형이상학이 개별학문들의 모든 원리들을 다루는 것처럼 이 첫 번째 질료를 궁극적으로 다루는 것을 형이상학을 위해 남겨두었다.

이 때문에 아리스토텔레스는 또한 형이상학 1029a 20에서 질료를 정의한다.) 아베로에스: 즉 질료와 형상의 실제로 있음을 증명하는 것은 자연학문의 과제이다.

5. 지상의 사물들, 특히 사물들의 생겨남을 모두 지배하고 정하는 작용은 하늘 세계의 정신적인 실체들에(64,32) 귀속한다. 아베로에스: 또한 아리스토텔레스는 지상의 생명에 미치는 정신들과 별들의 일반적인 영향을 배제하였던 것으로 보인다. 그는 몇몇의 자연적 사물들에 관하여 심지어 특별한 영향조차도 받아들였다(이중적인 것을 낳는 것에서[bei der generatio aequivoca]). (아베로에스는 이것을 부정하지 않았다. 그는 단지 이런 특별난 학설과 싸웠다. 이 학설에서 아비세나는 구들의 생겨남과 구들의 정신들 그리고 영혼들의 생겨남을 위쪽에 있는 정신들로부터 설명한다; 66,1~8. 104,13).

6. 첫 번째 질료는(90,24. 92,12~93,19) 3개의 차원들(고유한 성질[proprium]처럼)이 결과로 나온 단순한 본질형상을 지닌다. 질료는 '물체적임의 형상'과 함께 모든 감각적으로 알 수 있는 사물들에 공통으로 붙어 있다. 물체는 이러한 첫 번째 형상을 통해서 나누어질 수 있거나 혹은 결합되어질 수 있다. 아베로에스(90,35f.): 차원들이 아니라, 오히려 자연의 내용들이 물체들의 본질이다(물체들에 관한 수학적인 파악에 대립). 차원들은 보편적인 물체형상[Körperform]의 우연적인 것이며 이러한 보편적인 물체형상과 특별한 물체형상 사이에서 매개한다(93,10).

7. 아비세나는(99,29) 상호관계의 정의가 순환논증[circulus vitio]을 자기 안에 품고 있다는 것을 지시한다(Metaphysik: Übersetzung 57,4ff. u. 228ff. 그리고 끝없이 되돌아감으로 이끈다, ib. 499,20). 아베로에스

는 (99,9) 정의들의 서로 다른 종류들(여기서 상응하는 반대자들을 통해서 물어진 것)과 (99,31)정의들 부분들의 형식적인 관계들을 구별한다. ‘뒤섞여진’ 관계들을 정의할 때 다른 관계에서 덜어낸 정해짐들은 아래에 배열하지 않고 – 이럴 경우 순환이 생길 것인데 – 오히려 같은 배열에 있다.

8. 아비세나(101,38): 가능한 것은 작용원인의 측면으로부터 정의할 수 있다(우연적인 것은 다른 어떤 것에서 필연적인 것이다[contingens est necessarium ad alio]). 아베로에스: 이러한 명제는 ‘우리가 형이상학의 마지막 부분(이것은 앞에 놓인 카이로 출판물에는 빠졌다)에서 자세하게 언급하게 될(102,1)’ 많은 불가능성들로 빠져들게 한다. S. 112,30ff.에서 아베로에스는 그밖에(예를 들면 Müller, Averroes 39,7ff.) 아비세나의 이러한 명제에 반박을 시도하는 방식으로 토론한다: 사물들의 본질성들은 우연적인 것(가능한 것)이 필연적인 것으로 되어질 수 있는 경우에 변화해야만 할 것이다.

9. 많음[Vielheit]은 수[Zahl]와 일치한다(125,10ff.). 이 둘은 본질이 같다. 따라서 수가 많음의 정해진 종일 수도 많음이 수의 유일 수도 없다. 이 두 개념들 사이에 위에 있음 혹은 아래에 있음은 일어나지 않는다. 아베로에스: 순수한 논리적인 탐구방식이 중요하다. 이러한 주관적인 탐구방식에서 사람들은 수를 ‘많은’ 사물들의 종으로, 즉 많음의 종으로 생각할 수 있다.

10. 하나[Eine]는(124,26ff.) 많은 것을 통해서(많은 것의 결핍으로) 그리고 많은 것은 하나를 통해서 정의될 것이다: 정의에서 순환[circulus in definitione]. 아베로에스는 그가 실행한 것(99,9ff.;여기서는 Nr. 7)을 참조하도록 지시한다.

11. 아베로에스는 129,2 아래에서 형이상학에서 비질료를 객체로 다루었던 철학자들을 언급한다. 그가 여기서 어느 정도 아비세나를 생각하였던 것일 수 있다. 아비세나는 물론 이론적으로는 비질료를 오직 형이상학의 문제로만 나타낸다. 그렇지만 그는 실천적으로는 이와 같은 비질료를 객체로 다룬다. 왜냐하면 그는 그의 형이상학에서(Ⅷ장과 Ⅸ장) 신과 정신들을 단지 있는 것들은 양에서 있다 in quantum sunt entia(그러므로 형이상학의 형식적인 관점 아래서)로 뿐만 아니라, 또한 홀로 독자적인 탐구영역으로 연구하기 때문이다. 마치 자연학자가 운동하는 것 ens mobile을 그러므로 객체로 고찰하고, 모든 것을 포함하는 형이상학의 객체 안에서, 즉 있는 것은 양에서 있는 것이다 ens in quantum est ens 안에서 문제로 탐구하지 않는 것처럼 그렇다. 그러므로 아비세나는 신학을 독자적인 학문처럼 형이상학으로 끌어들인다. 물론 신-증명이 신학의 부분을 형성할 수 없기 때문에, 이것은 또한 고유한 형이상학에 속한다; 왜냐하면 어떤 학문도 형이상학의 객체의 실제로 있음을 증명하지 않기 때문이다. 아리스토텔레스 자신은 이미 이러한 불확실한 것을 시작하였다. 아리스토텔레스에 따르면 형이상학의 객체는 단지 있는 것 Seiende이며 가장 우수한 의미에서 있는 것, 실체이지만, 그러나 있는 것의 정해지지 않은 제한되지 않은 영역이 아니라, 오히려 질료적인 것뿐만 아니라 또한 비질료적인 것이다(있음의 형식적인 관점에서). 그럼에도 불구하고 아리스토텔레스는 1026a 15~20 그리고 1064a 30~35에서 또한 있는 것의 정해진 영역을, 즉 비물체적인, 나누어진 그리고 운동하지 않는 것을 형이상학의 객체로 나타내는데, 대개 사람들이 사물의 가장 뛰어난 부분에 따라서 이러한 사물 자체를 부르는 방식으로,

그러므로 형이상학의 객체의 가장 탁월한 부분에서 이러한 객체 자체를 표현하고자 하는 방식으로 나타낸다(Natorp, Thema und Disposition der aristotelischen Metaphysik, Philosophische Monatshefte 1888, 50).

12. 아비세나(153,30~154,8): 왜냐하면 '자연적인' 운동은 단지 비자연적인 장소로부터만 시작하여 자연적인 장소로 열망하기 때문에, 자연적 운동은 단지 직선적인 운동일 수 있다. 그러므로 구들의 원형운동은 '자연적인' 운동이 아니고, 오히려 영혼의 원리에 의해서 작용된다. 아베로에스: 이러한 증명은 충분하지 않다. 왜냐하면 이 증명은 오직 직선적으로 앞으로만 열망하는 물체들의 운동만을 바탕으로 삼기 때문에, 그러므로 시작·원리에 대한 열망[petitio principii] 이다; 왜냐하면 '자연적인' 운동은 단지 직선운동일 수 있다는 것은 곧 바로 증명될 것이기 때문이다. 대개 하늘의 세계에서 '자연적인 방식으로' 직선으로 운동하는 물체[Physis]가 있다. 단지 하늘의 운동의 영원함으로부터만(154,9ff.; 그러므로 아베로에스 입장에서 이러한 물 223-1
체는 자명한 전제인데) 사람들은 구들의 자의성을 증명할 수 있다.

13. 아비세나(166,36): 구들의 영혼들은 환상적-활동태[Phantasietätigkeit]를 지닌다. 왜냐하면 구들의 영혼들은 개별적인 객체들을 생각하기 때문인데, 이러한 생각 속에서 그려진-그림들[Vorstellungsbilder]에 근거하여 개별적인 운동들을 실행하기 위해서이다. 추상된 개념으로부터 개별적인 운동은 나올 수 없다. 아베로에스: 구들의 정신들은 오직 추상적-개념적으로만 생각하는 순수한 정신들이다; 왜냐하면 그렇지 않을 경우 구들의 정신들은 바깥의 의식들[Sinne]을 가져야만 할 것이기 때문이다. 따라서 이러한 정신들의 운동은 특수한 운동이 아니고(이 운동은 단지 환상적-활동태에 의해서만 낳아질 수 있을 것인

데) 오히려 보편적인 운동이다. 그러므로 아베로에스가 아비세나의 근본원리를 받아들인다.

원판 쪽수와 독일어 옮김 판 쪽수의 일치[3]

원판	독일어판	원판	독일어판
2, 15	2, 20	36, 1 아래로	89, 9
3, 1	3, 19	38, 6	91, 30
3, 10	4, 7	40, 6 아래로	98, 27
3, 23 아래로	5, 27	41, 6 아래로	101, 10
4, 5 아래로	7, 25	43, 7	104, 20
5, 15	9, 8	44, 6	106, 27
6, 4 아래로	12, 22	45, 8	109, 15
7, 2	13, 8	46, 1	111, 5
7, 3 아래로	5, 19	47, 9	114, 22
8, 15	16, 36	48, 18	118, 11

■

3) 여기서 원판이라 함은 아랍어 판본(Cairo, Dar al-Kutub, al-Hikma wa-l-Falsafa 5.)을 가리킨다.

8, 2 아래로
9, 5 아래로
10, 9 아래로
11, 10 아래로
12, 6
13, 3
13, 7 아래로
15, 2
16, 1
18, 19
19, 2
20, 11
21, 2
22, 3
22, 4 아래로
23, 18
24, 13
25, 4 아래로
26, 16
27, 12
28, 8
29, 6
30, 4
31, 15
17, 34
19, 33
21, 29
24, 5
25, 19
27, 21
29, 13
32, 20
35, 20
41, 24
42, 19
46, 21
48, 10
50, 36
53, 10
55, 27
57, 27
61, 19
63, 17
65, 27
67, 26
70, 2
72, 14
76, 1
49, 18
50, 19
51, 22
52, 18
53, 11
54, 5
55, 13
56, 15
57, 21
58, 15
59, 20,
62, 15
63, 12
64, 20
66, 19
68, 19
70, 10
72, 21
75, 6
78, 3
79, 8
80, 7
81, 3
82, 19
120, 33
123, 6
125, 38
128, 6
130, 4
131, 33
135, 15
137, 28
140, 10
142, 3
144, 35
151, 11
153, 10
156, 15
160, 30
165, 15
169, 31
175, 27
182, 6
190, 6
193, 1
195, 5
197, 6
200, 38

32, 1 아래로	79, 6	83, 17	202, 36
34, 5	81, 39	84, 8	204, 19
35, 12	85, 15	85, 1	206, 10

아베로에스의 인용된 자료4)

Ⅰ. 그의 고유한 저술들과 아리스토텔레스에 대한 '작은' 해설의 부분들, 즉 앞에 다루어진 저작과 다른 해설서들.

1, 일반적인 논리학 1,5. 26,25. 27,6. 39,15. 40,37. 41,7. 42,7. 51,16. 69,37. 73,5. 91,12.

논리학의 개별적인 부분들.

틀들·범주론Die Kategorien 15,32.37. 16,25. 26,19. 27,6. 29,7(질). 34,4(더 먼저와 더 나중). 41,28(보편적 술어들). 73,5ff.(개념들). 75,19 (논리적 틀들).

■

4) 옮긴이 주 – 색인에서 지시된 쪽수는 모두 독일어판 쪽수로 표기한다. 여기서 1,5는 본문의 1쪽 다섯째 줄을 가리킨다. 그러므로 예를 들어 '일반적인 논리학' 26,25는 본문 26쪽 25줄에 '일반적인 논리학'이란 단어가 있음을 가리킨다.
한 가지 유의할 점은 한글로 옮기는 과정에서 독일어와 한글의 차이 때문에 '줄'이 약간 차이가 있을 수 있다. 이점을 유의하여 찾아보면 될 것이다.

소피스트Sophistik 141,32(이율배반, '서로 모순되는 공리들').

논증적 증명Der demonstrative Beweis(두 번째 분석론·분석론 후서) 1,20. 2,10. 6,23. 19,7. (51,11). 69,19(참의 본질). 94,17.

2. 일반적인 자연학문들 1,5. 19,31. 35,30. 46,2.8(모형들).20. 47,34(우연적인 것들의 배열). 49,35(물체들의 원리들) - 50,10. 58,18. 59,18(운동하는 달의 구의 마찰이 세계에서 불을 낳는다. 구들과 기초요소들은 형상과 질료처럼 관계한다.). 77,4(질료의 증명). 77,20(구들의 운동).26(질료는 실체이다). 78,3(서로 다른 것들·차이들). 82,2(이데아론). 83,38(변화에 관한 들어가기). 90,36(물체들의 본질). 91,33(차원들은 형상이 아니다). 94,2(단순히 하늘의 구). 101,8(끝이 없음은 가능태이다). 105,19(제한되지 않음으로 되돌아감). 108,27(각각의 운동한 것은 운동자를 갖는다). 109,1(논문 VII과 VIII. 공간에서 운동의 본질). 109,32(영원한 운동자). 112,12(형이상학을 위한 기초). 113,12(구의 영원한 운동). 114,20(omne quod movetur ab alio movetur). 133,31(변화과정), 144,1(질료의 증명). 145,10(형상처럼 위의 것이 질료처럼 기능하는 아래의 것에 관계하는 세계 모든 것의 서열). 145,36(질료, 즉 생겨짐의 밑바탕은 유일한 것이다). 146,7(첫 번째 작용원인은 질료를 지니지 않는다). 146,27(질료는 각각의 형상 없이 있다). 149,39(질료). 150,10.15(운동하는 원리들). 151,14(오직 원형 운동만이 영원할 수 있다). 152,37(나눌 수 있음과 끝이 있음). 153,8(질료적이지 않는 힘은 끝이 없다). 156,14(구의 영적으로 작용하는 원형운동은 구의 자연적인 힘들에 저항하지 않는다). 158,5(운동하는 원동력들의 많음). 158,14(첫 번째 운동자는 두 번째 운동자를 위하여 밑바탕들을 배치한다). 158,23(유일한 구-실체). 195,20(같은 종). 196,1(원인들의

함께 작용함).

'생겨남과 사라짐Das Entstehen und Vergehen' 35,4.

'하늘과 세계 모든 것Der Himmel und das Weltall' 111,30(구들은 가능태와 활동으로, 그러므로 질료와 형상으로 구성되지 않았다). 163,31(구-운동들의 병렬). 194,15(항성-구의 운동을 통해서 기초요소들이 일으켜진다). 195,4.

심리학Die Psychologie 7,27. 68,34. 71,18.24(추상성). 98,17(자유의 문제). 165,23~30. 166,39. 175,4.33.

동물학Die Zoologie 151,7(Ⅵ권). 158,8(ⅩⅥ권).

3. 형이상학Metaphydik, 마지막 부분 39,33. 47,14f. 66,23(중간의 혹은 큰 해설). 69,36f.(다른 학문들의 원리들). 102,1(아비세나에서 우연적인 것들의 정의에 대한 논쟁). 107,24(자체로와 우연적으로의 원칙). 111,2.

형이상학, 첫 번째 부분 129,5(실체).

Ⅱ. 다른 문헌들

아리스토텔레스: 자연학Physik 39,31.

아리스토텔레스: 하늘과 세계 모든 것Der Himmel und das Weltall 50,26.

아리스토텔레스: 형이상학Metaphysik 54,28(굽어진 코의 예:1025b 31와 여기저기). 66,14. 94,20(Ⅵ권과 Ⅶ권). 95,7(Ⅸ권). 107,30(Ⅰ권: 자체로와 우연적으로의 원리). 129,32(많음). 140,19(Ⅰ권: α. 원인들의 끝이 있음).

아리스토텔레스: 동물학Zoologie 64,26.

아프로디시아스 출신의 알렉산더: 세계 모든 것의 원리들Die Prinzipien des Weltalls 161,9.

천문학Astronomie 174,39.

다루어진 형이상학 개념들의 색인

일반적인 것Allgemeines 2,7. 4,9(다른 학문들과의 관계). 2,18.6,15 (다른 학문들의 요청을 증명하다). 3,5(보편적인). 3,17. 4,5(신적인). 4,11(가장 높은 원인들). 4,24. 5,7(신-증명). 5,27. 6,26(변증법과의 비교). 6,39(본질적인 부분들). 7,14(5개의 부분들). 7,25ff. 8,7(서열). 8,15f.(이름). 38,29~39,1. 40,11. 50,1ff.

Ⅰ. 가장 일반적인 원리들, 앎의 이론(4g와 5c 비교)

2,4.33. 3,27(학문은 학문의 객체에 대한 본질적인 우연적인 것들을 고찰한다). 2,23(학문들을 이것들의 객체들의 척도에 따라 나눈다). 1,16.35. 3,4(학문의 원리들). 4,31(전제들). 5,22ff. 6,1.21.27(인간들에게 공통적인 감관의 원리, common sense). 6,31.35(상대적인 확증). 7,5(명증). 7,24. 8,27(증명). 8,28(귀납법, 경험론). 8,30(자신에서 그리고 우리인 한에서 알려진 것). 10,21ff. 11,5(이끌어내진 개념들과 표

128,2. 133,6. 134,35. 135,16. 146,3.10. 147,14. 148,33. 156,31. 161,35. 162,1.8. 163,1~25. 164,35. 167,15. 169,17. 170,11. 172,5.27~173,19. 174,2.12.21.34. 182,28~32. 183,30~188,3. 196,22~200,36. 104,2.31. 206,25.

Ⅱ. 가장 일반적인 개념들

1. 있음과 있지 않음Das Sein und Nichtsein 2,2. 3,2ff. 3,23.27. 5,6.14. 6,5. 7,4.19. 8,18. 9,8~12,10. 11,11(=사물, 본질, 다른 어떤 것). 12,25 (있는 것과 하나). 13,5. 15,4. 19,26. 18,9~19,32(본질). 19,32~20,10(사물은 있는 것보다 더 폭넓은 범위를 갖는). 21,30(하나). 25,4. 27,4~28,5 (자유로움). 27,25. 30,18.23.32. 31,20(사물). 32,7. 33,18. 34,10.34(있지 않음). 35,2. 37,18. 38,21~41,23(비유적으로 서술한다). 39,3. 45,34. 47,10.16.20. 48,4.19.28. 50,14.31.37. 51,3. 52,18.29. 56,11. 61,34(생겨남과 사라짐). 62,27(아닌-있음). 64,11.18. 65,11. 66,28. 67,4. 72,6. 81,3. 82,34. 86,19. 87,6.33. 94,23.33(하나). 96,4(자유로움).23. 97,12. 100,13. 103,28. 112,22. 113,14.32. 114,27. 119,17.27. 122,23. 123,35. 126,3ff. 128,28. 129,10~130,3. 132,6.21. 134,35. 136,5. 138,16. 146,12. 148,31. 149,36. 187,31. 192,1. 195,11. 198,14~27~199,28~201,10.

2. 있는 것들의 운동들Modi entis[5] 12,34(상항).

a) 필연적인 것das Notwendige 6,38. 30,14. 37,4~16. 64,39. 65,6. 68,25. 97,33. 98,1. 101,36. 112,21.30. 116,8.29~117. 198,4~201,5.

b) 가능한 것(우연적인 것)das Mögliche(kontingente) 31,2. 84,11(가능태를 본다). 100,31. 101,30ff. 112,13.30. 116,23~30. 128,28.

c) 가능하지 않음Unmögliche 23,13. 67,5.12. 68,2. 69,13. 110,21. 112,27. 116,9. 123,2. 128,29. 135,6. 138,6. 145,2ff.

3. 있는 것들이 관계들Relationes entis.

a) 참인 것과 틀린 것das Wahre und Fahlsche 9,15~20.29. 10,27. 11,16. 12,13ff.26. 69,17~22. 70,3~7.30f. 71,27. 72,1~13. 115,9.14~118,10.

b) 좋음과 나쁨das Gute und Böse 114,26~115,10. 118,6~10. 168,8 (좋음은 자기의 즐거움이다bonum est diffusivum sui). 198,4. 199,10. 204,17~205,11~206,8~207.

c) 아름다움과 흉함das Schöne und Häßliche(은 언급되지 않는다).

4. 있음의 고유함들Die Proprietäten

a) 가능태와 활동태Potentialität und Aktualität 3,11. 6,10(완전히 끝남·완성태). 7,29f.(완전히 끝남). 22,24. 28,19~31,4. 33,2.6.15. 34,22.

■

5) 논리적으로 필연적인 것, 가능한 것, 가능하지 않는 것의 개념들은 끊임없이 언급된다. 그 결과 개별자에서 이것들의 자리들에 관한 자세한 열거는 필요하지 않다.

Ⅲ 신의 문제Das Gottesproblem

고유명사의 철자순의 목록 색인

잘 알려진 철학자들의 연대기 표

845 나쯔암Nazzam
855 가파르Gafar
873 킨디Kindi
950 파라비Farabi
1037 아비세나Aviccena
1100 짜르칼라Zarkála
1111 가짜리Gazali
1198 아베로에스Averroes
1209 라찌Razi
1273 투시Tusi
1274 토마스 아퀴나스Tomas von Aquin

독일어판 내용 목차

제II장 있는 것과 10의 틀들

있음의 종류들과 원리들

있음은 비유적으로 서술된, 증명법들, 실체, 자신에서 그리고 우연적인 것들의 정의의 부분으로서, 질, 양, 차원들은 우연적으로 있음, 수, 우연적인 것들의 배열, 비물체적인 실체, 질료, 실체의 원리들, (자체로) 실체의 정의와 우연적인 것들의 정의, 정의의 부분들, 이데이론의 논박, 같은 종으로 이루어진 유들, 비물체적인 실체들, 형상과 질료는 사라지지 않음, 그리스 사람들에게서 앎의 이론, 플라톤의 이데 이론에 대한 논박. 보편적인 물음, 추상이론, 참의 개념, 본질성을 아는 것, 사물의 질료와 형상으로 구성됨과 이와 일치되게 정의의 유와 서로 다름·차이로 구성됨, 데모크리토스의 논박, 수학적인(비질료적인)사물들, 이름의 표시, 사물들에서 본질형상의 실제로 있음 방식, 첫 번째와 두 번째의 밑바탕, 정의와 정의된 것에서 논리적인 부분들과 실재하는 하나임, 단순한 것은 정의할 수 없음, 형상의 질료와의 결합, 형상으로서 혹은 가능태와 활동 사이에 매개로서 차원들

제III장 있는 것의 타고난 것들·붙어 있는 것들

가능태와 활동, 수학적인, 능동적인 그리고 수동적인 가능태, 결핍, 자연적인·본성적인 가능태, 어떤 가능태도 자기 스스로 활동적일 수 없음, 가능태와 활동 간의 상호관계성, 처음에 실체에 귀속하는, 더 가까운 그리고 더 멀리 떨어진 가능태, 더 가까운 그리고 더 멀리 떨어진 밑바탕, 한 사물에서 가능태와 활동의 많음, 질료, 자체로와 우연적으로의 기본법칙, 활동은 가능태보다 그리고 작용원인과 목적원

인보다 더 먼저임, 원인은 시간에 따라서 작용보다 더 앞섬, 가능태는 시간에 따라서 활동보다 앞섬, 구는 가능태와 활동 사이에서 매개함, 활동은 가능태보다 더 우수함, 영원히 참인 것

하나와 많은 것, 수의 하나, 아비세나의 학설, 하나는 사물들과 동일함, 아비세나의 생각, 옛 그리스인들의 학설들, 자체로와 우연적으로의 법칙, 가장 뛰어난 의미에서 하나는 개별자임, 신으로서 하나, 많음은 하나임의 반대자, 같음·동일성과 다르게 있음, 밑바탕에서 그것의 타고난 것과의 관계에서 반대자들, 대립자들은 관여하지 않음, 그렇지만 대립자들은 아님, 가장 근원적인 대립은 공간적인 대립임, 대립자들의 가운데 마디들, 고유한 의미에서 대립자들은 가운데 마디를 갖지 않으며 대립하는 둘 중 한 개는 반드시 현재 있어야만 함(=모순적인 것들), 부정과 긍정, 관계들, 반대의 4종류들, 형상을 통해서 그리고 질료를 통해서 대립자들, 하나임과 많음은 관계의 반대에 그리고 또한 결핍과 가짐의 반대에 있음, 같음과 같지 않음

4개의 원인들의 끝이 있음, 세 개의 원인들의 본질적인 부분들에 따라서 원인들의 사슬, 가운데 마디에서 끝이 없음은 가능함, 이러한 것은 모순으로 가득 참, 만일 활동적인 끝이 없음이 (그리고 사슬 안에서 첫 번째 원인이) 가정된다면; 질료적인 원인의 끝이 있음, 실체적인 그리고 우연적인 되어짐(더 높은 완성의 가정), 우연적인 되어짐에서 순환은 불가능함, 두 극단들 사이에 끝이 없음은 높아짐에서 모순임, 목적원인과 본질형상의 끝이 있음, 절대적인 첫 번째 원인의 유일성, 원인들의 연결, 가장 높은 형상원인으로서 신, 신의 목표는 그의 본질 자체임

제Ⅳ장 비물체적인 실체와 하늘의 세계들

앞에 언급한 것과의 연결, 가장 높은 원인은 형이상학의 가장 중요한 문제임; 운동에 관하여 자연학문과 연결, 공간에서 영원한 운동이 있음, 원형운동, 영원한 시간에서, 첫 번째 운동자는 비물체적임, 구는 지성적인 추상적으로 생각하는 원리로 활기 있음, 원인들의 체계적인 배열, 많은(38개) 정신적인 원리들과 구-운동들이 있음, 별이 없는 아홉 번째의 하늘의 구는 없음, 구는 실체에 따라서 한결같으며 영원함, 개개의 구-운동들은 단지 우연적으로만 운동하는 부분들처럼 구와 관계한다. 각각의 하늘의 원동력은 한 특별한 활동태를 갖는다: 이러한 원동자들의 실제로 있음 방식은 순수한 정신적인 것이다. 이러한 원동자들은 열망과 생각을 통해서 운동시킨다. 이들의 운동은 단일한 운동이 아니라, 오히려 추상화된 상상으로부터 결과로 나온 보편적인 운동이다. 정신들은 구들에게 또한 본질형상을 준다. 그렇지만 이 정신들은 정신들 아래에 있는 사물들에서 그들의 목적을 갖지는 않는다. 하늘의 원리들 서로간의 관계는 가장 높은 원리 아래 체계적인 배열의 관계이다. 즉 하늘의 원리들은 사슬을 이루고 있는 작용들과 원인들이다. 구의 가장 우수한 것인 별 때문에, 구는 자기의 운동을 실행한다. 하늘의 원리들은 지상의 세계에 관하여 예견을 한다. 이를 통해서 모든 하늘의 원동자들은 한 고유한 목표를 열망한다는 것이 세계 모든 것의 조화를 생기게 한다. 각각의 하늘의 정신은 자기 자신을 알며 그에 위에 있는 사물들, 즉 자신의 원인들을 안다. 정신들의 인과율 작용은 흘러나옴이다. 각각의 정신은 오직 그에 위에 있는 것만을 알며 자기 자신을 안다. 아래에 있는 것은 단지 그것의 원인, 즉 정신으로부터만 알며, 자기 자

지은이
아베로에스(Averroes)

1126~1198년, 아라비아 이름으로는 이븐 루시드(Ibn Rushd; Ibn Roshd)이며 오늘날 스페인의 Cordova에서 출생하였다. 아비세나와 더불어 최고의 아랍 철학자로 꼽힌다. 아비세나처럼 주로 아리스토텔레스의 철학을 연구하였으며 아리스토텔레스의 저술들에 관하여 많은 주석서를 썼다. 이 때문에 스콜라철학자들이 주석자라고 할 때에는 아베로이즈를 일컫는다고 한다. 말년에 그의 그리스철학이 종교에 해를 끼친다는 이유로 추방당하여 모로코로 갔다. 그는 신학의 혼란을 피하고 철학의 자유를 확보하기 위하여 신학을 개연적 논증의 영역으로 그리고 철학을 필연적 논증의 영역으로 규정하였다. 그의 철학은 신을 최고의 첫 번째 원리자로 놓았다. 이것으로부터 천구가 흘러나오며, 이 세계에서 능동적 지성이 질료에 형상을 줌으로써, 사물들이 실제로 있게 된다. 인간도 이와 같이 만들어진다. 그런데 능동적 지성은 모든 인간에서 단 하나뿐이며 영원한 것인데, 이것은 정신이다. 또한 세계는 신이 영원히 만드는 것이므로 영원하다.

독일어판 옮긴이
막스 호르텐(Max Horten)

1874~1945년, 독일 엘베르펠트(Elberfeld)에서 태어났으며, 이슬람의 역사와 철학을 연구하였다.

『Rázi와 Tusi에 대한 철학적 견해들, Rázi와 Tusi에 대한 사유세계에서 그리스 철학자들』(1910)
『오늘날 이슬람철학에서 시민들의 종교적 사유세계』(1917)
『서아시아의 철학적 세계관들과의 관계에서 이슬람철학』(1924)
『이슬람에서 철학』(1924)
『이슬람 신화에서 인도의 경향』(1924)
『이슬람 신화의 주요 용어사전』(1928)

한국어판 옮긴이
김재범

1963년 전남 곡성에서 태어남
전남대학교 철학과 및 동대학원 석사과정 졸업
독일 뮌스터대학교와 튀빙겐대학교에서 수학

『형이상학』(아리스토텔레스 지음, 2009)

아베로에스의 아리스토텔레스 형이상학

DIE METAPHYSIK DES AVERROES

초판인쇄 | 2012년 2월 10일
초판발행 | 2012년 2월 10일

지은이 | 아베로에스
독일어판 옮긴이 | 막스 호르텐
한국어판 옮긴이 | 김재범
펴낸이 | 채종준
펴낸곳 | 한국학술정보㈜
주 소 | 경기도 파주시 문발동 파주출판문화정보산업단지 513-5
전 화 | 031) 908-3181(대표)
팩 스 | 031) 908-3189
홈페이지 | http://ebook.kstudy.com
E-mail | 출판사업부 publish@kstudy.com
등 록 | 제일산-115호(2000. 6. 19)

ISBN 978-89-268-3100-7 93110 (Paper Book)
978-89-268-3101-4 98110 (e-Book)

책에 대한 더 나은 생각, 끊임없는 고민, 독자를 생각하는 마음으로 보다 좋은 책을 만들어갑니다.